Geistiges Eigentum und Wettbewerbsrecht

herausgegeben von

Peter Heermann, Diethelm Klippel,
Ansgar Ohly und Olaf Sosnitza

24

D1727782

Stefan Fröhlich

Düfte als geistiges Eigentum

Mohr Siebeck

Stefan Fröhlich, geboren 1980 in Kassel; Studium der Rechtswissenschaften und Begleitstudium des Europäischen Rechts in Würzburg und Bergen (Norwegen); Stipendiat des Studienförderwerks Klaus Murmann der Stiftung der Deutschen Wirtschaft; wiss. Mitarbeiter an der Universität Würzburg; Promotion an der Universität Würzburg; Rechtsreferendar im Bereich des OLG Bamberg.

ISBN 978-3-16-149868-8
ISSN 1860-7306 (Geistiges Eigentum und Wettbewerbsrecht)

Die Deutsche Nationalbibliothek verzeichnet diese Publikation in der Deutschen Nationalbibliographie; detaillierte bibliographische Daten sind im Internet über *http://dnb.d-nb.de* abrufbar.

© 2008 Mohr Siebeck Tübingen.

Das Buch wurde von Gulde-Druck in Tübingen auf alterungsbeständiges Werkdruckpapier gedruckt und von der Buchbinderei Held in Rottenburg gebunden.

Vorwort

Die vorliegende Arbeit wurde im Sommersemester 2008 von der Juristischen Fakultät der Bayerischen Julius-Maximilians-Universität Würzburg als Dissertation angenommen. Die Drucklegung der Arbeit wurde vom Europäischen Rechtszentrum der Universität gefördert.

Anlässlich der Veröffentlichung der Arbeit habe ich das Manuskript noch einmal aktualisiert. Die Ausführungen berücksichtigen nunmehr die bis August 2008 ergangene Rechtsprechung, die bis zu diesem Zeitpunkt veröffentlichte Literatur sowie abzusehende Entwicklungen in der Gesetzgebung.

Mein herzlicher Dank gilt meinem verehrten Doktorvater *Prof. Dr. Olaf Sosnitza*. Seiner Anregung ist die Entstehung dieser Arbeit zu verdanken, deren Anfertigung er mit stetem Interesse begleitet hat. Bedanken möchte ich mich des Weiteren bei *Prof. Dr. Eva Kieninger* für die Erstellung des Zweitgutachtens sowie den Heraugebern dieser Schriftenreihe für die Aufnahme der Arbeit in selbige.

Ein Dank gebührt auch *Prof. Dr. Peter Bradl* sowie meinem Studienfreund *Hermann-Matthias Bröcker*, die sich die Zeit genommen haben, Teile des Manuskriptes Korrektur zu lesen.

Ganz besonders danken möchte ich jedoch den Personen, ohne welche diese Arbeit niemals hätte entstehen können, und denen sie daher gewidmet ist: Zunächst danke ich von ganzem Herzen *meinen Eltern* für ihre fortwährende Förderung und Unterstützung. Durch ihren Rückhalt, ihre Wärme und ihre Herzlichkeit sind sie mir im Leben immer ein Vorbild. In gleichem Maße möchte ich an dieser Stelle auch meiner lieben Freundin *Friederike* danken. Sie hat sich nicht nur als Korrektorin verdient gemacht, sondern stand mir vor allem mit großer Liebe und Geduld während der gesamten Anfertigung zur Seite. Ihre Bedeutung für mich und diese Arbeit lässt sich nicht in Worte fassen.

Würzburg, im Oktober 2008   Stefan Fröhlich

Inhaltsverzeichnis

Abkürzungsverzeichnis

a.A.	anderer Ansicht
a. E.	am Ende
a.F.	alte Fassung
ABl.	Amtsblatt
Abs.	Absatz
Alt.	Alternative
Amtl. Begr.	Amtliche Begründung
Angew. Chem.	Angewandte Chemie
Anm.	Anmerkung
AP	Arbeitsrechtliche Praxis
Art.	Artikel
Aufl.	Auflage
Az.	Aktenzeichen
BAG	Bundesarbeitsgericht
Bd.	Band
BGBl. I	Bundesgesetzblatt Teil I
BGBl. II	Bundesgesetzblatt Teil II
BGH	Bundesgerichtshof
BGHZ	Entscheidungen des Bundesgerichtshofs in Zivilsachen
BlPMZ	Blatt für Patent-, Muster- und Zeichenwesen
BPatG	Bundespatentgericht
BPatGE	Entscheidungen des Bundespatentgerichts
BR-Drucks.	Bundesrats-Drucksache
BT-Drucks.	Drucksachen des Deutschen Bundestags
BVerfGE	Entscheidungen des Bundesverfassungsgerichts
bzw.	beziehungsweise
CPI	Code de la propriété intellectuelle
CR	Computer und Recht
Dall. Aff.	Dalloz affaires
ders.	derselbe
dies.	dieselbe/n
DRiZ	Deutsche Richterzeitung
endg.	endgültig
EPA	Europäisches Patentamt
EPA-PrRL	Richtlinien für die Prüfung im Europäischen Patentamt
etc.	et cetera

EWiR	Entscheidungen zum Wirtschaftsrecht
FS	Festschrift

gem.	gemäß
ggf.	gegebenenfalls
GP	Gazette du Palais
GRUR Int.	Gewerblicher Rechtsschutz und Urheberrecht, Internationaler Teil
GRUR	Gewerblicher Rechtsschutz und Urheberrecht
GRUR-RR	Gewerblicher Rechtsschutz und Urheberrecht, Rechtsprechungs-Report

HABM	Harmonisierungsamt für den Binnenmarkt
h. M.	herrschende Meinung
Hrsg.	Herausgeber

i. E.	im Ergebnis
i. e. S.	im engeren Sinn
IIC	International Review of Intellectual Property and Competition Law
i. V. m.	in Verbindung mit

JCP éd. E	La Semaine Juridique Entreprise et Affaires: Jurisclasseur Periodique
JGS	Justizgesetzsammlung
jurisPR-WettbR	juris PraxisReport Wettbewerbs- und Immaterialgüterrecht
JZ	JuristenZeitung

KOM	Europäische Kommission
KUG	Gesetz betreffend das Urheberrecht an Werken der bildenden Künste und der Photographie vom 9. Januar 1907 (RGBl. 1907, S. 7)

lit.	littera
LG	Landgericht
LMK	Lindenmaier-Möhring, Kommentierte BGH-Rechtsprechung
LUG	Gesetz betreffend das Urheberrecht an Werken der Literatur und der Tonkunst vom 19. Juni 1901 (RGBl. 1901, S. 227)

m. w. N.	mit weiteren Nachweisen
MarkenR	MarkenR – Zeitschrift für deutsches, europäisches und internationales Kennzeichenrecht
Mitt.	Mitteilungen der deutschen Patentanwälte
MMR	MultiMedia und Recht

n. F.	neue Fassung
NJOZ	Neue Juristische Online Zeitschrift
NJW	Neue Juristische Wochenschrift
Nr.	Nummer
NZZ	Neue Zürcher Zeitung

OLG	Oberlandesgericht

PIBD	Propriété industrielle - Bulletin documentaire
Prop. Intell.	Propriètes Intellectuelles
R.R.J.	Revue de la recherche juridique – droit prospectif
RGBl.	Reichsgesetzblatt
RGZ	Entscheidungen des Reichsgerichts in Zivilsachen
RIPIA	Revue internationale de la propriété industrielle et artistique
RLDI	Revue Lamy Droit de l'Immatériel
Rn.	Randnummer
Rspr.	Rechtsprechung
Rz.	Randzahl
S.	Satz, Seite
s.	siehe
Slg.	Sammlung der Rechtsprechung des Gerichtshofes und des Gerichts erster Instanz
sog.	sogenannte/s/r/n
SZ	Süddeutsche Zeitung
TGI	Tribunal de grande instance
Trib. Comm.	Tribunal de Commerce
u.	und
Urt.	Urteil
v.	vom
Var.	Variante
Verf.	Verfasser
vgl.	vergleiche
Vol.	Volume
WBl	Wirtschaftsrechtliche Blätter
WIPO	World Intellectual Property Organization
WRP	Wettbewerb in Recht und Praxis
z. B.	zum Beispiel
ZUM	Zeitschrift für Urheber- und Medienrecht

Einleitung

Die Hersteller von Riech- und Aromastoffen erzielten im Jahr 2007 weltweit einen Umsatz von geschätzten 19,8 Milliarden US-Dollar. Die zehn größten Riechstoffhersteller der Welt hatten dabei zusammen einen weltweiten Marktanteil von 68,7 Prozent.[1] Unter ihnen befindet sich – gemessen am Umsatz – an vierter Stelle auch die im niedersächsischen Holzminden ansässige *Symrise AG*, die im Jahr 2006 einen Umsatz von 1,23 Mrd. Euro erwirtschaftete.[2]

Die Riechstoffunternehmen entwickeln und produzieren Einzelduftstoffe und Duftstoffgemische und liefern diese an die Unternehmen der Anwenderindustrie, welche die Düfte für eigene Produkte und Dienstleistungen verwenden. Der Kreis der Abnehmer der Riechstoffunternehmen beschränkt sich dabei nicht auf die Unternehmen der Feinparfümerie, diese nehmen vielmehr nur einen vergleichsweise geringen Anteil an Duftstoffen ab. Quantitativ wesentlich bedeutsamer ist die Verwendung von Duftstoffen in Wasch-, Putz- und Reinigungsmitteln oder Körperpflegemitteln.[3] Der Gesamtumsatz auf dem deutschen Wasch-, Putz- und Reinigungsmittelmarkt betrug im Jahr 2007 3,872 Milliarden Euro, der auf dem nationalen Körperpflegemittelmarkt sogar 12,328 Milliarden Euro.[4] In den auf diesen Märkten gehandelten Produkten sind Duftstoffe nahezu ausnahmslos enthalten. Die wirtschaftliche Bedeutung der Verwendung von Duftstoffen ist darüber hinaus auch in den verschiedensten Produkten anderer Industriezweige und zu sonstigen Zwecken, etwa der Raumbeduftung, groß.

Entsprechend reizvoll ist eine – im Idealfall – exklusive Nutzungsmöglichkeit von Düften und Duftstoffen. Dies gilt sowohl für die Riechstoffhersteller als auch die Unternehmen der Anwenderindustrie. Die Möglichkeit, einen selbst entwickelten Duft unter Ausschluss der Konkurrenten benutzen zu dürfen, kann ein wichtiger Wettbewerbsvorteil sein. Im Rah-

---

[1] Quelle: *Leffingwell & Associates*, http://www.leffingwell.com/top_10.htm (Stand: 16.08.2008).

[2] Quelle: *Symrise AG Holzminden*, Geschäftsbericht 2006, S. 69

[3] *v. Braun*, Bild der Wissenschaft 1992, 48 (51).

[4] Quelle: *Industrieverband Körperpflege- und Waschmittel e.V.* (IKW), http://www.ikw.org (Stand: 16.08.2008).

men dieser Arbeit soll daher untersucht werden, ob an Düften oder Duftstoffen Rechte des geistigen Eigentums existieren (können), die ihren In-
habern möglicherweise entsprechende Nutzungsmöglichkeiten und Aus-
schließlichkeitsrechte bieten. In diesem Zusammenhang spielt auch der
Schutz von Duftstoffen gegen Nachahmung eine Rolle, da nicht nur die
Unternehmen der Feinparfümerie in erheblichem Maße von der Nachahmung ihrer Produkte betroffen sind.[5]

A. Gegenstand der Untersuchung

Den Anstoß zur vorliegenden Arbeit gab ein Urteil des *Europäischen Gerichtshofes* vom 12. Dezember 2002[6] zur Schutzfähigkeit von
Riechmarken auf Grundlage der Markenrechtsrichtlinie (MarkenRL[7]). Die
zentralen Aussagen dieser Entscheidung waren wegweisend für den Schutz
neuer Markenformen, das heißt solcher Zeichen, die in Art. 2 MarkenRL
(bzw. § 3 Abs. 1 MarkenG[8]) nicht genannt werden. Zum einen stellte der
Gerichtshof klar, dass durch die nicht abschließende Aufzählung des
Art. 2 MarkenRL keine Zeichen a priori vom Markenschutz ausgeschlossen sind, sondern auch visuell nicht wahrnehmbare Zeichen geschützt werden können, sofern sie graphisch darstellbar sind.[9] Die graphische Darstellung ihrerseits muss nach Maßgabe des Gerichtshofes „klar, eindeutig,
in sich abgeschlossen, leicht zugänglich, verständlich, dauerhaft und objektiv" sein.[10] Speziell im Hinblick auf Geruchsmarken entschied der *Europäische Gerichtshof*, dass die Anforderungen an die graphische Darstellbarkeit weder durch die Angabe einer chemischen Formel, noch durch die
Beschreibung des Geruchseindrucks in Worten, die Hinterlegung einer
Geruchsprobe oder eine Kombination der einzelnen Methoden erfüllt werde.[11] Nach überwiegender Ansicht sind Düfte nach den in der Entscheidung „*Sieckmann*" aufgestellten Kriterien – jedenfalls nach heutigem

---

[5] Vgl. *OECD*, The economic impact of counterfeiting and piracy, S. 11 f.

[6] *EuGH*, GRUR 2003, 145 – Sieckmann.

[7] Erste Richtlinie 89/104/EWG des Rates v. 21. Dezember 1988 zur Angleichung der
Rechtsvorschriften der Mitgliedstaaten über die Marken (ABl. Nr. L 40 v. 11.2.1989,
S. 1 ff.).

[8] Gesetz über den Schutz von Marken und sonstigen Kennzeichen v. 25. Oktober 1994
(BGBl. I S. 3082, 1995, S. 156), zuletzt geändert durch Art. 4 des Gesetzes v. 7. Juli
2008 (BGBl. I S. 1191).

[9] *EuGH*, GRUR 2003, 145 (147), Rz. 45 – Sieckmann.

[10] *EuGH*, GRUR 2003, 145 (148), Rz. 55 – Sieckmann.

[11] *EuGH*, GRUR 2003, 145 (149), Rz. 73 – Sieckmann.

Stand der Technik – nicht graphisch darstellbar und deshalb vom Markenschutz ausgeschlossen.[12]

Ausgehend von diesem faktischen Ausschluss des Schutzes von Düften
als Geruchsmarke ist es das Ziel und der Gegenstand dieser Arbeit, die
Schutzfähigkeit von Düften und Duftstoffen durch die übrigen Instrumente
des geistigen Eigentums zu untersuchen. Das Markenrecht stellt lediglich
einen Ausschnitt des gesamten Rechtsgebiets des geistigen Eigentums dar,
und der Schutzausschluss in diesem speziellen Bereich hat – jedenfalls im
Ausgangspunkt – keine präjudizielle Wirkung im Hinblick auf die übrigen
Schutzformen. Der Markenschutz von Düften und Gerüchen ist folglich
nicht Gegenstand der Untersuchung, sondern diesbezüglich sei an dieser
Stelle auf die dazu erschienenen Monographien[13] sowie die weitere Literatur verwiesen.[14]

B. Stand der Forschung

Die Schutzfähigkeit von Düften und Duftstoffen durch die Rechte des geistigen Eigentums außerhalb des Markenrechts ist – soweit ersichtlich – in
der deutschsprachigen Rechtswissenschaft bislang nicht Gegenstand einer
umfassenden Untersuchung gewesen. Einzig *Rengshausen* beschäftigt sich
in seiner Abhandlung zum „Markenschutz von Gerüchen" mit dem Patent-
und Urheberrechtsschutz in Form von „Ausblicken".[15] Ganz vereinzelt
finden sich – angestoßen durch Urteile ausländischer Gerichte – Abhand-
lungen zum Urheberrechtsschutz für Parfüms.[16] Entscheidungen deutscher
Gerichte zum Gegenstand dieser Arbeit sind nicht bekannt. Urheberrechtliche Streitigkeiten im Zusammenhang mit Parfüm befassten sich bislang
mit der – im Rahmen dieser Arbeit unbeachtlichen – Schutzfähigkeit von
Flakons und Verpackungen bzw. der Verletzung fremder Rechte durch die

---

[12] *EuG*, MarkenR 2005, 536 (539 f.) – Odeur de fraise mûre; *HABM*, GRUR Int. 2004,
857 (858 f.) – Duftmarke; *Ströbele/Hacker/Hacker*, § 3 Rn. 59 ff.; *v. Schultz*, § 8 Rn. 10;
Lange, Rn. 346; *Götting*, § 47 Rn. 30; *Hölk*, in: FS f. Ullmann, 239 (248);
de Elzaburu/Montero, in: FS f. v. Mühlendahl, 171 (190); kritisch *Ingerl/Rohnke*, § 8
Rn. 109.

[13] S. die Arbeiten von *Sessinghaus*, *Rengshausen* und *Kutscha*.

[14] S. bereits die Nachweise in Fn. 12; vgl. auch *Fezer*, Markenrecht, § 3 Rn. 279 ff.;
Bender, in: FS f. v. Mühlendahl, 157 (170); *Sieckmann*, WRP 2002, 491 ff.; *Hölk*,
jurisPR-WettbR 7/2006, Anm. 2.

[15] *Rengshausen*, S. 137 ff. und S. 167 ff.

[16] Einzig *Balaña*, GRUR Int. 2005, 979 ff. setzt sich ausführlich mit der Problematik
auseinander; vgl. zudem die Urteilsanmerkungen von *Cohen Jehoram*, GRUR Int. 2006,
920 ff. und *Well-Szönyi*, GRUR Int. 2006, 1039.

Art der Gestaltung derselben.[17] Markenrechtliche Entscheidungen ergingen zum Vertrieb von Originaldüften unter Verletzung selektiver Vertriebssysteme.[18] Die Rechtsprechung zu den sog. Duftvergleichslisten, das heißt Listen, in denen (teuren) Originaldüften ähnlich riechende (günstigere) Düfte eines anderen Anbieters zugeordnet werden, setzte sich einzig mit wettbewerbsrechtlichen Ansprüchen aus vergleichender Werbung auseinander.[19] Soweit darüber hinaus lauterkeitsrechtliche Entscheidungen im Zusammenhang mit Düften ergangen sind, behandeln sie den Schutz von Düften und Duftstoffen als solchen allenfalls am Rande.[20]

C. Gang der Darstellung

Im Ersten Teil der Untersuchung werden Grundlagen zu den beiden Themenbereichen behandelt, die den Gegenstand der Arbeit abgrenzen. Zunächst wird deshalb auf Duftstoffe eingegangen, wobei insbesondere die verschiedenen Riechstoffarten dargestellt werden. Daran schließen sich nähere Erläuterungen zum Begriff und der Lehre des geistigen Eigentums an.

Die eigentliche Untersuchung der Schutzfähigkeit von Düften und Duftstoffen durch Instrumente des geistigen Eigentums beginnt im Zweiten Teil mit dem Urheberrecht. Die Arbeit beschränkt sich dabei nicht auf das nationale Recht, sondern bezieht auch Rechtsprechung und Literatur aus dem Ausland, insbesondere aus Frankreich, ein. Speziell die Voraussetzungen des Urheberrechtsschutzes für Düfte werden eingehend behandelt.

Nach einer Darstellung des Geschmacksmusterrechts im Dritten Teil folgt im Vierten Teil die Untersuchung der Schutzfähigkeit durch das Patentrecht, wobei zwischen komplexen Duftstoffgemischen und Einzelduftstoffen als möglichen Schutzgegenständen differenziert wird. Im Anschluss daran befasst sich der Fünfte Teil der Arbeit mit dem Gebrauchsmusterschutz.

Schließlich wird im Sechsten Teil die Schutzfähigkeit von Düften und Duftstoffen aus Sicht des Lauterkeitsrechts problematisiert. Dabei erfolgt zunächst eine Erörterung der Möglichkeit des Schutzes als Betriebsgeheimnis, ehe der sog. ergänzende wettbewerbsrechtliche Leistungsschutz behandelt wird. Eine Zusammenfassung der Ergebnisse der Untersuchung schließt die Arbeit zusammen mit einem Vergleich zum Markenrecht ab.

---

[17] Vgl. BGHZ 144, 232 ff. = NJW 2000, 3783 ff. – Parfumflakon; *OLG Köln*, NJW 1998, 1416; ZUM 2007, 140.

[18] *BGH*, GRUR 2006, 421 – Markenparfümverkäufe; *OLG Hamburg*, GRUR-RR 2007, 73 – Parfümtester II.

[19] *BGH*, GRUR 2004, 607 – Genealogie der Düfte.

[20] S. dazu Sechster Teil, B I.

Erster Teil

Grundlagen

A. Duftstoffe

Der Mensch ist täglich einer unüberschaubaren Vielzahl von Düften ausgesetzt. Jeder Mensch, jedes Tier, jede Pflanze und auch die meisten unbelebten Gegenstände haben einen Eigengeruch: Geruchlose Dinge sind in unserer Umwelt selten.[1] Rechtlicher Schutz wird begehrt für Stoffe, die man umgangssprachlich als „Gerüche" bezeichnet: Düfte bzw. Duftstoffe. Bei den Duftstoffen handelt es sich um eine Sammelbezeichnung für diejenigen Riechstoffe, die beim Menschen ein angenehmes Geruchsempfinden auslösen und daher zur Parfümierung von technischen Produkten, Sanitärartikeln, Seifen, Kosmetika und dergleichen vielfältige Verwendung finden.[2] Riechstoffe stellen ihrerseits einen Oberbegriff dar für solche Stoffe oder Stoffgemische, welche durch den Geruchssinn wahrnehmbar sind.[3] Sie sind organische Verbindungen und chemische Botschafter, deren Empfänger vornehmlich die Riechzellen der Nase, in geringerem Umfang aber auch die Schmeckzellen der Zunge sind.[4] Die Frage der rechtlichen Schutzfähigkeit von Düften und anderen Riechstoffen ist untrennbar verknüpft mit der bewussten Nutzung des Duftes, denn Schutz wird in der Intention begehrt, andere gerade von einer bestimmten Nutzung abzuhalten.

I. Geschichte

Die Geschichte der bewussten Nutzung des Duftes begann mit der kultischen Verwendung aromatischer Harze, Hölzer und Pflanzen.[5] Die Götter sollten durch die Verbrennung von Zedernholz und Myrrhe gnädig gestimmt werden, die Botschaften wurden „per fumum" zum Himmel geschickt. Diese Rauchzeichen gaben dem Parfüm den Namen. Ägypter, Perser und Skyten benutzten Harze und mit Duftstoffen angereicherte

---

[1] *König/aus der Mark/Ismeni,* S. 4.
[2] Römpp-Lexikon Chemie, Band 2, S. 1057.
[3] Römpp-Lexikon Chemie, Band 5, S. 3825.
[4] *Bauer/Garbe,* in: Ullmann's Encyclopedia, Vol. A 11, 141 (145).
[5] *Martinetz/Hartwig,* S. 5.

Pflanzenöle zur Einbalsamierung.[6] Bereits gegen Ende des 3. Jahrtausends
v. Chr. hatte sich die Zubereitung duftender Salben durch Priesteralchimis-
ten zur Kunst entwickelt.[7] Archäologische Funde lassen heute den Schluss
zu, dass in Mesopotamien und Ägypten zu dieser Zeit bereits eine ausge-
prägte Duftkultur existierte.[8] Die Beschäftigung mit Düften und deren Herstellung war eine hoch angesehene Profession. Aufgrund des kultischen
oder auch medizinischen Einsatzes war sie Priestern, Ärzten oder anderen
Gelehrten vorbehalten. Die Parfümerie zählte zur Heilkunde im weitesten
Sinne, die Duftgemische wurden sowohl äußerlich angewandt als auch
getrunken.[9] Die Griechen erlernten den Umgang mit Duftstoffen von den
Ägyptern und Phöniziern und brachten das Wissen weiter nach Rom. Der
griechische Dichter *Antiphanes* berichtet über das Beduftungsritual eines
Mannes: „Er taucht seine Füße und Beine in schwere ägyptische Salben;
Kiefer und Brust reibt er mit zähflüssigem Palmöl ein und beide Arme mit
einem nach Minze duftenden Auszug, Augenbrauen und Haare mit Majo-
ran, Knie und Nacken mit einer Essenz aus zerstoßenem Thymian."[10]

Im Mittelalter erlangten Düfte und Riechstoffe besonders zur therapeu-
tischen und medizinischen Anwendung Bedeutung. Bedingt durch den
Glauben, schwere Krankheiten wie die Pest würden durch den mit den
Krankheiten verbundenen Gestank übertragen, versuchte man sich mit Ge-
gengerüchen zu schützen.[11] Vom elften bis zum dreizehnten Jahrhundert
gelangte die Kunst der Verarbeitung und Mischung von Duftstoffen – be-
günstigt durch die Kreuzzüge – vom Orient nach Süd- und auch nach Mit-
teleuropa.[12] Mit der Erfindung der Destillation hatten die Araber wichtige
wissenschaftliche Vorarbeit auch für den Handel mit Duftstoffen geleistet,
denn sie ermöglichte den Transport konzentrierter Essenzen anstelle großer
Mengen von Rohstoffen.[13]

Die verschiedenen Techniken der Duftstoffgewinnung aus pflanzlichen
und tierischen Rohstoffen wurden fortan verfeinert. Mit der Isolierung von
ätherischen Ölen aus grünen Pflanzenteilen, Rinden, Hölzern, Gewürzen
usw. erlebte die Parfümeriekunst einen großen Aufschwung und kam in
der Renaissance zu hoher Blüte.[14] Seit dieser Zeit ist Frankreich das bedeutendste europäische Duftzentrum. Beleg dafür ist die im Vergleich zu den
übrigen europäischen Jurisdiktionen hohe Anzahl an Gerichtsentscheidun-

---

[6] Römpp-Lexikon Chemie, Band 4, S. 3126.
[7] *Martinetz/Hartwig*, S. 6.
[8] *Hartmann*, S. 34.
[9] *Müller*, S. 12.
[10] Zitiert nach *Hurton*, S. 24.
[11] *Hartmann*, S. 39.
[12] *Martinetz/Hartwig*, S. 8.
[13] *Müller*, S. 13.
[14] *Sturm/Peters*, in: Ullmann's Encyclopedia, Vol. A 19, 171.

gen, die die Verletzung von möglichen Schutzrechten an Duftkompositionen zum Gegenstand haben. Die Wohlgerüche erreichten auch England, mit der Folge, dass das englische Parlament in einem Erlass aus dem Jahr 1770 androhte, dass Frauen, die einen Mann durch Anwendung von Parfüm zur Heirat verlockt hätten, nach den Gesetzen für Hexerei bestraft und die Ehen annulliert würden.[15] Der enorme Verbrauch von Duftwässern zu dieser Zeit beruhte nicht zuletzt auch auf der Tatsache, dass es die üblen Gerüche in den Straßen, Gassen und Flüssen der europäischen Großstädte, hervorgerufen durch fehlende Kanalisation etc., zu überdecken galt. Der Zustand in den Städten damals wird am Beispiel von Versailles folgendermaßen beschrieben: „Die schlechten Gerüche im Park, in den Gärten und sogar im Schloß selbst erregen Übelkeit. Die Zuwege, die Innenhöfe, die Nebengebäude und die Korridore sind voller Urin und Fäkalien; ... Die Avenue de Saint Cloud ist bedeckt mit moderndem Schlamm und toten Katzen.“[16]

Ein entscheidender Schritt in der Geschichte der Riechstoffkomplexe wurde dann im 19. Jahrhundert mit der Industrialisierung der Herstellung von ätherischen Ölen vollzogen. Etwa ab Mitte des 19. Jahrhunderts erfolgten durch die Entwicklung der modernen Chemie die Isolierung reiner Riechstoffe und deren Strukturaufklärung. 1834 isolierten *J. B. Dumas* und *E. M. Péligot* den *Zimtaldehyd* aus dem Zimtöl, *J. Liebig* und *F. Wöhler* gelang dies 1837 mit *Benzaldehyd* aus Bittermandelöl.[17] Mitte bis Ende des 19. Jahrhunderts erfolgten dann die ersten Riechstoff-Synthesen. Die Wegbereiter der modernen Riechstoffindustrie saßen vornehmlich in deutschen Laboratorien. Während in Frankreich, veranlasst durch die für den Anbau von Rohstoffen günstigen klimatischen Bedingungen, noch schwerpunktmäßig an der Verbesserung der Ausbeute natürlicher Riechstoffe gearbeitet wurde, verdankt die deutsche Riechstoffindustrie ihre Entwicklung vor allem der chemischen Forschung. Im Jahr 1859 kam *Salicylsäuremethylester* als „künstliches Wintergrünöl" in den Handel, und 1874 gelang die industrielle Synthese des *Vanillins* durch *Haarmann & Reimer*.[18] Die Kosten für die Riechstoffsynthese waren zwar zunächst noch immens, sie sanken jedoch mit dem technischen Fortschritt in relativ kurzer Zeit erheblich

---

[15] "That all women of whatever age, range, profession, whether virgins, maids, or widows, that shall, from and after such Act, impose upon, seduce and betray into matrimony, any of his Majesty's subjects, by the scents, paints, cosmetic washes, artificial teeth, false hair, Spanish wool, iron stays, hoops, high heeled shoes, bolstered hips, shall incur the penalty of the law in force against witchcraft and like misdemeanours and that the marriage, upon conviction, shall stand null and void."; s. auch *Martinetz/Hartwig*, S. 9.

[16] Zitiert nach *Corbin*, S. 42.

[17] *Bauer/Garbe,* in: Ullmann's Encyclopedia, Vol. A 11, 141 (144).

[18] *Bauer/Garbe,* in: Ullmann's Encyclopedia, Vol. A 11, 141 (144).

(1890 betrug der Preis für ein Kilogramm natürliches Vanillin 3500 Mark, ein Kilogramm synthetisches Vanillin kostete 3000 Mark; im Jahre 1908 lag der Preis des künstlichen Vanillins schon nur noch bei 30 Mark pro Kilogramm).[19] Angesichts der nahezu unbegrenzten Verfügbarkeit synthetischer Duftstoffe weitete sich ihr Einsatzbereich kontinuierlich aus. Heute werden aufgrund der hohen Nachfrage mehr als drei Viertel aller Duftstoffe synthetisch hergestellt.[20]

Neben dem Einsatz in der Feinparfümerie und in der Reinigungs- und Pflegemittelindustrie sind Riechstoffe auch als Geruchsverbesserungsmittel von Bedeutung, das heißt zur Verwendung in relativ kleinen Mengen zur Überdeckung übler Gerüche von Chemikalien, chemisch-technischen Präparaten usw.[21] Die Palette von Anwendungen reicht hier von der Erdölproduktion über die Rostschutzmittelproduktion bis hin zum Einsatz in Fischmehlfabriken. Neben der erwähnten Neutralisierung oder Übertonung störender Gerüche, der sog. Maskierung,[22] gewinnt die Signalisierung bzw. Simulation bestimmter Produkteigenschaften durch Düfte im Markenmanagement stetig an Bedeutung (sog. erlebnisorientiertes Marketing). Beispiele sind hier die Beduftung von Kunststoffen mit Lederaroma, von Raumsprays mit Fliederduft, von Haushaltsreinigern mit Zitrusduft oder von Bäckereien mit dem Geruch frisch gebackenen Brotes.[23] Verstärkt werden auch Räume beduftet, um ein gewisses Wohlbefinden bei den sich darin aufhaltenden Menschen zu erzeugen. Dies dient in Kaufhäusern etc. vornehmlich dazu, höhere Konsumfreudigkeit zu stimulieren. Das Beduftungssystem an den Sitzen im Konzertsaal des Leipziger Gewandhauses zielt hingegen eher darauf ab, den Konzertbesuchern einen noch angenehmeren Aufenthalt zu ermöglichen.

II. Riechstoffarten

Duftstoffe zählen zur Gruppe der Riechstoffe. Riechstoffe werden einerseits nach den Empfindungen unterschieden, die sie im Wege der Geruchswahrnehmung beim Menschen auslösen. Bedeutsamer hingegen ist die Unterteilung der Riechstoffe und Riechstoffkomplexe nach ihrer Herkunft bzw. ihrer Herstellungsart in natürliche, halbsynthetische und (voll-) synthetische Riechstoffe.

---

[19] *Martinetz/Hartwig*, S. 13.
[20] *Martinetz/Hartwig*, S. 15; v. *Braun*, Bild der Wissenschaft 1992, 48 (51).
[21] Römpp-Lexikon Chemie, Band 2, S. 1513.
[22] Vgl. *Schuber/Hehn*, S. 1253 f.
[23] *Schubert/Hehn*, S. 1255 f.; vgl. *Piringer*, SZ Nr. 268 v. 21.11.2007, S. 20.

1. Duft- und Stinkstoffe

Bei den Riechstoffen, welche vom menschlichen Geruchssinn wahrgenommen werden und entsprechende Empfindungen auslösen, unterscheidet man grob zwischen den Duftstoffen mit angenehmer Wirkung und den sog. Stinkstoffen, die unangenehme Empfindungen hervorrufen bis hin zu Ekel und Erbrechen.[24] Die Frage des geistigen Eigentums an bzw. der rechtlichen Schutzfähigkeit von Riechstoffen stellt sich für Duft- und Stinkstoffe gleichermaßen. Exklusivität wird auch für übel riechende Substanzen begehrt. Dabei gehen die Anwendungsmöglichkeiten über den Bereich der Scherzartikelindustrie („Stinkbombe") hinaus. Das US-Militär arbeitete beispielsweise in der Vergangenheit an der Entwicklung von Kampfmitteln auf Stinkstoffbasis.[25]

2. Natürliche Riechstoffe

Lange Zeit, das heißt bis Mitte des 19. Jahrhunderts,[26] standen nur natürliche Riechstoffe zur Verfügung. Dabei handelt es sich zum überwiegenden Teil um Substanzen, die aus Pflanzen gewonnen werden. Riechstoffe sind nicht nur in den Blüten, sondern in allen Pflanzenteilen vorhanden, das heißt auch Blätter und Stängel, Früchte oder Samen, Hölzer, Rinden, Moose, Kräuter und Gräser, Nadeln und Zweige, Wurzeln und Fruchtschalen dienen als Ausgangsstoffe.[27] Zahlenmäßig wesentlich geringer und dementsprechend kostbarer sind die natürlichen Riechstoffe tierischen Ursprungs. Von Bedeutung sind hier *Ambra*, ein vom Pottwal ausgeschiedenes krankhaftes Stoffwechselprodukt, *Moschus*, der Drüseninhalt eines zentralasiatischen geweihlosen Hirsches, *Zibet*, das Drüsensekret der Zibetkatze und *Castoreum*, ein Drüsensekret des kanadischen Bibers.[28]

Zu den natürlichen Riechstoffen gehören die *ätherischen Öle*, *Concrètes*, *Absolues*, *Resinoide*, *Balsame*, *Harze*, *Tinkturen* und *Pomades*. *Ätherische Öle* werden durch Wasserdampfdestillation oder Auspressen aus Pflanzenteilen gewonnen und sind Gemische chemischer Substanzen, die ohne Rückstände verdampfen.[29] Sie sind nicht wasserlöslich, aber lassen sich mit Alkohol und fetten Ölen mischen. Ein *ätherisches Öl* besteht nicht selten aus über 50 chemischen Einzelsubstanzen. Gaschromatographische Analysen zeigen, dass ein typischer Naturduft aus zehn bis 200 Mole-

---

[24] Römpp-Lexikon Chemie, Band 5, S. 3825 u. 4257.

[25] *König/aus der Mark/Ismeni*, S. 23.

[26] S. Erster Teil, A I.

[27] *Hurton*, S. 93.

[28] Römpp-Lexikon Chemie, Band 4, S. 3125.

[29] *Müller*, S. 66.

külsorten besteht.[30] Dem ISO-Standard 9235 (1997) zufolge handelt es sich bei einem *ätherischen Öl* um ein Produkt, welches aus dem Material einer einzigen Pflanze hergestellt wird durch Destillation mit Wasser oder Dampf, durch Auspressen oder durch trockene Destillation. Von den heute bekannten ca. 250.000 höheren Pflanzen enthalten ungefähr ein Prozent *ätherische Öle*, allerdings oftmals in so geringen Anteilen, dass sich das Herauslösen wirtschaftlich nicht lohnt.

Concrètes werden durch Extraktion hergestellt. Die Extraktion ist ein Verfahren zur Gewinnung von Rohstoffen aus pflanzlichem oder tierischem Material mithilfe verschiedener Lösungsmittel.[31] Die *Concrètes* enthalten neben dem ätherischen Öl auch eine Reihe in Alkohol unlöslicher Wachse. Entfernt man die unlöslichen Wachsbestandteile durch die Behandlung mit erwärmtem, absolutem Alkohol, so erhält man die *Absolues*: qualitativ hochwertige Produkte, die wegen der geringen Ausbeute bei der Gewinnung sehr teuer sind. *Resinoide* sind Extrakte aus tierischen oder pflanzlichen Stoffen mit Ausnahme der Blüten, das heißt aus Knospen, Blättern, Zweigen, Rinden, Samen, Flechten, Moosen etc.[32] *Balsame* werden ohne Extraktionsprozess direkt durch Verletzung der äußeren Pflanzenschicht gewonnen. Es handelt sich dabei um ein dickflüssiges Sekret. *Harze* sind meist feste oder halbfeste organische Pflanzenausscheidungen, die vor der Weiterverwendung noch einem Reinigungsprozess mit Lösungsmitteln unterzogen werden. *Tinkturen* schließlich sind kalt gewonnene alkoholische Auszüge aus Naturstoffen.[33] *Pomades* erhielt man früher mithilfe der Verfahren der Enfleurage oder Mazeration. Bei der Enfleurage verteilt man Blüten auf einer dünnen Fettschicht und wartet 24 Stunden, bis diese ihre Duftstoffe an das Fett abgegeben haben. Nach mehrfacher Wiederholung bleibt dabei eine gesättigte Fettlösung übrig, die *Pomade*.[34] Ähnlich funktioniert die Mazeration, bei der fein zerhackte Pflanzenteile bis zur Sättigung in heißes Fett gegeben werden. Nach Waschung der Pomade in Alkohol erhält man die sog. *Absolues de pomades*. Aufgrund der Kostspieligkeit der Verfahren werden Enfleurage und Mazeration heute nur noch in Ausnahmefällen eingesetzt. Stattdessen ersetzt man die daraus zu gewinnenden Riechstoffe durch synthetische Produkte. Die hohen Produktionskosten sind aber auch Nachteil vieler anderer Herstellungsverfahren (beispielsweise benötigt man zur Destillation eines Kilos Rosenöl

---

[30] *Eberhard-Metzger*, Bild der Wissenschaft 2002, 20 (24); vgl. auch die Übersichten über Inhaltsstoffe von Majoran-, Thymian-, Basilikum- und Pfefferaromen bei *Blum*, S. 50, 69, 80, 102 ff.

[31] *Müller*, S. 69.

[32] *Martinetz/Hartwig*, S. 17.

[33] *Müller*, S. 74.

[34] *Hurton*, S. 94.

viertausend Kilo Blütenblätter),[35] sodass auch dort vermehrt synthetische
Stoffe zum Einsatz kommen.

3. Halbsynthetische Riechstoffe

Zwischen den natürlichen und den synthetischen Riechstoffen liegt die
Gruppe der halbsynthetischen Riechstoffe. Dabei handelt es sich um Produkte natürlichen Ursprungs, die durch chemische Veränderung des natürlichen Ausgangsmaterials gewonnen werden. Von einem Halbsynthetikum
spricht man beispielsweise bei der teilweisen Destillation eines *ätherischen Öls* mit dem Ziel, nur ein bestimmtes Molekül freizubekommen.[36]
Halbsynthetische Riechstoffe sind unter anderem das nach Maiglöckchen
und Flieder duftende *Hydroxycitronellal*, welches aus *Citronellal* gewonnen wird, und *Geranylacetat* aus *Geraniol*.[37] Auch beim *Vanillin* handelt
es sich um einen halbsynthetischen Riechstoff, gewonnen wird es aus
Isoeugenol, einem aus dem Nelkenöl isolierten Bestandteil. Zu den halbsynthetischen Riechstoffen im weiteren Sinne zählen auch die sog. Isolate,
die aus natürlichen Ausgangsstoffen mithilfe physikalischer oder chemischer Trennmethoden gewonnen werden.

4. Synthetische Riechstoffe

Die hohen Produktionskosten der natürlichen Riechstoffe und deren
Knappheit führten zwangsläufig dazu, dass die synthetischen Riechstoffe
eine überragende Bedeutung haben. Parfümeuren stehen heute rund 500
natürliche und über 5000 synthetische Riechstoffe zur Verfügung.[38] Der
Vorteil der synthetischen Riechstoffe liegt in der praktisch unbegrenzten
Verfügbarkeit und auch in ihrer gleich bleibenden Geruchsqualität. Zudem
ist es mithilfe synthetischer Riechstoffe möglich, den Duft natürlicher
Vorbilder exakter nachzubilden als durch Extraktion, Destillation etc.
Joris-Karl Huysmans beschreibt dieses Phänomen im Roman „A rebours"
folgendermaßen: „Niemals entstammen die Parfums den Blumen, deren
Namen sie tragen; der Künstler, der es wagen würde, seine Elemente
einzig der Natur zu entnehmen, würde nur ein entartetes Werk ohne
Wahrheit und ohne Stil schaffen, da die durch Destillation von Blumen
gewonnene Essenz nur eine sehr entfernte und sehr vulgäre Ähnlichkeit
mit dem Aroma der lebenden Blume besitzt, die ihren Duft auf den Feldern
verströmt."[39]

---

[35] *Morris*, S. 255.
[36] *Morris*, S. 24.
[37] *Sturm/Peters*, in: Ullmann's Encyclopedia, Vol. A 19, 171 (172).
[38] *Groom*, S. 260.
[39] Zitiert nach *Hurton*, S. 98.

Organische Grundchemikalien für die Riechstoffsynthese sind in der Regel Kohle oder Erdöl. Zu Beginn der Riechstoffsynthese stand das Bemühen von Chemikern, einzelne Bausteine aus natürlichen Riechstoffkomplexen zu isolieren und deren chemische Struktur aufzuklären. Nachdem dies gelungen war, versuchte man die einzelnen Komponenten synthetisch zu gewinnen und durch Rekombination der Komponenten natürliche Duftnoten möglichst identisch nachzustellen. Auf diese Weise erhielt man die naturidentischen Riechstoffe, die zwar synthetisch hergestellt wurden, aber den natürlichen Verbindungen in der chemischen Struktur gleich sind. Ein solcher, rein chemisch gewonnener, aber in der Struktur naturidentischer Riechstoff ist zum Beispiel das *Menthol*.

Die zweite Gruppe der vollsynthetischen Riechstoffe sind jene, die mit der molekularen Struktur eines Naturproduktes nicht identisch bzw. ihr noch nicht einmal ähnlich sind. Trotz der molekularen Unterschiede geben diese Stoffe oftmals die Geruchseindrücke natürlicher Vorbilder wieder. Der Bedarf für diese synthetischen Duftstoffe ergibt sich daraus, dass die völlige Aufklärung der hochkomplexen molekularen Struktur eines natürlichen Duftgemisches häufig trotz des rasanten Fortschritts in den Naturwissenschaften nicht möglich ist, aber die Synthese des Duftes gewünscht wird. „Das Artifizielle kann sich dem Natürlichen mittlerweile ziemlich perfekt annähern, deckungsgleich imitieren kann es die Natur nicht."[40] Beispiele dafür sind das *4-tert-Butyl-cyclohexylacetat* (Geruchsnote Holz, Veilchen) und *α-Amylzimtaldehyd* (Geruchsnote Jasmin).[41]

Die Tatsache, dass sich chemisch verschiedene Stoffe oder Stoffgemische für die menschliche Nase als geruchsähnlich oder sogar geruchsidentisch darstellen, beruht darauf, dass sehr verschiedene Stoffe in den Riechrezeptoren ein Potential auslösen können, welches in den sensorischen Gehirnzentren zu einem gleichartigen Sinneseindruck führt.[42] Andererseits können auch minimale Veränderungen der chemischen Struktur eines Riechstoffgemisches zu einem völlig anderen Geruchseindruck führen. Die Synthese eines Riechstoffes nach natürlichem Vorbild ist mithin immer mit einem gewissen Maß an Unsicherheit über den tatsächlichen Geruchseindruck verbunden. Ein steigender Anteil der synthetischen Riechstoffe entspricht schließlich keinerlei natürlichen Vorbildern und dient daher zur Komposition von „Phantasie-Duftnoten".[43] Somit lassen sich die Riechstoffe folgendermaßen einteilen:

---

[40] *Hurton*, S. 100.
[41] *Sturm/Peters*, in: Ullmann's Encyclopedia, Vol. A 19, 171 (172).
[42] *Bauer/Garbe,* in: Ullmann's Encyclopedia, Vol. A 11, 141 (145 f.).
[43] Römpp-Lexikon Chemie, Band 5, S. 3826.

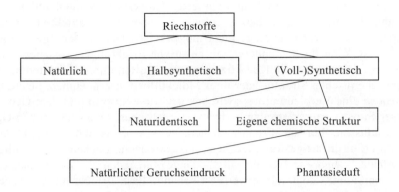

Auch wenn die Bedeutung der synthetischen Riechstoffe immens ist, so darf nicht vergessen werden zu erwähnen, dass die Riechstoffindustrie auch heute noch auf natürliche Stoffe angewiesen ist. Künstliche Riechstoffe können die natürlichen (noch) nicht völlig ersetzen. Vollsynthetische Duftstoffgemische wirken oftmals schrill und blechern, erst die Zugabe von Pflanzenölen verleiht einer Mischung Weichheit und rundet diese ab.[44] Rezepturen, die ausschließlich auf Synthetika beruhen, erreichen nicht den Charakter von Mischungen, die einen nennenswerten Anteil an natürlichen Duftstoffen enthalten.[45]

III. Duftklassifizierungen

In zahlreichen Versuchen und Modellen ist bereits versucht worden, Düfte zu klassifizieren. Die Einteilung in einzelne Duftfamilien oder Duftklassen orientiert sich dabei häufig am Sinneseindruck, der beim Menschen infolge seiner olfaktorischen Wahrnehmung entsteht. Daneben existieren Einteilungen auf Basis chemischer und biochemischer Erkenntnisse. Eine ganze Reihe von Duftklassifizierungen existiert speziell für den Bereich der Parfümerie.

Bereits 385 v. Chr. unterteilte *Aristoteles* die Gerüche in sechs Klassen: stechend, süß, herb, ölig, bitter, scharf.[46] Zudem unterschied er zwei Oberngruppen für Gerüche: auf der einen Seite Gerüche, die als angenehm empfunden werden, wenn man hungrig ist und als unangenehm, wenn man satt ist, sowie auf der anderen Seite Gerüche, die von sich aus angenehm sind.[47] Bereits an dieser Einteilung wird ein wesentliches Problem der an

---

[44] *Morris*, S. 254.
[45] *Dorland/Rogers*, S. 168.
[46] Vgl. *Harper/Bate Smith/Land*, S. 17 f.
[47] Vgl. *Harper/Bate Smith/Land*, S. 8; *Gschwind*, S. 32.

der menschlichen Empfindung orientierten Duftklassifikation deutlich. Die Wahrnehmung von Gerüchen ist subjektiv,[48] sodass eine objektive Klassifizierung auf ihrer Grundlage nicht möglich ist. Was für den einen angenehm ist, kann für den anderen mit negativen Erfahrungen assoziiert sein. Es liegt daher nahe, die Klassifizierung von Düften durch Orientierung an ihrer chemischen Struktur oder ihrer Molekülform vorzunehmen. So stellte *Amoore* eine Verbindung her zwischen der Molekülform und dem Geruch einer Substanz und kam damit zu insgesamt sieben stereochemischen Geruchsklassen, den sog. Primärgerüchen. Er unterschied ätherische, blumige, pfefferminzartige, kampferartige, moschusartige, stechende und faulige Gerüche.[49] *Amoores* Modell galt für lange Zeit jedenfalls in Grundzügen als anerkannt,[50] doch mittlerweile ist bekannt, dass es nicht mit der Tatsache vereinbar ist, dass Geruchsstoffe mit nahezu identischer Struktur unterschiedlich riechen können.

Die Klassifikationssysteme der Parfümeure sind vielfältig und zahlreich. Beinahe jedes Parfümhaus und jeder Duftstoffhersteller charakterisiert seine Düfte nach einem eigenen System. Dabei sind die Klassifizierungen tendenziell ähnlich, sie unterscheiden sich durch die Bildung von Untergruppen und die Bezeichnungen der Duftfamilien im Einzelfall. Manchmal werden drei Duftkonzepte genannt,[51] teilweise erfolgt eine Unterteilung in zwölf Duftnoten,[52] an anderer Stelle in sechzehn Segmente.[53] Sämtliche Parfümklassifikationen sind deutlich geprägt durch die parfümistische Fachsprache und dadurch für Laien teilweise schwer verständlich. Die Bezeichnungen einzelner Duftklassen sind teilweise wenig prägnant und lassen einen weiten Interpretationsspielraum hinsichtlich der zugehörigen Düfte. *Gschwind* hat aufgezeigt, dass es sich bei den Klassifikationen um ein subjektiv geprägtes Abbild der Sprache der Parfümeure handelt.[54]

Zusammenfassend kann gesagt werden, dass es zum jetzigen Zeitpunkt kein anerkanntes, objektives Modell zur Klassifizierung von Düften gibt.[55] Insbesondere in den Randbereichen der Duftklassen ist eine Zuordnung

---

[48] S. dazu Zweiter Teil, B IV.

[49] Vgl. *Rengshausen*, S. 43; *Gschwind*, S. 36 f.

[50] Vgl. *Hatt*, S. 114 f.

[51] *Sturm/Peters*, in: Ullmann's Encyclopedia, Vol. A 19, 171 (174 f.) unterscheiden blumige, orientalische und Chypre-Noten.

[52] Römpp-Lexikon Chemie, Band 4, S. 3126 (Grün, Citrus, Lavendel, Blumig, Aldehyd, Chypre, Fougere, Gewürz, Orientalisch, Holz, Tabak, Leder).

[53] *Gebauer*, S. 13 (Citrus, Blumig, Aldehydig, Oriental, Lavendel, Fougere, Fruchtig, Conifere, Chypre, Krautig, Grün, Würzig, Holzig, Tabak, Leder, Musk).

[54] *Gschwind*, S. 48 f.

[55] *Sessinghaus*, S. 35; *Rengshausen*, S. 45.

oftmals schwierig und willkürlich.[56] Je weniger Duftklassen einer Einteilung zugrunde liegen, desto größer sind zudem die Unterschiede zwischen jeweils erfassten Einzeldüften. Folgerichtig hat deshalb der *Europäische Gerichtshof* entschieden, dass die Beschreibung eines Duftes den Anforderungen an die graphische Darstellbarkeit einer Marke nicht genügt.[57] Die Duftklassifizierungen ermöglichen nicht eine so exakte Beschreibung eines Duftes, dass dieser allein dadurch eindeutig identifiziert werden kann. Für die Beurteilung von Düften besitzen die verschiedenen Duftfamilien dennoch – jedenfalls beschränkte – Aussagekraft. Werden beispielsweise zwei Parfüms von einem Parfümeur der gleichen oder ähnlichen Duftfamilie zugeordnet, so bedeutet dies, dass sie sich in bestimmten charakteristischen Eigenschaften ähnlich sind. Diese Information kann im Rahmen eines Vergleichs zweier Düfte in die Beurteilung einbezogen werden.[58]

B. Geistiges Eigentum

Der Begriff des „geistigen Eigentums" ist trotz (oder gerade wegen) seiner zunehmend weiten Verbreitung auch im allgemeinen Sprachgebrauch dogmatischen Bedenken seitens der Rechtswissenschaft im deutschsprachigen Raum ausgesetzt. Der Brockhaus Enzyklopädie zufolge handelt es sich beim geistigen Eigentum um einen „Zuordnungsbegriff für geistige Werte (geistige Schöpfungen, Immaterialgüterrechte)".[59] Der Schutz des geistigen Eigentums wird danach „durch das Urheberrecht und die Schutzmaterialien des gewerblichen Rechtsschutzes, ergänzend durch das Recht der unerlaubten Handlung bewirkt".[60] Black's Law Dictionary definiert „intellectual property" folgendermaßen: „a category of intangible rights protecting commercially valuable products of the human intellect. The category comprises primarily trademark, copyright, and patent rights, but also includes trade-secret rights, publicity rights, moral rights, and rights against unfair competition."[61] Das Übereinkommen zur Gründung der *World Intellectual Property Organization (WIPO)* enthält folgende Definition:

„Intellectual property shall include the rights relating to:
– literary, artistic and scientific works,
– performances of performing artists, phonograms, and broadcasts,

---

[56] *Gschwind*, S. 30 f.
[57] *EuGH*, GRUR 2003, 145 (149), Rz. 70 – Sieckmann.
[58] S. Zweiter Teil, D IV.
[59] Brockhaus Enzyklopädie, Band 10, S. 359.
[60] Brockhaus Enzyklopädie, Band 10, S. 359.
[61] Black's Law Dictionary, S. 669.

– inventions in all fields of human endeavour,
– scientific discoveries,
– industrial designs,
– trademarks, service marks, and commercial names and designations,
– protection against unfair competition,
and all other rights resulting from intellectual activity in the industrial, scientific, literary or artistic fields."[62]

„Intellectual property is traditionally divided into two branches, industrial property and copyright."[63] Greift man die beiden letztgenannten Bereiche auf, so erhält man die Bezeichnung, die in Deutschland für den Bereich des geistigen Eigentums kennzeichnend war und ist: „Gewerblicher Rechtsschutz und Urheberrecht". Die Unterscheidung von Urheberrecht und gewerblichem Rechtsschutz, der das Patent-, Muster-, Marken- und Teile des Wettbewerbsrechts umfasst, gilt in der deutschen bzw. deutschsprachigen Rechtswissenschaft als terminologisch korrekt.[64]

Die Lehre vom „geistigen Eigentum" stößt teilweise auf strikte Ablehnung, der Bezeichnung wird die Eigenschaft eines Rechtsbegriffes abgesprochen. Es handele sich dabei um „eine Methode, deren Eigenart darin besteht, Ungleichartiges und Ungleichwertiges miteinander zu vergleichen, um aus dem Vergleich Forderungen rechtspolitischer Art als richtig und notwendig zu belegen".[65] *Rehbinder* sieht darin einen „aus der Mottenkiste der Rechtsgeschichte" hervorgeholten Begriff, der aufgrund seiner ursprünglich naturrechtlichen Fundierung heute als „ideologischer Kampfbegriff" im Bestreben nach einer Ausweitung insbesondere des Schutzes durch das Urheberrecht fungiert.[66] Haupteinwand gegen den Terminus des „geistigen Eigentums" ist, dass er eine unangemessene Gleichstellung mit dem zivilrechtlichen Sacheigentum darstelle, wie es durch §§ 903, 90 BGB[67] definiert wird. Der Begriff des geistigen Eigentums wird als mit dem herrschenden zivilrechtlichen Eigentumsbegriff unvereinbar angesehen. Die unterschiedlichen Merkmale im Vergleich zum Sacheigentum betonte auch *Kohler*.[68] Er prägte stattdessen den Begriff der Immaterial-

---

[62] Art. 2 (viii) WIPO-Übereinkommen v. 14.7.1967.

[63] WIPO Intellectual Property Handbook, S. 3.

[64] *Ohly*, JZ 2003, 545 (546).

[65] *Roeber*, S. 50.

[66] *Rehbinder*, Rn. 97.

[67] Bürgerliches Gesetzbuch in der Fassung der Bekanntmachung v. 2. Januar 2002 (BGBl. I S. 42, 2909; 2003 I S. 738), zuletzt geändert durch Art. 1 des Gesetzes v. 4. Juli 2008 (BGBl. I S. 1188).

[68] Vgl. *Kohler*, Urheberrecht, S. 26 f.: „Habe ich an musikalischen und dichterischen Gedanken das Zugehörigkeitsrecht, so gibt dieses notwendigerweise eine andere Reihe von Befugnissen, als das Recht an einer Perlenschnur oder einem Vogelkäfig; (...) Hier von Eigentum zu sprechen, ohne das Eigentumsobjekt genauer zu bezeichnen, einfach das Gedicht, das Musikstück als Eigentumsobjekt benennen ohne Rücksicht darauf, was

güterrechte, welcher auch heute noch teilweise dem des „geistigen Eigentums" vorgezogen wird. Immaterialgüterrecht ist danach „ein Recht an einem außerhalb des Menschen stehenden, aber nicht körperlichen, nicht faß- und greifbaren Rechtsgute".[69] Auch wird der Einwand erhoben, dass die Lehre vom geistigen Eigentum auf einer zweifelhaften naturrechtlichen Theorie beruhe und lediglich dazu diene, die Position der in Rede stehenden Rechte rechtspolitisch zu stärken.[70] Gegen die Zusammenfassung von gewerblichem Rechtsschutz und Urheberrecht unter dem Oberbegriff des geistigen Eigentums soll schließlich auch sprechen, dass dadurch, insbesondere im Urheberrecht, die persönlichkeitsrechtliche Seite des Rechtsguts ausgeblendet werde.[71]

Die Diskussion über die dogmatische Korrektheit der Lehre vom geistigen Eigentum kann und soll an dieser Stelle nicht geführt werden. Nur kurz sollen beispielhaft einige Fakten und Argumente genannt werden, die bei der Wahl des Titels für die vorliegende Ausarbeitung von Gewicht waren. Schaut man über den deutschsprachigen Horizont hinaus, so ist die Bezeichnung „geistiges Eigentum" anerkannt und unbestritten im internationalen Sprachgebrauch.[72] „Intellectual property" oder „propriété intellectuelle" sind fest verankerte Rechtsbegriffe in der Rechtssprache der Europäischen Gemeinschaft und in internationalen Abkommen.[73] Wichtige nationale und internationale Institutionen bekennen sich in ihren Namen zum geistigen Eigentum.[74] Die Bayerische Verfassung schützt das geistige Eigentum ausdrücklich,[75] und es ist mittlerweile unbestritten, dass die Rechtsgüter des gewerblichen Rechtsschutzes und des Urheberrechts der Eigentumsgarantie des Art. 14 GG unterstehen.[76] Die besondere Bedeutung

---

alt, was neu, was eigenartig, was nicht eigenartig und gewöhnlich ist, ist geradezu irreführend (…). Darum ist der Begriff des geistigen Eigentums (…) wissenschaftlich verwerflich."

[69] *Kohler*, Urheberrecht, S. 1.

[70] *Rehbinder*, Rn. 97.

[71] *Rehbinder*, Rn. 97.

[72] Vgl. *Ulmer*, § 16 IV 1 (S. 107); *Götting*, § 1 Rn. 2 f.; *Pierson/Ahrens/Fischer*, § 1 I. (S. 1).

[73] Vgl. etwa die „Richtlinie 2004/48/EG des europäischen Parlaments und des Rates vom 29. April 2004 zur Durchsetzung der Rechte des geistigen Eigentums" (ABl. Nr. L 157 v. 30.4.2004, S. 45 ff.) oder das „Agreement on Trade Related Aspects of Intellectual Property Laws (TRIPS)".

[74] Vgl. etwa das *„Max-Planck-Institut für Geistiges Eigentum, Wettbewerbs- und Steuerrecht"*, die *„World Intellectual Property Organization (WIPO)"* sowie das in Bern ansässige *„Eidgenössische Institut für Geistiges Eigentum"*.

[75] Art. 162 BV [Geistiges Eigentum]: Das geistige Eigentum, das Recht der Urheber, der Erfinder und Künstler genießen den Schutz und die Obsorge des Staates.

[76] Vgl. aus der Rechtsprechung des *Bundesverfassungsgerichts*: zum Urheberrecht BVerfGE 31, 229 (239), zum Patentrecht *BVerfG*, GRUR 1964, 554 ff. – Künstliche

des Begriffes „geistiges Eigentum" soll sogar darin liegen, dass er die Eigentumsgarantie des Art. 14 GG für geistige Erzeugnisse zum Ausdruck bringt,[77] und dies plastisch und für jedermann verständlich.[78] Der *Bundesgerichtshof* hat bereits im Jahr 1954 in der „Grundig-Reporter"-Entscheidung vom geistigen Eigentum im Zusammenhang mit dem Urheberrecht gesprochen.[79] Der Bundesgesetzgeber hat im Jahr 1990 das „Gesetz zur Stärkung des Schutzes des geistigen Eigentums und zur Bekämpfung der Produktpiraterie" erlassen.[80] Ein Blick auf das österreichische Allgemeine Bürgerliche Gesetzbuch (ABGB)[81] zeigt zudem, dass der enge Eigentumsbegriff des deutschen BGB im Zivilrecht nicht zwingend ist.[82]

Diese Fakten allein könnten jedoch das Aufgreifen des Begriffes des „geistigen Eigentums" nicht rechtfertigen, wenn die geschilderten dogmatischen Bedenken dem in überzeugender Weise entgegenstünden. Gegen das Argument, die Bezeichnung „geistiges Eigentum" stelle eine unangemessene Gleichstellung mit dem zivilrechtlichen Sacheigentum dar, kann vorgebracht werden, dass der Zusatz „geistiges" eine hinreichende Differenzierung ermöglicht.[83] Zudem hat *Jänich* ausführlich aufgezeigt, dass Sacheigentum und geistiges Eigentum trotz aller Unterschiede in wesentlichen Strukturmerkmalen übereinstimmen.[84] Mithin ist es eher eine Frage der persönlichen Sichtweise, ob man mit dem „geistigen Eigentum" die Gemeinsamkeiten oder mit den „Immaterialgüterrechten" die Unterschiede zwischen den Eigentumsarten betonen möchte. Der Kritik an der naturrechtlichen Fundierung der Lehre vom geistigen Eigentum kann man entgegenhalten, dass die einzelnen Teilrechte des geistigen Eigentums unabhängig davon unter dem Schutz von Art. 14 GG stehen.[85] Nicht überzeugend sind schließlich auch die Einwände gegen die Zusammenfassung von gewerblichem Rechtsschutz und Urheberrecht unter einem Oberbegriff. Mit der zunehmenden Kommerzialisierung auch des urheberrechtlichen Schaffens ist eine „Tendenz des sich Überschneidens und Zusammenwachsens"[86] verbunden. Für zahlreiche Arbeitsergebnisse

---

Bräunung, zum Marken- bzw. Kennzeichenrecht BVerfGE 51, 193 (216 f.); *Ulmer*, § 16 IV 3 (S. 109); *Götting*, § 1 Rn. 2; *Maunz*, GRUR 1973, 107 (108).

[77] So *Hubmann*, Geistiges Eigentum, S. 7.

[78] *Seifert*, in: FS f. Piper, 769 (783).

[79] BGHZ 17, 266 = NJW 1955, 1276.

[80] BGBl. I, S. 422.

[81] Allgemeines bürgerliches Gesetzbuch v. 1. Juni 1811 (JGS Nr. 946/1811).

[82] Vgl. § 353 ABGB: Alles, was jemandem zugehört, alle seine körperlichen und unkörperlichen Sachen, heißen sein Eigentum.

[83] So auch *Götting*, GRUR 2006, 353 (357).

[84] *Jänich*, S. 185 ff. (349).

[85] *Ohly*, JZ 2003, 545 (549).

[86] *Beier*, GRUR Int. 1990, 675 (677).

kommt ein Schutz in verschiedenen Teilbereichen des geistigen Eigentums in Betracht. Beispielhaft genannt sei nur die Klemmbausteine-Rechtsprechung[87] des *Bundesgerichtshofs*, welche die gesamte Bandbreite des geistigen Eigentums einbezieht und damit Ausdruck von „Überlappungen und Querverbindungen" der einzelnen Rechtsgebiete ist.[88] Bestehende Unterschiede zwischen den einzelnen Teilbereichen sollten daher kein Hindernis für einen gemeinsamen Oberbegriff sein, sie sind im Gegenteil gerade charakteristisch für die Einteilung eines Gebietes in einzelne Teilbereiche.

Festzuhalten ist somit, dass keine zwingenden dogmatischen Gründe gegen die Verwendung der Bezeichnung „geistiges Eigentum" im Titel dieser Arbeit sprechen, es vielmehr eine Frage der persönlichen Perspektive ist, ob man von Gewerblichem Rechtsschutz und Urheberrecht, von Immaterialgüterrechten oder eben doch vom geistigen Eigentum spricht. Die Diskussion um die Begrifflichkeit scheint „letztlich ein Streit um Worte unter Experten"[89] zu sein. Die Anschaulichkeit der Bezeichnung und ihre (internationale) Verbreitung sprechen dafür, im Folgenden die Schutzfähigkeit von Düften und Duftstoffen auf dem Gebiet des geistigen Eigentums zu erörtern.

---

[87] *BGH*, GRUR 1964, 621 – Klemmbausteine I; GRUR 1992, 619 – Klemmbausteine II; GRUR 2005, 349 – Klemmbausteine III.
[88] *Götting*, GRUR 2006, 353 (358).
[89] *Seifert*, in: FS f. Piper, 769 (785).

Zweiter Teil

Urheberrecht

Während die deutschsprachige Rechtswissenschaft der Thematik bislang nahezu keine Aufmerksamkeit widmete, haben sich Literatur und Rechtsprechung in Frankreich schon mit der Frage auseinander gesetzt bzw. setzen müssen, ob Düfte eine dem Schutz des Gesetzbuchs des geistigen Eigentums[1] unterstehende Werkart darstellen. Frankreich ist nach wie vor das weltweite Zentrum der Parfümerie. Seit Jahrzehnten sehen sich die führenden Konzerne der Branche mit dem Problem konfrontiert, dass ihre teuren Parfüms, Eau de toilettes etc. nachgeahmt und zu niedrigeren Preisen am Markt platziert werden. Die damit verbundenen wirtschaftlichen Einbußen sind beträchtlich und führten dazu, dass schon in den siebziger Jahren des vergangenen Jahrhunderts versucht wurde, Plagiaten mithilfe des Urheberrechts zu begegnen.[2] Parfüms stehen naturgemäß im Zentrum der Diskussion, wenn die urheberrechtliche Schutzfähigkeit von Düften und Duftstoffkombinationen zu beurteilen ist. Allerdings sollte nicht der Fehler begangen werden, die Problematik auf das Gebiet der Feinparfümerie zu beschränken.[3] Ein Schutzinteresse besteht (nicht nur theoretisch) auch im Bereich anderer Duftstoffapplikationen.[4] Ob und inwieweit diesem Interesse auf Basis des deutschen Urheberrechtsgesetzes (UrhG)[5] entsprochen werden kann, soll im Folgenden näher erörtert werden.

---

[1] Code de la propriété intellectuelle, Anhang zum Gesetz Nr. 92-597 v. 1. Juli 1992 (die maßgeblichen Vorschriften des Urheberrechts befinden sich in Buch I (Le droit d'auteur) des Ersten Teils (La propriété littéraire et artistique) des Gesetzes).

[2] Vgl. *Trib. Comm. de Paris*, Urt. v. 7. Januar 1974 – S.A. Fabrique de Produits de Chimie Organique de Laire ./. Société Parfums Marcel Rochas (unveröffentlicht, zitiert von *Crochet*, PCA 1978 (Nr. 23), 51 ff.).

[3] So aber *Rengshausen*, S. 169.

[4] Z. B. Schutz eines bestimmten Raumduftes oder des Duftes eines Neuwagens einer bestimmten Marke.

[5] Gesetz über Urheberrecht und verwandte Schutzrechte v. 9. September 1965 (BGBl. I S. 1273), zuletzt geändert durch Art. 12 Abs. 6 des Gesetzes v. 7. Juli 2008 (BGBl. I S. 1191).

A. Schutzgegenstand

Im Rahmen der Beurteilung der urheberrechtlichen Schutzfähigkeit von Düften stellt sich zunächst die Frage nach der genauen Bestimmung des Schutzgegenstandes. Theoretisch denkbar sind drei verschiedene Schutzgegenstände: die Formel, der Duftstoff oder der Dufteindruck selbst.

Für den Bereich der Duftstoffgemische ist die Formel die schriftliche Beschreibung der chemischen Komponenten des Duftstoffes, welche zusammen einen bestimmten Duft ergeben.[6] Es handelt sich dabei um eine Liste der kombinierten Bestandteile, in welcher für jeden Einzelstoff die gewählte Menge vermerkt ist.[7] Die Formel ermöglicht es, den Duftstoff zu reproduzieren. Sie kann verglichen werden mit der Partitur eines Musikstückes, denn sie dient als Vorlage und ermöglicht die Serienherstellung und Verbreitung des Duftstoffes.[8] Sofern Gegenstand der Beurteilung kein Duftstoffgemisch, sondern lediglich eine Einzelsubstanz ist, existiert keine Formel in diesem Sinn. An deren Stelle tritt in diesem Fall die Bezeichnung der jeweiligen Substanz, beispielsweise *Linalool* bzw. *3,7-Dimethyl-1,6-octadien-3-ol.* Dieses Beispiel macht deutlich, dass Formel im hier verwendeten Sinn nicht die chemische Summenformel oder Strukturformel meint,[9] sondern vielmehr eine Mischvorschrift oder ein „Rezept" darstellt,[10] anhand dessen es möglich ist, sich den jeweiligen Duftstoff zu beschaffen, sei es eine Einzelsubstanz oder ein komplexeres Stoffgemisch. *Pamoukdjian* beschreibt die Formel leicht überspitzt folgendermaßen: „Les formules sont, en apparence, « sans âme » car ne comportant qu'une liste de matières premières avec leurs proportions respectives et peuvent très bien pour un profane, un magistrat non averti, être confondues avec une funeste formule chimique, ou, pourquoi pas, de médicament!".[11]

Duftstoff ist das Stoffgemisch, zusammengesetzt aus den einzelnen Substanzen, wie es durch die Formel vorgegeben wird. Es handelt sich dabei um das Trägermaterial des Duftes, „die aus verschiedenen Substanzen zusammengesetzte chemisch-physikalische Einheit".[12] Streng genommen kann man innerhalb des Duftstoffes noch eine Unterscheidung nach

---

[6] *Balaña*, GRUR Int. 2005, 979 (984).

[7] *Roudnitska*, Le Parfum, S. 104.

[8] *Roudnitska*, Le Parfum, S. 104.

[9] Am Beispiel des Linalools wären dies $C_{10}H_{18}O$ (Summenformel) bzw. $(CH_3)_2C{=}CHCH_2CH_2(OH)(CH_3)CH{=}CH_2$ (Strukturformel).

[10] *Comité Français du Parfum*, Duft, S. 83.

[11] *Pamoukdjian*, S. 214 (Die Formeln sind offensichtlich „ohne Seele", denn sie enthalten lediglich eine Liste mit Stoffen samt ihrer jeweiligen Verhältnisse und können daher von einem Laien oder einem sachunkundigen Beamten sehr schnell mit einer unseligen chemischen oder gar medizinischen Formel verwechselt werden!).

[12] *Balaña*, GRUR Int. 2005, 979 (984).

Aggregatzuständen treffen: flüssig und gasförmig. Die anhand der Formel vermischten Einzelsubstanzen ergeben eine Flüssigkeit. Die Verflüchtigung dieser alkoholischen Lösung führt zur Entwicklung von Geruch. Der Duftstoff erzielt als Folge seiner Zusammensetzung einen bestimmten Duft und wird zu diesem Zweck gefertigt und benutzt.[13] Zieht man das Beispiel des Parfüms heran, so ist der Duftstoff die im Flakon befindliche Flüssigkeit. Eigentlicher Träger des Duftes ist jedoch erst das gasförmige Gemisch, welches infolge der Verflüchtigung der Lösung im Flakon entsteht.

Unter Duft versteht man schließlich die aus dem Duftstoff hervorgehende Geruchsbotschaft bzw. den Sinneseindruck, den der Duftstoff auslöst.[14] Der Duft ist das, was der Mensch mit seinem Geruchssinn wahrnehmen kann.[15] In der französischsprachigen Literatur wird der Duft als „forme olfactif",[16] als „message olfactif" oder schlicht als „odeur" bezeichnet, wobei letztgenannter Begriff üblicherweise im Zusammenhang mit einfachen Duftmischungen gebraucht wird, wohingegen die beiden anderen Bezeichnungen im Zusammenhang mit komplexeren Kreationen – insbesondere in der Parfümerie – üblich sind.[17]

Angesichts der Tatsache, dass das Urheberrechtsgesetz nur eine beispielhafte Aufzählung geschützter Werkarten enthält und somit auch neue Werkarten vom Urheberrechtsgesetz unmittelbar erfasst werden können,[18] kann der Rückgriff auf keinen der drei möglichen Schutzgegenstände kategorisch ausgeschlossen werden. Daher ist zunächst zu fragen, welche Folgen das Abstellen auf die unterschiedlichen Schutzgegenstände hätte und welche Unterschiede zwischen den einzelnen Varianten bestehen.

Die Formel könnte als literarisches Werk geschützt werden, vorausgesetzt die Darstellung – bestehend aus Skizzen, Begriffen und Zahlen – erfüllt die Anforderungen an ein Werk (§ 2 Abs. 2 UrhG). Zu beachten ist dabei zunächst, dass in diesem Fall lediglich die konkrete Art der Darstellung schutzfähig wäre. Der Inhalt der Formel wäre demgegenüber nicht schutzfähig, da Handlungsanweisungen an den menschlichen Geist, sich in einer bestimmten Situation oder unter bestimmten Voraussetzungen in einer bestimmten Weise zu verhalten, nicht dem Schutz durch das Urheberrechtsgesetz unterstehen.[19] Fraglich erscheint jedoch, ob durch den Schutz der Formel das Schutzbedürfnis des Schöpfers oder Herstellers eines Duftes bzw. eines Lizenznehmers befriedigt werden kann. In Falle der urhe-

---

[13] *Gerechtshof ten s'-Hertogenbosch*, GRUR Int. 2005, 521 – Parfüm Trésor.
[14] *Balaña*, GRUR Int. 2005, 979 (984).
[15] *Gerechtshof ten s'-Hertogenbosch*, GRUR Int. 2005, 521 – Parfüm Trésor.
[16] *Pamoukdjian*, S. 212 ff.
[17] *Breese*, Dall. Aff. 1998, 558 (559).
[18] *Schack*, Rn. 152; *Dreier/Schulze,* § 2 Rn. 3.
[19] Vgl. *Schricker/Loewenheim*, § 2 Rn. 5.

berrechtlichen Schutzfähigkeit soll mithilfe der Vorschriften des Urheberrechtsgesetzes unter anderem gegen Duftplagiate vorgegangen werden.
Konkret soll verhindert werden, dass eine andere Person einen Duftstoff
vertreibt, der den gleichen Dufteindruck bei einem Menschen auslöst.

Die Herstellung der Duftmischung anhand der Formel wäre eine urheberrechtlich relevante Verwertungshandlung, welche durch die Berufung
auf die Formel – deren Schutzfähigkeit unterstellt – durch die §§ 15 ff.
i. V. m. 97 Abs. 1 UrhG untersagt werden könnte. Die produzierte Duftstofflösung ist eine körperliche Festlegung der Formel, sie gibt diese in
sinnlich wahrnehmbarer Weise wieder. Somit läge eine Vervielfältigung
im Sinne von § 16 Abs. 1 UrhG vor.[20] Es ist gleich, in welcher Weise das
Werk körperlich festgelegt wird.[21] Der Schutz der Formel würde also ermöglichen, die Reproduktion eines Duftstoffes mit identischer Zusammensetzung zu verhindern.

Das Schutzbedürfnis würde dadurch jedoch nur zu einem minimalen
Teil befriedigt. Es ist möglich, eine identische Duftnote durch andere Ausgangsstoffe, und damit auch anhand einer anderen Formel zu erhalten.[22]
Eine Vielzahl von Formeln ergibt den identischen Geruchseindruck, sodass
der Schutz durch eine einzelne Formel nicht ausreichend wäre.[23] „Each
material has many 'cousins' and it is possible to imagine a copy (…) that
contained none of the original materials, though it would take a skilled
perfumer to get it right."[24] Der Schutz der Originalformel ist daher nicht
geeignet, die Herstellung eines geruchsidentischen Plagiats zu verhindern.[25] Durch den Vergleich zweier Formeln ist es nicht möglich, die
Nachahmung eines Duftes zu beweisen. Die Formel gibt nicht den Geruch
einer Substanz, sondern lediglich die Substanz selbst wieder.[26] Das Abstellen auf die Formel als Schutzgegenstand ist mithin nicht interessengerecht
im Kontext des Schutzes von Düften.

Der niederländische *Gerechtshof ten 's-Hertogenbosch* hat in der Entscheidung „*Parfüm Trésor*"[27] festgestellt, dass der Duftstoff eines Parfüms

---

[20] S. zu § 16 UrhG unter D I 1.

[21] *Möhring/Nicolini/Kroitzsch*, § 16 Rn. 3.

[22] *Balaña*, GRUR Int. 2005, 979 (984); *Breese*, Dall. Aff. 1998, 558 (560); *Laligant*,
R.R.J. 1992-1, 99 (110); s. bereits oben Erster Teil, A II 4.

[23] *Dubarry*, S. 28.

[24] *Field*, IDEA Vol. 45, 19 (29, Fn. 76).

[25] Ebenso *Sirinelli*, Prop. Intell. 2004, 907 (908), der darüber hinaus die urheberrechtliche Schutzfähigkeit der Formel generell anzweifelt, „parce que la formule (…) est par-
fois présentée comme un algorithme insusceptible d'entrer dans le champ du droit
d'auteur" („denn die Formel (…) stellt sich mitunter wie ein Algorithmus dar, ungeeignet
zur Aufnahme in das Gebiet des Urheberrechts").

[26] *EuGH*, GRUR 2003, 145 (149), Rz. 69 – Sieckmann.

[27] *Gerechtshof ten s'-Hertogenbosch*, GRUR Int. 2005, 521 – Parfüm Trésor.

Gegenstand des Urheberrechtsschutzes sei. Allerdings stellt sich auch hier die Frage, ob die Substanz als urheberrechtliches Werk in der Lage ist, das Schutzbedürfnis vor geruchsidentischen Plagiaten zu befriedigen. Unter der Voraussetzung, dass der Duftstoff die Anforderungen an ein urheberrechtlich schutzfähiges Werk erfüllt, bietet das Urheberrechtsgesetz jedenfalls die Möglichkeit, gegen Plagiate mit identischer oder nahezu identischer stofflicher Zusammensetzung vorzugehen. Die Herstellung eines Duftstoffes, der lediglich in Nuancen durch Austausch einzelner Komponenten vom Originalduftstoff verschieden ist, muss noch dem Bereich der nach § 23 S. 1 UrhG einwilligungsbedürftigen Bearbeitung zugerechnet werden. Der Urheber könnte demnach durch sein Bearbeitungsrecht gegen derartige Plagiate vorgehen. Dieses Recht endet jedoch dort, wo die Herstellung eines neuen Duftstoffes die freie Benutzung (§ 24 UrhG) des (möglicherweise) urheberrechtlich geschützten Duftstoffes ist. Freie Benutzung liegt vor, wenn angesichts der Eigenart des neuen Werkes die entlehnten eigenpersönlichen Züge des geschützten älteren Werkes verblassen.[28] Das ältere Werk dient dem neuen lediglich als Anregung.[29]

Angesichts der Möglichkeit, den gleichen Geruchseindruck mit vollständig anderen Ausgangsstoffen zu produzieren, stellt sich die Frage, ob ein entsprechend unterschiedlich strukturierter Duftstoff noch dem Bereich der abhängigen Bearbeitung zuzurechen wäre oder bereits eine freie Benutzung darstellen würde. Stellt man einzig auf die inhaltliche Zusammensetzung des Duftstoffes ab, so muss festgestellt werden, dass angesichts der völligen oder weitgehenden stofflichen Verschiedenheit in diesem Fall die Züge des ursprünglichen Werkes nicht nur verblassen, sondern schlichtweg nicht mehr vorhanden sind. Andererseits stellt sich die Frage, ob nicht auch berücksichtigt werden muss, dass beide Stoffgemische – unabhängig von der stofflichen Zusammensetzung – gleich bzw. sehr ähnlich riechen. Dies wäre nur unter der Prämisse möglich, dass man den von einem Duftstoffgemisch hervorgerufenen Sinneseindruck als wesentlichen Zug desselben einstuft. In diesem Fall stimmten zwei geruchsähnliche Duftstoffgemische im wesentlichen Merkmal überein, sodass nicht von einem Verblassen der entlehnten Züge gesprochen werden könnte. Die stoffliche Struktur, Farbe etc. des Duftstoffes wären nur von sekundärer Bedeutung, prägende Eigenschaft hingegen wäre der von ihm hervorgerufene Geruch. Die Herstellung eines geruchsidentischen Stoffes anderer Zusammensetzung unterfiele daher § 23 S. 1 UrhG, zu ihrer Vornahme wäre die Einwilligung des Urhebers nötig. Der Schutz des Duftstoffgemi-

---

[28] St. Rspr., vgl. *BGH*, GRUR 1994, 191, 193 – Asterix-Persiflagen (m. w. N.); s. dazu Zweiter Teil, D II.
[29] *Möring/Nicolini/Ahlberg*, § 24 Rn. 5.

sches wäre dieser Argumentation zufolge geeignet, das Schutzbedürfnis zu befriedigen.

Unabhängig von der Frage, ob der Dufteindruck tatsächlich ein charakteristischer Zug eines Duftstoffgemisches ist, bestehen erhebliche Bedenken dagegen, das Duftstoffgemisch als Schutzgegenstand heranzuziehen. Schützt man das Duftstoffgemisch (oder die Formel), so verkennt man den Unterschied zwischen Werk und Werkstück. Dies soll anhand eines Vergleiches mit Werken aus anerkannten urheberrechtlichen Werkkategorien verdeutlicht werden: Der Duftstoff ist für ein Parfüm, was das Buch – das heißt die einzelnen bedruckten Seiten – für einen Roman (als geschütztes Sprachwerk) ist: der körperliche Träger.[30] Mit den Worten eines Parfümeurs gesprochen: „Die Materie der Parfümerie ist nicht das Feste, nicht das Flüssige, nicht einmal der Dampf (…). Die Materie der Parfümerie ist dieser Geruch selbst, das heißt die allgemeine Vorstellung, die wir mit diesem Bewußtseinsfaktum verbinden und die den Begriff ‚Geruch' definiert. (…) Kurz gesagt, die Essenz ist für den Duft, was die schwingende Saite für den Ton ist."[31]

Ohne bereits an dieser Stelle auf die einzelnen Aspekte der möglicherweise schöpferischen Tätigkeit bei der Herstellung eines Duftes einzugehen, kann gesagt werden, dass diese nicht im Hinblick auf den Duftstoff als Trägermedium erbracht werden, sondern zur Erzielung eines bestimmten Duftes.[32] Die Beschränkung der rechtlichen Würdigung auf den Duftstoff (oder die Formel) hieße, nur diejenigen Aspekte zu berücksichtigen, die zeitlich nach der eigentlichen Kreation liegen.[33] Die Produktion des Duftstoffes erfolgt im Anschluss an die Erschaffung eines Duftes in den Gedanken des Duftschöpfers, sie ist Folge der Realisierung des erdachten Duftes. „Le but recherché par le compositeur du parfum n'est pas d'enseigner comment réaliser ce qu'il vient de créer, mais bien de réaliser un produit ayant certaines caractéristiques de nature à toucher les sens d'une manière qu'il aura décidée."[34] Sowohl der Duftstoff als auch die Formel sind nur Begleiterscheinungen eines erdachten Duftes. Bei einem Musikwerk ist das Stück selbst, und nicht das bedruckte Notenblatt geschützt, bei einem Schriftwerk der Roman oder das Gedicht, und nicht die bedruckte Seite. Dementsprechend kann bei einem olfaktorischen Werk

---

[30] *Balaña*, GRUR Int. 2005, 979 (984).

[31] *Roudnitska*, Le Parfum, S. 34 f.

[32] Vgl. dazu Zweiter Teil, B V.

[33] *TGI Paris*, Recueil Dalloz 2004, 2641 – L'Oréal/Bellure; ebenso bereits *Pamoukdjian*, S. 215.

[34] „Das vom Kompositeur des Parfüms verfolgte Ziel ist nicht zu zeigen, wie man etwas realisiert, was man erschaffen will, sondern ein Produkt zu erschaffen, welches bestimmte Charakteristika aufweist, die die Sinne in der Weise beeinflussen, wie er es von Anfang an entschieden hatte." *Galloux*, Recueil Dalloz 2004, 2642 (2643).

nur der Duft selbst, und nicht der Duftstoff (oder dessen Formel) geschütztes Werk sein.[35] Der Duftstoff macht das Werk als Trägermedium nur sinnlich wahrnehmbar. Zwischen Werk und Werkstück muss streng unterschieden werden.[36]

Urheberrechtlicher Schutz besteht nur für das Werk als Immaterialgut. Diese Einschätzung teilt auch der oberste Gerichtshof der Niederlande, der in diesem Punkt die Entscheidung der Vorinstanz umgedeutet hat.[37] Der *Gerechtshof ten 's-Hertogenbosch* habe, „wenn auch in weniger geglückter Formulierung, zum Ausdruck gebracht, dass der Urheberrechtsschutz dem Duft zukommt, wie er in den in den Parfümfläschchen befindlichen Geruchsstoffen festgelegt ist."[38] Die prozessuale Vorgehensweise des *Hoge Raad* ist heftig kritisiert worden. Da die Vorinstanz ausdrücklich festgestellt hatte, dass die Frage der Schutzwürdigkeit des Duftes nicht zu erörtern war, da nur der Schutz des Duftstoffes geltend gemacht worden sei, hätte der oberste Gerichtshof das Urteil ohne weiters verwerfen müssen.[39] Inhaltlich verdient die Bestimmung des Duftes als Schutzgegenstand allerdings uneingeschränkte Zustimmung. Angesichts der anerkannten und gebotenen Unterscheidung zwischen Werk und Werkstück ist diese Entscheidung zwingend. Die Benutzung eines neuen körperlichen Trägers für das Werk lässt dieses selbst unverändert. Dies gilt für die Abschrift eines gedruckten Romans von Hand (neues Trägermedium sind in diesem Fall die von Hand beschriebenen Seiten) ebenso wie für die Herstellung eines geruchsidentischen Duftstoffes. In beiden Fällen handelt es sich – die urheberrechtliche Schutzfähigkeit eines Duftes vorausgesetzt – um die urheberrechtlich relevante Vervielfältigung des Werkes im Sinne von § 16 Abs. 1 UrhG und nicht bloß um eine abhängige Bearbeitung gem. § 23 UrhG, wie sie beim Schutz des Duftstoffes anzunehmen wäre. Im Hinblick auf die Schutzmöglichkeiten des Urhebers ist diese Unterscheidung von erheblicher Bedeutung.[40] Richtigerweise muss daher gefragt

---

[35] *TGI Paris*, Recueil Dalloz 2004, 2641 – L'Oréal/Bellure; ebenso *Balaña*, GRUR Int. 2005, 979 (984); *Dubarry*, S. 28 f.; *Field*, IDEA Vol. 45, 19 (20); *Galloux*, Recueil Dalloz 2004, 2642; *Laligant*, R.R.J. 1992-1, 99 (110); *Matthyssens*, GP 2000, 1753 (1754); *Rengshausen*, S. 179; *Verkade*, Abschlussgutachten im Prozess *Lancôme ./. Kecofa* vor dem *Hoge Raad der Nederlanden* v. 16.12.2005, S. 19, Rn. 5.20 (abrufbar unter http://breese.blogs.com/pi/files/concl._lancome_kecofa.pdf, Stand: 16.08.2008); a. A. *Edelmann*, Recueil Dalloz 2006, 2470 (2471), der einen Unterschied zwischen Duft und Duftformel, Musikwerk und Partitur etc. kategorisch verneint.

[36] Vgl. *BGH*, NJW 2003, 665 (668) – Staatsbibliothek; *Dreier/Schulze,* § 2 Rn. 11; *Schricker/Loewenheim*, § 2 Rn. 10.

[37] *Hoge Raad der Nederlanden*, GRUR Int. 2006, 951 (953) – Parfüm Trésor II.

[38] *Hoge Raad der Nederlanden,* GRUR Int. 2006, 951 (953) – Parfüm Trésor II.

[39] So *Cohen Jehoram*, GRUR Int. 2006, 920 (921).

[40] S. dazu Zweiter Teil, D.

werden, ob der Dufteindruck selbst ein nach dem Urheberrechtsgesetz geschütztes Werk ist.

B. Schutzvoraussetzungen

Düfte sind in der Aufzählung geschützter Werkarten in § 2 Abs. 1 UrhG nicht ausdrücklich genannt. Möglich erscheint allenfalls, sie zu den Werken der angewandten oder bildenden Kunst gem. § 2 Abs. 1 Nr. 4 UrhG zu zählen. Ein Vergleich mit anderen, anerkannten Werken der Kunst zeigt jedoch, dass olfaktorische Werke in dieser Gruppe Fremdkörper wären. In der Rechtsprechung wird das Kunstwerk definiert als eigenpersönliche geistige Schöpfung, die mit Darstellungsmitteln der Kunst durch formgebende Tätigkeit hervorgebracht ist und vorzugsweise für die Anregung des Gefühls durch Anschauung bestimmt ist.[41] Werke der bildenden Kunst drücken einen anschaulichen (ästhetischen) Gehalt durch Linien und Gestalten auf der Fläche und im Raum aus.[42] Eine formgebende Tätigkeit in diesem Sinne liegt bei der Kreation eines Duftes nicht vor. Der Duft als solcher, der Sinneseindruck, ist keine visuell wahrnehmbare Gestaltung zwei- oder dreidimensionaler Art. Ihn in eine Werkkategorie zusammen mit Gemälden, Zeichnungen, Stichen, Radierungen, Möbel, Lampen, Textilien, Designobjekten etc. einzuordnen, ist nicht möglich.

Freilich bedeutet die Tatsache, dass „Duftwerke" nicht in § 2 Abs. 1 UrhG enthalten sind, nicht, dass diese per se vom Urheberschutz ausgeschlossen sind. Die Urheberrechtsschutzfähigkeit eines Werkes hängt nicht von der klaren Einordnung in eine der in § 2 Abs. 1 UrhG genannten Werkarten ab.[43] Der Wortlaut der Vorschrift macht durch Gebrauch des Wortes „insbesondere" deutlich, dass die Aufzählung der sieben verschiedenen Werkkategorien in § 2 Abs. 1 UrhG lediglich beispielhaft und nicht abschließend ist. Auch wenn ein Duft kein „Kunstwerk" im Sinne von § 2 Abs. 1 Nr. 4 ist, so besteht zumindest die theoretische Möglichkeit, dass es sich dabei um ein Werk der Kunst handelt, welches gem. §§ 1, 2 UrhG urheberrechtlich geschützt ist. Die Begriffe Kunst und Kunstwerk sind für den Bereich des Urheberrechts voneinander zu trennen.[44] Durch den Werkbegriff wird insbesondere kein Urteil darüber gefällt, was Kunst ist.[45]

---

[41] *BGH*, GRUR 1979, 332 (336) – Brombeerleuchte; zu den Problemen dieser Definition vgl. sogleich unter I. sowie *Erdmann*, in: FS f. v. Gamm, 389 ff.

[42] *Rehbinder*, Rn. 180.

[43] *BGH*, NJW 1985, 1633 (1634) – Happening.

[44] *Erdmann*, in: FS f. v. Gamm, 389 (394); *Schulze*, GRUR 1984, 400 (403).

[45] *Schricker/Loewenheim*, § 2 Rn. 2.

Dennoch ist in der Vergangenheit zu dem inhaltlich mit § 2 Abs. 1 UrhG vergleichbaren Art. 3 des französischen Urheberrechtsgesetzes Nr. 57-298 vom 11. März 1957[46] sowie Art. 10 des niederländischen Urheberrechtsgesetzes vom 23. September 1912[47] die Ansicht vertreten worden, diese schlössen olfaktorische Werke vom Urheberschutz aus. Dies wurde damit begründet, dass die Aufzählung ausnahmslos Werke enthielte, die mit dem Gehör oder dem Sehsinn wahrnehmbar seien, sodass es sehr schwierig, wenn nicht gar unmöglich sei, Werke zu schützen, die durch den Geschmackssinn, den Geruchssinn oder den Tastsinn wahrgenommen würden.[48] Aus der beispielhaften Aufzählung im Gesetz gehe deutlich hervor, dass der Gesetzgeber ausschließlich an visuell und/oder akustisch wahrnehmbare Werke gedacht habe.[49] Bei diesen Schöpfungen könne man im äußersten Fall von Gefühlen und Eindrücken sprechen, nicht jedoch von Werken.[50] Dogmatisches Argument für diese Auslegung des Gesetzes ist, dass der Gesetzgeber einen entsprechenden Willen durch die Aufzählung in § 2 Abs. 1 UrhG jedenfalls angedeutet habe. Ohne nähere Begründung hat schließlich auch die französische *Cour de cassation* entschieden, dass der Duft eines Parfüms keine Schöpfung einer Ausdrucksform darstelle, die den Schutz durch das Urheberrecht genießen könne.[51]

Dieser Auffassung ist widersprochen worden.[52] Es gebe keinen Grund für eine Privilegierung des Sehsinnes oder des Gehörs im Vergleich zu Geschmack, Geruch und Tastsinn. Bei der Ermittlung des richtigen Kriteriums zur Qualifikation eines Werkes müsse weniger an die Wahrnehmung durch Dritte, sondern vielmehr an die Konzeption und die Kreation angeknüpft werden.[53] Auch andere anerkannte Werkarten – beispielsweise Werke der Musik – riefen Gefühle und Eindrücke hervor, ohne dass dadurch deren Werkqualität in Frage gestellt würde.[54] Die nicht abschließen-

---

[46] Jetzt Art. L. 112-2 CPI.

[47] Wet van 23. september 1912, houdende nieuwe regeling van het auteursrecht (Auteurswet 1912).

[48] *Calvo/Morelle*, GP 1976, 45 (46).

[49] *Cohen Jehoram*, GRUR Int. 2006, 920 (922); *Koelman*, WIPO Magazine 2006/5, 2 (3).

[50] *Calvo/Morelle*, GP 1976, 45 (46).

[51] *Cour de cassation*, GRUR Int. 2006, 951 – Parfum.

[52] *TGI Bobigny*, Urt. v. 28.11.2006, unveröffentlicht, teilweise wiedergegeben bei *Vivant*, Recueil Dalloz 2007, 954; *Cour d'appel de Paris*, Recueil Dalloz 2007, 735 = IIC 2008, 113; vgl. auch *Bassard*, RIPIA 1979, 461 (462); *Breese*, Dall. Aff. 1998, 558 (559); *Galloux*, Recueil Dalloz 2004, 2642 (2643); *Sirinelli*, Prop. Intell. 2004, 907 (908); *Humblot*, RLDI 2006, 10 (11 f.).

[53] *Bassard*, RIPIA 1979, 461 (462).

[54] *Bassard*, RIPIA 1979, 461 (462).

de, allgemein gehaltene Aufzählung der Werkarten im Gesetz hindere nicht daran, darunter auch einen Duft zu subsumieren.[55]

Dieser Position ist zuzustimmen. Die Art und Weise der Wahrnehmung kann für die Beurteilung der urheberrechtlichen Schutzfähigkeit keine Rolle spielen. Dem Wortlaut des Urheberrechtsgesetzes kann nicht entnommen werden, dass der Urheberschutz nur für Werke in Betracht kommt, die zur Wahrnehmung durch bestimmte Sinnesorgane bestimmt sind. Dies gilt insbesondere angesichts der Tatsache, dass Werke nicht ausschließlich für einzelne Sinnesorgane bestimmt sind. Skulpturen oder Gemälde beispielsweise können nicht nur mit den Augen wahrgenommen werden, sie können ebenso durch Ertasten der Oberflächenbeschaffenheit auf einen Menschen wirken. Blinde Menschen sind auf diese Art der Wahrnehmung angewiesen, ohne dass dies Auswirkung auf die Werkqualität der Objekte hat. Auch wenn der Gesetzgeber ursprünglich nur auditiv und visuell wahrnehmbare Werke im Blick gehabt haben möge, so schließt der Werkbegriff nicht den Schutz von Kreationen aus, die auf anderem Wege sinnlich wahrnehmbar sind, sofern sie die allgemeinen Anforderungen erfüllen.[56] Darüber hinaus ist bei manchen geschützten Werken eine Bestimmung für eine bestimmte Art der Wahrnehmung nur schwer zu erkennen, zum Beispiel bei einem Happening.[57] Schutzfähigkeit besteht theoretisch auch für die Ende der 1960er Jahre eingeführten essbaren Kunstobjekte der sog. „Eat-Art".[58] Die Aufzählung der Werkkategorien in § 2 Abs. 1 UrhG ist historisch und traditionell orientiert, sie will mit ihrem nicht abschließenden Charakter gerade den Schutz neuer Werkarten ermöglichen.[59] Darunter können theoretisch auch Werke fallen, die sich primär an den Geschmackssinn, den Tastsinn oder auch den Geruchssinn richten.

Kein Argument gegen den Schutz von Werken für den Geruchssinn ist die Tatsache, dass einzelne „neue" Werkarten in der Vergangenheit ausdrücklich in das Urheberrechtsgesetz aufgenommen wurden, wie beispielsweise Computerprogramme (§§ 2 Abs. 1 Nr. 1, 69a ff. UrhG). Zum einen erfolgte dies teilweise in Umsetzung europarechtlicher Vorgaben, zum anderen widerspricht diese Argumentation dem ausdrücklichen Willen des Gesetzgebers, der sich bewusst für die Regelungstechnik der beispiel-

---

[55] *Hoge Raad der Nederlanden,* GRUR Int. 2006, 951 (953) – Parfüm Trésor II; ebenso *Cour d'appel de Paris,* GP 1976, N°s 21-22, 43 (44); IIC 2006, 880 (881) – Perfume Fragrance; *TGI Paris,* Recueil Dalloz 2004, 2641 – L'Oréal/Bellure; *TGI Bobigny,* Urt. v. 28.11.2006, unveröffentlicht, teilweise wiedergegeben bei *Vivant,* Recueil Dalloz 2007, 954; *Cour d'appel de Paris,* Recueil Dalloz 2007, 735 = IIC 2008, 113 (114).

[56] *Spoor/Verkade/Visser,* § 3.50. (S. 128).

[57] Vgl. *BGH,* GRUR 1985, 529 – Happening.

[58] *Dreier/Schulze,* § 2 Rn. 152.

[59] *Dreier/Schulze,* § 2 Rn. 78.

haften Aufzählung der Werkarten entscheiden hat.[60] Mithin existierte kein
Wille des Gesetzgebers zur Beschränkung des Anwendungsbereiches des
Urheberrechtsgesetzes auf Werke für bestimmte Arten der Wahrnehmung,
sodass ein solcher auch nicht im Wortlaut des § 2 Abs. 1 UrhG angedeutet
sein kann. Die historische Auslegung spricht folglich gegen einen generellen Ausschluss des urheberrechtlichen Schutzes für olfaktorische Werke.

An dieser Stelle zeigt sich eine Parallele zur Beurteilung der generellen
Markenfähigkeit von Gerüchen. Obwohl Art. 2 MarkenRL (bzw. § 3
Abs. 1 MarkenG) nur visuell und auditiv wahrnehmbare Zeichen erwähnt,
schließen sowohl der Wortlaut als auch die siebte Begründungserwägung
der Markenrichtlinie Gerüche nicht generell vom Markenschutz aus.[61] Für
die urheberrechtliche Schutzfähigkeit von Gerüchen kann nach dem oben
Gesagten nichts anderes gelten.

Maßgeblich für die Beurteilung der urheberrechtlichen Schutzfähigkeit
von Düften sind allein zwei Voraussetzungen: Es muss ein Werk der Literatur, Wissenschaft oder Kunst (§§ 1, 2 Abs. 1 UrhG) vorliegen; dieses
muss eine persönliche geistige Schöpfung im Sinne von § 2 Abs. 2 UrhG
sein. Werden diese Anforderungen von einem Duft erfüllt, handelt es sich
dabei um eine unbenannte Werkart, die urheberrechtlich geschützt ist.

I. Duft als Werk der Kunst, Literatur und Wissenschaft (§ 1 UrhG)

§ 1 UrhG besagt, dass Urheber für Werke der Literatur, Wissenschaft und
Kunst Schutz nach Maßgabe des Gesetzes genießen. Die Vorschrift wird
teilweise als Präambel des Urhebergesetzes angesehen,[62] teilweise wird ihr
eine eigenständige Bedeutung gänzlich abgesprochen.[63] Allerdings spricht
auch § 2 Abs. 1 UrhG von Werken der Literatur, Kunst und Wissenschaft,
sodass, im Zusammenspiel mit § 2 Abs. 2 UrhG betrachtet, die Beurteilung
der Schutzfähigkeit eines Werkes nicht losgelöst von der Einordnung in
eine der vorgenannten Kategorien möglich ist. Es genügt nicht das Vorliegen einer persönlichen geistigen Schöpfung auf irgendeinem Gebiet. Um
schutzfähig nach dem Urheberrechtsgesetz zu sein, muss sie dem Bereich
der Literatur, Wissenschaft und Kunst zuzurechnen zu sein. Die Begriffe
dienen der ungefähren Abgrenzung des urheberrechtlichen Schutzbereiches.[64]

Stellt man auf den Dufteindruck als urheberrechtlichen Schutzgegenstand ab, so scheidet eine Einordnung in den Bereich der Literatur aus.
Nicht ausgeschlossen erscheint hingegen auf den ersten Blick, Düfte dem

---

[60] Amtl. Begr., *M. Schulze*, S. 417.
[61] *EuGH*, GRUR 2003, 145 (147), Rz. 43 – Sieckmann.
[62] *Dreier/Schulze,* § 1 Rn. 1, *Dreyer/Kotthoff/Meckel*, § 1 Rn. 1.
[63] *Möhring/Nicolini/Ahlberg*, § 1 Rn. 1.
[64] *Schricker/Schricker*, Einl. Rn. 4.

Bereich der Wissenschaft zuzuordnen. Vielfach trifft man die Vorstellung an, die Tätigkeit eines Parfümeurs sei die eines Chemikers im Labor, der aus unzähligen Reagenzgläsern nach geheimen Formeln Düfte mischt. Diese Vorstellung ist, wie die folgende Beschreibung zeigt, nicht zutreffend: „Die Komposition ist nicht einfach eine aufs Geratewohl hergestellte Mixtur, sie ergibt sich aus wohlüberlegten, sachkundigen Entscheidungen, die darauf beruhen, daß man die Stoffe und ihre wechselseitigen Verbindungsmöglichkeiten genau kennt. Parfumgestaltung ist ästhetischer Natur; Chemie und Wissenschaft haben damit nichts zu tun. Zuerst gilt es, eine eigenständige ‚Duftform' zu entwerfen und zu erfinden. Wie in den anderen Künsten sind Einbildungskraft und Intuition dabei die Wegweiser. (…) Damit die Komposition künstlerischen Wert besitzt, müssen deren Bestandteile bewußt gewählt und in ihrem Verhältnis so bemessen werden, daß eine ausdrucksstarke Verbindung mit einer spezifischen, das heißt unverwechselbaren, interessanten, harmonischen Form entsteht. Es sind diese Ansprüche, die, wenn sie einmal erfüllt sind, aus einer Mischung ein Parfum und aus dem Parfum ein Kunstwerk machen."[65] Die Beschreibung zeigt, dass die Komposition eines Duftes ästhetische und künstlerische Aspekte umfasst. Dies bedeutet freilich nicht, dass die Tätigkeit rein künstlerisch und nicht wissenschaftlich ist. Die in §§ 1, 2 Abs. 1 UrhG genannten Begriffe der Literatur, Wissenschaft und Kunst lassen sich kaum voneinander abgrenzen. Sie überschneiden sich, und ein Werk kann mehreren Kategorien angehören.[66] Insbesondere für den Bereich der Kunst gilt, dass deren Erscheinungsformen zu vielgestaltig und Definitionen derselben damit zwangsläufig zu unbestimmt und letztlich entbehrlich sind.[67] Entscheidend für die urheberrechtliche Schutzfähigkeit ist das Vorliegen eines Werkes als persönliche geistige Schöpfung im Sinne von § 2 Abs. 2 UrhG. Die Ansicht, die Begriffe Literatur, Wissenschaft und Kunst seien weit auszulegen, ist deshalb zutreffend.[68]

Eine exakte Zuordnung zu einem einzelnen Bereich ist weder nötig noch möglich. Für den Bereich der Kunst gilt im urheberrechtlichen Sinne, dass darin alle durch das Medium einer bestimmten Formensprache ausgedrückten individuellen Gestaltungen einzubeziehen sind, die geeignet sind, auf die Sinne einzuwirken und dadurch die Stimmung, das Gefühl, das Empfinden oder die Phantasie anzuregen.[69] Düfte beeinflussen die Gefühlswelt des Menschen über das limbische System im Gehirn unmittelbar,

---

[65] *Roudnitska*, Le Parfum, S. 67 f.

[66] *Schricker/Loewenheim*, § 2 Rn. 7.

[67] *Erdmann*, in: FS f. v. Gamm, 389 (394 f.); *Schricker/Loewenheim*, § 2 Rn. 132.

[68] Vgl. *Erdmann*, in: FS f. v. Gamm, 389 (395), *Dreier/Schulze,* § 1 Rn. 4, *Schricker/ Loewenheim*, § 2 Rn. 4.

[69] *Erdmann*, in: FS f. v. Gamm, 389 (395); ebenso *Schulze*, GRUR 1984, 400 (403).

sie rufen Erinnerungen und Assoziationen hervor.[70] Sie sind aufgrund ihrer Sinneswirkung dem Bereich der Kunst im Sinne der §§ 1, 2 Abs. 1 UrhG zuzurechnen. Dies bedeutet, dass sie nicht a priori vom Urheberrechtsschutz ausgeschlossen sind, sondern grundsätzlich in dessen Schutzbereich fallen. Diese Feststellung steht nicht in Widerspruch zu der oben getroffenen Aussage, bei einem Duft handele es sich nicht um ein Kunstwerk im Sinne des § 2 Abs. 1 Nr. 4 UrhG. Nicht alles, was zum Bereich der Kunst und/oder Wissenschaft zählt, ist damit urheberrechtlich geschützt. Der Urheberrechtsschutz erfordert zusätzlich die Erfüllung der Voraussetzungen des § 2 Abs. 2 UrhG. Die Nichtanerkennung als Werk ist nicht gleichbedeutend mit der Aberkennung der Kunstqualität.[71] Im Folgenden soll deshalb geprüft werden, ob Düfte persönliche, geistige Schöpfungen im Sinne von § 2 Abs. 2 UrhG sind bzw. sein können.

II. Persönliche Schöpfung (§ 2 Abs. 2 UrhG)

Voraussetzung einer persönlichen Schöpfung ist, dass das Werk auf einer menschlich-gestalterischen Tätigkeit beruht.[72] Erforderlich ist ein Schaffen aus eigener Gestaltungs- und Vorstellungskraft.[73] „Der menschliche Wille muss zumindest planend und leitend hindurchschimmern."[74] Nur, wenn ein menschlicher Wille den konkreten Entstehungsprozess steuert, kann ein Werk entstehen.[75] Aus dem Schutzbereich heraus fallen damit reine Maschinenerzeugnisse, Naturprodukte und von Tieren gefertigte „Werke" (zum Beispiel ein von einem Affen gemaltes Bild).[76]

Für den Bereich der Duftstoffe ist exakt zwischen Art und Herstellungsweise der Stoffe und Stoffgemische zu differenzieren, um festzustellen, ob jeweils eine persönliche Schöpfung vorliegt oder der Schutz ausgeschlossen ist. Die Fortschritte in der Chemie haben in hohem Maße zum Einsatz synthetischer Duftstoffe in der Duftstoffproduktion geführt.[77] Damit geht eine weitgehende Technisierung der gesamten Duftstoffindustrie einher. Die menschliche Arbeitskraft wird auch in diesem Bereich vermehrt durch Maschinen ersetzt. Dies bedeutet jedoch nicht, dass es sich bei den in dieser Weise produzierten Düften um reine Maschinenerzeugnisse handelt. Es ist unbestritten, dass sich der Urheber einer Maschine als

---

[70] Vgl. die anschauliche Beschreibung bei *Süskind*, Das Parfum, S. 111.

[71] *Schricker/Loewenheim*, § 2 Rn. 2.

[72] *Schricker/Loewenheim*, § 2 Rn. 11; *Wandtke/Bullinger/Bullinger*, § 2 Rn. 15; *Dreier/Schulze*, § 2 Rn. 8; *Dreyer/Kotthoff/Meckel*, § 2 Rn. 13.

[73] *Erdmann*, in: FS f. v. Gamm, 389 (396).

[74] *Schulze*, GRUR 1984, 400 (403).

[75] *Schack*, Rn. 156.

[76] A. A. *Kummer*, S. 77 (Fn. 109).

[77] S. Erster Teil, A II 4.

Hilfsmittel bedienen kann, ohne dass dies der Schutzfähigkeit des von ihm geschaffenen Werkes entgegensteht.[78] Die Umsetzung einer vom Menschen erdachten Duftkomposition mithilfe von Maschinen – beispielsweise zum Abmessen der Einzelsubstanzen, zur Verbindung oder zur Vermischung der Substanzen – führt nicht dazu, das Arbeitsergebnis als reine Maschinenproduktion einstufen zu können. Solange der Mensch die Kontrolle über den Herstellungsprozess hat und sich der Maschinen durch seine Anweisungen nur als Werkzeuge bedient, kann die persönliche Schöpfung nicht angezweifelt werden.

Anders fällt die Beurteilung in folgendem Beispielsfall aus: Ein computergesteuerter Automat mischt aus einer Auswahl von 50 Einzelduftstoffen nach dem Zufallsprinzip einen neuen Duftstoff bestehend aus 10 Komponenten. Teilweise wird auch dann eine persönliche Schöpfung angenommen, wenn der Urheber bestimmte Zufallsmomente oder von ihm nicht kontrollierte Eingriffe einer Maschine in den Schaffungsprozess mit einbezieht.[79] Dies könnte im Beispiel durchaus der Fall sein. Andererseits gilt es zu berücksichtigen, dass ein bestehendes Urheberrecht auch den Urheber in seiner persönlichen Beziehung zum Werk schützt (§ 11 S. 1 UrhG). Eine persönliche Beziehung zu einem durch Zufallsgenerator erstellten Produkt ist schwer vorstellbar. Das Werk ist dann nicht ein Werk des Urhebers, sondern ein Werk des Zufalls. Insbesondere bei Duftstoffen ist zu berücksichtigen, dass der Austausch einzelner Duftkomponenten bereits zur Erzielung eines völlig anderen Duftes führen kann. Wenn man aber dementsprechend bei Auswahl der dem Computer zur Verfügung stehenden Stoffe nicht – nicht einmal tendenziell – absehen kann, welchen Duft das fertige Produkt verströmen wird, so kann dieser nicht demjenigen als sein Werk zugerechnet werden, der für die Vorauswahl verantwortlich war. Die Einschaltung des Zufalles in den Schöpfungsprozess ist dann möglich, wenn der Urheber das wesentliche Grundmuster des Werkes schafft.[80] Aufgrund der beschriebenen Besonderheiten ist dies bei der Duftstoffproduktion nicht der Fall, sodass im Beispiel keine persönliche Schöpfung mehr angenommen werden kann.

Etwas anderes gälte wiederum, wenn die 50 Ausgangsstoffe gezielt so zusammengestellt wären (zum Beispiel ausschließlich Duftstoffe aus einer Duftklasse), dass jede mögliche Kombination daraus demselben Dufttypus zuzurechnen wäre. Das Grundmuster des zu mischenden Stoffes stünde

---

[78] *Schricker/Loewenheim*, § 2 Rn. 13; *Wandtke/Bullinger/Bullinger*, § 2 Rn. 16; *Dreier/Schulze*, § 2 Rn. 8; *Dreyer/Kotthoff/Meckel*, § 2 Rn. 22.
[79] *Wandtke/Bullinger/Bullinger*, § 2 Rn. 17; *Möhring/Nicolini/Ahlberg*, § 2 Rn. 51.
[80] *Schricker/Loewenheim*, § 2 Rn. 14.

dann fest, eine persönliche Schöpfung läge vor.[81] Gleiches gilt für den Fall
der Erzeugung von Duftkompositionen mithilfe eines Verfahrens, bei welchem nach Vorgabe einer Aromarichtung und Bestimmung eines Operators
der Duft durch Transformation bestimmter Basiskompositionen entsteht.[82]
Abgesehen von Ausnahmefällen ist ein Duft kein Zufallsprodukt, sondern
Ergebnis zielgerichteter Arbeit: „Wenn man (...) unter Millionen möglichen Verbindungen eine auswählt und sich für die Ausarbeitung auf etwa
zehn bis zwanzig Versuche beschränkt und dabei schon bei den ersten erfolgreich ist, dann hat das nichts mit Zufall zu tun, sondern man erntet."[83]

   In der Vergangenheit ist in Frankreich die urheberrechtliche Schutzfähigkeit von Parfüm verneint worden mit Hinweis auf den industriellen
Charakter der Produktion.[84] Es handele sich bei diesen Düften um das Ergebnis einer Forschung im Labor, ausgedrückt in einer chemischen Formel.[85] Das Parfüm werde nach gegebenen Proportionen gemischt aus
natürlichen Essenzen, synthetischen Produkten und wissenschaftlichen
Komponenten, die ihrerseits sämtlich auf industriellem Wege gewonnen
sind, sodass das erhaltene Produkt ebenfalls industriellen Charakter habe.
Für ein solches technisches Produkt komme höchstens Patentschutz in Betracht. Die Verweigerung des urheberrechtlichen Schutzes mit dieser Begründung ist zu Recht vielfach kritisiert worden.[86] Sie verkennt insbesondere, dass der ursprüngliche Schöpfungsvorgang und die spätere
(industrielle) Reproduktion streng voneinander zu trennen sind.[87] Das
Werk ist die Komposition des Duftes durch den Parfümeur, diese erfolgt
nicht industriell, sondern „rein intellektuell".[88] Aber selbst ein industrieller
Charakter bei der Schaffung des Werkes würde das Vorliegen einer persönlichen Schöpfung nicht ausschließen. Man denke nur an den Bereich
der angewandten Kunst, dessen schutzfähige Werke zu einem erheblichen
Teil industriell produziert werden. Die industrielle Produktion hebt die
gewerbliche Komponente der Produktion hervor, sie schmälert aber nicht
die vorhandenen Gestaltungselemente.[89] Maßgeblich für die urheberrecht-

---

   [81] Fraglich ist in einer solchen Konstellation, ob dabei die nötige Schöpfungshöhe erreicht wird; vgl. dazu Zweiter Teil, B V.
   [82] Vgl. die internationale Patentanmeldung WO 2005/078433 A1 – Verfahren und
Vorrichtung zur Erzeugung von Duft- und/oder Aromakompositionen.
   [83] *Roudnitska*, Le Parfum, S. 89.
   [84] *Cour d'appel de Paris*, GP 1976, N°s 21-22, 43 (44).
   [85] *Gautier*, Rn. 38.
   [86] *Crochet*, Parfums, Cosmétiques, Arômes 1978, 51 (54); *ders.*, RIPIA 1979, 458
(460); *Laligant*, R.R.J. 1992-1, 99 (113 f.); *Bassard*, RIPIA 1979, 461 (463); *Pamoukdjian*, S. 213.
   [87] In diesem Sinne auch *Balaña*, GRUR Int. 2005, 979 (982).
   [88] *Roudnitska*, Le Parfum, S. 103.
   [89] *Schulze*, GRUR 1984, 400 (411).

liche Beurteilung ist das Ergebnis, und nicht die äußeren Umstände der Werkschöpfung. Dass eine Duftkomposition in großem Stil industriell produziert wird, spielt bei der Beurteilung der Werkqualität der Komposition selbst keine Rolle. Maßgeblich ist allein das Vorliegen menschlich-gestalterischer Tätigkeit. Auch in der französischen Rechtsprechung wurde mittlerweile klargestellt, dass der industrielle Charakter der Parfümproduktion allein kein Schutzhindernis darstellt.[90]

Naturprodukte sind keine persönlichen Schöpfungen und damit nicht urheberrechtlich schutzfähig. Bezogen auf Düfte bedeutet dies, dass die natürlichen Riechstoffe[91] bzw. die durch diese hervorgerufenen Dufteindrücke keine Werke im Sinne des § 2 Abs. 2 UrhG sind. Die Gewinnung natürlicher Duftstoffe durch die verschiedenen Verfahren stellt keine menschlich-gestalterische Tätigkeit dar. Die Isolation oder Gewinnung eines von der Natur vorgegebenen Duftstoffes bzw. -stoffgemisches ist aus urheberrechtlicher Sicht nicht schützenswert. Eine andere Sichtweise ist nur auf Basis der sog. Präsentationslehre möglich. Danach ist eine persönliche Schöpfung nicht nötig, es reicht vielmehr aus, dass etwas Vorgefundenes derart präsentiert wird, dass der Urheber deutlich macht, er wolle dies als Werk verstanden wissen.[92] Die Präsentationslehre wird jedoch zu Recht fast einhellig abgelehnt. Hauptargument gegen diese Lehre ist, dass sie den Werkbegriff in § 2 UrhG durch eine Selbstdefinition des Werkes durch den Urheber ersetzt.[93] Auf Basis der Präsentationslehre könnte bei entsprechender Darstellung praktisch alles urheberrechtlich geschützt werden, vorausgesetzt die nötige Individualität – von *Kummer* verstanden im Sinne statistischer Einmaligkeit[94] – liegt vor. Eine derartige Ausweitung des Schutzbereiches ist nicht angebracht, zumal sie auch keine Abgrenzung zu anderen Schutzrechten mehr ermöglichen würde. Das Auffinden eines Gegenstandes (objet trouvé) und dessen Präsentation als Kunstwerk reichen nicht zur Annahme einer persönlichen Schöpfung.[95] Nach richtiger Auffassung sind natürliche Riechstoffe somit nicht durch das Urheberrechtsgesetz geschützt. Gleiches muss für die halbsynthetischen Riechstoffe gelten, sofern sie lediglich aus einem natürlichen Ausgangsstoff auf chemischem oder physikalischem Weg isoliert werden (sog. Isolate[96]).

---

[90] Vgl. *Trib. Comm. de Paris*, MarkenR 2001, 258 (260) – Parfum Angel; *TGI Paris*, Recueil Dalloz 2004, 2641 – L'Oréal/Bellure.

[91] Vgl. oben Erster Teil, A II 2.

[92] *Kummer*, S. 75; ähnlich *Dreier/Schulze*, § 2 Rn. 9.

[93] *Dreyer/Kotthoff/Meckel*, § 2 Rn. 18; *Schricker/Loewenheim*, § 2 Rn. 17; *Schack*, Rn. 155.

[94] *Kummer*, S. 30.

[95] *Erdmann*, in: FS f. v. Gamm, 389 (397).

[96] S. oben Erster Teil, A II 3.

Die von vollsynthetischen Riechstoffen[97] gebildeten Dufteindrücke sind
hingegen persönliche Schöpfungen. Dies gilt auch für die Düfte naturidentischer Riechstoffe oder vollsynthetische Riechstoffe mit natürlichem
Geruchseindruck. Zwar sind sie natürlichen Duftstoffen und deren Eigenschaften nachempfunden, sie werden jedoch von Menschenhand geschaffen und nicht lediglich aus natürlichen Stoffgemischen herausgelöst. Ein
Trugschluss wäre es, a priori allen natürlichen Duftstoffgemischen und den
durch sie hervorgerufenen Düften die urheberrechtliche Schutzfähigkeit
abzusprechen. Die für eine persönliche Schöpfung nötige menschlich-
gestalterische Tätigkeit kann auch in der Kombination mehrerer vorgefun-
dener Gegenstände bestehen.[98] Somit stellt die Verbindung mehrerer (jeweils für sich genommen mangels persönlicher Schöpfung nicht
schutzfähiger) natürlicher Riechstoffe zu einem Duftstoffgemisch eine
menschlich-gestalterische Tätigkeit dar. Die dabei entstehenden Düfte sind
persönliche Schöpfungen. Keine persönlichen Schöpfungen und damit
nicht schutzfähig nach dem Urheberrechtsgesetz sind lediglich die natürlichen und halbsynthetischen Riechstoffe.

III. Geistiger Inhalt (§ 2 Abs. 2 UrhG)

§ 2 Abs. 2 UrhG knüpft die Werkqualität nicht nur an das Vorliegen einer
persönlichen Schöpfung an. Erforderlich ist zugleich, dass das Werk eine
geistige Schöpfung ist. Dies ist der Fall, wenn im Werk selbst der menschliche Geist zum Ausdruck kommt.[99] Das Werk muss „als Ausdruck des
individuellen Geistes gewollt und empfunden" werden.[100] Der geistige Inhalt kann gedanklicher oder emotionaler Art sein.[101] Erforderlich ist ein
vom Urheber stammender Gedanken- oder Gefühlsinhalt, der auf denjenigen, der das Werk wahrnimmt, belehrend, veranschaulichend, erbauend
oder sonst wie anregend wirkt.[102] Wichtig ist, dass der Inhalt im Werk
selbst erkennbar ist und zum Ausdruck kommt. Absichten, die der Schaffende im Zeitpunkt der Errichtung des Werkes verfolgte, ohne dass sie
dem Werk entnommen werden können, sind unbeachtlich.[103]
Das Erfordernis des geistigen Gehalts grenzt das urheberrechtlich geschützte Werk von rein mechanischen Tätigkeiten oder gedankenlosen
Spielereien ab. Demnach weisen Düfte, die durch wahllose Kombination

---

[97] S. dazu Erster Teil, A II 4.
[98] *Schack*, Rn. 155.
[99] *Schricker/Loewenheim*, § 2 Rn. 18.
[100] *Schack*, Rn. 157.
[101] *Rehbinder*, Rn. 148.
[102] *Dreier/Schulze*, § 2 Rn. 12.
[103] *Dreyer/Kotthoff/Meckel*, § 2 Rn. 37; ebenso *Schack*, Rn. 158; *Schricker/Loewen-
heim*, § 2 Rn. 18.

einzelner Duftstoffe entstehen, ohne dass der Schöpfer dabei ein bestimmtes Duftkonzept verfolgt, keinen geistigen Gehalt im Sinne von § 2 Abs. 2 UrhG auf. Derartige Düfte sind freilich in der Praxis kaum vorstellbar. Angesichts millionenfacher Kombinationsmöglichkeiten aller Duftstoffe untereinander käme eine derartig beliebige und gedankenlose Kreationsmethode einem Glücksspiel gleich. Tatsächlich findet der wesentliche Teil der Entwicklung eines Duftstoffes im Kopf des Schöpfers statt. Die genaue Kenntnis einer Vielzahl von Duftstoffen ermöglicht es beispielsweise einem Parfümeur, einen Duft aus dem Gedächtnis zu komponieren, ohne das Material konkret vor sich zu haben und ohne seine Dufterinnerungen überprüfen zu müssen. Er ist in der Lage olfaktorische Bilder zu schaffen, sodass ein Parfüm ein Werk seiner Einbildungskraft ist.[104] Diese Schöpfungsmethode findet sich nicht nur im Bereich der Feinparfümerie. Auch andere Düfte – beispielsweise Raumdüfte, Düfte für Kosmetika, Düfte zur Überdeckung unangenehmer Eigengerüche anderer Stoffe – werden zunächst in der Vorstellungskraft eines Duftexperten entwickelt. Die zufällige Schöpfung eines gelungenen Duftes ist nicht ausgeschlossen, aber der Normalfall einer Duftschöpfung hat mit Zufall nichts zu tun.[105]

Die Entwicklung eines Duftes stellt eine geistige Anstrengung dar, die folgendermaßen beschrieben werden kann: „Unser rein intellektuelles Schaffen beruht auf Arbeit und Erfahrung; beides hat weder mit Wissenschaft noch mit Industrie zu tun. Wir komponieren mit einem Block Papier und einem Bleistift. Nachdem wir eine Duftform, ein Thema für ein Parfum konzipiert haben, tragen wir auf einem Blatt Papier, und zwar aus dem Gedächtnis (also ohne die entsprechenden Düfte mit unserem Geruchssinn überprüfen zu müssen), in einer Spalte untereinander die Bezeichnungen für die Duftstoffe ein, von denen wir glauben, daß sie – unter ästhetischen Gesichtspunkten in intuitiv gewählten Proportionen zusammengestellt – uns zur konzipierten Duftform führen. Es handelt sich also nicht um ein industrielles Verfahren, sondern um echte geistige Schöpfung".[106] Aus dieser Beschreibung ohne weiteres zu schließen, dass Düfte geistige Werke im Sinne von § 2 Abs. 2 UrhG sind, hieße jedoch, die dargelegten Anforderungen an ein geistiges Werk zu verkennen. Der Aufwand, egal ob finanzieller, körperlicher oder geistiger Art, mit dem eine schöpferische Leistung erbracht wird, ist für die Beurteilung der urheberrechtlichen Schutzfähigkeit ohne Bedeutung.[107] Entscheidend ist, dass die erbrachte Leistung geistiger Art ihren Niederschlag im Duft findet.

---

[104] Vgl. *Roudnitska*, Le Parfum, S. 73.
[105] S. bereits oben Zweiter Teil, B II.
[106] *Roudnitska*, Le Parfum, S. 103 f.
[107] *Schricker/Loewenheim*, § 2 Rn. 46.

Hier gilt es zu differenzieren zwischen verschiedenen Arten von Düften: Düfte können – ähnlich wie in der Malerei – gegenständlich oder abstrakt sein.[108] Ein gegenständlicher Duft ahmt beispielsweise den Geruch eines Maiglöckchens oder einer Zitrone nach. Es kommt auch vor, dass mit einem Duft ganze Landschaften[109] oder Stimmungen[110] wiedergegeben werden sollen. Wenn ein Duft den Geruch einer Zitrone nachahmen möchte und diese Assoziation auch bei dem hervorgerufen wird, der den Duft wahrnimmt, so wird der geistige Inhalt im Werk erkennbar. Ein geistiger Inhalt im Sinne von § 2 Abs. 2 UrhG liegt dann vor.[111] Bei Düften, die komplexe Situationen nachahmen wollen, ist hingegen zweifelhaft, ob die dem Duft zugrunde liegende Assoziation auch beim Empfänger der Duftstoffe in gleicher Form geweckt wird. Anders ausgedrückt erscheint es unwahrscheinlich, dass der von einem Parfümeur olfaktorisch umgesetzte „Sonnenaufgang auf den Seychellen"[112] vom Empfänger des Duftes auch als solcher wahrgenommen wird, da die Wahrnehmung durch persönliche Erfahrung geprägt und damit subjektiv unterschiedlich ist. Aber selbst wenn die Wahrnehmung eine andere ist, steht dies der Annahme einer geistigen Schöpfung nicht entgegen. Es ist nicht erforderlich, dass die Duftbotschaft, die kommuniziert werden soll, vom Empfänger verstanden wird. Die Werkqualität ist unabhängig von der Wirkung, die der Werkgenuss bei dem hervorruft, der sich mit dem Werk auseinandersetzt.

§ 2 Abs. 2 UrhG verlangt lediglich, dass der Schöpfer den geistigen Gehalt seines Werkes in diesem zum Ausdruck bringt. Ein noch nicht konkret verkörperter schöpferischer Gedanke kann nicht Gegenstand des Urheberrechtsschutzes sein.[113] Zum Ausdruck kommt der geistige Gehalt bereits, wenn anhand einer Vorstellung ein Duft komponiert wird, welcher für andere wahrnehmbar ist, da somit der geistige Inhalt eine Ausdrucksform gefunden hat.[114] „The user smells what the composer has thought."[115] Sobald ein Duft anhand einer bestimmten Vorstellung konzipiert wird, handelt es sich nicht mehr um eine abstrakte Idee, sondern um einen verkörperten geistigen Inhalt.

---

[108] *Comité Français du Parfum*, Duft, S. 39.

[109] So soll die mediterrane Stimmung der Insel Zypern *François Coty* 1917 zum Parfüm „*Chypre*" angeregt haben; vgl. *Comité Français du Parfum*, Duft, S. 39.

[110] *Coco Chanel* hatte beim Auftrag für ihr erstes Parfüm „den Duft eines nordischen Morgens am See" im Kopf; vgl. *Comité Français du Parfum*, Duft, S. 39.

[111] Davon zu unterscheiden ist die Frage, ob bei der Nachbildung eines natürlichen Geruchseindrucks auch die erforderliche Individualität vorliegt; s. dazu unten Zweiter Teil, B V 8.

[112] Weitere Beispiele für Themen eines Parfüms bei *Pamoukdjian*, S. 223.

[113] *BGH*, GRUR 1977, 547 (550) – Kettenkerze; *Schricker/Loewenheim*, § 2 Rn. 51.

[114] Zur Wahrnehmbarkeit als Schutzvoraussetzung s. sogleich unter B. IV.

[115] *Roudnitska*, The Art of Perfumery, S. 40.

Abstrakte Düfte ahmen keine Vorbilder in der Natur nach, sie wollen keine bestimmte Situation olfaktorisch darstellen. „L'idée de départ peut être une pure abstraction: ce sont des « arabesques olfactives » qui ne rappellent rien du monde naturel".[116] Eine Duftbotschaft, wie sie einem gegenständlichen Duft zugrunde liegt, enthält ein abstrakter Duft nicht. Dies bedeutet jedoch nicht, dass die Komposition eines abstrakten Duftes keine geistige Arbeit darstellt. Der Kompositionsvorgang entspricht im Wesentlichen dem eines gegenständlichen Duftes. Der geistige Inhalt eines solchen Duftes kann sich darauf beschränken, einen Duft zu kreieren, der einer bestimmten Duftfamilie – beispielsweise blumig, minzig, aldehydig o.ä. – zuzuordnen ist. Oftmals orientiert sich die Entwicklung eines abstrakten Duftes an einem sog. „Duftbriefing", in welchem dem Duftschöpfer eine grobe Vorstellung der vom Kunden gewünschten Dufteigenschaften und -verwendung mitgeteilt wird. Ein „Duftbriefing" kann folgendermaßen aussehen: „blumige Milde – Pflege – feminin – jugendlich".[117] Innerhalb des vorgegebenen Rahmens wird dann ein Duft entwickelt. Auch bei einem abstrakten Duft gilt es, die einzelnen Komponenten sorgsam auszuwählen, aufeinander abzustimmen und deren Zusammenspiel zu organisieren. Die geistige Arbeit besteht in diesem Fall darin, einen Duft zu erschaffen, der die Vorgaben des Briefings erfüllt.

Fraglich ist, ob § 2 Abs. 2 UrhG darüber hinaus eine Duftbotschaft im Sinne eines mit olfaktorischen Mitteln ausgedrückten Gefühlsinhaltes verlangt, wie er in einem gegenständlichen Duft zum Ausdruck kommt. Ein Vergleich mit anderen Werkarten zeigt, dass der geistige Gehalt in unterschiedlicher Form zu Tage treten kann.[118] Bei Sprachwerken liegt ein durch das Mittel der Sprache ausgedrückter Gedanken- bzw. Gefühlsinhalt vor,[119] bei Werken der Musik liegt der geistige Gehalt im durch Töne ausgedrückten musikalischen Erlebnis.[120] Allgemein muss bei Kunst- und Musikwerken der geistige Gehalt bestimmt und geeignet sein, die Sinne anzuregen und damit auf das durch Auge bzw. Gehör, möglicherweise auch durch den Tast- oder Geschmackssinn vermittelte geschmackliche Empfinden einzuwirken.[121] „Duftwerke" lassen sich mit Kunst- und Mu-

---

[116] „Der Ausgangsgedanke kann eine reine Abstraktion sein: es gibt « olfaktorische Arabesken », die keine Entsprechung in der natürlichen Welt haben." *Galloux*, Recueil Dalloz 2004, 2642 (2643).

[117] *Gebauer*, S. 12.

[118] Vgl. dazu *Loewenheim/Loewenheim*, § 6 Rn. 10.

[119] BGHZ 39, 306 (308) = NJW 1963, 1877 – Rechenschieber.

[120] *OLG Düsseldorf*, GRUR 1978, 640 (641) – fahr'n auf der Autobahn; *LG Frankfurt a.M.*, GRUR 1996, 125 – Tausendmal berührt.

[121] *Erdmann*, in: FS f. v. Gamm, 389 (399 f.).

sikwerken vergleichen, auch dort gibt es abstrakte und konkrete[122] Werke.
Deshalb sollte ein ähnlicher Beurteilungsmassstab auch in Rahmen der
Beurteilung des geistigen Inhalts von Düften gelten. Es ist nicht ersichtlich, warum der geistige Gehalt nicht bestimmt und geeignet sein sollte,
auf das durch den Geruchssinn vermittelte geschmackliche Empfinden einzuwirken. Werke der Musik müssen keine konkrete Botschaft vermitteln,
um den Schutz des Urhebergesetzes zu genießen. Es genügt ein durch Töne
ausgedrücktes musikalisches Erlebnis. Gleiches muss gelten für ein durch
Düfte ausgedrücktes olfaktorisches Erlebnis. Ein solches olfaktorisches
Erlebnis liegt unabhängig davon vor, ob es sich um einen konkreten oder
abstrakten Duft handelt. Sobald eine Duftvorstellung verwirklicht wird, ist
der daraus resultierende Duft Ausdruck dieser geistigen Arbeit. Ein auf
diese Weise geschaffener Duft erfüllt daher die Anforderungen des § 2
Abs. 2 UrhG und ist eine geistige Schöpfung.

Diese Einschätzung wird auch in der französischen Literatur und Rechtsprechung geteilt: „Cette composition (…) fait suite à une idée directrice,
un concept de parfum (…). Sous cet angle, il y a bien, dans la création
d'un parfum, un travail intellectuel, un travail de l'intelligence humaine,
un effort intellectuel, qui répond aux critères habituels exigés par le droit
d'auteur".[123] „La fragrance peut effectivement (…) être considérée comme
le résultat d'une recherche intellectuelle d'un compositeur faisant appel à
son imagination et à ses connaissances accumulées pour aboutir à la création d'un bouquet original de matériaux odorants choisis dans un but esthétique".[124]

IV. Wahrnehmbare Form

Erforderlich für ein urheberrechtlich geschütztes Werk ist neben dem Vorliegen einer persönlichen Schöpfung mit geistigem Gehalt auch, dass der
Duft eine wahrnehmbare Form aufweist. Die bloße Idee genießt keinen

---

[122] Vgl. als Beispiel eines konkreten Musikstückes das Werk „Die Moldau" von
Bedrich Smetana, welches musikalisch den Flusslauf der Moldau beschreibt (sog. Pro-
grammmusik).

[123] „Dieses Duftgemisch (…) folgt einer übergeordneten Leitidee, einem Parfümkon-
zept (…). Aus diesem Blickwinkel steckt hinter einer Parfümkreation eine geistige Arbeit, eine auf menschlicher Intelligenz beruhende Arbeit, eine geistige Anstrengung, die
den herkömmlichen Anforderungen des Urheberrechts gerecht wird." *Galloux*, Recueil Dalloz 2004, 2642 (2643).

[124] „Tatsächlich kann der Duft als das Ergebnis einer intellektuellen Arbeit eines
Komponisten angesehen werden, der mit seiner Vorstellungskraft und seinem gesamten
Wissen tätig geworden ist, um mit Materialien, die er aus ästhetischen Erwägungen aus-
gewählt hat, zu einer Kreation mit originaler Duftnote zu gelangen." *TGI Paris*, Recueil
Dalloz 2004, 2641 – L'Oréal/Bellure; ebenso *Trib. Comm. de Paris*, MarkenR 2001, 258
(260) – Parfum Angel.

urheberrechtlichen Schutz. Der Urheber muss seiner Idee eine Form geben.[125] Dies bedeutet, dass der Gedanke in einer Form geäußert werden muss, die ihn der Wahrnehmung durch die menschlichen Sinne zugänglich macht.[126] Düfte sind durch den Geruchssinn für Menschen wahrnehmbar. Die in der Vorstellungskraft des Duftschöpfers entwickelte Komposition muss realisiert werden. Die Idee des Duftes, die als solche nicht schutzfähig ist,[127] wird dadurch in eine wahrnehmbare Form überführt.

Aufgrund physikalischer Besonderheiten von Düften wird dennoch – insbesondere im Bereich der Parfümerie – vereinzelt deren Schutzfähigkeit abgelehnt.[128] Insbesondere der Nachahmung bezichtigte Prozessparteien berufen sich zur Verteidigung häufig auf den Ausschluss der Schutzfähigkeit von Düften wegen deren Flüchtigkeit.[129] Vertreten wird, dass urheberrechtlicher Schutz wegen der Flüchtigkeit von Düften ausgeschlossen ist. Die einzelnen Duftträgerstoffe der Duftmischung verflüchtigen sich in unterschiedlicher Geschwindigkeit, bis schließlich kein Duft mehr vorhanden ist. Düfte seien deshalb aufgrund ihrer relativen Ephemerität und ihrer mangelnden Stabilität keine Werke. Nur ein stabiles, permanentes Werk sei imstande, Werte und Gefühle von Generation zu Generation oder gar von einer Zivilisation zur anderen zu übermitteln, was ohne Zweifel die Idee der geistigen Werke sei.[130] Das diesen Ansichten zugrunde liegende Kriterium der Werkstabilität findet im Urheberrechtsgesetz wie in anderen relevanten Urheberrechtskodifikationen[131] keine Grundlage, sodass die genannte Ansicht vielfach kritisiert worden ist.

Teilweise wird betont, dass der Duft eines Parfüms – die „forme olfactive" – zwar flüchtig und wandelbar sei, nicht dagegen die Formel.[132] Dies reiche für die Schutzfähigkeit aus. Die Feststellung, dass es sich bei der Formel um eine stabile Erscheinung handelt, ist zwar richtig, sie kann aber die Zweifel an der Schutzfähigkeit des Duftes nicht beseitigen. Im Rahmen der Beurteilung von dessen Schutzfähigkeit können keine Argumente aus

---

[125] *Schack*, Rn. 159.

[126] *BGH*, GRUR 1985, 1041 (1046) – Inkasso-Programm; *Schricker/Loewenheim*, § 2 Rn. 20.

[127] *Bruguière*, in: Liber amicorum Calais-Auloy, 169 (185 f.).

[128] *Calvo/Morelle*, GP 1976, 45 (46).

[129] Vgl. *Trib. Comm. de Paris*, MarkenR 2001, 258 (260) – Parfum Angel; *Gerechtshof en s'-Hertogenbosch*, GRUR Int. 2005, 521 – Parfüm Trésor.

[130] *Calvo/Morelle*, GP 1976, 45 (46).

[131] Vgl. Art. L. 112-1 CPI: „Les dispositions du présent code protègent les droits des auteurs sur toutes les œuvres de l'esprit, quels qu'en soient le genre, la forme d'expression, le mérite ou la destination." („Die Vorschriften dieses Gesetzes schützen die Rechte der Urheber an allen Geisteswerken, unabhängig von der Art, der Ausdrucksform, dem Wert oder der Bestimmung des Werkes.").

[132] *Dubarry*, S. 30 f.; *Bassard*, RIPIA 1979, 461 (463).

Eigenschaften der Formel herangezogen werden, da diese gerade nicht Schutzgegenstand ist.[133] Das Abstellen auf die Stabilität der Duftformel ist darüber hinaus gar nicht erforderlich. Im Gegensatz zum anglo-amerikanischen Copyright-System ist dem kontinentaleuropäischen Urheberrechtssystem das Erfordernis der körperlichen Fixierung des Werkes fremd.[134] „Gleichgültig ist (…), ob das Ausdrucksmittel flüchtig oder körperlich ist."[135] „La fixation de l'œuvre ne constitue pas un critère exigé pour accéder à la protection dès lors que sa forme est perceptible."[136] Insbesondere können Werke aus sich verändernden oder auflösenden Materialien bestehen.[137] Schutzfähig sind unter der Voraussetzung entsprechender Schöpfungshöhe auch das Stegreifgedicht und die Spontandarbietung eines Musikstückes. Gleiches muss für eine aus Eis geschnitzte Skulptur gelten, die naturgemäß früher oder später schmilzt. Somit schließt auch die Flüchtigkeit des Duftes dessen urheberrechtliche Schutzfähigkeit nicht aus.[138] Erforderlich ist lediglich die Möglichkeit der sinnlichen Wahrnehmung. Diese ist bei Düften gegeben.

In Verbindung mit der Wahrnehmbarkeit steht ein weiteres Argument, dass gegen den Schutz von Düften vorgebracht wird. Schon relativ einfache Düfte bestehen aus einer Vielzahl einzelner Duftmoleküle. Die Einzelbestandteile des wahrgenommenen Duftes verflüchtigen sich je nach Molekülgröße unterschiedlich schnell. Dies hat zur Folge, dass es einen einheitlichen Duft bei Duftmischungen nicht gibt. Vielmehr verläuft ein Duft zeitlich, Veränderungen des Duftcharakters während des Duftablaufes sind aufgrund der Komplexität des Gemisches unterschiedlich flüchtiger Stoffe normal. Dies führt dazu, dass man in der Parfümerie verschiedene Phasen des Dufteindruckes unterscheidet, die so genannten „Noten": Kopfnote, Herznote, Basisnote.

---

[133] S. Zweiter Teil, A.

[134] *Sirinelli*, Prop. Intell. 2004, 907; *Schricker/Loewenheim*, § 2 Rn. 20; *Erdmann*, in: FS f. v. Gamm, 389 (398); *Ulmer*, § 21 II 1 (S. 130 f.); *Barbet/Breese u.a*, Le marketing olfactif, S. 280.

[135] *Rehbinder*, Rn. 150.

[136] „Die körperliche Festlegung des Werkes ist keine Schutzvoraussetzung des Urheberrechts, sofern es eine wahrnehmbare Form aufweist." *Cour d'appel de Paris*, Recueil Dalloz 2007, 735 = IIC 2008, 113 (114); ebenso *Sirinelli*, Recueil Dalloz 2006, 2991 (2994).

[137] *Schricker/Loewenheim*, § 2 Rn. 20; *Erdmann*, in: FS f. v. Gamm, 389 (398); *Barbet/Breese u.a*, Le marketing olfactif, S. 281.

[138] Ebenso *TGI Paris*, Recueil Dalloz 2004, 2641 – L'Oréal/Bellure; *Trib. Comm. de Paris*, MarkenR 2001, 258 (260) – Parfum Angel; *Cour d'appel de Paris,* IIC 2006, 881 – Perfume Fragrance; vgl. auch *Galloux*, Recueil Dalloz 2004, 2642 (2644); *Sirinelli*, Recueil Dalloz 2006, 2991 (2994); *Laligant*, R.R.J. 1989, 587 (624), Fn. 151 ; *ders.*, R.R.J. 1992-1, 99 (115) sowie *Rengshausen*, S. 180.

Die Kopfnote ist die erste Phase des Duftablaufs eines Parfüms. Sie ist entscheidend für den ersten Eindruck, der beim Öffnen des Flakons und beim Auftragen des Duftstoffgemisches auf die Haut entsteht. Die Kopfnote wird von leichtflüchtigen Riechstoffen bestimmt.[139] Nach dem Abklingen der Kopfnote folgt als zweite, mittlere Phase des Duftablaufs die Herznote. Gebildet aus würzigeren, weniger flüchtigeren Komponenten bildet sie das Herzstück[140] des Duftes, das „thème principal".[141] Die lang haftenden Bestandteile bilden schließlich den dritten und letzten Teil des Duftablaufs eines Parfüms, die Basisnote.[142]

Die aus dem Zusammenspiel der einzelnen Duftnoten folgende mangelnde Stabilität des Dufteindrucks wurde als Argument gegen die Schutzfähigkeit von Parfüm nach dem Urheberrecht angeführt.[143] Dagegen spricht, dass dem Urheberrechtsgesetz nicht zu entnehmen ist, dass die wahrnehmbare Form eines Werkes gleich bleibend und stabil sein muss. Erforderlich ist nur die Wahrnehmbarkeit, diese muss nicht starr sein. Dies zeigt sich im Vergleich mit anderen urheberrechtlich geschützten Werken. Ein Filmwerk beispielsweise besteht aus einem Handlungsablauf, sodass sich im zeitlichen Ablauf von Szene zu Szene der durch das Werk vermittelte Inhalt verändert. Auch ein Musikstück besteht nicht – jedenfalls im Falle des Schutzes durch das Urheberrecht – aus einem konstanten Ton oder Akkord, sondern Tempo, Töne etc. variieren im Verlauf einer Partitur. Die Variation innerhalb dieser Werke begründet keine Zweifel an deren Schutz durch das Urheberrechtsgesetz. Gleiches gilt daher auch für den Duftablauf. „La variabilité de la fragrance avec le temps est un élément même de la création: le compositeur s'efforce de maîtriser ce phénomène pour proposer un « déroulement olfactif » propre à chaque création."[144]

Gegen die urheberrechtliche Schutzfähigkeit von Düften soll schließlich sprechen, dass ihre Wahrnehmung durch die Menschen subjektiv ist. „La conception d'une odeur précise peut varier considérablement de l'un à l'autre. La sensibilité subjective de l'odorat ne permet pas de donner une forme artistique caractéristique ou originale susceptible objectivement d'être techniquement décrite."[145] Gegen diese Argumentation ist vereinzelt

---

[139] *Comité Français du Parfum*, Duft, S. 77.

[140] *Comité Français du Parfum*, Duft, S. 75.

[141] *Pamoukdjian*, S. 213.

[142] *Comité Français du Parfum*, Duft, S. 66.

[143] *Calvo/Morelle*, GP 1976, 45 (46).

[144] „Die Veränderlichkeit des Dufteindrucks im Laufe der Zeit ist ein der Kreation innewohnendes Element: Der Schöpfer bemüht sich, dieses Phänomen zu beherrschen, um einen « Duftablauf » vorzuschlagen, der jeder Kreation eigen ist." *Galloux*, Recueil Dalloz 2004, 2642 (2644).

[145] „Die Vorstellung von einem bestimmten Duft kann von Person zu Person erheblich variieren. Die subjektive Geruchswahrnehmung erlaubt es nicht, (dem Duft) eine charak-

eingewendet worden, dass der menschliche Geruchssinn in Wirklichkeit ausgeprägt genug sei, um eine objektive Beschreibung von Dufteindrücken zu gewährleisten.[146] Zu häufig unterstelle man der Subjektivität der Sinnesempfindungen, „was der Unaufmerksamkeit, Gedankenlosigkeit, Nachlässigkeit, Trägheit, Oberflächlichkeit oder Unwissenheit zugeschrieben werden sollte."[147] Jedenfalls könne durch eine entsprechende systematische Schulung, wie sie beispielsweise Teil der Ausbildung eines Parfümeurs sei, eine solche Fähigkeit entwickelt werden.[148] Diese Einwände sind aus zwei Gründen nicht überzeugend. Zum einen steht die Geruchsforschung heute auf dem Stand, dass die olfaktorische Wahrnehmung in der Tat von Person zu Person verschieden und damit subjektiv ist. Tests haben ergeben, dass eine weitgehend übereinstimmende Geruchswahrnehmung nur an den beiden Polen der hedonischen Skala, also bei besonders angenehmen und besonders unangenehmen Düften zu verzeichnen ist, während im mittleren Bereich die Duftbewertung stark variiert.[149] Verantwortlich dafür sind Konditionierungs- und Lernprozesse, zum Beispiel individuelle Vorlieben, Erlebnisse in der Vergangenheit und Gewöhnungsprozesse.[150] Zum anderen richten sich die Einwände nur gegen die Beurteilung der Subjektivität der Wahrnehmung, akzeptieren ihrer Argumentation zufolge aber prinzipiell das Erfordernis der objektiven Beschreibbarkeit des Duftes zur Erlangung der Werkqualität.

Ein solches Erfordernis kann jedoch weder dem Urheberrechtsgesetz noch anderen Urheberrechtskodifikationen entnommen werden. „L'exigence d'une description objective du parfum (…) ne se fonde sur aucune base légale en l'état de la législation et rend donc la discussion sur ce point parfaitement inutile."[151] Urheberrechtlich geschützt sind ohne Einschränkung mit dem Zeitpunkt der Schöpfung alle Werke, die die Anforderungen der §§ 1, 2 UrhG erfüllen. Eine Fixierung des Werkes ist nicht nötig, eine bestimmte Form der Wahrnehmung oder Darstellung nicht vorgeschrieben. Darin unterscheidet sich das Urheberrecht von den gewerblichen Schutz-

---

teristische, künstlerische und originale Form zu geben, die objektiv geeignet ist, fachsprachlich beschrieben zu werden." Trib. Comm. de Paris, Urt. v. 7.1.1974, unveröffentlicht, zitiert von Crochet, Parfums, Cosmétiques, Arômes 1978, 51 (53).

[146] *Pamoukdjian*, S. 223 f.; *Roudnitska*, Le Parfum, S. 25 f.

[147] *Roudnitska*, Le Parfum, S. 26.

[148] *Crochet*, Parfums, Cosmétiques, Arômes 1978, 51 (54).

[149] Vgl. *Burdach*, S. 42.

[150] *Burdach*, S. 42 f.

[151] „Das Erfordernis einer objektiven Beschreibbarkeit des Parfüms ist beim momentanen Stand der Gesetzgebung ohne gesetzliche Grundlage und somit ist die Diskussion darüber vollkommen unnötig." *TGI Paris*, Recueil Dalloz 2004, 2641 – L'Oréal/Bellure; ebenso *Hoge Raad der Nederlanden*, GRUR Int. 2006, 951 (953) – Parfüm Trésor II; a. A. *Laligant*, R.R.J. 1992-1, 99 (115).

rechten, wie zum Beispiel dem Markenrecht, welches jedenfalls zum Erwerb eines eingetragenen Schutzrechts die graphische Darstellbarkeit des Zeichens erfordert.[152] Akzeptiert man dies, so muss man auch akzeptieren, dass einige urheberrechtliche Werke nicht oder zumindest nicht vollständig darstellbar und beschreibbar sind.[153]

Die Schutzfähigkeit eines Duftes wird durch die Subjektivität der Wahrnehmung nicht ausgeschlossen. Dies gilt umso mehr, vergleicht man Düfte mit anderen Werken, deren Schutzfähigkeit nicht zweifelhaft ist. Auch Werke der Musik werden vom Publikum, je nach sensorischer Empfindung der jeweiligen Person, unterschiedlich wahrgenommen.[154] Gleiches gilt für die bildende Kunst.[155] Der Unterschied zu Düften besteht bei jenen Werkarten darin, dass für sie anerkannte Terminologien existieren, die eine Beschreibung der Werke vereinfachen. Die Möglichkeit der objektiven Beschreibung ist aber keine Schutzvoraussetzung. Sie spielt erst eine Rolle, wenn es darum geht, einzelne Düfte zu charakterisieren und miteinander zu vergleichen.[156] Festzuhalten bleibt somit, dass Düfte trotz Flüchtigkeit, mangelnder Stabilität und der Subjektivität der Geruchsempfindung eine wahrnehmbare Form aufweisen.

V. Individualität

Das bedeutendste Kriterium bei der Bestimmung der urheberrechtlichen Werkqualität ist die Individualität des Werkes. Die bisherigen Ausführungen haben gezeigt, dass Urheberschutz für Düfte nicht kategorisch ausgeschlossen ist. Die Schutzfähigkeit eines konkreten Duftes, der eine persönliche Schöpfung darstellt und geistigen Inhalt aufweist, ist daher von dessen Individualität abhängig.

1. Definition

Eine persönliche geistige Schöpfung im Sinne von § 2 Abs. 2 UrhG setzt voraus, dass das Werk „vom individuellen Geist des Urhebers geprägt"[157]

---

[152] S. Einleitung, A.

[153] Für das französische Recht ebenso *Galloux*, Recueil Dalloz 2004, 2641 (2645).

[154] *Trib. Comm. de Paris*, MarkenR 2001, 258 (260) – Parfum Angel; ebenso *TGI Paris*, Recueil Dalloz 2004, 2641 – L'Oréal/Bellure; *Cour d'appel de Paris*, IIC 2006, 881 – Perfume Fragrance sowie Generalanwalt *Colomer* in der Rechtssache C-273/00, Slg. 2002, I-11737, Rn. 26 – Sieckmann.

[155] Vgl. *Field*, IDEA Vol. 45, 19 (27): „Yet, refusing protection for scents seems fully equivalent to denying protection for images because the impression varies according to, say, lighting, distance and angle (…)".

[156] Zu diesem praktischen Problem s. unten Zweiter Teil, D IV.

[157] *Schricker/Loewenheim*, § 2 Rn. 23.

ist. Es muss eine individuelle geistige Leistung erbracht worden sein.[158] Durch das Erfordernis der Individualität werden Schöpfungen vom Urheberschutz ausgeschlossen, die über rein handwerkliches, routinemäßiges Schaffen nicht hinausragen. Der Werkschaffende darf sich nicht nur an Vorgegebenem orientieren und sich dabei bekannter Verarbeitungstechniken bedienen, sondern er muss etwas von seiner Person zu den verarbeiteten fremden Gedanken, Ideen und Quellen hinzugeben.[159] Soll ein Duft urheberrechtlich geschützt sein, so muss er sich vom Alltäglichen, üblicherweise Hervorgebrachten abheben. Er muss die nötige Gestaltungs- bzw. Schöpfungshöhe, das heißt einen bestimmten Grad an Individualität aufweisen.

Ein Blick auf die Rechtsprechung im europäischen Ausland zeigt, dass sich die Beurteilung der Individualität von Düften, insbesondere von Parfüms, als problematisch erweist. In mehreren Verfahren wurde dort – trotz Anerkennung der grundsätzlichen Schutzfähigkeit – urheberrechtlicher Schutz im Ergebnis versagt, weil die Individualität der streitgegenständlichen Düfte nicht bewiesen werden konnte.[160] Zum besseren Verständnis dieser Entscheidungen muss zunächst gesagt werden, dass das Individualitätskriterium nach dem Urheberrechtsgesetz und dem französischen Code de la Propriété Intellectuelle (CPI) nicht identisch ist. Das französische Recht verlangt die „originalité" eines Werkes. „Originalité" liegt vor, wenn das Werk von der Persönlichkeit seines Schöpfers geprägt ist.[161] „Une œuvre est originale dès lors qu'elle porte l'empreinte d'une personnalité, c'est-à-dire celle de l'auteur."[162] Das deutsche Urheberrechtsgesetz will demgegenüber den Schutz nicht auf „Schöpfungen eigentümlicher Prägung" beschränken.[163] Zwar kann sich die nötige Individualität auch darin zeigen, dass ein Werk den Stempel der Persönlichkeit seines Schöpfers trägt und diesem aufgrund seiner Stilmerkmale ohne weiteres zugeordnet werden kann. In diesem Fall kommt die Individualität in ihrer stärksten Form zum Ausdruck.[164] Erforderlich ist dies für den Urheberschutz nach dem Urheberrechtsgesetz aber nicht.[165] Im Rahmen des Schut-

---

[158] *Wandtke/Bullinger/Bullinger*, § 2 Rn. 21.

[159] *Haberstumpf*, Rn. 95.

[160] Z. B. *Cour d'appel de Paris*, PIBD 2000, Nr. 708, III, 549 (551); vgl. auch die Aufzählungen bei *Sirinelli*, Prop. Intell. 2004, 709 ff. sowie *Balaña*, GRUR Int. 2005, 979 (989 f.).

[161] *Gautier*, Rn. 25.

[162] „Ein Werk ist original, wenn es durch eine Persönlichkeit, das heißt die des Urhebers, geprägt ist." *Dubarry*, S. 31.

[163] BT-Drucks. 13/781, S. 10.

[164] *Haberstumpf*, Rn. 97; *Ulmer*, § 19 V 2 (S. 124).

[165] *Schricker/Loewenheim*, § 2 Rn. 24; *Schack*, Rn. 163; *Dreier/Schulze*, § 2 Rn. 23; *Rehbinder*, Rn. 146; *Ulmer*, § 19 V 2 (S. 124).

zes der sog. „kleinen Münze" werden auch Werke geschützt, die nur eine geringe Gestaltungshöhe aufweisen. Ein Werk, welches nach französischen Maßstäben „originalité" aufweist, ist individuell im Sinne des deutschen Urheberrechts. Aber auch dann, wenn ein Werk nicht den Stempel der Persönlichkeit seines Urhebers trägt, ist Schutz nach dem Urheberrechtsgesetz nicht ausgeschlossen.

Die oben angeführten Urteile ausländischer Gerichte dürfen vor diesem Hintergrund also nicht unreflektiert auf die Beurteilung der Schutzfähigkeit von Düften nach dem Urheberrechtsgesetz übernommen werden. Stattdessen ist es erforderlich, die zur Beurteilung der Individualität nach dem Urheberrechtsgesetz entwickelten Kriterien heranzuziehen und zu prüfen, ob Düfte diese Anforderungen erfüllen oder ob Ihnen bzw. einzelnen von Ihnen die Schutzfähigkeit abgesprochen werden muss.

2. Unerhebliche Kriterien

Zunächst müssen einige Kriterien, die in der Vergangenheit im Rahmen der Beurteilung von Düften in Rechtsprechung und Literatur herangezogen wurden, einer kritischen Prüfung unterzogen werden. Dabei gilt es die Kriterien zu identifizieren, die im Rahmen der Bestimmung der Individualität eines Werkes irrelevant sind und folglich nicht zur Beurteilung von Düften herangezogen werden dürfen.

Unerheblich aus urheberrechtlicher Sicht ist beispielsweise die objektive Neuheit eines Werkes.[166] Daher ist dem *Tribunal Commerce de Paris* zu widersprechen, welches zur Begründung der Originalität des Parfüms *Angel* anführt, dass „der völlig neue Duft von Angel einen neuen Trend in der Welt der Düfte gesetzt hat."[167] Die Einführung einer neuen Duftrichtung reicht für sich genommen nicht aus zur Annahme der erforderlichen schöpferischen Individualität, sie kann lediglich ein Indiz dafür sein.[168] Urheberrechtlich schutzfähig ist auch die – in der Praxis freilich äußerst selten[169] – unabhängige Doppelschöpfung. Des Weiteren ist nicht auszuschließen, dass auch ein neues Werk mit allgemeinmenschlichen Fähigkeiten geschaf-

---

[166] *BGH*, GRUR 1982, 305 (307) – Büromöbelprogramm; GRUR 1979, 332 (336) – Brombeerleuchte; *Hoge Raad der Nederlanden*, GRUR Int. 2006, 951 (954) – Parfüm Trésor II; *Schricker/Loewenheim*, § 2 Rn. 41; *Haberstumpf*, Rn. 96; *Wandtke/Bullinger/Bullinger*, § 2 Rn. 22; *Rehbinder*, Rn. 57.

[167] *Trib. Comm. de Paris*, MarkenR 2001, 258 (260) – Parfum Angel; ähnlich bereits *Crochet*, PCA 1978 (Nr. 23), 51 (57): „l'œuvre esthétique doit être objectivement nouvelle" („das ästhetische Werk muss objektiv neu sein").

[168] Gegen das Kriterium der objektiven Neuheit bei Parfüms auch *Gerechtshof ten s'Hertogenbosch*, GRUR Int. 2005, 521 – Parfüm Trésor; ebenso *Sirinelli*, Prop. Intell. 2005, 47 (49); *Cosson*, JCP éd. E 2001, 77.

[169] Vgl. *Schricker*, GRUR 1988, 815, der die zufällige Doppelschöpfung als „weißen Raben" bezeichnet.

fen wurde und naheliegend war.[170] Die Neuheit eines Werkes bzw. der Unterschied zu den vorbekannten Düften kann sich theoretisch auch aus besonders ausgeprägter Banalität ergeben.[171]

Kritikwürdig ist auch folgende Behauptung: „Son originalité n'est pas contestable, dès lors que son parfum se distingue parfaitement de toutes les autres flagrances et est adopté par une clientèle très nombreuse à la recherche d'un signe d'individualisation".[172] Zusätzlich zur objektiven Neuheit stellt das Gericht in dieser Entscheidung auf den kommerziellen Erfolg des Parfüms ab. Ein solches „urheberrechtsfremdes Kriterium der Verbraucherakzeptanz"[173] ist nicht anzuerkennen. Der kommerzielle Erfolg kann unter besonderen Umständen sogar ein Indiz gegen dessen Individualität bzw. „originalité" sein.[174] Der Grund dafür ist, dass bei den einzelnen Absatzzielgruppen bestimmte Duftvorlieben existieren. Die Orientierung an diesen bereits bekannten Duftvorlieben minimiert das Risiko eines wirtschaftlichen Misserfolges bei Lancierung eines Duftes. „Consumers do not usually like perfumes that depart too far from what they have come to regard as normal within a given category".[175] Mit dem Bestreben, dem olfaktorischen „Mainstream" zu folgen und auf bewährte Duftmuster zu setzen, geht der Verlust der Individualität vieler Düfte einher. „Être original, c'est commercialement dangereux."[176] „Le créateur est de plus en plus fermement convié à choisir les formes (...) qui satisfassent le plus grand nombre."[177] Gerade bei ungewöhnlichen Duftkreationen besteht die Gefahr, dass sie nicht (oder zumindest nicht auf Anhieb) eine ausreichend große Konsumentenschicht finden und die Entwicklungskosten (zunächst) nicht refinanziert werden können. Weder die objektive Neuheit noch der Erfolg beim Konsumenten sind daher maßgeblich bei der Beurteilung der Indivi-

---

[170] Vgl. *BGH*, GRUR 1962, 51 (52) – Zahlenlotto; *Rehbinder*, Rn. 57.

[171] *Sirinelli*, Prop. Intell. 2005, 47 (48).

[172] „Die Originalität ist nicht zu bezweifeln, soweit sich ihr Parfüm vollkommen von allen anderen Düften unterscheidet und von einer sehr zahlreichen Kundschaft auf der Suche nach einem Zeichen der Individualisierung angenommen wird." *Cour d'appel de Paris*, Urt. v. 17. September 2004, 4ᵉ ch. B, unveröffentlicht, zitiert nach *Sirinelli*, Prop. Intell. 2005, 47 (48).

[173] *Balaña*, GRUR Int. 2005, 979 (987).

[174] A. A. *OLG München*, ZUM 1992, 202 (204) – Sadness/Madness, welches den Charterfolg als Indiz für die Schutzfähigkeit eines Musikstückes ansieht.

[175] *Calkin/Jellinek*, S. 70.

[176] „Originalität ist aus kaufmännischer Sicht gefährlich." *M.Y. Gutsatz*, zitiert von *Pamoukdjian*, S. 222.

[177] „Der Schöpfer ist mehr und mehr verbindlich aufgefordert (Duft-)Formen zu wählen (...), die eine möglichst große Zahl an Kunden befriedigen." *Laligant*, R.R.J. 1992-1, 99 (118).

dualität des zu betrachtenden Schöpfungsvorgangs.[178] Ebenfalls ohne Bedeutung für die rechtliche Bewertung ist die Anerkennung der Originalität eines Duftes in der Presse.[179] Der Urheberrechtsschutz lässt sich anhand dieser Kriterien weder begründen noch ausschließen.

Mit dem Schöpfungsvorgang in Verbindung steht hingegen der Aufwand, der zur Erbringung der Leistung nötig ist. Die Suche nach neuen natürlichen Duftstoffen in sog. Duftexpeditionen, die Synthese neuartiger Ausgangstoffe, der Entwurf und die Fertigung eines komplexen Duftes, zum Beispiel eines Parfüms, ist mit einem erheblichen Zeit- und Kostenaufwand für die Beteiligten verbunden. Auf der Suche nach einem Nachweis der Individualität bzw. „originalité" eines Duftes ist deshalb auch der Aufwand zur Schöpfung eines Duftes thematisiert worden. So wurde *L'Oréal* in einem Fall, in welchem der Konzern als Kläger auftrat, vorgehalten, der Beweis der „originalité" wäre durch die vorgelegte gaschromatographische Analyse nicht erbracht worden: Le rapport produit „ne permet pas de connaître le cheminement des travaux et recherches effectués".[180] Dieser Einwand steht im Widerspruch zu der für das Urheberrechtsgesetz anerkannten Auffassung, nach welcher Aufwand und Kosten der Leistung für die urheberrechtliche Schutzfähigkeit keine Argumente sind.[181] Somit dürfen diese Kriterien auch im Rahmen der Beurteilung von Düften nicht herangezogen werden.[182]

---

[178] Vgl. *Gerechtshof ten s'-Hertogenbosch*, GRUR Int. 2005, 521 – Parfüm Trésor: „Voranzustellen ist, dass die Gewährung urheberrechtlichen Schutzes nicht die ‚Neuheit' des Werkes im objektiven Sinne voraussetzt, sondern lediglich, dass dieses im subjektiven Sinne (das heißt aus der Sicht des Schöpfers) ursprünglich ist."; *TGI Paris*, Urt. v. 4. Juni 2004, unveröffentlicht, zitiert nach *Sirinelli*, Prop. Intell. 2004, 907 (909): „le succès d'un parfum n'en démontre pas l'originalité" („Der Erfolg eines Duftes beweist nicht dessen Originalität").

[179] Ebenso *Cosson*, JCP éd. E 2001, 77; a. A. offenbar *Trib. Comm. de Paris*, MarkenR 2001, 258 (260) – Parfum Angel.

[180] Das Gutachten „ermöglicht es nicht, die ausgeführten Arbeitsschritte und Recherchen zu verstehen." *TGI Paris*, Recueil Dalloz 2004, 2641 – L'Oréal/Bellure; ähnlich bereits *Cour d'appel de Paris*, PIBD 2000, Nr. 708, III, 549 (551): La société „ne produit aux débats ni élément sur le travaux et recherches qu'elle a effectué pour mettre au point cette fragrance, ni (…) ; les seules indications mentionnées sur l'emballage du produit sont insuffisantes pour apprécier l'apport créatif de l'auteur de cette fragrance et déterminer si elle présente l'originalité requise pour bénéficier de la protection au titre du droit d'auteur" (Die Gesellschaft „präsentiert im Prozess weder Tatsachen über die bei der Entwicklung des Duftes gemachten Arbeiten und Recherchen, noch (…); die erwähnten einzelnen Angaben zur Produktverpackung sind unzureichend zur Einschätzung des kreativen Anteils des Duftschöpfers und zur Entscheidung, ob der Duft die Originalität aufweist, die erforderlich ist, um vom Schutz durch das Urheberrecht zu profitieren").

[181] BGHZ 27, 351 (359) = GRUR 1958, 562 (563 f.) – Candida-Schrift; *BGH*, NJW 1986, 192 (196) – Inkasso-Programm; *Wandtke/Bullinger/Bullinger*, § 2 Rn. 26;

3. Wahrscheinlichkeit einer unabhängigen Doppelschöpfung

Balaña schlägt vor, die Individualität von Düften danach zu beurteilen, ob sie Gegenstand einer unabhängigen (Doppel-)Schöpfung sein können.[183] Danach sollen individuelle Düfte nur solche sein, bei denen vernünftigerweise nicht zu erwarten ist, dass eine unabhängige Doppelschöpfung vorkommen kann. Ausreichende Individualität soll vorliegen, wenn die Wahrscheinlichkeit der Doppelschöpfung „gegen Null geht".[184] Zur Begründung dieser Ansicht wird angeführt, es bestünde eine Korrelation zwischen der Wahrscheinlichkeit der unabhängigen Doppelschöpfung und der Komplexität des Duftes bzw. der Einfachheit von „Auswahl, Anordnung und Ausführung der Bestandteile".[185]

Diesem Kriterium kann zunächst aus praktischer Sicht entgegengehalten werden, dass es der Rechtssicherheit nicht dienlich ist, wenn die Beurteilung der Individualität auf Basis einer unsicheren Prognose bzw. Vermutung erfolgt. Eine hinreichend objektive Antwort auf die Frage, wann die Wahrscheinlichkeit der Doppelschöpfung „gegen Null" tendiert, ist kaum möglich. Angesichts der Vielzahl an Kombinationsmöglichkeiten im Bereich der Duftstoffe – einem Parfümeur stehen über 5000 natürliche, halbsynthetische und vollsynthetische Ausgangsstoffe zur Verfügung[186] – ist die Wahrscheinlichkeit, dass der identische Dufteindruck unabhängig von einer anderen Person erzeugt wird, sehr gering. So führten auch die Anwälte im Fall *Lancôme ./. Kecofa* aus, die Wahrscheinlichkeit, unabhängig ein Parfüm zu entwickeln, welches in 24 von 26 Duftstoffen mit einem bekannten Duft übereinstimmt, sei genauso groß wie die Wahrscheinlichkeit, über einen Zeitraum von 100 Jahren täglich im Lotto zu gewinnen. Entsprechendes gilt für alle komplexen Duftstoffgemische. Stellte man allein auf die Wahrscheinlichkeitsrechnung ab, so spräche dies für einen umfassenden Schutz komplexer Duftstoffgemische. Richtigerweise sollte jedoch zur Beurteilung der Individualität eine weitergehende Differenzierung erfolgen.[187]

Inhaltlich ähnelt das Kriterium darüber hinaus den Ansichten, welche die Individualität nach dem Schöpfungsaufwand bemessen wollen. Diesen Ansichten kann – wie bereits gezeigt – nicht gefolgt werden. Ob ein Schöpfungsvorgang langwierig und komplex abläuft oder aber das Ergeb-

---

Schricker/Loewenheim, § 2 Rn. 46; *Haberstumpf*, Rn. 99; *Dreyer/Kotthoff/Meckel*, § 2 Rn. 87.

[182] Ebenso *Sirinelli*, Prop. Intell. 2004, 907 (909); *Balaña*, GRUR Int. 2005, 979 (987)
[183] *Balaña*, GRUR Int. 2005, 979 (988).
[184] *Balaña*, GRUR Int. 2005, 979 (986).
[185] *Balaña*, GRUR Int. 2005, 979 (986).
[186] *Groom*, S. 260.
[187] S. Zweiter Teil, B V 11.

nis einer genialen Eingebung innerhalb kürzester Zeit ist, bleibt für die Schutzfähigkeit außer Betracht. Allerdings muss der Ansicht *Balañas* zugestanden werden, dass sie eine Vielzahl der Fälle, in denen Individualität gegeben ist, zutreffend erfasst. Die komplexe, mühevolle Schöpfung ist häufig auch eine individuelle. Werke als Ergebnis genialer Momente sind vergleichsweise selten. Aber ein Individualitätskriterium muss in der Lage sein, eine Beurteilung verschiedenster Werke zu ermöglichen. Es muss auf verschiedene Werkarten anwendbar sein und innerhalb einzelner Werkarten auf Werke mit unterschiedlicher Schöpfungshöhe. Diese Voraussetzungen sind nicht gegeben, wenn allein auf die Wahrscheinlichkeit einer unabhängigen Doppelschöpfung abgestellt wird. *Balaña* zufolge soll die Tatsache, dass ein Werk unabhängig (vom jeweiligen Schöpfer) geschaffen werden kann, als endgültiger Beweis der fehlenden Individualität gewertet werden.[188] Damit nicht vereinbar ist zum Beispiel der urheberrechtliche Schutz einfachster musikalischer Kompositionen im Rahmen der sog. „kleinen Münze" des Urheberrechts.[189] In diesem Bereich tendiert die Wahrscheinlichkeit einer Doppelschöpfung nicht gegen null, dennoch ist die urheberrechtliche Individualität gegeben. Gleiches gilt für ein zweizeiliges Gedicht; auch hier ist nicht abwegig, dass ein anderer die gleiche Wortwahl trifft. Das Kriterium *Balañas* muss deshalb in seiner Absolutheit abgelehnt werden. Es ist freilich starkes Indiz für das Vorliegen von Individualität, und kann insbesondere herangezogen werden, um die Individualitätsdiagnose im konkreten Fall zu stützen.

4. Geeigneter Maßstab

Nachdem die vorgenannten Kriterien zu einer abschließenden Individualitätsbeurteilung nicht imstande sind, stellt sich die Frage nach dem geeigneten Maßstab. Insofern kann für die Beurteilung von Düften keine Besonderheit im Vergleich zu anderen Werkarten gelten. Ein individueller Duft liegt vor, wenn er sich nach sorgfältiger, zusammenfassender Betrachtung seiner gestalterischen Elemente aus Sicht der mit Düften einigermaßen vertrauten Verkehrskreise vom Alltäglichen und Banalen unterscheidet. Entscheidend ist mithin, dass nach dem Gesamteindruck des Duftes eine ausreichende Schöpfungshöhe vorliegt.

Die Schöpfungs- oder Gestaltungshöhe ist quantitativer Aspekt der Individualität,[190] beide verhalten sich proportional. Angesichts der vielfältigen Gestaltungsmöglichkeiten in den einzelnen Werkarten existieren

---

[188] *Balaña*, GRUR Int. 2005, 979 (986).

[189] Vgl. *BGH*, GRUR 1981, 267 (268) – Dirlada; GRUR 1988, 812 (814) – Ein bißchen Frieden; GRUR 1991, 533 – Brown Girl II.

[190] *Schricker/Loewenheim*, § 2 Rn. 24.

für die Beurteilung der Schöpfungshöhe keine einheitlichen und allgemein gültigen Kriterien.[191] Die Beurteilung der Individualität ist eine Einzelfallentscheidung, in der die Besonderheiten des zu untersuchenden Duftes in eine Gesamtbetrachtung einfließen. Ziel dieser Gesamtbetrachtung ist es herauszufinden, ob der konkret wahrgenommene Duft das Ergebnis bloßer Anwendung von Know-how, einer routinemäßig vorgegebenen handwerklichen Produktion ist, oder ob es sich dabei um eine schützenswerte eigentümliche Leistung handelt. An dieser Fragestellung hat sich die Prüfung der Individualität konsequent zu orientieren. Ist eine Information Beleg dafür, dass der zu betrachtende Duft nicht Alltäglich ist, so ist sie in die Gesamtbetrachtung einzubeziehen. Lässt sich aus einer Information nichts zur Beantwortung der Frage entnehmen, so handelt es sich dabei um ein untaugliches Individualitätskriterium. Als Schutz begründende Indizien können dabei alle Informationen herangezogen werden, die auf der schöpferischen Gestaltung beruhen.[192]

Wird beispielsweise ein Duftstoff zur Maskierung unangenehmer Eigengerüche in Expertenkreisen als „revolutionär" eingestuft, so kann der Grund dafür sein, dass der Duftstoff besonders gründlich wirkt, unerwartet stark oder umweltfreundlich ist. Ein solches Expertenurteil sagt freilich nichts aus über die schöpferische Individualität des Duftes, es ist lediglich Ausdruck seiner Gebrauchstauglichkeit. Das positive Urteil der Fachwelt ist dann ein brauchbares Indiz für die Individualität des Duftes, wenn es auf dessen schöpferischer Komponente aufbaut, das heißt, wenn der Dufteindruck selbst Gegenstand der Beurteilung ist. Die strikte Orientierung an dieser Vorgabe führt dazu, dass für die Beurteilung der Individualität von Düften – ungeachtet der Tatsache, dass jeweils eine Entscheidung im Einzelfall zu treffen ist – einige allgemeingültige Aussagen getroffen werden können.

5. *Schöpfungshöhe*

Zunächst ist zu klären, welche Schöpfungshöhe bei Duftwerken erforderlich ist. Die deutsche Rechtsprechung stellt je nach Werkart unterschiedliche Anforderungen an die Gestaltungshöhe. Während in weiten Bereichen der Schutz der „kleinen Münze" anerkannt ist, der einfache, aber gerade noch schutzfähige Schöpfungen umfasst, werden bei einigen Werkarten höhere Anforderungen gestellt. Der Schutz der „kleinen Münze" gilt zum Beispiel für Musikwerke,[193] im nicht-wissenschaftlichen Schrifttum[194] und in der (reinen) bildenden Kunst.[195]

---

[191] *Möhring/Nicolini/Ahlberg*, § 2 Rn. 83.
[192] *Schulze*, GRUR 1984, 400 (415).
[193] *BGH*, GRUR 1991, 533 – Brown Girl II.

Düfte weisen einige Ähnlichkeiten mit Musikwerken auf. In beiden Bereichen spricht man von „Akkorden", ein Parfümeur „komponiert" einen Duft mithilfe einer „Duftorgel", sowohl Düfte als auch Musikstücke entwickeln sich in einem zeitlichen Ablauf und auch der Duftablauf ist in „Noten" eingeteilt. Diese begrifflichen Ähnlichkeiten dürfen jedoch nicht dazu verleiten, vorschnell einen Schutz der „kleinen Münze" auch für den Bereich der Düfte anzunehmen. Ein solches Vorgehen würde die bestehenden Unterschiede zwischen beiden Werkarten ignorieren. Auch wenn sich beide im Zeitablauf entwickeln, so ist doch beispielsweise ein Parfüm auf der Haut oder auf einem Kleidungsstück – verglichen mit der Dauer eines Musikstückes – im Regelfall deutlich länger wahrnehmbar.[196] Andererseits ermöglicht die analoge oder digitale Aufzeichnung eines Musikstückes auch noch nach Jahren den wiederholten Werkgenuss, während Duftstoffgemische nur für begrenzte Zeit aufbewahrt werden können. Die Regeln der Kombinatorik bei Düften sind zudem komplizierter als die Harmoniegesetze in der Musik. Vermischt ein Duftschöpfer verschiedene Duftstoffe, so muss er auch die sog. Paragenosen bedenken. Dabei handelt es sich um Wechselwirkungen zwischen einzelnen Riechstoffen, infolge derer sich die Ausgangsmaterialien durch chemische Reaktionen verändern.[197] Dementsprechend ist ein Parfüm weit mehr als die bloße Addition der einzelnen Elemente.[198] Während in der Musik mit Sicherheit vorausgesagt werden kann, welcher Akkord aus mehreren Einzeltönen hervorgeht, ist eine sichere Prognose des Dufteindrucks bei Zusammenfügung mehrerer Duftstoffe nicht möglich.[199] Die Schutzuntergrenze für Werke der Musik lässt daher keine Rückschlüsse auf die erforderliche Gestaltungshöhe bei Düften zu.

Im Gegensatz zum Schutz der „kleinen Münze" in den genannten Bereichen wird insbesondere für Werke der angewandten Kunst die Schutzuntergrenze höher angesetzt. Mit der Begründung, dass der Schutz der „kleinen Münze" in diesem Bereich durch den Schutz von Geschmacksmustern erfolgt, wird für die Urheberschutzfähigkeit ein deutliches Überragen der Durchschnittsgestaltung gefordert.[200] Diese unterschiedlichen Anforderungen an die Gestaltungshöhen sind nicht unbestritten, teilweise wird auch eine einheitliche Schutzuntergrenze für sämtliche Werkarten

---

[194] *BGH*, GRUR 1961, 85 (87) – Pfiffikus-Dose; *Schricker/Loewenheim*, § 2 Rn. 88.

[195] *Schricker/Loewenheim*, § 2 Rn. 137, 144 ff.

[196] *Roudnitska*, Le Parfum, S. 56 spricht von 24 bis 48 Stunden Haltbarkeit im Regelfall; teilweise seien Düfte sogar „wochen- und monatelang" wahrnehmbar.

[197] Römpp-Lexikon Chemie, Band 5, S. 3826.

[198] *Laligant*, R.R.J. 1992-1, 99 (113).

[199] *Jellinek*, S. 125.

[200] *BGH*, GRUR 1995, 581 (582) – Silberdistel; GRUR 2004, 941 (942) – Metallbett; *Ortner*, WRP 2006, 189 (190).

gefordert.[201] Der Streit muss an dieser Stelle nicht entschieden werden, denn bei den hier in Rede stehenden Dufteindrücken handelt es sich nicht um Werke der angewandten Kunst. Ein Duft ist kein Bedarfs- und Gebrauchsgegenstand mit künstlerischer Formgebung.[202] Eine direkte Anwendung der erhöhten Schutzuntergrenze für Werke der angewandten Kunst auf Duftwerke ist daher nicht möglich. Eine sinngemäße Heraufsetzung der Schutzuntergrenze ist jedoch mit dem Argument zu erwägen, dass auch Düfte –vergleichbar mit den Werken der angewandten Kunst – Gebrauchszwecken dienen, beispielsweise bei der Raumbeduftung oder dem Duftmarketing. Auszunehmen davon ist allenfalls der Bereich der Feinparfümerie, in welchem – vergleichbar mit dem Grundsatz „l'art pour l'art" in der reinen Kunst – Zweckfreiheit gegeben ist. Düfte in diesem Bereich werden nur des Duftes wegen kreiert.[203] Eine Heraufsetzung der Schutzuntergrenze für Düfte mit Gebrauchszweck ist allerdings abzulehnen. Zum einen ist eine Unterteilung der Düfte in solche mit und ohne Gebrauchszweck in einigen Fällen praktisch unmöglich, da der Duft eines Parfümöls oftmals zugleich in einer kompletten Serie von Pflegeprodukten etc. verwendet wird. Zum anderen ist nicht der Gebrauchszweck der Grund für die höheren Gestaltungsanforderungen im Bereich der angewandten Kunst, sondern die Möglichkeit des Geschmacksmusterschutzes für Werke der „kleinen Münze" in diesem Bereich. Ein solcher, die „kleine Münze" umfassender Schutz durch das Geschmacksmusterrecht ist für Duftwerke nicht vorhanden.[204]

Ein anderer Grund könnte jedoch dafür sprechen, bei Duftwerken eine gesteigerte Gestaltungshöhe zu fordern. Höhere Anforderungen werden auch an Schriftwerke gestellt, die keine rein literarischen Werke sind, sondern einem Gebrauchszweck dienen.[205] Zur Begründung des höheren Eigentümlichkeitserfordernisses wird angeführt, dass bei diesen Werken Aufbau, Darstellungsart und Ausdrucksweise weitgehend vorgegeben bzw. geboten seien und deshalb nicht monopolisiert werden dürften. Es existiert auf diesem Gebiet ein weiter Bereich von Formen, die jedem zugänglich

---

[201] Vgl. *Schricker/Loewenheim*, § 2 Rn. 31 ff.; *Möhring/Nicolini/Ahlberg*, § 2 Rn. 81; *Dreyer/Kotthoff/Meckel*, § 2 Rn. 56.

[202] So jedoch die Definition der angewandten Kunst bei *Schricker/Loewenheim*, § 2 Rn. 156.

[203] Die „Benutzung" eines Parfüms am Körper ist kein den Werken der angewandten Kunst vergleichbarer Gebrauchszweck. Insoweit besteht eine Parallele zu einem Werk der Malerei: auch dieses „dient" dazu, angesehen zu werden, ohne dass dadurch ein Gebrauchszweck i. e. S. herbeigeführt wird; a. A. *Cohen Jehoram*, GRUR Int. 2006, 920 (922); vgl. dazu auch Zweiter Teil, B V 7.

[204] S. dazu im Einzelnen im Dritten Teil.

[205] *BGH*, GRUR 1985, 1041 (1047) – Inkasso-Programm; GRUR 1986, 739 (740 f.) – Anwaltsschriftsatz; GRUR 1993, 34 (36) – Bedienungsanweisung.

bleiben müssten. Urheberrechtlich geschützt ist daher nur eine Schöpfung, die das allgemein Übliche deutlich übersteigt. Der Ausschluss des Schutzes der „kleinen Münze" für Duftwerke wäre dementsprechend angebracht, wenn im Bereich der Düfte ein vergleichbares Freihaltebedürfnis existiert. Wie bereits dargelegt, sind die Möglichkeiten der Duftstoffkombination allerdings so groß, dass einzelne Kombinationen nicht freihaltebedürftig sind. Die Schöpfung eines Duftes ist nicht weitgehend vorgegeben. Somit kann dieses Argument nicht herangezogen werden, um höhere Schutzanforderungen für Duftstoffkombinationen zu legitimieren.

Geht man also davon aus, dass für Duftwerke keine Besonderheiten hinsichtlich der erforderlichen Schöpfungshöhe gelten, so stellt sich die Frage, welche Gestaltungshöhe für „normale" Werkarten zu fordern ist. Vielfach wird in der Literatur für den Schutz der „kleinen Münze" im Urheberrecht eingetreten.[206] An anderer Stelle wird dagegen für eine generelle Anhebung der Schutzschwelle und einen Ausschluss der „kleinen Münze" vom Urheberrecht plädiert.[207] Dieser Meinungsstreit, der fundamentale Bedeutung für das gesamte Urheberrecht hat, kann im Rahmen dieser Arbeit nicht vertieft behandelt werden.[208] Betrachtet man die Rechtsprechung des *Bundesgerichtshofes* und der Instanzgerichte, so ist festzustellen, dass im Geltungsbereich des Urheberrechtsgesetzes die „kleine Münze" geschützt wird, sofern nicht besondere Umstände gesteigerte Anforderungen an die Gestaltungshöhe rechtfertigen.[209] Zwingende dogmatische Gründe sprechen für keine der beiden genannten Ansichten. Der Schutz von Werken mit geringer Individualität durch das Urheberrecht ist durchaus kritisch zu betrachten, insbesondere im Randbereich der minimalen Schöpfungshöhe. Es ist nur schwer nachvollziehbar, dass ein standesamtliches Formblatt[210] ebenso ein Sprachwerk im Sinne von § 2 Abs. 1 Nr. 1 UrhG sein soll wie ein mehrere hundert Seiten starker Roman. Andererseits wäre es rechtspolitisch bedenklich, die „kleine Münze" und damit eine Vielzahl von Schöp-

---

[206] *Haberstumpf*, Rn. 97 ff.; *Schricker/Schricker*, Einl. Rn. 30; *Loewenheim/Loewenheim*, § 6 Rn. 19 f.; *Dreier/Schulze*, § 2 Rn. 32.

[207] *Rehbinder*, Rn. 153; *Schack*, Rn. 265.

[208] Vgl. dazu *Knöbl*, Die „kleine Münze" im System des Immaterialgüter- und Wettbewerbsrecht – eine rechtsvergleichende Analyse des deutschen, schweizerischen, französischen und US-amerikanischen Rechts; Hamburg 2002; *Schulze*, Die kleine Münze und ihre Abgrenzungsproblematik bei den Werkarten des Urheberrechts, Freiburg 1983; *Thoms*, Der urheberrechtliche Schutz der kleinen Münze, München 1980.

[209] *BGH*, GRUR 1968, 321 (324) – Haselnuß; GRUR 1981, 267 (268) – Dirlada; GRUR 1988, 810 (811) – Fantasy; GRUR 2000, 144 (145) – Comic-Übersetzungen II; *OLG Jena*, GRUR-RR 2002, 379 (380) – Rudolstädter Vogelschießen; *KG*, GRUR-RR 2001, 292 (293) – Bachforelle; *OLG München*, GRUR-RR 2002, 281 (281 f.) – Conti.

[210] *OLG Nürnberg*, GRUR 1972, 435 – Standesamtformulare.

fungen vom Urheberrechtsschutz auszuschließen und sie auf anderweitigen Schutz zu verweisen, etwa durch das Lauterkeitsrecht. De lege ferenda zu schaffende Leistungsschutzrechte, wie sie teilweise zur Verhinderung von Schutzlücken gefordert werden,[211] bieten keinen Schutz in der Gegenwart.

Für den Schutz der „kleinen Münze" lässt sich anführen, dass im Bereich des Europäischen Rechts, soweit dazu Regelungen ergangen sind – dies ist der Fall für Computerprogramme,[212] Lichtbildwerke[213] und Datenbankwerke[214] – eine niedrige Schutzgrenze vorgeschrieben wird, was einen tendenziell „reduzierten Originalitätsbegriff"[215] auf europäischer Ebene impliziert. Im Übrigen darf nicht vergessen werden, dass bei einem geringen Maß an Eigentümlichkeit auch nur ein entsprechend begrenzter Schutzumfang des betroffenen Werkes besteht.[216] Bei Werken, die lediglich als „kleine Münze" in den Genuss des urheberrechtlichen Schutzes kommen, ist eine freie Benutzung (§ 24 UrhG) vergleichsweise schnell anzunehmen, da dort, wo ohnehin nur geringe individuelle Züge vorhanden sind, diese umso leichter im neuen Werk verblassen.[217] Der Schutz der „kleinen Münze" sollte deshalb auch für Duftstoffe gelten, da besondere Umstände, die eine Heraufsetzung der Schutzanforderungen rechtfertigen würden, nicht gegeben sind. Es ist kein Grund ersichtlich, an Düfte höhere Individualitätsanforderungen zu stellen, als dies bei Musikwerken, rein literarischen Schriftwerken oder Lichtbildwerken der Fall ist.

Von der Schutzfähigkeit ist daher auszugehen, wenn ein Duft gerade die Grenze zur Individualität übersteigt. Die Individualität fehlt bei solchen Düften, für deren Komposition ausschließlich vorgegebenes Allgemein- oder Fremdgut nach bereits bekannten Gesichtspunkten, Methoden oder Konzeptionen verarbeitet wird, die prinzipiell von jedermann in gleicher Weise erschaffen werden können.[218] Bevor jedoch Aussagen zur Individualität von Düften der verschiedenen Duftstoffarten gemacht werden können,

---

[211] Vgl. *Schack*, Rn. 264 f.

[212] Art. 1 Abs. 3 S. 2 der Richtlinie 91/250/EWG des Rates v. 14. Mai 1991 über den Rechtsschutz von Computerprogrammen (ABl. Nr. L 122 v. 17.5.1991, S. 42 ff.).

[213] Art. 6 der Richtlinie 93/98/EWG des Rates v. 29. Oktober 1993 zur Harmonisierung der Schutzdauer des Urheberrechts und bestimmter verwandter Schutzrechte (ABl. Nr. L 290 v. 24.11.1993, S. 9 ff.).

[214] Art. 3 Abs. 1 der Richtlinie 96/9/EG des Europäischen Parlaments und des Rates v. 11. März 1996 über den rechtlichen Schutz von Datenbanken (ABl. Nr. L 77 v. 27.3.1996, S. 20 ff.).

[215] *Walter*, in: *v. Lewinski/Walter u.a.*, S. 1117 (Rn. 6).

[216] *BGH*, GRUR 1991, 529 (530) – Explosionszeichnungen; GRUR 1987, 360 (361) – Werbepläne.

[217] *Dreyer/Kotthoff/Meckel*, § 2 Rn. 63.

[218] Vgl. *Haberstumpf*, Rn. 97.

ist zunächst noch zu klären, ob die Individualität von Düften aufgrund spezifischer Gegebenheiten nicht generell ausgeschlossen ist.

6. Duftschöpfung als Ergebnis des schlichten Einsatzes von Know-how?

Die bisherigen Ausführungen zeigen, dass die Beurteilung der urheberrechtlichen Individualität eines Duftes jeweils im Einzelfall vorzunehmen ist. Die französische *Cour de cassation* vertritt demgegenüber die Ansicht, der Duft eines Parfüms sei generell schutzunfähig, da dieser „dem simplen Einsatz eines Know-how entstammt".[219] Das Gericht sieht damit Parfümdüfte als rein handwerkliche und routinemäßige Erzeugnisse an, die dem alltäglichen Schaffen zugerechnet werden müssen. „The French court likened parfumeurs to mere craftsmen, like carpenters or plumbers, rather than artists, and as such found their works not eligible for copyright protection."[220] Die Individualität eines Parfümduftes wäre demzufolge notwendigerweise ausgeschlossen, da das, was jedermann mit dem entsprechenden Wissen vollbringen kann, nicht individuell im Sinne des Urheberrechts sein kann. An anderer Stelle wird – der *Cour de cassation* beipflichtend – festgestellt, dass in der Realität die Tätigkeit eines Parfümeurs diejenige eines molekularbiologischen Naturwissenschaftlers sei.[221]

Diesen Einschätzungen kann nicht gefolgt werden. Zunächst widerspricht es der Systematik des Urheberrechtsgesetzes, eine Werkart kategorisch vom Urheberschutz auszuschließen, wenn diese, so wie Düfte,[222] dem Bereich der Literatur, Wissenschaft und Kunst im Sinne der §§ 1, 2 Abs. 1 UrhG zuzurechnen ist. Maßgeblich ist dann allein das Vorliegen einer persönlichen geistigen Schöpfung gem. § 2 Abs. 2 UrhG, welche nicht pauschal für die gesamte Werkart, sondern immer für das konkrete einzelne Werk zu beurteilen ist.[223]

In tatsächlicher Hinsicht erfordert die Arbeit eines Parfümeurs ohne Zweifel chemische Kenntnisse und weiteres Know-how, denn die Kenntnis der chemischen Struktur ist instruktiv für die geruchlichen Eigenschaften eines Stoffes (zum Beispiel hinsichtlich der Stabilität des Stoffes und der Reaktion mit anderen Duftstoffen).[224] Die Komposition eines Parfüms setzt

---

[219] *Cour de cassation*, GRUR Int. 2006, 951 – Parfum; zustimmend *Edelmann*, Recueil Dalloz 2006, 2470 (2472), der jedoch den Unterschied zwischen Werk und Werkstück bei Düften ablehnt (s. dazu bereits Zweiter Teil, A) und die schlichte Umsetzung von Know-how daraus ableitet, dass der Duft lediglich die unmittelbare Übersetzung der Formel sei.

[220] So die Analyse von *Koelman*, WIPO Magazine 2006/5, 2.

[221] *Cohen Jehoram*, GRUR Int. 2006, 920 (921).

[222] S. oben Zweiter Teil, B I.

[223] Ebenso *Humblot*, RLDI 2006, 10 (11 f.); vgl. auch *Dreier/Schulze*, § 2 Rn. 36.

[224] *Calkin/Jellinek*, S. 216.

aber darüber hinaus die Fähigkeit des Parfümeurs voraus, die einzelnen Duftstoffe in seiner Vorstellungskraft zu einem bestimmten Duft zu verbinden. „The perfumer's activities include two somewhat contrasting functions: (a) A quality-control, uniformity preserving function, which requires a predominantly technical outlook and a chemical background. (b) The art of the perfumer, which requires creative imagination and should not be too much bound by technical details."[225] „La tentative de réduire la création de parfum au maniement de vulgaires formules chimiques ne rend pas compte du souci esthétique qui préside indéniablement à la recherche du nouveau parfum."[226] Die Tätigkeit eines Parfümeurs erfordert auch eine künstlerische Begabung.[227]

Bei der Entwicklung eines Parfüms handelt es sich (auch) um eine ästhetische Bemühung, „die darin besteht, eine Anzahl von Duftstoffen (auf deren Herkunft es nicht so sehr ankommt) kunstvoll zu verbinden, um so eine schöne, charakteristische Duftform zu erhalten".[228] Freilich muss diese Einschätzung eines Parfümeurs relativiert werden. In der Realität ist nicht jedes auf dem Markt befindliche Parfüm ein „Kunstwerk". Unzählige Düfte und Parfüms sind lediglich das Ergebnis der Kombination einzelner Ausgangsstoffe nach bewährten „Erfolgsrezepten". Diese Düfte sind, trotz des Schutzes der „kleinen Münze" auch für Duftwerke, nicht individuell und damit schutzlos. Der Autor des angeführten Zitats selbst ist sich dieser Tatsache bewusst und unterscheidet zwischen dem Parfümeur und einem „simplen Parfummischer".[229] Diese Unterscheidung impliziert jedoch zugleich, dass individuelle Schöpfungen in der Parfümerie nicht schlechthin ausgeschlossen werden können.

Der generelle Ausschluss des Schutzes von Duftwerken mit der Begründung, es handele sich bei deren Schöpfung einzig um die Umsetzung von Know-how verkennt, dass die Ausführung einer persönlichen künstlerischen Schöpfung stets einen gewissen Grad an Know-how erfordert.[230] Dies gilt für Duftwerke in gleichem Maße wie für andere Werkarten.[231] Eine olfaktorische Schöpfung kann eine Kombination des Einsatzes von Know-how und des Ausdrucks der persönlichen Prägung ihres Schöpfers sein, da sich das Konzept des Know-how und eine urheberrechtsfähige

---

[225] *Harper/Bate Smith/Land*, S. 56.

[226] „Der Versuch, die Erschaffung eines Parfüms auf den Umgang mit gewöhnlichen chemischen Formeln zu reduzieren, wird der ästhetischen Sorge nicht gerecht, welche die Suche nach einem neuen Parfüm unleugbar leitet." *Bassard*, RIPIA 1979, 461 (463).

[227] Römpp-Lexikon Chemie, Band 4, S. 3124.

[228] *Roudnitska*, Le Parfum, S. 103.

[229] *Roudnitska*, Le Parfum, S. 57.

[230] *Daleau*, Recueil Dalloz 2006, 1741 (1742).

[231] *Cour d'appel de Paris*, Recueil Dalloz 2007, 735 = IIC 2008, 113 (114); *Vivant*, Recueil Dalloz 2007, 954.

Schöpfung nicht zwangsweise systematisch ausschließen.[232] Im Gegenteil: „Un savoir-faire n'est pas la garantie d'une œuvre mais il n'est pas d'œuvre sans savoir-faire."[233] Auch fundierte naturwissenschaftliche Kenntnisse auf dem Gebiet der Duftstoffe befähigen nicht automatisch zur Tätigkeit als Parfümeur. Dementsprechend gering ist die Anzahl der weltweit tätigen Parfümeure.[234] Die Erschaffung eines Parfüms umfasst auch ein kreatives Moment, sodass die Individualität der Schöpfung nicht per se ausgeschlossen werden kann.

Lediglich die (industrielle) Produktion des Duftstoffgemisches erfolgt in schlichter Umsetzung von Know-how. Diesbezüglich ist jedoch daran zu erinnern, dass die Schöpfung des eigentlichen Werkes und die Herstellung einzelner Werkstücke nicht verwechselt werden dürfen.[235] Die Komposition eines Duftes kann eine eigenpersönliche Schöpfung sein, wenn sich der Duft im Einzelfall von der parfümistischen Dutzendware abhebt. Dabei handelt es sich weder um das Ergebnis des schlichten Einsatzes von Know-how noch um eine rein naturwissenschaftliche Betätigung, sodass ein genereller Ausschluss des urheberrechtlichen Schutzes mit diesen Argumenten nicht möglich ist.[236]

7. Funktionelle Bedingtheit als Ausschlussgrund

Individualität setzt unabdingbar voraus, dass beim Werkschaffen Spielraum für die Entfaltung persönlicher Züge besteht.[237] Wo die konkrete Gestaltung durch Gesetze der Zweckmäßigkeit oder durch technische Notwendigkeiten vorgegeben ist, ist individuelles Schaffen nicht möglich.[238] Demnach ist die Individualität eines Duftes ausgeschlossen, wenn durch seine Funktion eine konkrete Gestaltung bzw. Komposition vorgegeben wird, da dann der erforderliche Gestaltungsspielraum nicht existiert.

Verkade hat sich im Rahmen des Falles *„Parfüm Trésor II"* vor dem niederländischen *Hoge Raad* mit der Frage auseinandergesetzt, ob die

---

[232] *Daleau*, Recueil Dalloz 2006, 1741 (1742).

[233] „Know-how ist nicht die Garantie für ein Werk, aber es gibt keine Werke ohne Know-how." *Vivant*, Recueil Dalloz 2007, 954.

[234] v. *Braun*, Bild der Wissenschaft 1992, 48 (51) spricht von 500 Parfümeuren weltweit, von denen „nur 200 bis 300 wirklich gut sind"; an anderer Stelle ist von 800 ausgebildeten Parfümeuren weltweit die Rede, darunter 75 aus Deutschland (Quelle: Focus Nr. 37 v. 11. September 2006, S. 91).

[235] Vgl. auch *Well-Szönyi*, GRUR Int. 2006, 1039 (1040) sowie bereits oben Zweiter Teil, B II.

[236] So auch *TGI Bobigny*, Urt. v. 28.11.2006, unveröffentlicht, teilweise wiedergegeben bei *Vivant*, Recueil Dalloz 2007, 954.

[237] *Dreier/Schulze*, § 2 Rn. 33; *Schricker/Loewenheim*, § 2 Rn. 28 f.; *Schack*, Rn. 164.

[238] *BGH*, GRUR 1999, 923 (925) – Tele-Info-CD; *Schricker/Loewenheim*, § 2 Rn. 28; *Dreier/Schulze*, § 2 Rn. 33, 47.

Schutzfähigkeit von Parfüms ausgeschlossen werden müsse mit der Begründung, dass diese in der Regel hauptsächlich oder ausschließlich durch technische oder funktionelle Anforderungen determiniert seien. Er kam zu dem Ergebnis, dass Parfüms keinem funktionellen, sondern einem ästhetischen Zweck dienten, und der Schutz durch das Urheberrecht daher – im Gegensatz beispielsweise zu absichtlich entwickelten unangenehmen Düften – möglich sei.[239] Dieser Ansicht ist mit der Begründung widersprochen worden, dass auch ein angenehmer Parfümduft einem funktionellen Zweck diene, nämlich anderen Menschen zu gefallen.[240] Aus diesem Grund seien Parfümdüfte vom Urheberschutz ausgeschlossen.

Die Werke der angewandten Kunst zeigen, dass der funktionale Zweck einer Leistung dem urheberrechtlichen Schutz weder im Wege steht, noch diesen zu begründen vermag.[241] Das Urheberrecht ist zweckneutral.[242] Die Individualität ist erst dann ausgeschlossen, wenn vom funktionalen Zweck das Werkschaffen in einer Weise bestimmt wird, die jeglichen Gestaltungsspielraum ausschließt. Selbst dann, wenn man den funktionalen Zweck des Duftes darin erblickt, wohl zu riechen und anderen Menschen zu gefallen, so ist dadurch keine konkrete Gestaltung für den Duftschöpfer vorgegeben. Der Spielraum eines Parfümeurs, der nur an der Schaffung von angenehmen Düften interessiert ist, wird durch diesen vermeintlichen funktionalen Zweck nicht eingeengt. Richtigerweise muss man aber in Übereinstimmung mit *Verkade* sagen, dass ein relevanter funktionaler Zweck im vorliegenden Fall überhaupt nicht gegeben ist. Ein Großteil der Werke der Musik wird mit der Intention geschaffen, anderen Menschen zu gefallen. Gleiches gilt für die Malerei und andere Werke aus dem Gebiet der reinen, sog. „zweckfreien" Kunst. Zu Recht wird ein genereller Schutzausschluss für diese Werkarten nicht diskutiert, denn die bei der Schöpfung vorhandene Absicht, das ästhetische Empfinden anzusprechen oder angenehme Gefühle durch den Werkgenuss zu vermitteln, schränkt den Gestaltungsspielraum der Werkschaffenden nicht ein. Von einem rein technischen Effekt oder einer durch die Zweckmäßigkeit vorgegebenen Gestaltung kann bei einem Parfüm keine Rede sein.[243] „Ce serait une er-

---

[239] *Verkade*, Abschlussgutachten im Prozess *Lancôme ./. Kecofa* vor dem *Hoge Raad der Nederlanden* v. 16.12.2005, S. 15 f., Rn. 5.12 (abrufbar unter http://breese.blogs.com/pi/files/concl._lancome_kecofa.pdf, Stand: 16.08.2008); deutsche Übersetzung dieser Passage bei *Cohen Jehoram*, GRUR Int. 2006, 920 (922).

[240] *Cohen Jehoram*, GRUR Int. 2006, 920 (922).

[241] *BGH*, GRUR 1982, 305 (307) – Büromöbelprogramm; *Dreier/Schulze*, § 2 Rn. 47.

[242] *Loewenheim/Loewenheim*, § 6 Rn. 24; *Wandtke/Bullinger/Bullinger*, § 2 Rn. 29.

[243] So auch *Hoge Raad der Nederlanden*, GRUR Int. 2006, 951 (953) – Parfüm Trésor II.

reur grave que d'affirmer qu'il s'agit d'un travail guidé uniquement par des contraintes techniques."[244]

Eine andere Beurteilung kann nur für funktionelle Düfte, die einem bestimmten Gebrauchszweck dienen, geboten sein. *Verkade* nennt das Beispiel chemischer Duftpräparate zum Zwecke des Hundetrainings.[245] Weitere Beispiele funktionaler Düfte sind Düfte zur Geruchsmaskierung, zum Einsatz in der Raumbeduftung sowie der Einsatz von Pheromonen in der Tierzucht. Ein Schutzausschluss für die gesamte Gruppe der Gebrauchszwecken dienenden Düfte ist allerdings nicht möglich. Vielmehr ist auch bei funktionalen Düften im Einzelfall zu fragen, ob dem Schöpfer des Duftes ein Gestaltungsspielraum verbleibt. Ist der Duft aufgrund der zwingenden Verwendung einzelner Komponenten (zum Beispiel wegen deren Eigenschaften und Wirkungsweise) vorgegeben, ohne das individuelle Möglichkeiten bestehen, den Dufteindruck durch Verwendung von Stoffen zu variieren, die keinen Funktionszweck erfüllen, so ist urheberrechtlicher Schutz ausgeschlossen. Besteht ein Gestaltungsspielraum jenseits dessen, was zur Erzielung des technischen Effekts unabdingbar ist, so ist im Einzelfall zu prüfen, ob der Spielraum in individualitätsbegründender Weise genutzt wurde. Dies ist nicht generell ausgeschlossen, auch wenn in der Praxis regelmäßig funktionale Düfte dem Bereich des alltäglichen, routinemäßigen Schaffens zuzuordnen sein werden.

8. Verschiedene Duftstoffarten

Im Rahmen der Beurteilung der Individualität sind die verschiedenen Duftstoffarten zu unterscheiden. Urheberrechtlicher Schutz für natürliche Riechstoffe ist ausgeschlossen, da diese keine persönlichen Schöpfungen sind.[246] Gleiches gilt für die halbsynthetischen Isolate. Urheberschutz kommt somit – unter der Voraussetzung gegebener Individualität – nur für vollsynthetische Einzelsubstanzen und Duftstoffgemische (bestehend aus natürlichen und/oder synthetischen Riechstoffen) in Betracht. Ob es sich bei dem zu beurteilenden Duft um eine Einzelsubstanz oder ein Duftstoffgemisch handelt, ist unerheblich. Gegenstand der Beurteilung ist allein der verströmte Duft. In der Praxis freilich sind Duftstoffgemische die Regel.

Naturidentische, vollsynthetische Riechstoffe rekonstruieren natürliche Duftstoffe durch exakte Nachbildung der chemischen Formel.[247] Bei Her-

---

[244] „Es wäre ein schwerer Fehler zu behaupten, dass es sich um eine Arbeit handelt, die einzig von technischen Zwängen gelenkt wird." *Breese*, Dall. Aff. 1998, 558 (559).

[245] *Verkade*, Abschlussgutachten im Prozess *Lancôme ./. Kecofa* vor dem *Hoge Raad der Nederlanden* v. 16.12.2005, S. 16, Rn. 5.12 (abrufbar unter http://breese.blogs.com/pi/files/concl._lancome_ kecofa.pdf, Stand: 16.08.2008).

[246] S. bereits Zweiter Teil, B II.

[247] S. Erster Teil, A IV.

stellung eines naturidentischen, vollsynthetischen Riechstoffes steht das
Arbeitsergebnis fest, bevor mit der Ausarbeitung des Stoffes begonnen
wird. Jeder, der über das entsprechende Know-how und die technischen
Möglichkeiten verfügt, ist in der Lage die chemische Formel zu rekonstruieren. Ein Gestaltungsspielraum als notwendige Voraussetzung der
Individualität des Werkes[248] besteht nicht. Chemische Formeln sind ihrer
Natur nach nicht variabel, sie lassen keinen Spielraum für persönliche Entfaltung.[249] Die Rekonstruktion einer chemischen Formel ist somit eine un-
schöpferische Leistung. Die dadurch geschaffenen vollsynthetischen naturidentischen Riechstoffe sind nicht individuell und somit nicht urheberrechtlich geschützt.

Um Rekonstruktionen handelt es sich auch bei den vollsynthetischen
Riechstoffen, die einen natürlichen Geruchseindruck wiedergeben sollen,
ohne dessen chemische Struktur zu kopieren. Nachgebildet wird „lediglich" der Dufteindruck. Der Antrieb zur Schöpfung solcher Duftstoffe entstammt häufig der Problematik, dass es trotz des technischen Fortschritts
nicht gelingt, die Struktur natürlicher Geruchsstoffe vollständig zu entschlüsseln. Im Unterschied zu den naturidentischen Duftstoffen besteht bei
der Schöpfung von Riechstoffen mit natürlichem Geruchseindruck die
Möglichkeit, den gewünschten Duft auf verschiedene Weise zu erzielen.
Dieser Spielraum folgt aus der Tatsache, dass unterschiedliche Stoffgemische einen identischen Geruchseindruck hervorrufen können.[250] Dem *Bundesgerichtshof* zufolge sind auch Naturnachbildungen dem urheberrechtlichen Schutz grundsätzlich zugänglich.[251] Der Nachbildung einer Silberdistel in einer Trachtenschmuckserie wurde die Schutzfähigkeit jedoch
wegen fehlender eigenschöpferischer Originalität abgesprochen, da diese
als nur marginale Verfremdung des natürlichen Vorbildes nicht die nötige
Gestaltungshöhe aufwies.[252]

Bei der Nachbildung eines natürlichen Geruchseindruckes treten ebenfalls nur marginale Verfremdungen im Vergleich zum natürlichen Vorbild
auf. Ein für die Schutzfähigkeit entscheidender Unterschied zwischen einer
Duftnachbildung und der Nachbildung in Schmuckform liegt jedoch darin,
dass Letztere dem Bereich der angewandten Kunst mit anerkanntermaßen
höheren Anforderungen an die schöpferische Eigentümlichkeit zuzurechnen ist. Für Duftwerke ist hingegen einfache Individualität ausreichend.[253]

---

[248] S. bereits Zweiter Teil, B V 7.
[249] *Ulmer*, § 21 IV 2 (S. 133).
[250] Vgl. bereits Zweiter Teil, A.
[251] *BGH*, GRUR 1986, 458 (459) – Oberammergauer Passionsspiele I; GRUR 1995,
581 (582) – Silberdistel.
[252] *BGH*, GRUR 1995, 581 (582) – Silberdistel.
[253] S. Zweiter Teil, B V 5.

Somit kommt es darauf an, ob im Rahmen der Nachbildung eines natürlichen Dufteindruckes Raum für die Entfaltung persönlicher Züge besteht. Die Tatsache, dass die Geruchswahrnehmung subjektiv verschieden ist und daher auch die ihr entsprechenden Duftrekonstruktion von Schöpfer zu Schöpfer divergieren, besitzt für die Individualität keine Aussagekraft, da ihr keine Information über einen möglichen Gestaltungsspielraum zu entnehmen ist. Die Möglichkeit, den gleichen Duft mit verschiedenen stofflichen Zusammensetzungen reproduzieren zu können, ist ebenfalls nicht gleichbedeutend mit ästhetischem Gestaltungsspielraum.

Entscheidend ist, ob für den einzelnen Duftschöpfer aufgrund seiner Wahrnehmung eine ganz bestimmte Komposition zwingend ist oder nicht. Ist dies der Fall, so sind die daraus hervorgehenden Düfte allenfalls subjektiv eigenartig, aber nicht schöpferisch individuell, da kein Raum für schöpferische Entfaltung besteht. Ein derartiger Zwang besteht in den Fällen der reinen Naturduftsynthese. Hier wird die äußere Form des Werkes – der Dufteindruck – von seinem Zweck – der Nachbildung eines natürlichen Duftes – bedingt. Der Zweck des Werkes schließt unterschiedliche Gestaltungsmöglichkeiten subjektiv aus. Wird bei der Synthese das Ziel verfolgt, einen ganz konkreten Duft naturgetreu nachzubilden, so besteht für den Schöpfer kein Raum, individuelle Züge in den Duft einfließen zu lassen. Das Ziel seiner Arbeit ist dann durch die eigene Duftempfindung exakt vorgegeben, die Herstellung des entsprechenden Duftes ist Ausdruck der Beherrschung des Umgangs mit Riechstoffen, das heißt eine routinemäßige Leistung. Urheberschutz besteht für einen derartigen synthetischen Naturduft nicht. Diese Konstellation lässt sich vergleichen mit der Nachahmung eines Naturgeräusches. Gelingt es beispielsweise, das Zwitschern eines Vogels mit einem durch die Lippen erzeugten Pfeifton exakt, das heißt mit identischer Geräuschfolge und Dauer, nachzuahmen, so ist diese Leistung nicht schutzfähig. „Plumpe Geräuschrepetitionen"[254] sind keine Schöpfungen im Sinne des § 2 Abs. 2 UrhG. Für „plumpe Duftrepetitionen" kann nichts Anderes gelten.

Häufig handelt es sich bei der Rekonstruktion eines Naturduftes jedoch nicht um eine reine Nachbildung, sondern um eine Stilisierung. Der Naturduft dient in diesen Fällen als Orientierung für die Schöpfung. Der fertige Duft soll an das natürliche Vorbild erinnern, ohne es exakt nachzubilden. Solche gegenständlichen Düfte[255] liegen bereits im Grenzbereich zu den Phantasiedüften. „Selbst bei einer anscheinend noch so gelungenen Blumenduftsynthese bleibt die Darstellung eine Stilisierung, denn das Thema, auch wenn es ursprünglich der Natur entnommen ist, wird den strukturellen Erfordernissen der Duftkomposition und natürlich den ästhetischen

---

[254] *Loewenheim/Czychowski*, § 9 Rn. 60.
[255] Vgl. zu diesem Begriff bereits Zweiter Teil, B III.

Absichten des Kompositeurs entsprechend überdacht und neu geschaffen.«[256] Die Orientierung an den strukturellen Erfordernissen ist dabei noch kein Indiz für Individualität, denn sie ist eine Notwendigkeit und als solche Ausdruck einer handwerklichen Leistung. Entscheidend ist, dass auch bei der Nachbildung eines Dufteindruckes ästhetische Erwägungen des Schöpfers eine Rolle spielen, er also den Duft seinen persönlichen Vorstellungen entsprechend entwickelt und damit schöpferisch tätig werden kann. In diesen Fällen besteht ein Spielraum für individuelle Gestaltung. Synthetische Riechstoffe, die in dieser Weise an einem natürlichen Geruchseindruck orientiert sind, sind dann individuelle, schutzfähige Werke im Sinne des Urheberrechts, wenn der bestehende Gestaltungsspielraum ausgenutzt wird.

Individualität kann sich zum Beispiel darin äußern, dass dem Duft eine eigenartige, vom natürlichen Vorbild sich abhebende Note beigegeben wird. Ob dies der Fall ist, muss aus Sichtweise des mit Düften und deren Schöpfung einigermaßen vertrauten und aufgeschlossenen Verkehrs beurteilt werden. Kommt diese Prüfung zum Ergebnis, dass der Duft lediglich das Ergebnis üblichen und alltäglichen Schaffens ist, dann fehlt trotz des bestehenden Gestaltungsspielraumes die Individualität. Dies ist der Fall, wenn die Kombination der Duftnoten für einen Fachmann üblich ist. Ein vorhandener Gestaltungsspielraum führt nur dann zur Individualität des Werkes, wenn von ihm tatsächlich Gebrauch gemacht wird.[257] Die endgültige Entscheidung darüber ist im Einzelfall zu treffen. Übertragen auf das oben genannte Beispiel der Geräuschrepetition eines Vogelzwitscherns bedeutet dies, dass Urheberschutz besteht, wenn das Geräusch nicht bloß nachgebildet wird, sondern aus dem Zwitschern eine eigene, dem Individualitätserfordernis genügende Melodie entwickelt wird.

9. Insbesondere: Phantasiedüfte

Im Bereich der Phantasiedüfte, das heißt jener Düfte, die ohne Orientierung an ein natürliches Vorbild entstehen, besteht in der Theorie ein breiter Gestaltungsspielraum für die Komposition. Steht einem Urheber ein ausreichend großer Gestaltungsspielraum auf seinem Schaffensgebiet zur Verfügung, so spricht eine tatsächliche Vermutung für das Vorliegen einfacher Individualität.[258]

Die vollständige Gestaltungsfreiheit können in der Praxis jedoch nur die Schöpfer in Anspruch nehmen, die ohne äußeren Zwang Düfte nach ihren eigenen Vorstellungen kreieren können. Wirtschaftliche Zwänge haben

---

[256] *Roudnitska*, Le Parfum, S. 43.
[257] *Schulze*, GRUR 1984, 400 (409).
[258] *Haberstumpf*, Rn. 97.

jedoch auch in der Duftindustrie dazu geführt, dass die meisten Duftschöpfer entweder Angestellte großer Unternehmen sind oder jedenfalls in deren Auftrag bei der Erschaffung neuer Düfte tätig werden. In dieser Position stellen sie für ihren Arbeitgeber bzw. dessen Kunden Düfte her, die sich an Vorgaben orientieren, die bei Erteilung des Auftrages gemacht werden. Das sog. Duftbriefing enthält die wichtigsten Angaben zum gewünschten Duft und steckt den Rahmen ab, innerhalb dessen sich der Schöpfer bei der Schaffung des Duftes zu bewegen hat. Der maximale Produktionskostenbetrag schließt deshalb häufig die Verwendung einer Vielzahl teurer Ausgangsstoffe aus. Ein vorgegebener Verwendungszweck des Duftes, die Ausrichtung auf eine spezielle Zielgruppe bis hin zur Vorgabe zu erzielender Duftnoten – dies alles begrenzt den Gestaltungsspielraum in der Praxis erheblich. Vollkommene Freiheit besteht bei der schöpferischen Tätigkeit in diesen Fällen nicht. Dies bedeutet aber nicht, dass eine briefinggerechte Duftschöpfung das Vorliegen von Individualität im urheberrechtlichen Sinn ausschließt. Die kreative Arbeit des Duftschöpfers setzt ein, nachdem er die nötigen Angaben erhalten hat.[259] Selbst wenn durch das Duftbriefing der Grundakkord eines Duftes vorgegeben sein sollte, so bestehen für den Schöpfer zahlreiche Möglichkeiten, den Duft mit Nuancen und interessanten Ideen zu versehen, um ihm dadurch die nötige Eigentümlichkeit zu verleihen. Experten zufolge werden zwei Parfümeure auf Grundlage eines Briefings niemals den gleichen Duft erschaffen.[260] Bedenkt man, dass der Grundakkord eines Duftes oftmals durch einige wenige Bestandteile bestimmt wird, ein vollendetes Duftstoffgemisch hingegen eine Mixtur aus mehr als hundert Stoffen darstellt,[261] so wird deutlich, dass durch das Duftbriefing die Individualität des Duftes nicht ausgeschlossen ist. Der erforderliche Gestaltungsspielraum besteht auch bei briefinggerechten Schöpfungen.

Somit gilt auch bei Phantasiedüften, dass diese urheberrechtlich geschützt sind, wenn der bestehende Gestaltungsspielraum im Einzelfall für eine Kreation ausgenutzt wird, die über das rein Handwerkliche hinausgeht. Für den Bereich der Duftstoffgemische ist zu beachten, dass ein urheberrechtlicher Schutz für ganze Duftfamilien ausgeschlossen ist. Auch wenn eine anerkannte einheitliche Klassifizierung der Duftfamilien nicht existiert,[262] so bezeichnet die Duftfamilie eine bestimmte Duftrichtung. Duftfamilien sind vergleichbar mit einem bestimmten Stil oder einer Manier in der Kunst. So wie ein Kunstwerk einem bestimmten Stil zugerechnet werden kann, gehört ein Duftwerk einer Duftfamilie an. Der

---

[259] *Wilhelm*, S. 106.
[260] *Barbet/Breese u.a*, Le marketing olfactif, S. 257.
[261] Vgl. *Jellinek*, S. 143.
[262] Vgl. dazu Erster Teil, A III.

künstlerische Stil selbst ist jedoch urheberrechtlich nicht schutzfähig.[263] Schutzfähig ist jeweils nur das einzelne Werk.[264] Übertragen auf Duftwerke bedeutet dies, dass nur die konkreten Düfte schutzfähig sind, nicht dagegen ganze Duftfamilien.[265] Es muss für jedermann die Möglichkeit bestehen, Düfte beliebiger Duftrichtungen zu schaffen. Die einzelnen Duftfamilien sind freihaltebedürftig. Die Verwendung von für eine Duftklasse typischen Duftstoffen ist nicht individualitätsbegründend. Innerhalb einer Duftfamilie besteht hingegen ein ausreichender Gestaltungsspielraum, sodass die zugehörigen Düfte jeweils eine persönliche, besondere Note aufweisen können.[266] Wird der bestehende Gestaltungsspielraum genutzt, so sind die daraus resultierenden individuellen Düfte schutzfähig. Dies bedeutet im Umkehrschluss auch, dass die Verwendung einzelner gängiger Ausgangsstoffe, die den Grundakkord eines Duftes prägen und maßgeblich für die Zuordnung zu einer bestimmten Duftfamilie sind, nicht die Schutzfähigkeit des gesamten Duftstoffgemisches ausschließen. Der bei Zugehörigkeit zu einer Duftklasse gegebene Umstand, dass eine Schöpfung in einer Tradition von Werken ähnlicher Art steht, schließt die Möglichkeit des Urheberschutzes dafür nicht aus.[267] Je stärker jedoch der Duft durch typische Eigenschaften der Duftfamilie geprägt ist, desto weniger individuell ist die Schöpfung. Dementsprechend eingeschränkt ist der Schutzbereich dieser Düfte bis hin zur völligen Schutzlosigkeit von Düften, die jeglicher Individualität entbehren. Werden diese Grundsätze bei der Prüfung der Schutzfähigkeit eines Duftes beachtet, so erweisen sich auch die Befürchtungen als unbegründet, dass das Urheberrecht zu unangemessenen Monopolen durch den Schutz von Duftrichtungen führen kann.[268]

Von nicht schutzfähigen Duftfamilien sind Düfte zu unterscheiden, die aufgrund außergewöhnlicher und „revolutionärer" Eigenschaften als „Trendsetter" zum Vorbild für eine eigene Duftfamilie werden. Bekanntestes Beispiel eines solchen Duftes ist das Parfüm *Chanel No. 5*. Bei seiner Kreation im Jahr 1921 galt der Duft aufgrund seines für die damalige Praxis ungewöhnlich hohen Aldehydanteils als Sensation. Das Parfüm zeichnete sich aus durch eine „eigene, eine ganz moderne Harmonie".[269] Diesem Beispiel folgend kam es in der Folgezeit zu einer verstärkten Verwendung von Aldehyden in einer Vielzahl von Düften. Diese Düfte gehören nach

---

[263] BGHZ 5, 1 (4) = NJW 1952, 784 (785) – Hummel I; *Schricker/Loewenheim*, § 2 Rn. 48; *Dreier/Schulze,* § 2 Rn. 45.

[264] *BGH*, GRUR 1970, 250 (251) – Hummel III.

[265] *Barbet/Breese u.a*, Le marketing olfactif, S. 282.

[266] *Cour d'appel de Paris,* IIC 2006, 881 (882 f.) – Perfume Fragrance; Recueil Dalloz 2007, 735 = IIC 2008, 113 (114).

[267] *Hoge Raad der Nederlanden,* GRUR Int. 2006, 951 (954) – Parfüm Trésor II.

[268] So z. B. *Koelman*, WIPO Magazine 2006/5, 2.

[269] *Jellinek*, S. 144.

heutiger Klassifizierung allesamt der Duftfamilie der aldehydischen Düfte an. Für die Beurteilung der Individualität und damit der urheberrechtlichen Schutzfähigkeit des Ausgangsduftes *Chanel No. 5* ist der beschriebene Verlauf der Geschichte ohne Belang. Auch in der Kunst gilt, dass die Schutzfähigkeit einer einstmals Bahn brechenden Form nicht dadurch ausgeschlossen wird, dass daraus später ein allgemein befolgter Stil entsteht.[270] Maßgeblicher Zeitpunkt für die Beurteilung der Individualität ist der Zeitpunkt der Schöpfung.[271] Der Duft *Chanel No. 5* ist wegen seiner Eigentümlichkeit im Schöpfungszeitpunkt ein Muster für einen individuellen Duft und somit urheberrechtlich geschützt. Zieht die Gestaltung eines Duftes eine eigene Stilrichtung nach sich, so kann für die konkrete Gestaltung Urheberschutz beansprucht werden. Zugleich steht es jedoch auch anderen Schöpfern frei, Düfte des entsprechenden Stils zu entwerfen, da gerade nicht der Stil, sondern der konkrete Duft geschützt wird.[272]

Das Beispiel von *Chanel No. 5* macht außerdem deutlich, dass die siebzigjährige Schutzfrist post mortem auctoris (§ 64 UrhG, Art. L. 123-1 CPI) auch bei Düften angemessen ist. Der Duft ist auch heute noch einer der erfolgreichsten Düfte der Welt und dementsprechend Gegenstand zahlreicher Nachahmungsversuche. Urheberrechtlicher Schutz besteht gem. Art. L. 123-1 CPI noch bis zum Jahr 2031.[273]

10. Beweislast

Die Beweislast für die Urheberschutzfähigkeit des Werkes trägt im Prozess der Kläger, da es sich dabei um eine anspruchsbegründende Tatsache handelt.[274] Lässt ein Werk nicht per se die urheberrechtliche Leistung erkennen, so ist es Sache desjenigen, der urheberrechtlichen Schutz in Anspruch nimmt, die konkreten Merkmale und Umstände darzulegen und glaubhaft zu machen, die, etwa in ihrer Kumulierung, den Schutz ergeben.[275] Somit obliegt es beispielsweise demjenigen, der Urheberschutz für einen vollsynthetischen Duft mit natürlichem Geruchseindruck geltend macht, zu beweisen, dass der streitgegenständliche Duftstoff nicht lediglich die Rekon-

---

[270] *Dreier/Schulze,* § 2 Rn. 45.

[271] *BGH,* GRUR 1961, 635 (638) – Stahlrohrstuhl; *Dreyer/Kotthoff/Meckel,* § 2 Rn. 98; *Dreier/Schulze,* § 2 Rn. 35; *Schricker/Loewenheim,* § 2 Rn. 27; *Möhring/Nicolini/Ahlberg,* § 2 Rn. 159.

[272] Vgl. zum Urheberrecht des „Trendsetters" auch *Cohen Jehoram,* GRUR Int. 2007, 879 (881 ff.).

[273] *Ernest Beaux,* der Schöpfer von *Chanel No. 5,* starb 1961 im Alter von 80 Jahren.

[274] *BGH,* GRUR 1981, 820 (822) – Stahlrohrstuhl II; GRUR 1991, 449 (450) – Betriebssystem; *Flechsig,* GRUR 1993, 532 (535); *Schricker/Wild,* § 97 Rn. 103; *Loewenheim/Rojahn,* § 94 Rn. 57; *Dreyer/Kotthoff/Meckel,* § 2 Rn. 131.

[275] *OLG Frankfurt,* WRP 1994, 834 (836).

struktion eines bestimmten natürlichen Dufteindruckes ist, sondern stattdessen eine Stilisierung des Duftvorbildes darstellt. Er muss darlegen, dass sich seine Duftnachbildung von dem unterscheidet, was jeder im Rahmen einer routinemäßigen Leistung zu Stande gebracht hätte. Gelingt der Nachweis der Individualität nicht, so ist von einer unschöpferischen Duftrekonstruktion auszugehen, die nicht urheberrechtsschutzfähig ist.

Der Beweis der Individualität ist untrennbar verbunden mit dem vermeintlichen Problem der Beurteilung von Düften. Angesichts der Tatsache, dass der Dufteindruck selbst das Werk darstellt, ist die Beurteilung der Individualität eines Duftes notwendigerweise zu einem gewissen Maß subjektiv geprägt, da die Duftwahrnehmung subjektiv verschieden ist. Die Subjektivität der Beurteilung ist allerdings kein duftspezifisches Problem. Gleiches gilt für andere Werkarten, beispielsweise im Bereich der Kunst, der Musik und auch der Literatur. Insbesondere bei der Beantwortung der Frage, ob die zur Bejahung der Individualität nötige Gestaltungshöhe erreicht wird, lässt sich ein Rest an Subjektivität nicht vermeiden.[276] Die Individualitätsbeurteilung wird von Menschen durchgeführt, deren Wahrnehmung subjektiv verschieden ist, sodass ein Werturteil nicht vermieden werden kann.[277] Die Subjektivität der Geruchswahrnehmung schließt ein Individualitätsurteil somit nicht aus.

Da die Schöpfungshöhe aus Sicht der mit der jeweiligen Gestaltungsart vertrauten und aufgeschlossenen Verkehrskreise zu erfolgen hat, kann der Tatrichter die Individualität eines Duftes nur dann aus eigener Sachkunde beurteilen, wenn er sich selbst diesem Verkehrskreis zurechnet. Besitzt er die zur Beurteilung des Duftes nötige Sachkunde nicht, so muss ein Sachverständigengutachten eingeholt werden zur Vorbereitung der Entscheidung, ob der streitgegenständliche Duft schöpferisch individuell ist oder nicht. „C'est à ce stade également qu'il est intéressant de recourir à des experts, des professionnels de l'olfaction, qui seront à même d'apprécier, bien mieux qu'une machine, la touche personnelle du créateur."[278]

11. Einzubeziehende Kriterien

Nachdem einige Aussagen zur generellen Schutzfähigkeit der verschiedenen Duftstoffarten gemacht wurden, folgen abschließend einige Anmerkungen zur Problematik der Einschätzung der Individualität eines konkreten Duftes. Überträgt man den von der Rechtsprechung bei anderen Werkarten herangezogenen Maßstab auf Düfte, so ist für die Beurteilung

---

[276] *Schricker/Loewenheim*, § 2 Rn. 44; *Dreier/Schulze,* § 2 Rn. 19.

[277] *Schulze*, GRUR 1984, 400 (404).

[278] „An dieser Stelle ist es auch von Interesse auf Experten, Fachmänner für Geruch, zurückzugreifen, die viel besser als eine Maschine in der Lage sind, den persönlichen Stil des Schöpfers zu beurteilen." *Dubarry*, S. 34.

der Eigentümlichkeit eines Duftes die Auffassung der mit olfaktorischen Fragen einigermaßen vertrauten und hierfür aufgeschlossenen Verkehrskreise maßgeblich.[279] Den Grad der Individualität bestimmt die Rechtsprechung durch einen Vergleich des Gesamteindrucks des Werkes, der seinerseits auf den prägenden Gestaltungsmerkmalen beruht, mit der Gesamtheit der vorbekannten Gestaltungen.[280] In einem ersten Schritt ist folglich zu prüfen, ob der betreffende Duft überhaupt eigenschöpferische Züge aufweist. Sodann stellt sich die Frage, ob diese für die urheberrechtliche Schutzfähigkeit ausreichend sind.

Welches sind nun aber die gestalterischen Elemente eines Duftes, durch welche eigenschöpferische Züge sichtbar werden können? Einzubeziehen in die Beurteilung ist der geistige Inhalt, der durch den Duft umgesetzt wurde. Innerhalb der gegenständlichen Düfte spricht es für Individualität, wenn bestimmte fiktive Begebenheiten, Stimmungen etc. olfaktorisch nachempfunden werden. Die Orientierung an einem konkreten Gegenstand bzw. dessen Duft aus der Natur ist Indiz gegen die Individualität. In beiden Varianten handelt es sich um sehr schwache Indizien, da der vom Schöpfer verfolgte Inhalt eines Duftes höchst subjektiv und als solcher kaum nachprüfbar ist. Abstrakte Düfte lassen demgegenüber aus ihrem geistigen Inhalt keine Aussage über die Individualität zu.

Vergleichbar geringe Aussagekraft bezüglich der eigenschöpferischen Züge kann der Formel des Duftes bzw. einer gaschromatographischen Analyse seiner Inhaltstoffe beigemessen werden. Stoffgemisch und Formel sind streng vom Dufteindruck als Schutzgegenstand zu trennen.[281] Aus diesem Grund wird der Zusammensetzung und der chromatographischen Analyse teilweise jede Indizwirkung abgesprochen.[282] In diesem Zusammenhang muss das bereits mehrfach angesprochene Phänomen beachtet werden, dass die stoffliche Zusammensetzung für den Dufteindruck nur von beschränkter Aussagekraft ist. Dennoch führt die Auswahl ungewöhnlicher, vom alltäglichen Schaffen abweichender Ausgangsstoffe häufig auch zu einem Dufteindruck, der seinerseits individuelle Züge aufweist. Somit kann die stoffliche Zusammensetzung ein Anzeichen für eigenschöpferische Züge des Duftes sein.

Ein Hinweis auf die Individualität eines Duftes kann auch sein, dass in der Art der Komposition, der Verwendung bestimmter Stoffe und deren

---

[279] Vgl. für Sprachwerke *BGH,* GRUR 1972, 143 (144) – Biografie: Ein Spiel; für Musikwerke GRUR 1981, 267 (268) – Dirlada.

[280] *BGH,* GRUR 2004, 855 (857) – Hundefigur; *Dreier/Schulze,* § 2 Rn. 57; *Schricker/ Loewenheim,* § 2 Rn. 37; *Wandtke/Bullinger/Bullinger,* § 2 Rn. 23.

[281] Vgl. dazu oben Zweiter Teil, A.

[282] Vgl. *TGI Paris,* Recueil Dalloz 2004, 2641 – L'Oréal/Bellure; ebenso *Galloux,* Recueil Dalloz 2004, 2642 (2644); *Balaña,* GRUR Int. 2005, 979 (987).

Anordnung der dem jeweiligen Duftschöpfer eigene Stil zum Ausdruck kommt.[283] Stil, Technik und Methode des Schaffens sind zwar generell schutzunfähig, nicht jedoch deren konkrete Anwendung in einer bestimmten Werkgestaltung.[284] Experten auf dem Gebiet der Parfümerie ist es teilweise möglich, Düfte aufgrund ihrer besonderen Eigenschaften einem Parfümhaus oder sogar einem konkreten Parfümeur zuzuordnen. In der konkreten Werkgestaltung äußert sich in diesen Fällen ein unverwechselbares Stilelement des Parfümeurs. Darin liegt ein Indiz für die Individualität des konkreten Duftes.

Entscheidend für die Individualität ist die Beurteilung der wahrnehmbaren Duftnote(n) selbst. Hier gilt es lineare Düfte von den klassischen Drei-Phasen-Düften zu unterscheiden, wie sie insbesondere im Bereich der Parfümerie lange Zeit als typisch galten. Lineare Düfte zielen darauf ab, einen starken ersten Eindruck zu erzielen, welcher möglichst konstant im Verlauf der Verflüchtigung beibehalten werden soll.[285] Diese Düfte sind seit den 1980er Jahren auch verstärkt in der Parfümerie vertreten. Eigenschöpferische Züge können sich bei linearen Düften nur in der einen konstanten Note offenbaren. Demgegenüber stehen für die Beurteilung bei Drei-Phasen-Düften die einzelnen Phasen (Kopf-, Herz- und Basisnote[286]), deren Übergänge bzw. ihr Zusammenspiel sowie der Gesamteindruck des Duftes für die Beurteilung der Individualität zur Verfügung. Mithin liegt aufgrund der größeren Variationsmöglichkeiten die Individualität eines Drei-Phasen-Duftes näher. Allerdings ist auch bei diesen Düften die Herznote charakteristisch.

Bruguière will bei der Beurteilung der „originalité" eines Parfüms sogar einzig auf die Herznote abstellen, da sie das Äquivalent zur Melodie eines Musikwerkes sei.[287] Dem ist entgegenzuhalten, dass auch die Individualität eines Musikstückes nicht allein anhand des charakteristischen musikalischen Motivs oder des Themas beurteilt wird. Entscheidend ist vielmehr der Gesamteindruck, welcher sich nicht allein aus der Melodie, sondern auch aus deren Verarbeitung im Aufbau der Tonfolgen, der Rhythmisierung, der Instrumentierung und der Orchestrierung ergeben kann.[288]

---

[283] *Barbet/Breese u.a*, Le marketing olfactif, S. 285; *Laligant*, R.R.J. 1992-1, 99 (117).

[284] *Schricker/Loewenheim*, § 2 Rn. 48 f.

[285] *Groom*, S. 195.

[286] S. dazu bereits Zweiter Teil, B IV.

[287] *Bruguière*, in: Liber amicorum Calais-Auloy, 169 (186).

[288] *BGH*, GRUR 1968, 321 (324) – Haselnuß; GRUR 1991, 533 (535) – Brown Girl II; *OLG München*, GRUR-RR 2002, 281 (282) – Conti; *Wandtke/Bullinger/Bullinger*, § 2 Rn. 70 f.; *Schricker/Loewenheim*, § 2 Rn. 119; *Dreier/Schulze*, § 2 Rn. 138; zur Frage, ob ein Rhythmus als solcher urheberrechtlich schutzfähig ist, vgl. *Bruhn/Kreile*, ZUM 2007, 267 ff. sowie *Reinfeld*, Der Schutz von Rhythmen im Urheberrecht.

Folglich dürfen auch bei der Beurteilung der Individualität eines Drei-Phasen-Duftes nicht einzelne Noten außer Betracht bleiben. Maßgeblich sind auch hier der Gesamteindruck der einzelnen Duftphasen und deren Zusammenspiel untereinander. Allerdings ist die Herznote prägend für den Dufteindruck und somit ein in ihr erkennbarer eigenschöpferischer Zug von besonderem Gewicht für die Annahme von Individualität. Les notes de cœur „permettant au parfumeur, par leur grand variété, d'exprimer sans contrainte toute sa fantaisie en communiquant aux compositions leur note originale, inattendue et piquante."[289] Insofern nähern sich die Drei-Phasen-Düfte den linearen Düften bei der Beurteilung der eigenschöpferischen Züge an.

Im Mittelpunkt des Urteils über die Individualität steht somit die prägende Duftnote, die genannten weiteren Indizien können unterstützend angeführt werden. Einen ähnlichen Ansatz verfolgt die *Cour d'appel de Paris*, welche bei der Beurteilung eines Parfüms von dessen dominanten Komponenten ausgeht und darauf abstellt, ob diese das Ergebnis einer unveröffentlichten mengenmäßigen Kombination an Essenzen sind, sodass die sich verflüchtigenden Duftstoffe, im Wege der sich daraus entwickelnden finalen Duftnoten den kreativen Beitrag des Schöpfers übermitteln.[290] Aufgabe des Richters ist es – regelmäßig mit sachverständiger Hilfe – im Einzelfall festzustellen, ob der Duft über das alltägliche olfaktorische Schaffen hinausragt. Wird auf dem beschriebenen Weg die Individualität eines Duftes festgestellt, so ist abschließend zu fragen, ob der für den Schutz der „kleinen Münze" erforderliche Grad an Individualität vorliegt.

Aus der Parfümerie ist bekannt, dass ein völliges Abweichen vom vorbekannten Schaffen, und damit ein hoher Grad an Individualität die Ausnahme sind. Völlig neuartige und ungewöhnliche Duftnoten sind nicht zuletzt vor dem Hintergrund wirtschaftlicher Zwänge selten. Parfümunternehmen scheuen die Gefahr, dass sich die Entwicklungskosten für Düfte, die nicht den olfaktorischen Gewohnheiten der angesprochenen Verkehrskreise entsprechen, möglicherweise nicht amortisieren lassen.[291] Die Praxis zeigt daher, dass trotz der theoretisch nahezu unbegrenzten Kombinati-

---

[289] Die Herznoten „erlauben es dem Parfümeur aufgrund ihrer großen Vielfalt, seine gesamte Fantasie ohne Zwang auszudrücken, indem er den Kompositionen ihre originale Note gibt, unerwartet und pikant." *Crochet*, Parfums, Cosmétiques, Arômes 1978 (Nr. 23), 51 (53); ebenso *Pamoukdjian*, S. 220.

[290] *Cour d'appel de Paris*, IIC 2007, 881; Recueil Dalloz 2007, 735 = IIC 2008, 113 (114): „L'existence de familles de parfums n'exclut pas que les fragrances qui s'y rattachent, par l'emprunt de leurs composants dominants, soient protégeables, dès lors qu'elles sont le fruit d'une combinaison inédite d'essences dans des proportions telles que leurs effluves, par les notes olfactives finales qui s'en dégagent, traduisent l'apport créatif de leur auteur."

[291] S. bereits Zweiter Teil, B V 2.

onsmöglichkeiten bei Duftstoffen ein Großteil der Kreationen nur Variationen oder Synthesen bereits bekannter Düfte sind.[292] Unterschieden wird daher zwischen dem „parfum relativement original", dem die Masse der Variationen und Synthesen bekannter Düfte zuzurechnen ist, und dem „parfum absolument original", das heißt einem Duft, „qui, au niveau des notes de cœur, met en valeur un accord ou un thème non encore exprimé ou qui introduit une note originale due à l'utilisation d'une matière première inédite".[293] Teilweise wird daraus gefolgert, Urheberrechtsschutz bestünde nur für die letztgenannte Gruppe von Düften.[294] Dem kann nach dem Vorgesagten nicht gefolgt werden. Ohne Zweifel besteht Schutz für die Düfte absoluter Originalität, wie zum Beispiel *Chanel No. 5*. Aber der Schutz der „kleinen Münze" kann sich auch auf Düfte mit nur relativer Originalität erstrecken. „Mais l'on ne doit pas sous-estimer le travail de celui qui crée des variations ou des synthèses réussies, car il y faut malgré tout une réelle personnalité artistique."[295] Es ist eine Frage des Einzelfalles, ob sich das Werkschaffen bei diesen Düften als Ergebnis einer rein handwerklichen, routinemäßigen Leistung darstellt oder aber hinreichende Individualität gegeben ist.

Ist bei einer Variation eines anderen Duftes eine individuelle Leistung feststellbar, so ist des Weiteren zu klären, ob es sich dabei um einen Unterfall der unfreien Benutzung in Form der Bearbeitung handelt, mit Schutzmöglichkeit nach §§ 3, 23 UrhG, oder um eine freie Benutzung, die nach §§ 2, 24 UrhG geschützt sein kann. Für die Abgrenzung der beiden Benutzungsarten bestehen bei Duftwerken keine Besonderheiten. Zu fragen ist somit, ob die Individualität des benutzten Werkes in den Hintergrund tritt und gegenüber der Individualität des neu geschaffenen Werkes verblasst.[296] Hebt sich der Duft vom alltäglichen Schaffen ab, liegt also im Einzelfall die Individualität nach Maßgabe der „kleinen Münze" vor, so besteht auch für Düfte relativer Originalität urheberrechtlicher Schutz. Auch diese Düfte können Werke im Sinne von § 2 Abs. 2 UrhG sein.

---

[292] *Crochet*, Parfums, Cosmétiques, Arômes 1978 (Nr. 23), 51 (57); *Laligant*, R.R.J. 1992-1, 99 (117).

[293] Einem Duft, „der bezüglich der Herznoten einen Duftakkord oder ein Thema aufweist, welches zuvor noch nicht ausgedrückt wurde, oder der eine originale Note einführt durch die Nutzung bislang unveröffentlichter Ausgangsmaterialien." *Pamoukdjian*, S. 221.

[294] *Crochet*, Parfums, Cosmétiques, Arômes 1978 (Nr. 23), 51 (57).

[295] „Man sollte nicht die Arbeit derjenigen unterschätzen, die überzeugende Variationen oder Synthesen erschaffen, denn auch dafür wird trotz allem eine wahrhaft künstlerische Persönlichkeit benötigt." *Laligant*, R.R.J. 1992-1, 99 (117).

[296] BGHZ 141, 267 (280 f.) = GRUR 1999, 984 (987) – Laras Tochter; *Schricker/Loewenheim*, § 24 Rn. 10; *Rehbinder*, Rn. 377.

In diesem Zusammenhang müssen die Düfte, die Ergebnis der Inspiration durch einen anderen Duft sind, von denen unterschieden werden, die Ergebnis einer bewussten Reproduktion sind.[297] Erstere erfolgt mit der Intention, eine eigenschöpferische olfaktorische Form zu erzielen. Dabei besteht entsprechend dem Abstand zum Duftvorbild möglicherweise Schutz als Bearbeitung oder freie Benutzung. Ausgeschlossen ist der Schutz für die Reproduktion eines anderen Duftes. Hier gelten die zur Reproduktion von Naturdüften gemachten Ausführungen analog, das heißt diese Düfte besitzen keine Individualität. Für schlichte Reproduktionen bestehender Düfte kann kein Schutz auf Grundlage des Urheberrechts beansprucht werden. Stattdessen handelt es sich dabei um eine erlaubnispflichtige Vervielfältigung im Sinne von § 16 Abs. 1 UrhG, sofern der reproduzierte Duft seinerseits urheberrechtlich geschützt ist.

12. Zusammenfassung

Zusammenfassend lassen sich die folgenden allgemeinen Feststellungen zur Individualität von Düften treffen:

(1.) Der Schutz der „kleinen Münze" des Urheberrechts gilt auch für Düfte. Für die Beurteilung der Individualität eines Duftes ist die Auffassung der mit olfaktorischen Fragen einigermaßen vertrauten und hierfür aufgeschlossenen Verkehrskreise maßgeblich.

(2.) Die Schöpfung eines Parfüms stellt keine reine Umsetzung von Know-how dar. Ein genereller Schutzausschluss infolge technischer Bedingtheit der Komposition ist nicht möglich.

(3.) Vollsynthetische naturidentische Duftstoffe sowie Stoffe bzw. Stoffgemische, die einen natürlichen Geruchseindruck exakt nachbilden wollen, sind nicht individuell und damit nicht schutzfähig.

(4.) Stilisierungen eines natürlichen Geruchseindruckes und Phantasienoten können individuelle Schöpfungen sein. Bei Phantasiedüften besteht aufgrund des breiten Gestaltungsspielraumes eine tatsächliche Vermutung für das Vorliegen von Individualität.

(5.) Die Subjektivität der Geruchswahrnehmung schließt eine Beurteilung der Individualität nicht aus, da darin im Vergleich zu anderen Werkarten keine Besonderheit liegt.

(6.) Die Beurteilung der Individualität erfolgt hauptsächlich anhand der prägenden Duftnote. Daneben existieren weitere, untergeordnete Individualitätskriterien.

---

[297] *Barbet/Breese u.a,* Le marketing olfactif, S. 85.

(7.) Die Beurteilung erfordert regelmäßig sachverständige Hilfe, wenn das Gericht nicht ausnahmsweise selbst die nötige Fachkenntnis besitzt.

VI. Zwischenergebnis

Die Ausführungen zeigen, dass Düfte als unbenannte Werkart urheberrechtlich geschützt werden können. Sie sind dem Bereich der Kunst im Sinne der §§ 1, 2 Abs. 1 UrhG zuzurechnen, dennoch handelt es sich nicht um Werke der bildenden oder angewandten Kunst gem. § 2 Abs. 1 Nr. 4 UrhG. Die Geruchseindrücke natürlicher Riechstoffe und halbsynthetischer Isolate sind keine persönlichen Schöpfungen und folglich nicht schutzfähig. Dies gilt nicht für vollsynthetische Riechstoffe sowie die aus synthetischen und/oder natürlichen Stoffen hergestellten Duftstoffgemische. Der in weiten Teilen industrielle Charakter der Duftstoffproduktion schließt die Schutzfähigkeit nicht per se aus, da der vorausgehende Schöpfungsprozess davon nicht berührt wird. Abgesehen von praktisch nahezu ausgeschlossenen Zufallsschöpfungen weisen Düfte auch einen geistigen Inhalt auf. Sie sind im Stande auf das durch den Geruchssinn vermittelte geschmackliche Empfinden einzuwirken, ohne dass dabei eine Unterscheidung zwischen konkreten und abstrakten Düften zu machen ist. Flüchtigkeit, mangelnde Stabilität im Duftablauf sowie die Subjektivität der Geruchswahrnehmung wirken sich nicht auf die Schutzfähigkeit aus, erforderlich und hinreichend ist, dass Düfte für den menschlichen Geruchssinn wahrnehmbar sind. Das droit d'auteur-System verlangt keine Fixierung des Werkes. Eine objektive Beschreibbarkeit des Werkes ist – im Unterschied beispielsweise zum Markenrecht – ebenso wenig Schutzvoraussetzung. Entscheidend für die Frage, ob für einen konkreten Duft Schutz auf Grundlage des Urheberrechtsgesetzes beansprucht werden kann, ist das Vorliegen von Individualität. Die Beurteilung der Individualität richtet sich nach den Umständen des Einzelfalles, wobei auch bei Duftwerken die sog. „kleine Münze" geschützt wird. Geschützt sind folglich nicht nur einige wenige Spitzendüfte aus dem Bereich der Feinparfümerie, sondern auch andere Werke, soweit sie im Einzelfall schöpferisch über das Alltägliche hinausreichen, welches für jeden, der mit der Erzeugung von Düften vertraut ist, naheliegt.

C. Urheberschaft

Das Urhebergesetz regelt die Urheberschaft nach dem Schöpfungsprinzip: § 7 UrhG bestimmt, dass der Schöpfer des Werkes Urheber ist. Schöpfer des Werkes ist, wer die persönliche geistige Schöpfung im Sinne von

§ 2 Abs. 2 UrhG erbringt.[298] Übertragen auf Düfte bedeutet dies, dass Urheber derjenige ist, der den Duft erschaffen hat, indem er seinem individuellen Geist durch den Duft Form und Gestalt gegeben hat.[299] Schöpfer im Sinne des § 7 UrhG kann nur eine natürliche Person sein, da nur Menschen persönliche geistige Schöpfungen erbringen können.[300] Ausgeschlossen ist deshalb die Urheberschaft juristischer Personen und Personengesellschaften.[301] § 134 UrhG, welcher i. V. m. § 3 LUG[302] bzw. § 5 KUG[303] ausnahmsweise eine Fortgeltung der Urheberschaft juristischer Personen des öffentlichen Rechts vorsieht, hat für Duftwerke keine Bedeutung. Auch ein derivativer Erwerb des Urheberrechts durch die genannten Personen scheidet – abgesehen von der Vererbung (§ 28 Abs. 1 UrhG) sowie der Übertragung in Erfüllung einer Verfügung von Todes wegen oder unter Miterben im Rahmen der Erbauseinandersetzung – aus, da das Urheberrecht selbst grundsätzlich unübertragbar ist (§ 29 Abs. 1 UrhG). Möglich ist nach §§ 29 Abs. 2, 31 UrhG lediglich die Einräumung von Nutzungsrechten.

Juristische Personen und Personengesellschaften, die urheberrechtliche Befugnisse ausüben wollen, sind daher auf eine vertragliche Vereinbarung mit dem Urheber des Werkes angewiesen, durch welche ihnen entsprechende Nutzungsrechte eingeräumt werden. Darin liegt ein wesentlicher Unterschied gegenüber dem französischen Urheberrecht. Gemäß Art. L. 113-2 Abs. 3 i. V. m. Art. L. 113-5 CPI kann auch einer juristischen Person ein Urheberrecht an einem sog. „œuvre collective" originär zustehen. Dies ist der Fall, wenn das Werk auf Veranlassung der juristischen Person geschaffen wird und unter ihrem Namen erscheint, und wenn der Beitrag der am Gesamtwerk beteiligten Urheber im Werk aufgeht, ohne dass jedem ein gesondertes Recht am Werk zuerkannt werden kann. Das französische Recht fingiert nicht eine Abtretung des Rechts an die juristische Person, sondern deren Urheberschaft. Ein Unternehmer ist deshalb aus urheberrechtlicher Sicht uneingeschränkt in der Lage, die in seinem Unternehmen hergestellten Produkte nach seiner Vorstellung zu verwerten.[304]

---

[298] *Schricker/Loewenheim*, § 7 Rn. 2; *Wandtke/Bullinger/Thum*, § 7 Rn. 1; *Haberstumpf*, Rn. 174.

[299] Vgl. *Rehbinder*, Rn. 248.

[300] Vgl. bereits oben C I 2 b.

[301] *Schricker/Loewenheim*, § 7 Rn. 3; *Dreier/Schulze,* § 7 Rn. 2; *Möhring/Nicolini/ Ahlberg*, § 7 Rn. 7; *Rehbinder*, Rn. 248.

[302] Gesetz betreffend das Urheberrecht an Werken der Literatur und der Tonkunst v. 19. Juni 1901.

[303] Gesetz betreffend das Urheberrecht an Werken der bildenden Künste und der Photographie (Kunsturheberrechtsgesetz) v. 9. Januar 1907.

[304] *Gautier*, Rn. 383.

Für den Bereich der Parfümerie wird die Möglichkeit eines „œuvre collective" teilweise ausgeschlossen.[305] An anderer Stelle wird jedoch betont, dass insbesondere im Bereich der Parfümindustrie die Versuchung für die beteiligten Gesellschaften groß ist, sämtliche unter ihrem Namen erschienenen Düfte als Kollektivwerke einzustufen und damit die alleinige Rechtsinhaberschaft zu beanspruchen.[306] Die Rechtsprechung ist dieser Ansicht mitunter bereits gefolgt.[307] Art. L. 113-2 CPI stellt eine wichtige Vermutung im französischen Recht zugunsten von juristischen Personen und Gesellschaften dar.[308] Allerdings besteht stets die Gefahr, dass der kreative Beitrag Einzelner an der Duftschöpfung dennoch individualisierbar bleibt und damit die Annahme eines „œuvre collective du parfum" ausgeschlossen ist.[309] Aus diesem Grund wird auch den französischen juristischen Personen und Gesellschaften empfohlen, sich durch vertragliche Vereinbarung Nutzungsrechte von den Schöpfern einräumen zu lassen, sofern das Vorliegen eines „œuvre collective" nicht im Einzelfall unstreitig ist.[310]

I. Einzelurheberschaft

In der Duftindustrie kommt es wie in der gesamten arbeitsteiligen Industriegesellschaft nur noch selten vor, dass ein Produkt von einer Einzelperson konzipiert, hergestellt und vertrieben wird. So stellen beispielsweise der Entwurf und die Erschaffung eines Duftes durch einen selbständigen Parfümeur für einen einzelnen Kunden mittlerweile eine Ausnahme dar. Sofern die Arbeit in diesem Fall allein von einer Person ausgeführt wird, das heißt eine Person entwirft den Duft, entwickelt die Formel anhand ihrer konkreten Vorstellung und mischt schließlich das Duftstoffgemisch, liegt Einzelurheberschaft vor. Im Regelfall sind jedoch mehrere Personen an der Entstehung eines Duftes direkt oder indirekt beteiligt, sodass im Folgenden zu klären ist, ob auch in diesen Fällen eine Einzelurheberschaft möglich ist.

Die Beteiligungsformen an einer Duftkreation sind vielgestaltig. Häufig liegt der Schöpfung ein Duftbriefing[311] zu Grunde. Davon ausgehend wird ein Duft konzipiert. Um die endgültige Formel für den Duft, das heißt die

---

[305] *Bassard*, RIPIA 1979, 461 (462); *Laligant*, R.R.J. 1989, 587 (598).

[306] *Barbet/Breese u.a*, Le marketing olfactif, S. 292.

[307] *Cour d'appel de Paris*, IIC 2006, 881 (883) – Perfume Fragrance; *Gerechtshof ten s'-Hertogenbosch*, GRUR Int. 2005, 521 (522) – Parfüm Trésor (der Fall wurde – den Grundsätzen des holländischen internationalen Privatrechts entsprechend – nach französischem Recht entschieden).

[308] *Dubarry*, S. 40.

[309] *Matthyssens*, GP 2000, 1753 (1755).

[310] *Barbet/Breese u.a*, Le marketing olfactif, S. 292; *Dubarry*, S. 40.

[311] Vgl. dazu Zweiter Teil, B III.

genaue stoffliche und mengenmäßige Zusammensetzung zu erhalten, sind zahlreiche Versuche notwendig. Nach jedem Versuch erfolgt ein Vergleich des erhaltenen Duftes mit jenem geistigen Muster, das sich der Parfümeur zu Beginn vorgestellt hat.[312] Die einzelnen Versuchsdüfte werden dabei von Mitarbeitern und Laboranten anhand der Vorgaben des Parfümeurs gemischt. Schließlich holt der Parfümeur Meinungen und Ratschläge Dritter zu seiner Kreation ein.[313] Neben demjenigen, der den Duft geistig konzipiert und nach seiner Vorstellung kreiert, worin eine urheberrechtlich relevante Schöpfungstätigkeit liegen kann, wirken somit weitere Personen an der Entstehung des Duftes mit. Ihr Mitwirken schließt eine Einzelurheberschaft aus, wenn darin ein schöpferischer Beitrag zum Duftwerk im Sinne von § 2 Abs. 2 UrhG zu sehen ist. Eine bloß nichtschöpferische Mitarbeit am Werk genügt nicht.[314]

Die Arbeit auf der Grundlage eines Duftbriefings führt nicht zur Mehrurheberschaft. Das Briefing enthält lediglich Vorstellungen, die dem eigentlichen Schöpfungsakt vorgelagert sind. Ideen und Anregungen zu einem Werk stellen jedoch zumeist keinen schöpferischen Beitrag dar und begründen keine Urheberschaft an dem auf ihnen beruhenden Werk.[315] Der Besteller eines Werkes, der dem Schöpfer exakte Vorgaben zu Thematik, Umfang, Methode oder sonstigen Einzelheiten macht, leistet damit noch keinen schutzfähigen Beitrag zum späteren Werk.[316] Das Briefing enthält lediglich die nicht geschützte Idee, die es olfaktorisch umzusetzen gilt. Zur Urheberschaft führt eine Anregung erst dann, wenn sie soweit konkretisiert und ausgestaltet ist, dass sie ihrerseits ein Werk darstellt.[317] Dies setzt für ein Duftwerk bereits die Vorgabe einer Formel voraus, die im Falle ihrer Ausführung das Werk wahrnehmbar macht. Derartig umfangreich ist ein Duftbriefing nicht, da es lediglich einen Rahmen abstecken soll, innerhalb dessen der Schöpfer gestalterisch tätig werden kann. Zu Recht hat das *Tribunal de Commerce de Paris* daher entschieden, dass die Erteilung eines Duftbriefings nicht zur Urheberschaft am Duft führt.[318]

Auch die Ausführung einzelner Duftversuche durch Mitarbeiter und Angestellte im Verlauf der Konkretisierung der Formel ist keine schöpferische Tätigkeit im Sinne von § 2 Abs. 2 UrhG. Dabei handelt es sich um

---

[312] Vgl. *Roudnitska*, Le Parfum, S. 67 ff.

[313] *Pamoukdjian*, S. 218.

[314] *Dreyer/Kotthoff/Meckel*, § 7 Rn. 4.

[315] *BGH*, GRUR 1995, 47 (48) – Rosaroter Elefant; *Schricker/Loewenheim*, § 7 Rn. 7; *Wandtke/Bullinger/Thum*, § 7 Rn. 11; *Dreyer/Kotthoff/Meckel*, § 7 Rn. 5; *Schack*, Rn. 282.

[316] *Dreier/Schulze,* § 7 Rn. 4.

[317] *Schricker/Loewenheim*, § 7 Rn. 7; *Haberstumpf*, Rn. 175.

[318] *Trib. Comm. de Paris*, MarkenR 2001, 258 (261) – Parfum Angel; i. E. ebenso *Barbet/Breese u.a*, Le marketing olfactif, S. 350 ff.

eine typische Gehilfentätigkeit. Sie stellt keinen schöpferischen Beitrag dar, da sie keine eigene Individualität entfaltet, sondern lediglich fremde Individualität unterstützt.[319] Entscheidend ist, ob dem Gehilfen bei der Ausführung der Tätigkeit ein Gestaltungsspielraum zusteht. Ein solcher ist Voraussetzung schöpferischer Tätigkeit. Die Ausführung einer Duftformel bietet keinen Gestaltungsspielraum und ist deshalb unschöpferisch. Die Tätigkeit realisiert nur das Werk eines anderen. Sofern eine derartige Aktivität der Leistung eines Urhebers ähnlich ist, kommt lediglich der Schutz durch ein Leistungsschutzrecht in Betracht.[320] Die verwandten Schutzrechte sind in den §§ 70 ff. UrhG enumerativ genannt. Die Subsumtion der Gehilfentätigkeit bei der Duftschöpfung unter die verwandten Schutzrechte ist nicht möglich. Ein Leistungsschutzrecht für diese rein mechanische Tätigkeit ist weder vorgesehen noch geboten.

Schließlich schließt auch das Einholen von Ratschlägen und Meinungen Dritter nicht die Alleinurheberschaft aus. Auch dabei handelt es sich um bloße Anregungen, die im Regelfall nicht eigene persönliche geistige Schöpfungen sind.

Mithin ist die Alleinurheberschaft bei Duftwerken nicht ausgeschlossen. Insbesondere im Bereich der Feinparfümerie ist – trotz der beschriebenen Beteiligung mehrerer an der Ausarbeitung eines Duftes – häufig von der Alleinurheberschaft eines Parfümeurs auszugehen. Diese Düfte basieren auf der subjektiven Vorstellung einer Person, die diese nach eigenen subjektiven Vorstellungen realisiert. „Un parfum vraiment original ne peut être le fruit de recherches, effectués en commun, car le grand parfumeur œuvre de façon individuelle."[321] Freilich ist damit nicht ausgeschlossen, dass mehrere Parfümeure in schöpferischer Zusammenarbeit einen Duft konzipieren.

II. Beteiligung mehrerer Urheber

Entstehen Werke unter Beteiligung mehrerer Urheber, so kann diese Mehrurheberschaft in verschiedenen Formen vorliegen: Denkbar sind Miturheberschaft (§ 8 UrhG), Werkverbindung (§ 9 UrhG), unfreie Benutzung (§§ 3, 23 UrhG), freie Benutzung (§ 24 UrhG) oder ein Sammelwerk (§ 4 UrhG).

Es wurde bereits ausgeführt, dass Briefing und Gehilfenschaft nicht zu Mehrurheberschaft führen.[322] Sind mehrere Personen einverständlich durch

---

[319] Vgl. *Schricker/Loewenheim*, § 7 Rn. 8.

[320] Vgl. *Rehbinder*, Rn. 776.

[321] „Ein wirklich originales Parfüm kann nicht das Ergebnis gemeinsam ausgeführter Recherchen sein, denn der große Parfümeur arbeitet in individueller Weise." *Pamoukdjian*, S. 217.

[322] S. soeben Zweiter Teil, C I.

schöpferische Beiträge an der Entstehung eines Duftes beteiligt, so stellt sich zunächst die Frage, ob eine Miturheberschaft oder eine Werkverbindung vorliegt. Während bei der Miturheberschaft ein einheitliches Werk entsteht, bleiben im Falle der Werkverbindung die einzelnen Werke selbständig.[323] Kennzeichnend für die Miturheberschaft ist, dass sich die einzelnen schöpferischen Beiträge nicht gesondert verwerten lassen.[324] Bei der schöpferischen Zusammenarbeit mehrerer zur Schaffung eines Duftes sind die Einzelbeiträge der Beteiligten nicht gesondert verwertbar, da der Duft als einheitliches Werk entsteht. Aus der Zusammenarbeit folgt ein ununterscheidbares Ganzes. Ein Duft kann daher keine Werkverbindung darstellen. Dies gilt selbst für den (allenfalls theoretisch denkbaren) Fall, dass die Zusammenarbeit darin besteht, einzelne urheberrechtlich geschützte Ausgangsstoffe zusammenzufügen. Auch in diesem Fall geht die gesonderte Verwertbarkeit der Ausgangsstoffe im geschaffenen Duft verloren. Es bestünden dann nebeneinander die Urheberrechte an den Ausgangsstoffen und das (Mit-)Urheberrecht am daraus geschaffenen Duft.[325] Ein solcher Doppelcharakter der Beiträge zum Werk ist möglich.[326] Miturheberschaft setzt kein gleichzeitiges Schaffen voraus, sie kann auch auf verschiedenen Schöpfungsstufen erfolgen, sofern sich die Einzelbeiträge einer gemeinsamen Gesamtidee unterordnen.[327] Die Schaffung eines Einzelduftes durch schöpferisches Zusammenwirken mehrerer führt daher stets zu Miturheberschaft im Sinne von § 8 UrhG. Aufgrund der Einheitlichkeit des geschaffenen Duftwerkes scheidet daher auch die Annahme eines Sammelwerkes gem. § 4 Abs. 1 UrhG aus. Einzelne unabhängige Werke, die das Gesetz in § 4 Abs. 1 UrhG als Bestandteil eines Sammelwerkes voraussetzt, existieren innerhalb eines Duftes nicht.

Sammelwerk und Werkverbindung bei Düften sind nur dann möglich, wenn die Einzeldüfte getrennt verwertbar bleiben. Es müssen mehrere Einzeldüfte vorliegen. Dies ist beispielsweise bei sog. Duftsets[328] der Fall. Bei einem Sammelwerk gem. § 4 Abs. 1 UrhG wird die Auswahl und Anordnung der in der Sammlung enthaltenen Werke geschützt, wobei diese

---

[323] *Loewenheim/Loewenheim*, § 11 Rn. 1; *Dreyer/Kotthoff/Meckel*, § 8 Rn. 5; *Ulmer*, § 34 II 2 (S. 189).

[324] *Dreyer/Kotthoff/Meckel*, § 9 Rn. 7; *Wandtke/Bullinger/Thum*, § 9 Rn. 8; *Schricker/Loewenheim*, § 8 Rn. 5.

[325] Voraussetzung dafür ist, dass auch die Kombination der Düfte eine persönliche geistige Schöpfung im Sinne von § 2 Abs. 2 UrhG ist.

[326] *Dreier/Schulze*, § 8 Rn. 5.

[327] *BGH*, GRUR 1959, 335 (336) – Wenn wir alle Engel wären; GRUR 1994, 39 (40) – Buchhaltungsprogramm; *Schricker/Loewenheim*, § 8 Rn. 7 u. 9.

[328] Vgl. das Duftset „*Thierry Mugler Coffret*", welches aus 15 Einzeldüften besteht, die *P. Süskinds* Roman „*Das Parfum*" in einzelne Duftsequenzen umsetzen; s. dazu auch *Turin*, NZZ Folio 01/2007, 9.

selbst nicht zwingend urheberrechtlich geschützt sein müssen.[329] Gerade
Auswahl und Anordnung der Düfte müssen eine persönliche geistige
Schöpfung im Sinne von § 2 Abs. 2 UrhG darstellen, um ein eigenes
Schutzrecht am Sammelwerk zu begründen. Durch die Werkverbindung
gem. § 9 UrhG wird demgegenüber kein neues Werk und damit auch kein
eigenständiges Schutzrecht geschaffen. Sie setzt eine rechtsgeschäftliche
Vereinbarung aller beteiligten Urheber voraus mit dem Inhalt, die einzelnen geschützten Werke gemeinsam zu verwerten. Die Werkverbindung
lässt die Urheberschaft an den Einzelwerken unberührt und betrifft nur das
Innenverhältnis der beteiligten Urheber.[330] Es ist eine Frage des Einzelfalles, ob voneinander getrennte Einzeldüfte ein Sammelwerk oder eine
Werkverbindung bilden. Liegt jedoch nur ein Einzelduft vor, der durch
schöpferisches Zusammenwirken mehrerer Personen geschaffen wurde, so
handelt es sich im Falle einer persönlichen geistigen Schöpfung immer um
ein in Miturheberschaft gem. § 7 UrhG geschaffenes Werk.

Eine schöpferische Beteiligung mehrerer Personen ist auch gegeben,
wenn ein Einzelduft unter Verwendung geschützter Düfte anderer Personen geschaffen wird. Dies ist der Fall bei Benutzung eines geschützten
Ausgangsstoffes eines anderen Urhebers. Möglich ist auch die Variation
eines fremden Duftes. Handelt es sich dabei nicht um ein gemeinschaftli-
ches Zusammenwirken, das heißt wird der geschützte Ausgangsduft oder
der zu variierende Duft nicht bewusst als Beitrag zu einem gemeinsamen
Werk geleistet, so scheidet eine Miturheberschaft im Sinne von § 8 UrhG
am neuen Duft aus. Folglich erwirbt der Schöpfer des Einzelduftes in diesem Fall das alleinige Urheberrecht, wenn im konkreten Fall eine persönliche geistige Schöpfung gem. § 2 Abs. 2 UrhG geschaffen wird. Dabei kann
es sich um ein selbständiges Werk handeln, das durch freie Benutzung
(§§ 2, 24 UrhG) der verwendeten geschützten Düfte entstanden ist. Bei der
freien Benutzung dient das fremde Werk lediglich als Anregung für das
eigene Werkschaffen, die ihm entnommenen individuellen Züge verblassen
gegenüber der Eigenart des neu geschaffenen Werkes.[331] Bleiben wesentliche Züge des verwendeten Duftes auch im neuen Einzelduft erkennbar,
liegt eine unfreie Benutzung vor. Unter der Voraussetzung einer persönlichen geistigen Schöpfung besteht in diesem Fall ein Bearbeiterurheber-
recht gem. § 3 S. 1 UrhG.

---

[329] Vgl. *BGH*, GRUR 1992, 382 (384) – Leitsätze; GRUR 2007, 685 (686) – Gedicht-
titelliste I; *Dreier/Schulze*, § 4 Rn. 2; *Schricker/Loewenheim*, § 4 Rn. 6.
[330] *Dreyer/Kotthoff/Meckel*, § 9 Rn. 15 f.; *Wandtke/Bullinger/Thum*, § 9 Rn. 13.
[331] *BGH*, NJW 2003, 3633 (3635) = GRUR 2003, 956 (958) – Gies-Adler; BGHZ 141,
267 (280) = NJW 2000, 2202 (2205) – Laras Tochter.

III. Insbesondere: Urheber in Arbeits- oder Dienstverhältnissen

Der selbständige Duftschöpfer bildet in der heutigen Duftstoffindustrie die Ausnahme. Im Regelfall handelt es sich bei den Urhebern von Düften um Angestellte von Riechstoffunternehmen. Im Bereich der Feinparfümerie werden 90 Prozent der Düfte von Riechstoffherstellern geliefert.[332] Nur noch wenige Parfümhäuser verfügen über eigene Laboratorien. Selbständige, frei schaffende Parfümeure sind sehr selten.[333] Im Folgenden soll daher erörtert werden, welche Folgen die geschilderten tatsächlichen Gegebenheiten für das Urheberrecht sowie die Rechtsbeziehungen zwischen Urhebern und Arbeitgebern in der Duftstoffindustrie haben.

1. Allgemein

Dem Schöpferprinzip des Urheberrechtsgesetzes entsprechend ist ein Erwerb des Urheberrechts am Duft durch ein Unternehmen der Riechstoffindustrie ausgeschlossen. Die am Schöpfungsprozess beteiligten Angestellten erwerben mit der Schöpfung des Duftes das Allein- oder Miturheberrecht daran. Dies gilt insbesondere auch bei arbeitsvertraglich geschuldeten Werken der abhängig beschäftigten Urheber. Die Riechstoffhersteller als Arbeitgeber der Duftschöpfer sind auf den rechtsgeschäftlichen Erwerb von Nutzungsrechten von ihren Angestellten angewiesen. Darin liegt ein wesentlicher Unterschied zum US-amerikanischen Urheberrecht, welches gem. Sec. 201 (b) US Copyright Act[334] den Arbeit- oder Auftraggeber einer „work made for hire" als Urheber ansieht.[335]

Für die Regelung der Rechtsverhältnisse zwischen Urhebern und Arbeitgebern beschränkt sich das Urheberrechtsgesetz auf die generalklauselartige Regelung des § 43 UrhG, wonach die Vorschriften über die Einräumung von Nutzungsrechten innerhalb von Dienst- und Arbeitsverhältnissen zur Anwendung kommen, „soweit sich aus dem Inhalt oder dem Wesen des Arbeits- oder Dienstverhältnisses nichts anderes ergibt". Will ein Riechstoffhersteller die von seinen Angestellten geschaffenen Duftwerke wirtschaftlich verwerten, so ist der Erwerb von Nutzungsrechten erforderlich. Gleiches gilt für den Fall, dass ein Unternehmen gegen vermeintliche Duftnachahmungen anderer Hersteller vorgehen will.

Die Aktivlegitimation im Verletzungsprozess setzt den Erwerb eines ausschließlichen Nutzungsrechts (§ 31 Abs. 3 S. 1 UrhG) vom Urheber

---

[332] *Eberhard-Metzger*, Bild der Wissenschaft 2002, 20 (21).

[333] *Barbet/Breese u.a*, Le marketing olfactif, S. 33.

[334] Copyright Act v. 19. Oktober 1976.

[335] Vgl. dazu *Nordemann/Nordemann*, in: FS f. Schricker, 473 (474 ff.); *Loewenheim/Loewenheim*, § 13 Rn. 1 f.; *Rehbinder*, Rn. 250; weitere Beispiele bei *Schricker/Rojahn*, § 43 Rn. 3.

voraus.[336] Möglich ist eine ausdrückliche Einräumung des Nutzungsrechts durch eine Vereinbarung zwischen dem angestellten Duftschöpfer und dem Riechstoffhersteller, beispielsweise im Arbeitsvertrag. Besteht keine derartige vertragliche Regelung, so ist regelmäßig von einer konkludenten Rechtseinräumung auszugehen.[337] Für den abhängig beschäftigten Werkschöpfer besteht im Allgemeinen die Verpflichtung zur Übertragung der Werknutzungsrechte auf den Dienstherrn, wenn diesem erst durch die Übertragung die vertraglich vorausgesetzte Werknutzung ermöglicht wird.[338] Der Umfang der Nutzungseinräumung richtet sich nach der sog. Zweckübertragungstheorie des § 31 Abs. 5 UrhG. Dies gilt nicht nur für den Fall der stillschweigenden Rechtseinräumung, sondern auch bei ausdrücklicher Regelung, es sei denn, die Nutzungsarten werden ausdrücklich einzeln bezeichnet.[339] Die Nutzungsrechte sind dem Riechstoffhersteller als Arbeitgeber daher insoweit einzuräumen, wie er sie für seine betrieblichen Zwecke benötigt. Die Lizenz muss es dem Arbeitgeber in der Duftstoffindustrie ermöglichen, den Duftstoff zu produzieren und ihn zu vertreiben. Das wirtschaftliche Betätigungsfeld umfasst nicht nur Herstellung und Vertrieb des reinen Duftes, sondern möglicherweise auch Herstellung und Vertrieb eigener Duftstoffanwendungen. Im Bereich der Parfümerie kann die Verwertung eines Duftes verschiedenste Formen annehmen: „eaux de toilette, parfums, cosmétiques, crèmes parfumées, lotions et produits de bain, produits d'hygiène corporelle, odorisation fonctionelle de locaux."[340] Der Arbeitgeber ist entsprechend seines Betriebszweckes auf den Erwerb der Nutzungsrechte angewiesen. Dafür empfiehlt sich eine ausdrückliche vertragliche Regelung. Bleibt eine solche aus, ist dennoch regelmäßig von einer stillschweigenden Einräumung der erforderlichen Nutzungsrechte nach Maßgabe der Zweckübertragungslehre auszugehen. Insbesondere die Betätigung als Lieferant für andere Unternehmen der Duftstoffindustrie erfordert die Weiterübertragung der Nutzungsrechte durch den Arbeitgeber. Nach § 34 Abs. 1 S. 1 UrhG ist auch dafür die Zustimmung des Urhebers nötig. Diese kann ebenfalls still-

---

[336] *BGH*, GRUR 1992, 310 (311) – Taschenbuch-Lizenz; GRUR 1995, 338 (340) – Kleiderbügel; *Schricker/Wild*, § 97 Rn. 28.

[337] *BGH*, GRUR 1974, 480 (483) – Hummelrechte; GRUR 1984, 429 (431) – Statikprogramme; *Schricker/Rojahn*, § 43 Rn. 40; *Haberstumpf*, Rn. 452.

[338] *BGH*, GRUR 1974, 480 (483) – Hummelrechte; GRUR 1966, 691 (692) – Schlafsäcke.

[339] H. M., vgl. *Schricker/Rojahn*, § 43 Rn. 48 ff.; a. A. *Zöllner*, in: FS f. Hubmann, 523 (531).

[340] „Duftwasser, Parfüme, Kosmetikartikel, Duftcrèmes, Badelotionen und -produkte, Produkte für die Körperhygiene, Raumdüfte." *Breese*, Dall. Aff. 1998, 558 (562).

schweigend erfolgen.[341] Handelt es sich bei der die Weiterübertragung des Nutzungsrechts erforderlich machenden Verwertungsform um eine für den Betrieb typische, so ist von der Zustimmung des Urhebers auszugehen.[342] Der betriebliche Zweck und damit der Umfang der erteilten Lizenz sind jeweils im Einzelfall zu ermitteln.[343]

Innerhalb eines Arbeitsverhältnisses erfolgt regelmäßig die Einräumung ausschließlicher Nutzungsrechte.[344] Der Arbeitgeber hat ein Interesse daran, den in seinem Betrieb geschaffenen Duft unter Ausschluss aller anderen Personen, insbesondere seiner Konkurrenten, nutzen zu dürfen. Dieses Interesse ist berechtigt. Er zahlt dem Urheber einen Arbeitslohn für seine Tätigkeit und die Schöpfung entsteht in seinem Organisationsbereich mit Hilfe von Produktionsmitteln, die er dem Arbeitnehmer zur Verfügung stellt. Wäre es dem Urheber gestattet, auch anderen Personen Nutzungsrechte einzuräumen, so würde die Lohnzahlung indirekt eine Unterstützung der Konkurrenz des Arbeitgebers darstellen. Aus diesem Grund ist auch dem Urheber selbst die Verwertung des Urheberrechts an seinem Duft verwehrt. Die aus dem Arbeitsvertrag folgende allgemeine Treuepflicht gegenüber dem Arbeitgeber verpflichtet den Arbeitnehmer, sich des Wettbewerbs zu Lasten des Ersteren zu enthalten.[345] Sowohl die eigene Verwertung des Duftes als auch die Lizenzierung an andere Personen würden gegen dieses Wettbewerbsverbot verstoßen.

Die Nutzungseinräumung durch den angestellten Urheber erfolgt nicht unentgeltlich. Er hat gem. § 32 Abs. 1 S. 2 UrhG einen Anspruch auf eine angemessene Vergütung. In Anbetracht dieses Vergütungsanspruches werden der Duftstoffindustrie für den Fall des urheberrechtlichen Schutzes von Düften teilweise zahlreiche Klagen von Urhebern prophezeit, sofern sich die Beteiligten nicht gütlich einigen können.[346] Tatsächlich war der urheberrechtliche Vergütungsanspruch einer früheren Angestellten eines Duftstoffunternehmens Gegenstand des „Parfum"-Urteils der französischen *Cour de cassation*.[347] Im Geltungsbereich des Urheberrechtsgesetzes wird der Vergütungsanspruch in der Regel mit Zahlung des Arbeitslohnes erfüllt.[348] Hat ein Urheber einen Duft geschaffen, der außer-

---

[341] *Dreyer/Kotthoff/Meckel*, § 43 Rn. 16; *Schricker/Rojahn*, § 43 Rn. 57; *Dreier/ Schulze*, § 43 Rn. 21.

[342] *MünchArbR/Sack*, § 102 Rn. 20.

[343] *Wandtke/Bullinger/Wandtke*, § 43 Rn. 59.

[344] *Schricker/Rojahn*, § 43 Rn. 45; *Wandtke/Bullinger/Wandtke*, § 43 Rn. 73; *Rehbinder*, Rn. 643.

[345] *BAG*, AP Nr. 7 zu § 611 BGB – Treuepflicht; *Schricker/Rojahn*, § 43 Rn. 59.

[346] *Dubarry*, S. 42.

[347] *Cour de cassation*, GRUR Int. 2006, 951 – Parfum.

[348] H. M., vgl. BT-Drucks. 14/6433, S. 18, rechte Sp.; *BAG*, GRUR 1984, 429 (432) – Statikprogramme; *Dreier/Schulze*, § 43 Rn. 30; *Möhring/Nicolini/Spautz*, § 43 Rn. 11;

ordentlich erfolgreich ist und dem Arbeitgeber durch die Verwertung bzw. Lizenzierung an Dritte besonders hohe Erträge einbringt, so ist im Einzelfall ein Anspruch des angestellten Urhebers aus § 32a UrhG möglich. § 32a UrhG ist im Rahmen von Arbeitsverhältnissen anwendbar.[349] Der Anspruch ist gerichtet auf Einwilligung in die Anpassung des Vertrages zur Gewährung einer angemessenen Vergütung des Urhebers. Er richtet sich gegen den Arbeitgeber oder unter den Voraussetzungen von § 32a Abs. 2 UrhG gegen einen Dritten als Lizenznehmer des Arbeitgebers. Zum Schutze des Urhebers bestimmt § 32 a Abs. 3 UrhG, dass mögliche Ansprüche aus § 32a UrhG unverzichtbar und unpfändbar sind.

Voraussetzung des Anspruchs ist ein auffälliges Missverhältnis zwischen der vereinbarten und der gem. § 32 Abs. 1 S. 2 UrhG angemessenen Vergütung.[350] Im Rahmen eines Arbeitsverhältnisses ist dabei abzustellen auf die gesamte Entlohnung während des Arbeitsvertrages inklusive der vom Arbeitgeber geleisteten Beiträge zur Sozialversicherung sowie sonstiger Zuwendungen.[351] Die Bedeutung des § 32a UrhG für angestellte Urheber in der Duftstoffindustrie ist nicht zu unterschätzen. Aufgrund der Tatsache, dass die urheberrechtliche Schutzfähigkeit der von ihnen geschaffenen Werke bislang kaum thematisiert wurde, berücksichtigen die Arbeitsverträge im Regelfall nicht den Anspruch der Urheber auf angemessene Vergütung. Darin liegt ein Unterschied zu denjenigen angestellten Urhebern, welche anerkanntermaßen urheberrechtlich geschützte Werke in Erfüllung ihrer Pflichten aus dem Arbeitsverhältnis erschaffen, zum Beispiel angestellten Autoren. Der Anspruch auf angemessene Vergütung wird bei diesen Personen beispielsweise durch Vereinbarung eines Beteiligungshonorars berücksichtigt. Erzielt ein Unternehmen als Arbeitgeber bzw. nutzungsberechtigter Dritter mit einem urheberrechtlich geschützten Duftstoff außerordentliche Erträge, so ist daher an einen Anspruch des bzw. der Urheber auf Grundlage des § 32a UrhG zu denken.

2. Urheberpersönlichkeitsrecht

Auch dem angestellten Urheber stehen die Urheberpersönlichkeitsrechte an seinem Werk zu. Sie sind höchstpersönliche Rechte und aus diesem Grunde ebenso wie das Urheberrecht selbst nicht übertragbar oder verzicht-

---

Bayreuther, GRUR 2003, 570 (572); a. A. *Wandtke*, GRUR 1999, 390 (395), der zwischen Arbeitsentgelt und Nutzungsentgelt unterscheidet; *Schwab*, ArbNErfR, Anhang zu § 1 Rn. 89 ff.; *ders.*, NZA 1999, 1254 (1257).

[349] *BGH*, GRUR 2002, 149 (152) – Wetterführungspläne II; *Schricker/Rojahn*, § 43 Rn. 71; *Dreier/Schulze*, § 43 Rn. 30; *Bayreuther*, GRUR 2003, 570 (573); *Schwab*, ArbNErfR, Anhang zu § 1 Rn. 110.

[350] Vgl. *Schricker/Schricker*, § 32 a Rn. 15 ff.

[351] *OLG Düsseldorf*, ZUM 2004, 756 (759) – Wetterführungspläne.

bar.[352] Möglich ist lediglich die Gestattung einzelner urheberpersönlichkeitsrechtlicher Befugnisse durch den Urheber, insbesondere soweit dies zur Werknutzung durch Dritte, beispielsweise den Arbeitgeber, unerlässlich ist. Stets bleibt jedoch ein unverzichtbarer Kern des Urheberpersönlichkeitsrechts dem Urheber vorbehalten.[353]

Teilweise wird darauf hingewiesen, dass die Anerkennung von Urheberpersönlichkeitsrechten ein destabilisierender Faktor für die Duftstoffindustrie wäre, da die geltenden Branchengewohnheiten nicht mit dem Urheberpersönlichkeitsrecht in Einklang stünden.[354] Beispielsweise ist es nicht üblich, den Namen des oder der Schöpfer eines Duftes preiszugeben. Im Bereich der Parfümerie ist es Experten zwar möglich, aus der Komposition und dem Stil eines Duftes auf dessen Schöpfer zu schließen. Dabei handelt es sich freilich um Ausnahmefälle. Normalerweise arbeiten Parfümeure anonym, das heißt der breiten Öffentlichkeit, die mit dem Duft in Berührung kommt, ist der Name der natürlichen Person, die den Duft geschaffen hat, unbekannt.[355] Diese Gewohnheit steht im Widerspruch zum Urheberpersönlichkeitsrecht auf Namensnennung gem. § 13 S. 2 UrhG. Auch ein angestellter Urheber hat grundsätzlich das Recht, seinen Namen oder eine andere Urheberbezeichnung am Werk anzubringen.[356]

Die Tatsache, dass die Urheberbenennung bei Düften in vielen Fällen ausbleibt, bedeutet jedoch nicht automatisch eine Verletzung des Urheberpersönlichkeitsrechts. Im Rahmen von Arbeitsverhältnissen ergeben sich Einschränkungen des Urheberpersönlichkeitsrechts, da das Interesse des Arbeitgebers an einer möglichst unbeeinträchtigten Verwertung des Werkes zu berücksichtigen ist.[357] Das Recht auf Urheberbenennung ist sowohl ausdrücklich als auch stillschweigend abbedingbar. Eine stillschweigende Abbedingung ist insbesondere dann anzunehmen, wenn sie sich nach Treu und Glauben aus dem Wesen des Arbeitsvertrages ergibt oder eine Branchenübung besteht.[358] Es kann davon ausgegangen werden, dass bestehende Verkehrsgewohnheiten dem Vertragsabschluss stillschweigend zugrunde gelegt werden.[359] Das Weglassen der Urheberbenennung wegen

---

[352] *Schwab*, ArbNErfR, Anhang zu § 1 Rn. 48.

[353] Vgl. dazu *Schricker/Dietz*, vor §§ 12 Rn. 26 ff.; *Dreier/Schulze,* vor § 12 Rn. 10 ff.; *Schwab*, NZA 1999, 1254 (1258).

[354] *Dubarry*, S. 40; *Breese*, Dall. Aff. 1998, 558 (562).

[355] Vgl. *Dubarry*, S. 41; *Barbet/Breese u.a*, Le marketing olfactif, S. 256; *Breese*, Dall. Aff. 1998, 558 (562).

[356] RGZ 110, 393 (397) – Riviera; *Schricker/Rojahn*, § 43 Rn. 80; *MünchArbR/Sack*, § 102 Rn. 24; *Schwab*, ArbNErfR, Anhang zu § 1 Rn. 55.

[357] *Dreier/Schulze,* § 43 Rn. 34.

[358] *Dreyer/Kotthoff/Meckel*, § 43 Rn. 19; *MünchArbR/Sack*, § 102 Rn. 24; *Schricker/Rojahn*, § 43 Rn. 81; *Rehbinder*, Rn. 650; *Schwab*, ArbNErfR, Anhang zu § 1 Rn. 57.

[359] *BGH*, NJW 1994, 2621 (2622).

Branchenüblichkeit wird teilweise mit dem Argument kritisiert, dass damit branchenübliche Unsitten festgeschrieben und das soziale Ungleichgewicht zu Lasten der Urheber verdeckt werden sollen.[360] Parfüms werden nur mit dem Namen der Herstellerfirma bzw. unter einer Marke vertrieben. Für den kommerziellen Erfolg eines Duftes spielen diese Kennzeichnungen die entscheidende Rolle. Unerheblich ist demgegenüber – jedenfalls für den durchschnittlichen Endabnehmer eines Duftes – der Name des Parfümeurs. Dessen Nennung neben der Herstellerfirma oder der Marke würde die Aufmerksamkeit diesen gegenüber mindern und damit den Verwertungsinteressen des Inhabers des Nutzungsrechts zuwiderlaufen. Unter Berücksichtigung der wirtschaftlichen Verwertbarkeit ist in diesem Fall ein Verzicht auf das Namensnennungsrecht sinnvoll. Eine „Unsitte" ist im Weglassen der Urheberbezeichnung bei Parfüms nicht zu erblicken. Die Anerkennung des Urheberrechts für Düfte begründet daher nicht zwingend ein Recht des Urhebers, die Anbringung seines Namens etwa auf einem Parfümflakon zu verlangen.[361] Auch bei künstlerischen Industrieerzeugnissen ist die Benennung des angestellten Urhebers nicht üblich.[362] Darin liegt keine Verletzung des Urheberpersönlichkeitsrechts. Eine destabilisierende Wirkung für die Duftstoffindustrie ist daher mit der Anerkennung von Urheber- und Urheberpersönlichkeitsrechten für Düfte nicht verbunden, da sie nicht zwingend zur Aufgabe von Branchengewohnheiten führen. Dessen ungeachtet sollten die Beteiligten aus Gründen der Rechtssicherheit bestrebt sein, die Einschränkungen des Urheberpersönlichkeitsrechts vertraglich zu regeln.

3. Zwischenergebnis

Insgesamt ist festzustellen, dass hinsichtlich der Nutzungsrechte, der Vergütungsansprüche und auch des Urheberpersönlichkeitsrechts für die in der Duftstoffindustrie beschäftigten Urheber grundsätzlich keine Besonderheiten gelten. Die Unternehmen der Riechstoffindustrie sind auch bei Anerkennung des urheberrechtlichen Schutzes für Düfte berechtigt, die von ihren Angestellten geschaffenen Werke zu verwerten. Dies folgt im Regelfall aus der stillschweigenden Einräumung von Nutzungsrechten an die Arbeitgeber. Für die angestellten Urheber und die Riechstoffunternehmen bedeutet der urheberrechtliche Schutz des Duftes keinen Zwang zur grundlegenden Neustrukturierung ihrer Beziehungen. Klarstellende vertragliche Vereinbarungen zwischen den Beteiligten sind dennoch zu empfehlen.

---

[360] *Dreier/Schulze,* § 43 Rn. 36; *Möhring/Nicolini/Kroitzsch,* § 13 Rn. 20; *Loewenheim/Nordemann,* § 63 Rn. 60; *Schwab,* NZA 1999, 1254 (1259).

[361] A. A. offenbar *Well-Szönyi,* GRUR Int. 2006, 1039 (1041).

[362] *Schricker/Rojahn,* § 43 Rn. 82.

Nicht ausgeschlossen sind finanzielle Belastungen der Arbeitgeber infolge ihrer Verpflichtung zur Zahlung einer angemessenen Vergütung an die Urheber. Im Gegenzug steigt bei Anerkennung des Urheberrechts für Düfte jedoch gleichzeitig auch das Vermögen der ausschließlich nutzungsberechtigten Unternehmen, da es sich bei den Nutzungsrechten aus bilanzrechtlicher Sicht um aktivierbares Vermögen handelt.[363] Zudem erhalten die Inhaber ausschließlicher Lizenzen ein Instrument, um gegen Nachahmungen der von ihnen vertriebenen Düfte vorzugehen.

D. Schutzinhalt

Die bisherigen Ausführungen haben gezeigt, dass Düfte urheberrechtlich geschützt sein können. Im Folgenden soll ein Überblick über den Schutzinhalt des Urheberrechts bei Düften gegeben werden. Im Zentrum des Interesses stehen dabei die Möglichkeit, mithilfe des Urheberrechts gegen den Vertrieb von Duftnachahmungen vorzugehen, sowie die damit in der Praxis verbundenen Schwierigkeiten. Nach § 64 UrhG gilt für geschützte Düfte eine Schutzfrist von 70 Jahren post mortem auctoris. Einem Duftschöpfer stehen – wie jedem anderen Urheber auch – Verwertungs- und Urheberpersönlichkeitsrechte am Werk zu.

I. Verwertungsrechte (§ 15 UrhG)

Durch das allgemeine Verwertungsrecht des § 15 UrhG werden dem Urheber als umfassendes, absolutes Recht nicht nur die gegenwärtigen, sondern grundsätzlich auch die künftig erst entstehenden Nutzungsarten vorbehalten.[364] Das Gesetz unterscheidet zwischen der Verwertung des Werkes in körperlicher Form (§ 15 Abs. 1 UrhG) und der Verwertung in unkörperlicher Form, dem sog. Recht der öffentlichen Wiedergabe (§ 15 Abs. 2 UrhG). In § 15 UrhG werden für beide Verwertungsarten Beispiele genannt, doch macht bereits der Wortlaut „insbesondere" deutlich, dass es sich dabei nicht um eine abschließende Auflistung handelt. Insbesondere unbekannte Nutzungsarten unterliegen damit prinzipiell der Kontrolle des Urhebers.[365] Allerdings gilt seit dem 1.1.2008 das bis zu diesem Zeitpunkt in § 34 Abs. 4 UrhG a. F. geregelte gesetzliche Verbot von Verträgen über zukünftige Nutzungsarten nicht mehr. An dessen Stelle trat der neue § 31a UrhG, der Verträge über unbekannte Nutzungsarten zulässt und das Verbotsrecht des Urhebers durch ein Widerrufs- und Vergütungssystem

---

[363] *Baumbach/Hopt/Merkt*, § 246 Rn. 5.
[364] *Rehbinder*, Rn. 295.
[365] *Schricker/v. Ungern-Sternberg*, § 15 Rn. 22.

ersetzt. Das Widerrufsrecht entfällt jedoch in einer Vielzahl von Fällen. Die Neuregelung gilt gem. § 137 l Abs. 1 UrhG n. F. rückwirkend für seit dem 1.1.1966 geschlossene Verträge.[366]

Zu klären ist zunächst die Frage, ob angesichts besonderer Eigenschaften von Duftwerken eine Anwendung der Verwertungsrechte überhaupt möglich ist. Der *Hoge Raad der Nederlanden* hat in der Entscheidung *„Parfüm Trésor II"* festgestellt, „dass die spezifische Art der Düfte zur Folge hat, dass nicht alle Bestimmungen und Schranken des Urheberrechtsgesetzes darauf uneingeschränkt angewendet werden können".[367] Das Gericht schloss sich damit den Ausführungen des Generalanwalts *Verkade* in dessen Schlussfolgerungen im Prozess an.[368] Am Beispiel des Gebrauchs von Parfüm soll deshalb erörtert werden, ob eine Einschränkung der urheberrechtlichen Regelungen erforderlich ist.

1. Verwertung in körperlicher Form (§ 15 Abs. 1 UrhG)

Die Unterscheidung von Verwertung in körperlicher und unkörperlicher Form erscheint bei Düften befremdlich. Unter Verwertung in körperlicher Form sind alle Verwertungsformen zu verstehen, die unmittelbar das Original oder Vervielfältigungsstücke des Werkes zum Gegenstand haben.[369] Das Werk muss dafür in einem körperlichen Gegenstand festgehalten werden, zum Beispiel als Buch, Fotokopie, Tonträger oder Diskette.[370]

Auf den ersten Blick scheint diese Definition auf Düfte nicht anwendbar zu sein. Die Werkträger in den genannten Beispielen sind durchweg Gegenstände festen Aggregatzustandes aus chemischer Sicht. Werkträger des Duftes ist hingegen die flüssige alkoholische Lösung bzw. das gasförmige Duftstoffgemisch, welches infolge der Verflüchtigung der alkoholischen Lösung entsteht.[371] Aber auch flüssige und gasförmige Stoffe sind körperliche Gegenstände unter der Voraussetzung, dass sie durch den Menschen beherrschbar und sinnlich wahrnehmbar sind.[372] Der durch einen Menschen geschaffene Duft ist beherrschbar, da sich das flüssige Duftstoffgemisch und die von diesem verströmten gasförmigen Trägerstoffe in Behältnissen abfüllen und somit abgrenzen lassen. Auch einem Duftwerk liegt somit ein Werkträger in Form eines körperlichen Gegenstands

---

[366] S. zur Neuregelung *Hoeren*, MMR 2007, 615 ff.; *Kreile*, ZUM 2007, 682 (683 ff.).

[367] *Hoge Raad der Nederlanden*, GRUR Int. 2006, 951 (953) – Parfüm Trésor II.

[368] *Verkade*, Abschlussgutachten im Prozess *Lancôme ./. Kecofa* vor dem *Hoge Raad der Nederlanden* v. 16.12.2005, S. 20 ff., Rn. 5.22 - 5.26 (abrufbar unter http://breese. blogs.com/pi/files/concl._lancome_ kecofa.pdf, Stand: 16.08.2008).

[369] BT-Drucks. 4/270 S. 46; *Schricker/Loewenheim*, § 15 Rn. 40.

[370] *Dreier/Schulze*, § 15 Rn. 25.

[371] S. bereits oben Zweiter Teil, A.

[372] *MünchKommBGB/Holch*, § 90 Rn. 8.

zugrunde. Die körperliche Festlegung eines Duftes erfolgt durch Herstellung eines Duftstoffgemisches, welches beim Menschen einen entsprechenden Geruchseindruck hervorruft. Der Duft ist das Werk, er wird verkörpert durch ein Duftstoffgemisch und die gasförmigen Duftstoffe, die entweichen, wenn das Gemisch der freien Luft ausgesetzt wird.[373] Düfte können somit in körperlicher Form verwertet werden.

Die Herstellung des flüssigen Duftstoffgemisches, aus dem das gasförmige Duftstoffgemisch hervorgeht, ist eine Vervielfältigung im Sinne des § 16 Abs. 1 UrhG, denn Vervielfältigung ist jede körperliche Festlegung eines Werkes, die geeignet ist, das Werk den menschlichen Sinnen auf irgendeine Weise unmittelbar oder mittelbar wahrnehmbar zu machen.[374] Dementsprechend ist die nachfolgende Aussage des Unternehmenssprechers des niederländischen Unternehmens *Kecofa* im Anschluss an die Entscheidung „*Parfüm Trésor*"[375] nicht nachvollziehbar: Dieser hatte, nachdem *Kecofa* wegen Verletzung des Urheberrechts am Duftstoff des Parfüms „*Trésor*" verurteilt worden war, angekündigt, das Unternehmen werde ein mit dem streitgegenständlichen Parfüm exakt geruchsidentisches Produkt auf den Markt bringen, welches vollständig aus anderen Komponenten zusammengesetzt sei.[376] Nach dem oben Gesagten wäre darin – die urheberrechtliche Schutzfähigkeit des Duftes vorausgesetzt – eine Verletzung des Vervielfältigungsrechts zu sehen.[377]

Die Vervielfältigung eines Duftes ohne Erlaubnis ist lediglich im Rahmen der Schrankenbestimmung des § 53 UrhG möglich. § 53 Abs. 1 S. 1 UrhG gestattet natürlichen Personen unter bestimmten Voraussetzungen einzelne Vervielfältigungen auf beliebigen Trägern zum privaten Gebrauch. Der praktische Anwendungsbereich der Ausnahme ist für Düfte allerdings gering. Nur selten wird eine Privatperson über die zur Vervielfältigung eines geschützten Duftes nötigen Ausgangsstoffe und die technischen Voraussetzungen verfügen. Die Vervielfältigung durch Dritte ist nur im Falle der Unentgeltlichkeit erlaubnisfrei (§ 53 Abs. 1 S. 2 UrhG). Die

---

[373] Vgl. *Hoge Raad der Nederlanden,* GRUR Int. 2006, 951 (953) – Parfüm Trésor II.

[374] BGHZ 17, 266 (269 f.) – Grundig-Reporter; *Schricker/Loewenheim*, § 16 Rn. 5; *Möhring/Nicolini/Kroitzsch*, § 16 Rn. 3; zum praktischen Problem der Feststellung einer Vervielfältigung bei Düften s. unten Zweiter Teil, D IV.

[375] *Gerechtshof ten s'-Hertogenbosch,* GRUR Int. 2005, 521 – Parfüm Trésor.

[376] Vgl. den Artikel „Now you can own a smell: disputed scent is © Lancôme", in: The Guardian v. 24. Juli 2004 (abrufbar unter http://www.guardian.co.uk/france/story/ 0,,1268224,00.html, Stand: 16.08.2008).

[377] Wird fälschlicherweise – wie im Fall *Gerechtshof ten s'-Hertogenbosch*, GRUR Int. 2005, 521 – Parfüm Trésor – auf das Duftstoffgemisch als Schutzgegenstand abgestellt, so wäre die Ansicht von *Kecofa* ebenfalls irrig, da dann bei Vertrieb des geruchsidentischen Produktes eine Verletzung des Bearbeitungsrechts gem. § 23 UrhG vorläge; vgl. dazu bereits oben Zweiter Teil, A.

erlaubnisfreie Vervielfältigung eines Duftes ist auch juristischen Personen zum eigenen Gebrauch gem. § 53 Abs. 2, Abs. 3 UrhG möglich. Davon erfasst ist zum Beispiel die Vervielfältigung eines Duftes zum eigenen wissenschaftlichen Gebrauch, § 53 Abs. 2 S. 1 Nr. 1 UrhG.

Problematisch ist die Frage, ob auf Grundlage des § 53 UrhG eine Vervielfältigung von Düften zu Ausbildungszwecken erfolgen kann. Die Nachbildung von Düften ist wichtiges Element im Rahmen der Ausbildung eines Parfümeurs.[378] Sofern es dabei zur exakten Nachbildung des Dufteindruckes kommt, handelt es sich nach dem oben Gesagten um eine Vervielfältigung des geschützten Duftes. Darin könnte eine erlaubnisfreie Nutzung zum Ausbildungsgebrauch gem. § 53 Abs. 3 S. 1 Nr. 1 UrhG zu sehen sein.[379] Eine Einwilligung des Berechtigten ist nach § 53 Abs. 3 S. 2 UrhG nur für den Unterrichtsgebrauch an Schulen erforderlich. § 53 Abs. 3 S. 1 Nr. 1 UrhG erfasst den Gesamtbereich der Berufsbildung inklusive der betrieblichen Unterrichtung von Auszubildenden in Betrieben und überbetrieblichen Ausbildungsstätten.[380] Ein Unterschied zu den herkömmlichen Fällen des § 53 Abs. 3 S. 1 Nr. 1 UrhG liegt bei der Duftnachahmung in der Parfümeurausbildung allerdings darin, dass nicht erst die Vervielfältigungsstücke im Unterricht eingesetzt werden, sondern bereits die Vervielfältigungshandlung Teil des Unterrichts ist. Auch diese Nutzung ist jedoch vom Wortlaut der Norm noch gedeckt („zum eigenen Gebrauch (…) in Einrichtungen der Berufsbildung (…) herzustellen"). Die Vervielfältigung ist auch zum Ausbildungszweck geboten (§ 53 Abs. 3 S. 1 UrhG a. E.), da die Orientierung an Vorbildern für die Ausprägung der Kompositionsfähigkeit unerlässlich ist.[381] Gegenstand der Vervielfältigung dürfen jedoch nur kleine Teile eines Werkes, Werke von geringem Umfang oder einzelne schriftliche Beiträge sein. Diese Voraussetzung erfüllen Düfte nicht. Die Aufteilung eines Duftes ist nicht möglich. Eine Einstufung als Werk geringen Umfangs scheidet – ähnlich wie bei Werken der bildenden Künste – aus, da bei Düften nicht von einem Umfang gesprochen werden kann, an welchem sich das schöpferische Schaffen des Werkes festmachen lässt.[382]

Auch eine analoge Anwendung des § 53 Abs. 3 S. 1 Nr. 1 UrhG ist nicht möglich. Eine planwidrige Regelungslücke liegt nicht vor. Der Gesetzgeber hat die Verwertungsbasis in § 53 Abs. 3 S. 1 UrhG bewusst be-

---

[378] *Roudnitska*, Le Parfum, S. 115 f.; *Barbet/Breese u.a*, Le marketing olfactif, S. 48 f., 256; *Calkin/Jellinek*, S. 58 f.

[379] Das Einwilligungserfordernis in § 53 Abs. 3 S. 2 UrhG n. F. gilt nur für den Gebrauch zur Veranschaulichung des Unterrichts in Schulen.

[380] BT-Drucks. 10/3360, S. 19; *Schricker/Loewenheim*, § 53 Rn. 27.

[381] *Roudnitska*, Le Parfum, S. 115 f.

[382] Vgl. *Dreyer/Kotthoff/Meckel*, § 52 a Rn. 12; *Schricker/Loewenheim*, § 53 Rn. 38.

schränkt, die Ergänzung um Werke geringen Umfangs erfolgte im Jahr 2003 in Anlehnung an § 46 UrhG.[383] § 46 UrhG erfasst als Werke geringen Umfangs jedoch nur Sprachwerke und Werke der Musik. Zudem wurde zwar der Anwendungsbereich von § 53 Abs. 3 UrhG im Zuge der Urheberrechtsnovelle 2003 von Druckwerken auf sämtliche Werkarten erweitert, dies erfolgte jedoch angesichts einer geänderten Veröffentlichungspraxis mit dem Ziel, die Nutzung von Material zu ermöglichen, welches ausschließlich in Form der öffentlichen Zugänglichmachung verbreitet wird.[384] Dieser Zielsetzung entspricht eine Anwendung der Norm auf Duftwerke nicht. Eine Ausweitung des Anwendungsbereichs der Vorschrift war damit nicht beabsichtigt.[385] Somit kann das Vervielfältigungsrecht des Urhebers nicht aufgrund analoger Anwendung des § 53 Abs. 3 S. 1 Nr. 1 UrhG beschränkt werden. Bei der exakten Nachahmung geschützter Düfte im Rahmen der Ausbildung von Parfümeuren handelt es sich deshalb um eine erlaubnispflichtige Vervielfältigung des Werks.

Verletzungen des Urheberrechts, beispielsweise die Vervielfältigung des Duftes ohne Einräumung eines entsprechenden Nutzungsrechts, führen zu Unterlassungs- und Schadensersatzansprüchen des Urhebers gem. § 97 Abs. 1 UrhG.[386] Im Verletzungsfall finden – wie im gesamten Bereich des Immaterialgüterrechts – zur Bestimmung des zu ersetzenden Schadens die Grundsätze der dreifachen Schadensberechnung Anwendung, das heißt der Verletzte kann nach seiner Wahl Ersatz des konkret entstandenen Schadens, Herausgabe des Verletzergewinns oder eine angemessene fiktive Lizenzgebühr verlangen.[387] Gegen den Vertrieb von rechtswidrig hergestellten Vervielfältigungen kann sich der Urheber gem. §§ 96 Abs. 1, 97 Abs. 1 UrhG wenden. Bereits das Angebot eines vervielfältigten Duftes an die Öffentlichkeit ohne Erlaubnis des Urhebers verletzt dessen Verbreitungsrecht (§ 17 Abs. 1 UrhG). Die rechtswidrig hergestellten oder vertriebenen Vervielfältigungen des Duftes, die im Besitz oder Eigentum des Verletzers stehen, unterliegen dem Vernichtungsanspruch des § 98 Abs. 1 UrhG.[388] In Betracht kommt auch ein Anspruch auf Vernichtung oder

---

[383] Amtl. Begr. BT-Drucks. 15/38, S. 21.

[384] Amtl. Begr. BT-Drucks. 15/38, S. 21.

[385] *Schricker/Loewenheim*, § 53 Rn. 36.

[386] Voraussetzung der Anwendbarkeit des Urheberrechtsgesetzes ist – dem Territorialitätsprinzip entsprechend – eine Vornahme der Verletzungshandlung in Deutschland, s. *Schricker/Wild*, § 97 Rn. 16; *Schricker/Katzenberger*, vor §§ 120 ff. Rn. 120 ff.

[387] Vgl. *BGH*, GRUR 1990, 1008 (1009) – Lizenzanalogie; GRUR 2000, 226 (227) – Planungsmappe; *Dreier/Schulze*, § 97 Rn. 58; *Wandtke/Bullinger/v. Wolf*, § 97 Rn. 56.

[388] Im Zuge der Umsetzung der Richtlinie 2004/48/EG des Europäischen Parlaments und des Rates v. 29. April 2004 zur Durchsetzung der Rechte des geistigen Eigentums (ABl. Nr. L 157 v. 30.4.2004) wird ab 1. September 2008 zudem ein Rückrufs- und Be-

Überlassung der im Eigentum des Verletzers stehenden Vorrichtungen, die ausschließlich oder nahezu ausschließlich zur rechtswidrigen Herstellung von Vervielfältigungsstücken bestimmt sind (§ 99 UrhG). Zu denken ist dabei vor allem an Vorrichtungen und Apparaturen, die zur Analyse von Originaldüften und der Herstellung duftidentischer Stoffgemische eingesetzt werden. Allerdings muss im konkreten Fall bewiesen werden, dass die Vorrichtungen tatsächlich zumindest nahezu ausschließlich der rechtswidrigen Herstellung dienen. Jedenfalls dann, wenn mit den Vorrichtungen nicht nur andere Düfte kopiert, sondern auch eigene Düfte kreiert werden, wird dieser Beweis kaum zu führen sein. Schließlich können dem Verletzten Auskunftsansprüche zustehen, sowohl akzessorischer Natur zur Durchsetzung der Ansprüche auf Schadensersatz etc. (§ 242 BGB)[389] als auch in Form eines selbständigen Anspruchs auf Drittauskunft (§ 101a Abs. 1 UrhG).

Nicht anwendbar auf Duftwerke ist schließlich § 18 UrhG. Dem eindeutigen Wortlaut der Vorschrift zufolge erfasst das Ausstellungsrecht nur unveröffentlichte Werke der bildenden Kunst und unveröffentlichte Lichtbildwerke. Eine analoge Anwendung der Vorschrift auf andere Werkarten ist nicht möglich.[390]

Aktivlegitimiert zur Geltendmachung der Verletzungsansprüche ist der Urheber. Das gilt auch im Fall der Einräumung eines ausschließlichen Nutzungsrechts am Werk, jedenfalls sofern der Urheber ein eigenes schützenswertes, materielles oder ideelles Interesse geltend machen kann.[391] Der Inhaber eines ausschließlichen Nutzungsrechts ist für die nach Rechtseinräumung begangenen Verletzungen ebenfalls aktivlegitimiert.[392] Zusammenfassend lässt sich damit sagen, dass die Verwertung von Duftwerken in körperlicher Form möglich ist, und dem Urheber bzw. anderen aktivlegitimierten Personen Ansprüche im Fall der Verletzung der daraus resultierenden Rechte zustehen.

---

seitigungsanspruch des Verletzten in § 98 Abs. 2 UrhG normiert, s. Art. 6 Nr. 10 des Gesetzes v. 7. Juli 2008 (BGBl. I S. 1191).

[389] Vgl. *BGH,* GRUR 1980, 227 (232) – Monumenta Germaniae Historica; *Dreier/Schulze,* § 97 Rn. 78 ff.; *Wandtke/Bullinger/v. Wolf,* § 97 Rn. 44 ff.

[390] *Dreyer/Kotthoff/Meckel,* § 18 Rn. 9; *Möhring/Nicolini/Kroitzsch,* § 18 Rn. 6; *Schricker/Vogel,* § 18 Rn. 14.

[391] *OLG Düsseldorf,* GRUR 1993, 903 (907) – Bauhaus-Leuchte; *Möhring/Nicolini/Lütje,* § 97 Rn. 84; *Schricker/Wild,* § 97 Rn. 29.

[392] *BGH,* GRUR 1992, 310 (311) – Taschenbuch-Lizenz; GRUR 1995, 338 (340) – Kleiderbügel; *Schricker/Wild,* § 97 Rn. 28.

2. Insbesondere: Parfümgebrauch

Eine besondere Problematik besteht im Hinblick auf die Verwertung des Duftes in körperlicher Form beim Parfümgebrauch, da dieser „seiner Art nach notwendigerweise zur Verbreitung des Duftes führt".[393] Aus diesem Grund betonte der *Hoge Raad der Nederlanden,* dass die Bestimmungen des niederländischen Urheberrechts nicht uneingeschränkt anwendbar seien, da dem normalen Verbraucher der Parfümgebrauch nicht zu versagen sei.[394]

Fraglich ist, ob auch für das deutsche Urheberrechtsgesetz eine teleologische Reduktion der Vorschriften angezeigt ist. Dies setzt voraus, dass es mithilfe des geltenden Rechts möglich wäre, den Gebrauch von Parfüm in der Öffentlichkeit zu verbieten. Der Gebrauch von Parfüm führt dazu, dass der auf die Haut aufgetragene Duftstoff mit der Luft reagiert und dadurch ein gasförmiges Duftstoffgemisch verströmt wird, welches für andere Menschen mit dem Geruchsorgan wahrnehmbar ist. Es liegt damit eine verkörperte Form des Duftwerkes vor, sodass eine Verletzung des Verbreitungsrechts im Sinne von § 17 Abs. 1 UrhG in Betracht kommt, wenn der Parfümgebrauch ein Anbieten an die Öffentlichkeit oder ein Inverkehrbringen der Vervielfältigung darstellt.

Beim Parfümgebrauch handelt es sich nicht um ein Angebot in diesem Sinn, denn das Anbieten gem. § 17 Abs. 1 UrhG erfordert eine Aufforderung zum Eigentums- oder Besitzerwerb.[395] Ähnlich wie beim Ausstellen eines Werkes ohne Absicht des Besitzwechsels[396] fehlt es auch beim Gebrauch eines Parfüms am Angebot an die Öffentlichkeit. Demgegenüber soll ein Inverkehrbringen bei jedem auf Eigentums- oder Besitzerwerb gerichteten schuldrechtlichen Vertrag gegeben sein.[397] Auch daran fehlt es beim Parfümgebrauch, da es sich dabei um eine rein tatsächliche Handlung handelt. Ausreichend zur Annahme eines Inverkehrbringens ist jedoch bereits jede Handlung, durch die Werkstücke der Öffentlichkeit im Sinne von § 15 Abs. 3 UrhG zugeführt werden.[398] Dafür reicht jede Besitzüberlassung eines Werkstückes aus.[399] Eine Besitzüberlassung bzw. ein Besitzerwerb im Sinne von § 854 Abs. 1 BGB, das heißt eine Erlangung der tatsächlichen Gewalt über die verkörperte Form des Werkes, findet beim normalen Parfümgebrauch jedoch nicht statt. Nur dann, wenn man bereits in jedem

[393] *Hoge Raad der Nederlanden,* GRUR Int. 2006, 951 (953) – Parfüm Trésor II.
[394] *Hoge Raad der Nederlanden,* GRUR Int. 2006, 951 (953) – Parfüm Trésor II.
[395] *Schricker/Loewenheim,* § 17 Rn. 7.
[396] Vgl. *Möhring/Nicolini/Kroitzsch,* § 17 Rn. 12.
[397] *Dreyer/Kotthoff/Meckel,* § 17 Rn. 12.
[398] *BGH,* GRUR 1991, 316 (317) – Einzelangebot; *Schricker/Loewenheim,* § 17 Rn. 12; *Wandtke/Bullinger/Heerma,* § 17 Rn. 11.
[399] *Schricker/Loewenheim,* § 17 Rn. 12.

Zurverfügungstellen eines verkörperten Werkstückes ein Inverkehrbringen sieht,[400] lässt sich der Parfümgebrauch als Verbreitungshandlung ansehen. Für eine solche weite Auslegung des Inverkehrbringens besteht jedoch (jedenfalls bei Düften) kein Anlass. Der Sinn der gesetzlichen Regelung besteht darin, Handlungen zu erfassen, welche die Tendenz in sich tragen, Vervielfältigungsstücke in die Öffentlichkeit gelangen zu lassen, sodass damit die betreffenden Verwertungsmöglichkeiten des Urhebers beeinträchtigt werden können.[401] Eine Beeinträchtigung der Verwertungsmöglichkeiten des Urhebers durch den Parfümgebrauch ist jedoch nicht zu befürchten. Der vom Träger des Parfüms verströmte Duft kann von anderen Personen schon aufgrund der Flüchtigkeit der Trägerstoffe in der Luft nicht genutzt werden. Der Parfümgebrauch eröffnet keine weitere Nutzungsmöglichkeit. Sinn und Zweck des § 17 Abs. 1 UrhG sprechen daher dagegen, den Parfümgebrauch als Inverkehrbringen des Duftes einzustufen. Durch den Parfümgebrauch wird das Verbreitungsrecht des Urhebers bzw. Lizenznehmers nicht berührt. Daraus folgt, dass keine einschränkende Anwendung des Urheberrechtsgesetzes nötig ist, um den Parfümgebrauch zu ermöglichen.

Sofern der Gebrauch von Parfüm – entgegen der hier vertretenen Ansicht – als Verbreitung des Duftes im Sinne von § 17 Abs. 1 UrhG angesehen wird, so ist zu beachten, dass Ansprüche gegen den Benutzer eines Originalduftes oftmals wegen Erschöpfung gem. § 17 Abs. 2 UrhG ausgeschlossen sein werden. Dies wäre immer dann der Fall, wenn das für den Parfümgebrauch benutzte Exemplar (Duftstoffgemisch im Flakon) mit Zustimmung des Berechtigten innerhalb eines Mitgliedstaates der Europäischen Union oder des Abkommens über den europäischen Wirtschaftsraum (EWR)[402] im Wege der Veräußerung in den Verkehr gebracht worden ist.

3. Das Recht der öffentlichen Wiedergabe (§ 15 Abs. 2 UrhG)

Das Recht der öffentlichen Wiedergabe umfasst alle Verwertungsarten, bei denen das Werk nicht anhand eines Werkexemplars genossen wird. Die unkörperliche Verwertung hat das Original oder ein Vervielfältigungsstück des Werkes nur mittelbar zum Gegenstand, dieses wird auf unterschiedlichen Wegen den menschlichen Sinnen wahrnehmbar gemacht.[403] Einige der im Urheberrechtsgesetz aufgezählten Beispieltatbestände des Rechts der öffentlichen Wiedergabe sind auf Duftwerke nicht anwendbar.

---

[400] So z. B. *Möhring/Nicolini/Kroitzsch*, § 17 Rn. 21.
[401] *Möhring/Nicolini/Kroitzsch*, § 17 Rn. 19.
[402] ABl. Nr. L 1 v. 3.1.1994, S. 3 ff.
[403] *Dreier/Schulze*, § 15 Rn. 29.

Das Gesetz enthält eine abschließende Aufzählung der Werkarten, welche Gegenstand des Vortragsrechts (§ 19 Abs. 1 UrhG) und des Vorführungsrechts (§ 19 Abs. 4 UrhG) sein können. Düfte fallen nicht darunter. Ebenfalls ausgeschlossen ist das Recht der bühnenmäßigen Aufführung gem. § 19 Abs. 2 Var. 2 UrhG. Zwar bezeichnet das Gesetz Werke aller Art als Gegenstand dieses Rechts, eine bühnenmäßige Darstellung ist jedoch nur möglich bei den Werkarten des § 2 Abs. 1 Nr. 1-3 UrhG.[404] Die Bedeutung des Rechts der öffentlichen Wiedergabe bei Düften ist im Vergleich zur Verwertung in körperlicher Form sehr gering. Der Grund dafür ist, dass jede Nutzung eines Duftes, bei der dieser durch den menschlichen Geruchssinn wahrnehmbar ist, dem Recht der körperlichen Verwertung zuzuordnen ist. Die Duftstoffmoleküle, die bei der Anlagerung an die Rezeptoren in der Riechschleimhaut olfaktorische Reize auslösen, sind Werkträger des Duftes. Die Beduftung von Räumen mit urheberrechtlich geschützten Düften unterfällt demnach nicht dem Recht der öffentlichen Wiedergabe. Vielmehr handelt es sich dabei entweder um eine Vervielfältigung des Duftes (§ 16 Abs. 1 UrhG) oder um eine unbenannte Form der Werkverwertung in körperlicher Form. Von Letzterem ist in den Fällen auszugehen, in denen der Duft vom Beduftungsgerät nicht selbst hergestellt, sondern ein Duftstoffgemisch verströmt wird.

Eine unkörperliche Form der Verwertung von Düften liegt vor bei der digitalen Übermittlung von Düften. Bereits heute bieten Unternehmen sog. „scent devices" an, die an den Computer angeschlossen werden können und mit deren Hilfe es möglich sein soll, digitalisierte Düfte über das Internet zu empfangen und nachzubilden.[405] Unter der Hypothese, dass die digitale Übertragung urheberrechtlich geschützter Düfte möglich ist, unterfällt diese – abhängig davon, in welcher Art und Weise sie durchgeführt wird – dem Recht der öffentlichen Zugänglichmachung (§ 19a UrhG), dem Senderecht (§ 20 UrhG) oder einem unbenannten Verwertungsrecht der öffentlichen Wiedergabe. Die Bereithaltung des Werkes zum Abruf im Internet (zum Beispiel im Rahmen eines Internetauftritts oder von On-Demand-Diensten) wäre zum Beispiel ein Fall des § 19a UrhG,[406] sofern

---

[404] *Schricker/v. Ungern-Sternberg*, § 15 Rn. 16.

[405] Vgl. das europäische Patent EP 1570868 A1 von *International Flavors & Fragrances Inc.* („fragrance delivery for multimedia systems"); das amerikanische Unternehmen *TriSenx Holdings, Inc.* bietet einen *Scent Dome*™ an, mit dessen Hilfe es nach Angaben des Unternehmens u.a. möglich sein soll, Parfüms online zu erproben (vgl. www.trisenx.com); vgl. zu elektronischen Duftwiedergabegeräten auch *Sieckmann*, MarkenR 2001, 236 (242 ff.).

[406] Vgl. LG Hamburg, ZUM 2007, 869 (870); *Dreyer/Kotthoff/Meckel*, § 19a Rn. 21; *Schricker/v. Ungern-Sternberg*, § 19a Rn. 1, 42; *Schack*, Rn. 416. Nach überwiegender Ansicht erfasst § 19a UrhG auch die Übermittlung des Werkes zum Abrufenden, vgl. *Dreier/Schulze*, § 19a Rn. 6; *Poll*, GRUR 2007, 476 (479).

dessen übrigen Voraussetzungen erfüllt sind (Zugänglichkeit für die Öffentlichkeit im Sinne von § 15 Abs. 3 UrhG, von Orten und zu Zeiten ihrer Wahl). Die Herstellung des Duftes durch „scent devices" anhand der bereitgehaltenen digitalen Informationen ist eine nachgelagerte Vervielfältigung des Duftes im Sinne von § 16 Abs. 1 UrhG. Insbesondere handelt es sich dabei nicht um eine Wiedergabe der öffentlichen Zugänglichmachung gem. § 22 UrhG, da die Produktion des Duftes keine Wiedergabe in unkörperlicher Form darstellt. Daraus folgt, dass die Wahrnehmbarmachung eines Duftes im Anschluss an eine öffentliche Zugänglichmachung nicht erlaubnisfrei ist, da sie stets dem Vervielfältigungsrecht gem. § 16 Abs. 1 UrhG unterfällt. Eine Ausnahme gilt nur im privaten Bereich unter den Voraussetzungen des § 53 UrhG. Insofern besteht ein Unterschied zur Wiedergabe zum Beispiel eines Musikwerkes im Anschluss an eine öffentliche Zugänglichmachung, da diese nur im Falle der Öffentlichkeit der Wiedergabe von § 22 S. 1 UrhG erfasst wird. Somit darf auf einer nicht öffentlichen Verkaufsveranstaltung öffentlich zugänglich gemachte Musik ohne Einwilligung des Urhebers wiedergegeben werden. Erlaubnispflichtig ist demgegenüber die Beduftung der Verkaufsveranstaltung mit einem öffentlich zugänglich gemachten Duft, da diese mittelbar Erwerbszwecken dient und deshalb die Voraussetzungen des § 53 Abs. 1 UrhG nicht erfüllt sind.

II. Bearbeitungen und Umgestaltungen (§ 23 UrhG)

Nach § 23 S. 1 UrhG bedarf auch die Veröffentlichung und die Verwertung von Bearbeitungen und Umgestaltungen der Einwilligung des Urhebers. Bearbeitungen und Umgestaltungen setzen jeweils eine Veränderung des Originalwerkes voraus.[407] Die Herstellung eines identischen oder nahezu identischen[408] Duftes ist Vervielfältigung gem. § 16 Abs. 1 UrhG, die Herstellung eines veränderten Duftes dagegen Vervielfältigung in Form der Bearbeitung oder Umgestaltung im Sinne von § 23 UrhG oder sogar freie Benutzung im Sinne von § 24 UrhG. Die Abgrenzung ist von zentraler Bedeutung. Liegt eine Vervielfältigung des Duftes gem. § 16 Abs. 1 UrhG vor, so benötigt der Nutzer für jede Herstellung des Duftes ein Vervielfältigungsrecht. Eine Ausnahme davon wird für einzelne Vervielfältigungen zum privaten Gebrauch im Rahmen der Schrankenbestimmung des § 53 UrhG gemacht. Im Falle einer Umgestaltung oder Bearbeitung des Duftes ist gem. § 23 S. 1 UrhG nur die Veröffentlichung und Verwertung, nicht hingegen die Herstellung des Duftes erlaubnispflichtig. Handelt es

---

[407] *BGH*, GRUR 1990, 669 (673) – Bibelreproduktion.
[408] Vgl. *BGH*, GRUR 1991, 529 (530) – Explosionszeichnungen; *Dreier/Schulze*, § 16 Rn. 10; *Wandtke/Bullinger/Heerma*, § 16 Rn. 3.

sich dagegen um eine freie Benutzung des Originalduftes, so sind Veröffentlichung und Verwertung des neuen Werkes ohne Zustimmung des Urhebers des benutzten Werkes möglich, § 24 Abs. 1 UrhG.

Die Herstellung eines Duftes unter Anregung eines geschützten Duftes ist dann eine freie Benutzung, wenn der neu geschaffene Duft eine selbständige persönliche geistige Schöpfung im Sinne von § 2 Abs. 2 UrhG ist, und die dem geschützten Duft entlehnten individuellen Züge angesichts der Eigenart des neuen Duftes verblassen.[409] Die Beurteilung des Vorliegens von unfreier oder freier Benutzung richtet sich nach der Ähnlichkeit der Düfte in individualitätsbegründenden Eigenschaften. Dies erfordert zum einen ein Urteil über die Individualität der einzelnen Düfte,[410] zum anderen einen Vergleich der Düfte untereinander.[411]

Schwierig ist die Abgrenzung von nahezu identischer Vervielfältigung (§ 16 Abs. 1 UrhG) und Bearbeitung oder Umgestaltung des Duftes (§ 23 UrhG). Entscheidend ist, ob die Veränderungen einen anderen Gesamteindruck bewirken.[412] Um eine Vervielfältigung im Sinne von § 16 Abs. 1 UrhG handelt es sich beispielweise, wenn Identität der wahrnehmbaren Duftnoten und deren Kombination untereinander gegeben ist, jedoch der zeitliche Ablauf der Düfte geringfügig voneinander abweicht.

Ausnahmsweise kann eine Bearbeitung auch vorliegen, wenn ein Werk unverändert in ein neues „Gesamtkunstwerk" integriert wird, sodass es als dessen Teil erscheint.[413] Dies ist nicht der Fall bei Benutzung eines geschützten Duftes als Ausgangsstoff eines neuen Duftes. Der Duft wird in diesem Fall nicht unverändert in den neuen Duft integriert, da die Duftstoffträger miteinander reagieren und der geschützte Duft nicht einzelner Teil eines neuen „Gesamtduftwerks" wird.

III. Urheberpersönlichkeitsrecht

Die Bedeutung des Urheberpersönlichkeitsrechts ist bereits am Beispiel des Rechts auf Namensnennung aus § 13 S. 2 UrhG im Zusammenhang mit dem Urheberrecht der angestellten Urheber erörtert wurden.[414] In der französischen Literatur wird als Beispiel eines „droit moraux" des Weiteren angeführt, dass sich der Urheber gegen eine Veränderung seines Duftwerkes zur Wehr setzen kann. Beispielhaft wird der Fall genannt, dass aus

---

[409] Vgl. BGHZ 122, 53 (60) – Alcolix; *BGH*, GRUR 1994, 191 (193) – Asterix-Persiflagen (m. w. N.); GRUR 1981, 267 (269) – Dirlada; *Dreier/Schulze*, § 24 Rn. 5 ff.; *Schricker/Loewenheim*, § 24 Rn. 8 ff.

[410] S. dazu bereits oben Zweiter Teil, B V.

[411] S. dazu sogleich unter IV.

[412] Vgl. *Dreier/Schulze*, § 16 Rn. 10.

[413] *BGH*, GRUR 2002, 532 (534) – Unikatrahmen.

[414] S. oben Zweiter Teil, C III 2.

Kostengründen andere Ausgangsstoffe zur Erzielung des Duftes eingesetzt werden oder neue Ausgangsstoffe hinzugefügt werden.[415] Diese Konstellation betrifft das in den §§ 14, 39, 62, 93 Abs. 1 UrhG geregelte Recht auf Wahrung der Werkintegrität.

Das Beeinträchtigungs- und Änderungsverbot bedarf in Bezug auf Düfte einer differenzierten Betrachtung. Unter Beeinträchtigung ist jede objektiv nachweisbare Änderung des Werkes zu verstehen.[416] Daraus folgt bereits, dass nicht jede Veränderung in der stofflichen Zusammensetzung eines Duftes eine Beeinträchtigung darstellt. Erforderlich ist eine Veränderung des Werkes, das heißt des Dufteindrucks durch die Handlung. Nur wenn die Veränderung oder das Hinzufügen von Ausgangsstoffen einen geänderten Dufteindruck bewirkt ist das Recht auf Wahrung der Werkintegrität überhaupt betroffen. Sodann ist zu fragen, ob die Veränderung geeignet ist, die geistigen oder persönlichen Interessen des Urhebers zu beeinträchtigen. Diese Eignung wird durch das Vorliegen der objektiven Werkbeeinträchtigung indiziert.[417] Die Indizwirkung entfällt jedoch, wenn der Urheber eine Änderungsvereinbarung gem. § 39 Abs. 1 UrhG getroffen oder ein Bearbeitungsrecht (§ 23 UrhG) eingeräumt hat.[418] Dabei ist zu unterscheiden zwischen „freien" Urhebern und angestellten Urhebern. Während die Änderungsbefugnis desjenigen, der Nutzungsrechte von einem freien Urheber erwirbt, regelmäßig eng ausgelegt wird, gilt innerhalb von Dienst- und Arbeitsverträgen ein großzügigerer Maßstab. Eine stillschweigende Einräumung der Änderungsbefugnis ist möglich.[419] Der Umfang der Änderungsbefugnis des Arbeitgebers richtet sich nach dem Zweck des Arbeitsverhältnisses.[420] Im Einzelfall ist eine Abwägung zwischen den ideellen Interessen des Urhebers und dem Interesse des Arbeitgebers an der Änderung vorzunehmen.[421]

Regelmäßig werden wirtschaftliche Gründe der Anlass für die Veränderung des Duftes sein, zum Beispiel der Einsatz günstigerer Ausgangsstoffe zur Senkung der Produktionskosten oder eine Anpassung des Duftes an den „Zeitgeist" zur Sicherung bzw. Steigerung des Absatzes. Die ideellen Interessen des Arbeitnehmerurhebers müssen demgegenüber in der Regel zurücktreten, da die wirtschaftliche Verwertung des Duftes dem Arbeitgeber zufällt und dessen Entscheidungen im Hinblick auf eine optimale Verwertung vom Angestellten zu akzeptieren sind. Auch das Recht auf

---

[415] *Barbet/Breese u.a*, Le marketing olfactif, S. 364 f.
[416] *BGH,* GRUR 1989, 106 (107) – Oberammergauer Passionsspiele II; *Schricker/ Dietz,* § 14 Rn. 21.
[417] *Dreier/Schulze,* § 14 Rn. 15; *Schricker/Dietz,* § 14 Rn. 21; *Schack,* Rn. 347.
[418] *Schack,* Rn. 347.
[419] *Dreier/Schulze,* § 14 Rn. 21.
[420] *Schricker/Rojahn,* § 43 Rn. 86.
[421] *Schricker/Rojahn,* § 43 Rn. 86; *Schack,* Rn. 350.

Wahrung der Werkintegrität zwingt somit nicht zu einer grundlegenden Neuregelung der Beziehungen zwischen Urhebern und Unternehmen in der Duftstoffindustrie.

Außerhalb von Dienst- und Arbeitsverträgen tritt das Integritätsinteresse des Urhebers seltener zurück. Die genannten Veränderungen des Duftes sind hier – sofern es sich nicht um minimale, unwesentliche Änderungen des Dufteindruckes handelt – ohne Vereinbarung mit dem Urheber nicht möglich. Freilich sind auch hier Konstellationen denkbar, in denen das Nutzungsinteresse das Integritätsinteresse des Urhebers überwiegt. Zu denken ist beispielsweise an unwesentliche Änderungen des Duftein- druckes oder Änderungen, die zwangsläufig mit dem Austausch gesund- heitsschädlicher Duftstoffe verbunden sind.

Das Recht auf Wahrung der Werkintegrität schützt den Urheber auch vor einer Werkbenutzung in unpassendem Zusammenhang.[422] Ein solcher kann im Einzelfall zum Beispiel gegeben sein bei Verwendung eines Duf- tes in Toilettenartikeln, wobei stets danach zu fragen ist, ob die entspre- chende Nutzung nicht vereinbart wurde bzw. ob sie bei einem angestellten Urheber dem betrieblichen Zweck des Arbeitgebers entspricht.

IV. Praktische Probleme beim Vorgehen gegen Duftnachahmungen

Im Zentrum des Interesses steht – insbesondere für die Unternehmen der Feinparfümerie – der Kampf gegen Nachahmungen von Düften. Die Her- stellung oder der Vertrieb eines nachgeahmten Duftes ohne Einwilligung des Urhebers oder Erwerb eines Nutzungsrechts verstößt gegen das Ver- wertungsrecht des Urhebers bzw. eines ausschließlich nutzungsberechtig- ten Dritten. Handelt es sich um den Vertrieb eines identischen Duftes, so ist das Vervielfältigungsrecht des § 16 Abs. 1 UrhG bzw. das Verbrei- tungsrecht gem. § 17 Abs. 1 UrhG betroffen. Im Falle einer Bearbeitung oder Umgestaltung verstößt die Verwertung ohne Einwilligung gegen die §§ 23 S. 1, 16 Abs. 1, 17 Abs. 1 UrhG. In der Praxis stellt der Nachweis der Verletzungshandlung allerdings ein großes Problem für den Urheber bzw. den aktivlegitimierten Inhaber eines ausschließlichen Nutzungsrechts dar. Will man verhindern, dass das Urheberrecht für Düfte ein „zahnloser Tiger" ist, so genügt es nicht theoretisch darzulegen, dass ein Duft als per- sönliche, geistige Schöpfung die Voraussetzungen des § 2 Abs. 2 UrhG erfüllen kann. Gleichzeitig muss ein Weg aufgezeigt werden, der es in der Praxis ermöglicht, den für die Durchsetzung des Rechts nötigen Verlet- zungsnachweis zu führen.

---

[422] *OLG Frankfurt a. Main*, GRUR 1995, 215 (216) – Springtoifel; *Schricker/Dietz*, § 14 Rn. 23; *Rehbinder*, Rn. 408; *Schack*, Rn. 345.

Der Verletzungsnachweis ist ein zentrales Problem des urheberrechtlichen Schutzes von Düften.[423] Klarzustellen ist zunächst, dass die Beurteilung der generellen Schutzfähigkeit von Düften von der praktischen
Problematik bei der Durchsetzung des Rechts nicht beeinflusst wird. Die
praktischen Probleme stellen sich überhaupt nur, wenn die Frage der
Schutzfähigkeit positiv beurteilt wird. „Avant de se demander comment
l'on va exercer un droit, il convient de se demander si ce droit existe."[424]
Nicht möglich ist es daher, gegen den urheberrechtlichen Schutz von Düften mit Hinweis auf die Probleme bei der Rechtsdurchsetzung zu argumen-
tieren.

Entscheidend ist insbesondere die Beurteilung des Vorliegens einer
freien Benutzung im Sinne von § 24 UrhG, da deren Vertrieb keine Verletzung des Urheberrechts am Originalduft ist und der Urheber des Originalduftes folglich keine Möglichkeit hat, diesen zu unterbinden. Die
Feststellung einer Vervielfältigung oder Bearbeitung des Duftes bzw. deren Abgrenzung von der freien Benutzung setzt den Vergleich zweier Düfte voraus. Dazu ist deren möglichst objektive Beschreibung erforderlich.
Die objektive Beschreibung von Düften ist eine große Herausforderung.
Während im Bereich der optischen und haptischen Wahrnehmung allgemein anerkannte Eigenschaftswörter mit konkreter Bedeutung zur Beschreibung vorhanden sind – blau oder gelb,[425] glatt oder rau, hart oder
weich[426] –, werden für die Beschreibung von Gerüchen lediglich Assoziationen herangezogen: Etwas riecht nach Apfel, Vanille, Gras, Seife etc.
Dies hat zur Folge, dass die Beschreibung eines Dufteindruckes notwendi-

---

[423] Vgl. dazu *Balaña*, GRUR Int. 2005, 979 (984 f.); *Barbet/Breese u.a*, Le marketing
olfactif, S. 293 ff.; *Breese*, Dall. Aff. 1998, 558 (560 ff); *Dubarry*, S. 31 ff.; *Galloux*,
Recueil Dalloz 2004, 2642 (2644); *Matthyssens*, GP 2000, 1753 (1754); *Sirinelli*,
Prop. Intell. 2004, 907 ff.; *ders.*, Prop. Intell. 2005, 47 (49); *Vivant*, Recueil Dalloz 2007,
954 (955).

[424] „Bevor man sich fragt, wie ein Recht auszuüben ist, muss man sich fragen, ob das
Recht überhaupt besteht." *Bruguière*, in: Liber amicorum Calais-Auloy, 169 (183 f.);
ähnlich *Vivant*, Recueil Dalloz 2007, 954 (955); *Sirinelli*, Recueil Dalloz 2006, 2991
(2994).

[425] Den Anforderungen an die graphische Darstellbarkeit i. S. d. § 8 Abs. 1 MarkenG
genügt beim Schutz einer abstrakten Farbmarke indessen nicht bereits die bloße Nennung
oder die Wiedergabe der Farbe, sondern erforderlich ist die mittelbare Beschreibung
durch international anerkannte Klassifizierungssysteme wie beispielsweise RAL, Pantone
oder HKS; vgl. dazu *EuGH*, GRUR 2003, 604 (606), Rz. 37 f. – Libertel; GRUR 2004,
858 (859), Rz. 36 – Heidelberger Bauchemie; *BGH*, GRUR 2002, 427 (428) – Farbmarke
gelb/grün; *Ströbele/Hacker/Hacker*, § 3 Rn. 40.

[426] Freilich ist auch die bloße Beschreibung einer haptischen Sinnesempfindung regelmäßig keine hinreichend objektive mittelbare graphische Darstellung einer Tastmarke;
vgl. dazu *BGH*, GRUR 2007, 148 (150 f.) – Tastmarke; GRUR 2008, 348 (349) – Tastmarke; *BPatG*, MarkenR 2007, 516 (517 f.) – Tastmarke.

gerweise subjektiv geprägt ist, da auch die der Beschreibung zugrunde liegende Wahrnehmung des Duftes subjektiv ist.

Bereits im Zusammenhang mit der Beurteilung der Individualität eines Duftes wurde herausgearbeitet, dass die Subjektivität der olfaktorischen Wahrnehmung im Regelfall den Einsatz von sachverständigen Experten erfordert.[427] Gleiches gilt für die Beurteilung der Ähnlichkeit zweier Düfte.[428] Nach Ansicht *Balañas* sind jedoch auch Sachverständige nicht in der Lage, ein objektives technisches Gutachten zu erstellen, sodass deren Einsatz zur Bewertung von Düften nicht sinnvoll sei.[429] An anderer Stelle wird betont, dass auch die Expertenmeinungen in vielen Fällen divergierten, und darüber hinaus die Gefahr bestünde, dass sich der Experte mit seiner subjektiven Ansicht an die Stelle des Richters setzt.[430] Dabei handelt es sich um eine generelle Problematik des Sachverständigenbeweises, keinesfalls um ein duftspezifisches Problem. Sie resultiert aus der überlegenen Sachkunde des Sachverständigen, die dessen Tätigkeit als bloßer Helfer des Richters[431] fragwürdig erscheinen lässt.[432] Die geäußerte Kritik rechtfertigt den Ausschluss des Sachverständigenbeweises jedoch weder allgemein[433] noch bei der Beurteilung von Düften im Speziellen. Der Sachverständige ist verpflichtet, sein Gutachten unparteiisch nach bestem Wissen und Gewissen zu erstatten (vgl. § 410 ZPO). Dabei unterliegt er nicht nur der Kontrolle des Richters, sondern auch der Parteien, deren Anwälten und Privatgutachtern.[434] Zu klären ist bezüglich der Bewertung von Düften bzw. deren Vergleich allein, ob die Verwendung bestimmter Verfahren oder Methoden durch Sachverständige ausgeschlossen ist. Ebenso ist zu fragen, ob neben der Beurteilung durch den Sachverständigen oder innerhalb dessen Gutachten auf andere, objektive Methoden zurückgegriffen werden kann oder muss, um die Bewertung insgesamt zu objektivieren.

Die Abgrenzung zwischen abhängiger und freier Benutzung[435] erfordert einen Vergleich zweier Düfte in ihren individualitätsbegründenden, charakteristischen Eigenschaften. Die bloße Orientierung an charakteristischen Eigenschaften der Düfte ist nicht möglich, denn charakteristisch für einen Duft ist auch die Zugehörigkeit zu einer Duftfamilie, ohne dass darin ein eigenpersönlicher Zug des Duftes liegt. Die Eigenschaften müssen individualitätsbegründend sein, da ansonsten eine Ähnlichkeit zwi-

---

[427] S. oben Zweiter Teil, B V 10.

[428] Ebenso *Roudnitska*, Le Parfum, S. 107.

[429] *Balaña*, GRUR Int. 2005, 979 (985).

[430] *Barbet/Breese u.a*, Le marketing olfactif, S. 301 f.; *Breese*, Dall. Aff. 1998, 558.

[431] Vgl. *Ulrich*, Rn. 273 ff.

[432] Vgl. *Sendler*, NJW 1986, 2907 (2908 ff.).

[433] Vgl. *Franzki*, DRiZ 1991, 314 (320); *Meyer*, DRiZ 1992, 125 (130).

[434] *Franzki*, DRiZ 1991, 314 (315).

[435] S. dazu bereits Zweiter Teil, D II.

schen allen Düften innerhalb einer Duftfamilie festzustellen wäre.[436] Die für eine abhängige Benutzung nötige Ähnlichkeit der Düfte muss anhand von Eigenschaften festgestellt werden, die über die Zugehörigkeit zur selben Duftklasse hinausgehen. Somit kann eine freie Benutzung im Sinne von § 24 Abs. 1 UrhG auch dann vorliegen, wenn eine objektive Ähnlichkeit des Dufteindrucks mit einem geschützten Duft der gleichen Duftfamilie gegeben ist. Resultiert die Ähnlichkeit einzig aus für die jeweilige Duftklasse charakteristischen Merkmalen, ohne dass darüber hinaus eine Übereinstimmung in Merkmalen besteht, die gerade die Individualität des Originalduftes begründen, so scheidet eine abhängige Benutzung aus.

Der Rückgriff auf Duftklassifikationen ist daher nur der erste Schritt hin zu einer objektiven Beschreibung der zu vergleichenden Düfte. Allen Klassifizierungsmodellen ist gemeinsam, dass sie notwendigerweise vereinfachend und auch nach Meinung von Experten nicht imstande sind, einen Duft hinreichend genau zu charakterisieren.[437] Für die Beurteilung der Abhängigkeit einer Duftschöpfung ist die Klassifizierung daher wenig aussagekräftig. Allerdings ist die Zugehörigkeit zu verschiedenen Duftfamilien starkes Indiz gegen das Vorliegen einer abhängigen Benutzung, da in diesem Fall unwahrscheinlich ist, dass die Düfte in ihren charakteristischen, individuellen Zügen übereinstimmen.

Für die Beurteilung der stofflichen Ähnlichkeit von Duftstoffgemischen stehen technische Analyseverfahren wie die Gaschromatographie und die Massenspektrometrie zur Verfügung. Die Gaschromatographie ist ein Verfahren zur Trennung gasförmiger und verdampfbarer Stoffe, welches auf der unterschiedlichen Löslichkeit der einzelnen Komponenten des zu untersuchenden Stoffgemisches beruht. Die getrennten Substanzen verlassen den Chromatographen nacheinander und werden dort mithilfe eines Detektors registriert und aufgezeichnet.[438] Die Aufzeichnungen des Chromatographen, die sog. „peaks", geben Auskunft über die Stoffart und deren Konzentration.[439] Die Massenspektrometrie dient als Verfahren der instrumentellen Analytik der Gewinnung von Informationen über die Eigenschaften einzelner Stoffe und Moleküle durch Auftrennung und Registrierung der Ionen.[440] Massenspektren sind für jede untersuchte Substanz charakteristisch und erlauben Rückschlüsse auf ihre Struktur.[441] In Kombination angewendet dienen beide Verfahren der Aufklärung von

---

[436] Die Verwendung typischer Duftstoffe führt nicht zur Begründung der Individualität eines Duftes, s. oben Zweiter Teil, B V 9.

[437] *Barbet/Breese u.a*, Le marketing olfactif, S. 310; *Gschwind*, S. 29 ff.; *Sessinghaus*, S. 36.

[438] Römpp-Lexikon Chemie, Band 2, S. 1461 f.; *Rengshausen*, S. 30 f.

[439] *Gebauer*, S. 19.

[440] Römpp-Lexikon Chemie, Band 4, S. 2543 ff.

[441] *Gebauer*, S. 19.

Struktur und Zusammensetzung von Duftstoffgemischen und erlauben eine nahezu vollständige Aufklärung des zu analysierenden Stoffes. Sie haben den Vorteil, dass anhand ihrer Ergebnisse objektiv die stoffliche Zusammensetzung eines Duftstoffgemisches ermittelt werden kann, vergleichbar mit dem Fingerabdruck eines Menschen.[442]

Problematisch aus urheberrechtlicher Sicht ist jedoch, dass die Analyseverfahren nur Auskunft über die Zusammensetzung des Duftstoffes geben. Das Duftstoffgemisch ist aber gerade nicht Gegenstand des urheberrechtlichen Schutzes. Geschütztes Werk ist der durch das Gemisch hervorgerufene Geruchseindruck. Unterschiedliche Duftstoffgemische können trotz unterschiedlicher Analyse-Ergebnisse einen identischen Geruchseindruck erzeugen. Der Nachweis einer Duftnachahmung ist mithilfe der Analyseverfahren also nur im (praktisch unwahrscheinlichen) Fall der stofflichen Identität möglich. Der Umkehrschluss, das heißt Ausschluss einer Nachahmung bei unterschiedlichen Ergebnissen der Analyse, ist nicht möglich. Stoffe mit ähnlicher chemischer Zusammensetzung werden allerdings im Regelfall auch ähnliche Duftbotschaften verströmen. Für das Vorliegen einer Urheberrechtsverletzung haben die Analyseverfahren daher durchaus Indizwirkung.

Entsprechendes gilt für einen Vergleich der Formeln. Grundsätzlich ist es unwahrscheinlich, dass die Formeln der zu vergleichenden Düfte überhaupt bekannt sind, da es sich dabei um streng geschützte Betriebsgeheimnisse für die beteiligten Unternehmen handelt.[443] Es besteht daher kein Interesse daran, diese für die Konkurrenz öffentlich zu machen. Sollte der Vergleich der Formeln dennoch zum Nachweis einer Nachahmung herangezogen werden, so ist die Aussagekraft des Beweismittels ebenso eingeschränkt wie bei den Ergebnissen der chemischen und physikalischen Analysemethoden.

Die Untersuchung der Düfte im Verletzungsprozess muss sich auf das Werk selbst konzentrieren, wobei die Dufteindrücke der zu vergleichenden Stoffe hinsichtlich ihrer charakteristischen Eigenschaften zu vergleichen sind.[444] Dies ist auf zwei Wegen möglich: Erstens mit sensoriellen, olfaktometrischen Analysen, das heißt systematischer Analyse der menschlichen Wahrnehmung; zweitens durch die elektronische Olfaktometrie mit sog. „elektronischen Nasen".

Unter einer elektronischen Nase versteht man ein Instrument, das einzelne oder zu einem sog. „Array" zusammengefasste elektro-chemische Sensoren mit überlappender Spezifität und ein geeignetes Muster-Erkennungs-System enthält und imstande ist, einfache und komplexe Ge-

---

[442] *Rengshausen*, S. 31.
[443] S. dazu Sechster Teil, A.
[444] Ebenso *Breese*, Dall. Aff. 1998, 558 (560).

rüche wiederzuerkennen.[445] Elektronische Nasen arbeiten ganzheitlich, das heißt sie erfassen im Gegensatz zu den genannten Analysemethoden nicht die Einzelkomponenten eines Duftes, sondern sie registrieren die komplexe Duftmischung.[446] Sie bilden das menschliche Riechsystem in vereinfachter Form nach.[447] Eine Anzahl von elektro-chemischen Riechsensoren („Sensor-Array") ersetzt dabei die Riechzellen und mit einer nachgeschalteten datentechnischen Signalinterpretation wird die Funktion des menschlichen Gehirns nachgebildet.[448] Die von den Riechsensoren empfangenen Signale ergeben für jede Duftmischung einen spezifischen Abdruck („Pattern"). Dieses Ergebnis der Geruchsmessung kann nach mathematischer Umwandlung in Form von zwei- oder dreidimensionalen Diagrammen graphisch dargestellt werden. Anhand dieser Darstellungen ist ein Vergleich der Geruchseindrücke möglich. Vorteil dieser Technologie ist, dass sie (jedenfalls theoretisch) in der Lage ist, einen Dufteindruck objektiv, ohne Rückgriff auf die persönliche Wahrnehmung eines Menschen zu beurteilen und das Ergebnis in einer dauerhaften und reproduzierbaren Form zu präsentieren, die den Vergleich mit einem anderen Duftstoffgemisch ermöglicht.[449]

Aus praktischer Sicht sind die elektronischen Nasen jedoch nach dem momentanen Stand der Technik dem menschlichen Riechsystem noch weit unterlegen. Während sich in der menschlichen Nase ca. zehn Millionen selbsterneuernde Rezeptoren befinden, besteht eine elektronische Nase aus fünf bis hundert Rezeptoren, die bei Beschädigung manuell ausgewechselt werden müssen.[450] Zudem ist gegenwärtig die Sensitivität der elektronischen Olfaktion im Vergleich zur Humansensorik wesentlich geringer, denn die menschliche Nase nimmt bestimmte Riechstoffe um ein Vielfaches empfindlicher wahr als eine elektronische Nase.[451] Im Gegensatz zu menschlichen Riechzellen unterscheiden die Sensoren der elektronischen Nase nicht zwischen geruchlosen und geruchsaktiven Stoffen innerhalb eines Stoffgemisches.[452] Mithin ist es auch bei Messungen elektronischer Nasen nicht ausgeschlossen, dass ein identischer oder ähnlicher Dufteindruck durch unterschiedliche Diagramme graphisch dargestellt wird. Der

---

[445] *Daniels*, Euro Cosmetics 2002, 20 (21).

[446] *Eberhard-Metzger*, Bild der Wissenschaft 2002, 20 (23); *Neugebauer*, DRAGOCO-Report 1998, 257 (258).

[447] Vgl. *Ohloff*, S. 180; *Barbet/Breese u.a*, Le marketing olfactif, S. 305 ff.; *Neugebauer*, DRAGOCO-Report 1998, 257 ff.; *Rengshausen*, S. 34 ff.; *Sessinghaus*, S. 39 ff.

[448] *Boeker u.a.*, Gefahrstoffe – Reinhaltung der Luft 2003, 283.

[449] *Balaña*, GRUR Int. 2005, 979 (985); *Barbet/Breese u.a*, Le marketing olfactif, S. 308; *Neugebauer*, DRAGOCO-Report 1998, 257 (261).

[450] *Daniels*, Euro Cosmetics 2002, 20 (22).

[451] *Ohloff*, S. 185 f.

[452] *Boeker u.a.*, Gefahrstoffe – Reinhaltung der Luft 2003, 283; *Neugebauer*, DRAGOCO-Report 1998, 257 (258).

Stand der Technik erlaubt es deshalb aktuell nicht, im Rahmen eines urheberrechtlichen Verletzungsprozesses allein auf die Analyse durch elektronische Nasen abzustellen.[453] Mit fortschreitender technischer Entwicklung ist allerdings davon auszugehen, dass die Aussagekraft der Ergebnisse der elektronischen Olfaktometrie stetig zunehmen und die Methode aufgrund ihrer Objektivität zentrale Bedeutung für den Vergleich mehrerer Düfte gewinnen wird.

Der Rückgriff auf die menschliche Geruchswahrnehmung bleibt demnach (vorerst) unverzichtbar. Dies gilt trotz der Defizite der menschlichen Geruchswahrnehmung wie Subjektivität, Abhängigkeit von den konkreten Umständen, Gesundheitszustand des Probanden etc. Um den Einfluss dieser negativen Eigenschaften auf die Geruchsmessung zu minimieren und repräsentative Ergebnisse zu erhalten, erfolgt die Geruchsanalyse in standardisierten Verfahren, sog. „Panel-Tests".[454] Unter Einhaltung strenger Vorschriften werden eine Vielzahl von Probanden mit den Düften konfrontiert und aufgefordert, ihre Geruchswahrnehmung zu beschreiben und die einzelnen Düfte auf Unterschiede und Übereinstimmungen zu untersuchen. Die Probanden gliedern sich auf in Laien ohne Erfahrung mit sensorischen Analysen, Experten mit geschulter Wahrnehmungsfähigkeit und der Fähigkeit zu deren Wiedergabe sowie spezialisierten Experten, die nicht nur Erfahrung auf dem Gebiet der Sensorik haben müssen, sondern zugleich auch Spezialkenntnisse auf dem Gebiet des Untersuchungsgegenstandes aufweisen.[455] Sowohl die Durchführung des Tests als auch die Auswertung der Ergebnisse ist standardisiert. Ein Panel-Test ermöglicht es deshalb, den Grad der Übereinstimmung zwischen einem Originalduft und einer vermeintlichen Nachahmung objektiv darzulegen. Vorteil dieser Methode ist, dass der Dufteindruck selbst Gegenstand der Prüfung ist. Allerdings sind die Tests mit einem hohen Arbeits- und Zeitaufwand verbunden, sodass auch die Durchführungskosten erheblich sind.

V. Zwischenergebnis

Zusammenfassend lässt sich sagen, dass der Nachweis einer Verletzung des Urheberrechts für Düfte folgendermaßen geführt werden sollte: Ausgangspunkt muss ein Sachverständigengutachten über die Eigenschaften der streitgegenständlichen Düfte und deren Ähnlichkeit sein. Der geschulte

---

[453] A. A. *Balaña*, GRUR Int. 2005, 979 (985) mit der Begründung, die Technologie habe sich zwischen 1999 und 2005 „vermutlich entscheidend verbessert".

[454] Vgl. die Normen des *Deuschen Instituts für Normung e.V. (DIN)* Nr. 10950-1, 10950-2, 10961, 10962, 10967 sowie der *International Organization for Standardisation (ISO)* Nr. 5492, 5495, 5496 und 13299.

[455] *Barbet/Breese u.a*, Le marketing olfactif, S. 304; *Breese*, Dall. Aff. 1998, 558 (560 f.).

Geruchssinn eines Experten ist in der Lage, einen Duft hinreichend genau und objektiv zu beschreiben. Insbesondere ist eine geschulte Nase in der Lage einen Duft für den Richter verständlich „aufzuschlüsseln". Dabei muss deutlich gemacht werden, welche Eigenschaften eines Duftes typisch für vergleichbare Düfte (zum Beispiel innerhalb der Duftfamilie) sind, und welche Eigenschaften individuell sind. Nur die Ähnlichkeit der letztgenannten Eigenschaften ist für die Beurteilung einer Urheberrechtsverletzung aussagekräftig. Einem Experten ist es aufgrund seiner olfaktorischen Fähigkeiten möglich, zwei Düfte vergleichend gegenüberzustellen und deren Gemeinsamkeiten und Unterschiede darzustellen. Das Gutachten vermittelt dem Gericht die Informationen, anhand derer es beispielsweise möglich ist zu entscheiden, ob der für die Annahme einer freien Benutzung (§ 24 UrhG) nötige Abstand zum Originalduft gegeben ist. „Les spécialistes de la parfumerie considèrent de façon relativement unanime que tels parfums sont des imitations présentant une forte proximité olfactive, mais ayant fait l'objet d'un vrai travail de création par un compositeur qui s'est inspiré d'un parfum antérieur, et que tels autres parfums sont des « copies pirates » indignes d'un créateur ou d'une maison de parfumerie sérieuse, qui devraient pouvoir être qualifiées de contrefaçon au sens juridiques".[456]

Da die Subjektivität des Sachverständigenurteils über Düfte stets die Möglichkeit von Einwendungen der anderen Partei begründet, empfiehlt es sich, zusätzlich objektive Beweise für die Urheberverletzung anzubieten. In erster Linie ist dabei an sensorische Analysen und Untersuchungen der elektronischen Olfaktometrie zu denken, deren Beweiskraft hoch ist, da sie ebenfalls die Duftbotschaft selbst zum Gegenstand haben. Ergibt sich aus den genannten Beweismitteln, dass die zu untersuchenden Düfte in ihren charakteristischen Eigenschaften ausreichende Ähnlichkeit aufweisen, so kann dieser Befund schließlich durch eine Analyse des Duftstoffes mit Gaschromatographen und/oder Massenspektrometern gestützt werden.

Die kumulative Anwendung mehrerer Untersuchungsmethoden ergibt sich als Folgerung aus der Tatsache, dass keine der beschriebenen Methoden allein vollkommen ist. Schwächen der einzelnen Methoden können auf diese Weise durch Stärken der anderen ausgeglichen werden. Ergibt sich ein einheitlicher Befund aus der kumulativen Anwendung, so sollte dieser auch geeignet sein, dass Gericht vom Vorliegen oder Nichtvorliegen einer

---

[456] „Parfümexperten sind sich relativ einig, dass bestimmte Parfüms Imitationen mit starker olfaktorischer Ähnlichkeit sind, aber dennoch das Ergebnis einer echten schöpferischen Tätigkeit eines Komponisten darstellen, der sich von einem anderen Duft inspirieren ließ, und dass andere Parfüms « räuberische Kopien » sind, die eines Schöpfers oder seriösen Parfümhauses unwürdig sind und als Nachahmungen im juristischen Sinn bezeichnet werden müssen." *Breese*, Dall. Aff. 1998, 558 (560).

Urheberrechtsverletzung zu überzeugen.[457] In der Möglichkeit der kumulativen Anwendung von Methoden der Geruchsbeschreibung liegt ein zentraler Unterschied zwischen den Schutzinstrumenten des Urheber- und des Markenrechts. Im Markenrecht führt die Kombination mehrerer Darstellungsformen, die für sich genommen jeweils nicht den Anforderungen an die graphische Darstellbarkeit genügen, nicht zur Eintragbarkeit eines Duftzeichens.[458] Der Grund dafür ist, dass die Funktionsfähigkeit des Registermarkensystems eine Möglichkeit zur genauen Identifizierung des geschützten Zeichens für jeden Interessierten erfordert. Diese Besonderheit des Registerrechts spielt im Urheberrecht keine Rolle. Die kumulative Anwendung der Untersuchungsmethoden dient hier nicht der exakten Identifizierung eines Duftes, sondern der Überzeugung des Gerichts von der Schutzfähigkeit eines bestimmten Duftes und dessen Verletzung durch einen anderen Duft.

Bereits in mehreren Fällen erfolgte eine kumulative Anwendung von Vergleichsmethoden mit dem Ziel des Nachweises unerlaubter Duftnachahmungen: Im Fall *„Parfum Angel"*[459] wurde die Ähnlichkeit der Düfte anhand von fünf unterschiedlichen Methoden beurteilt und eine Nachahmung angenommen: einer chromatographischen Analyse beider Düfte, eines Sachverständigengutachtens, eines Tests durch eine elektronische Nase, einer Verbraucherbefragung und einer Stellungnahme der Kommission des Verbandes der französischen Parfümindustrie zur Ähnlichkeit der Düfte.[460] Das Gericht stellte in dem Fall jedoch klar, dass aus dem Test mit der elektronischen Nase aufgrund schwerwiegender Zweifel an deren Leistungsfähigkeit keine festen Schlussfolgerungen zu ziehen sind.

Das Unternehmen *Lancôme* führte im Fall *„Parfüm Trésor"*[461] ein Sachverständigengutachten in den Prozess ein, welches auf einer sensorischen Analyse mit 66 Versuchspersonen und einer physikalisch-chemischen Analyse des Duftstoffes beruhte. Auch in der Berufungsentscheidung in der Sache *„L'Oréal/Bellure"*[462] führten Sachverständigen-

---

[457] Für eine kumulative Anwendung mehrerer Methoden zum Vergleich zweier Düfte daher auch *Barbet/Breese u.a*, Le marketing olfactif, S. 310 ff.; *Breese*, Dall. Aff. 1998, 558 (560); *Bruguière*, in: Liber amicorum Calais-Auloy, 169 (183) sowie *Dubarry*, S. 32 f.

[458] *EuGH*, GRUR 2003, 145 (149), Rz. 73 – Sieckmann; a. A. *Kutscha*, S. 199 ff.

[459] *Trib. Comm. de Paris*, MarkenR 2001, 258 (261 ff.) – Parfum Angel.

[460] Urheberrechtliche Ansprüche bestanden in dem Fall dennoch nicht, da die Klägerin *Thierry Mugler Parfums* diesbezüglich nicht aktivlegitimiert war, *Trib. Comm. de Paris*, MarkenR 2001, 258 (261) – Parfum Angel.

[461] *Gerechtshof ten s'-Hertogenbosch*, GRUR Int. 2005, 521 (522) – Parfüm Trésor; *Hoge Raad der Nederlanden*, GRUR Int. 2006, 951 (954) – Parfüm Trésor II.

[462] *Cour d'appel de Paris*, IIC 2006, 881 (882 f.) – Perfume Fragrance.

gutachten, Probandenbefragung und Analyse des Duftstoffgemisches zur Annahme einer unerlaubten Nachahmung der Düfte.

E. Vor- und Nachteile des urheberrechtlichen Schutzes

I. Vorteile

Die Anerkennung des urheberrechtlichen Schutzes von Düften bietet Vorteile sowohl für die Urheber der Düfte als auch für die Unternehmen der Riechstoffindustrie. Ein Vorteil im Vergleich zu den anderen im Rahmen dieser Arbeit relevanten Schutzrechten ist zunächst die lange Schutzfrist des § 64 UrhG, die ohne weiteres, das heißt insbesondere unabhängig von Anträgen auf Verlängerung, siebzig Jahre nach dem Tod des Urhebers beträgt.

Das Urheberrecht für Düfte ist eine lizenzfähige Rechtsposition, mit welcher der Urheber seine angemessene Beteiligung an der Nutzung des von ihm geschaffenen Werkes sicherstellen kann. Der Urheber und die Inhaber ausschließlicher Lizenzen sind durch das Urheberrecht in der Lage, gegen Nachahmungen ihrer Düfte, sog. „knock-offs", vorzugehen. Die Vergangenheit hat gezeigt, dass der Schutz von Flakons, Verpackungen und Produktnamen durch Urheber-, Marken- und Geschmacks-musterrecht nicht ausreicht, um Nachahmungen, die insbesondere der Parfümindustrie ernsthaften Schaden zufügen, wirkungsvoll zu unterbinden. Der Schutz des Dufteindrucks durch das Urheberrecht schließt deshalb eine Schutzlücke und kann ein wertvolles Instrument für die Beteiligten sein. Dies gilt trotz der praktischen Probleme in der Rechtsdurchsetzung und der damit verbundenen (prozessualen) Risiken. Für Urheber und Inhaber von Nutzungsrechten ist die jeweilige Rechtsposition ein wichtiger Vermögenswert, sodass mithilfe des Urheberrechts nicht nur gegen Nachahmungen vorgegangen werden kann, sondern gleichzeitig die Mittel für Investitionen in neue Düfte erhöht und die Bereitschaft dazu gefördert wird.[463]

Vorteil des urheberrechtlichen Schutzes im Vergleich zu Registrierrechten ist, dass der Schutz unmittelbar mit der Schöpfung des Duftes entsteht. Ein zeit- und kostenintensives Anmeldeverfahren entfällt. Betriebsgeheimnisse der Duftstoffunternehmen werden auf diese Weise gewahrt, da eine Veröffentlichung des Duftes, dessen Anmeldung, die dauerhafte Fixierung des Werkes oder die Hinterlegung einer Duftprobe zur Erlangung des Schutzrechts nicht erforderlich sind. Der urheberrechtliche Schutz eines Duftes setzt die Offenlegung seiner Formel oder der stofflichen Zusammensetzung des Duftstoffgemisches nicht voraus. Die genaue

---

[463] Vgl. *Breese*, Dall. Aff. 1998, 558 (561).

Zusammensetzung eines Duftes ist streng geheim. Durch den technischen Fortschritt ist die völlige Geheimhaltung zwar vielfach zur Illusion geworden, denn die stoffliche Zusammensetzung eines Duftes lässt sich mithilfe von Chromatographen, Massenspektrometern etc. weitgehend entschlüsseln. Allerdings lassen sich auch damit nicht alle Geheimnisse hinsichtlich der benutzten Ausgangsstoffe und ihrer Mengenverhältnisse aufdecken. Das Urheberrecht bietet somit Schutz bei gleichzeitiger Wahrung der in der Riechstoffindustrie herrschenden Geheimhaltungstradition.

II. Nachteile

Nachteil des urheberrechtlichen Schutzes ist, dass er keine absolute Sperrwirkung entfaltet. Anders als beispielsweise Gebrauchsmuster und Patente, die aufgrund des Prioritätsprinzips echte Vorrechte sind, schließt das Urheberrecht nicht aus, dass ein gleicher oder ähnlicher Duft, der von einem anderen selbständig erschaffen wird, ebenfalls urheberrechtlich geschützt ist.[464] Auch wenn solche Doppelschöpfungen praktisch höchst selten vorkommen, so sind sie jedenfalls theoretisch möglich. Zumeist handelt es sich bei vermeintlichen Doppelschöpfungen freilich um unbewusste Entlehnungen, so dass in der Praxis bei hinreichender Ähnlichkeit von einem Anscheinsbeweis für eine Übernahme ausgegangen wird.[465]

Weniger ein Nachteil, sondern vielmehr ein Problem des Urheberrechts für Düfte sind die in der Praxis zu erwartenden Probleme bei der Rechtsdurchsetzung.[466] Damit verbunden ist ein nicht zu unterschätzendes Prozessrisiko. Nicht zuletzt die Anzahl erfolgloser Klagen ausländischer Duftstoffunternehmen gegen vermeintliche Nachahmer und die konträren Urteile der obersten Gerichte Frankreichs und der Niederlande zeigen, dass die Erfolgsaussichten einer Klage wegen Verletzung des Urheberrechts an einem Duft schwer abzuschätzen sind.

Schließlich wird noch vorgebracht, dass durch die Anerkennung des Urheberrechts für Duftwerke der freie Warenverkehr innerhalb der europäischen Gemeinschaft behindert werde.[467] Lehnt man eine internationale Erschöpfung im Urheberrecht ab,[468] so besteht für Urheber und Lizenzinhaber die Möglichkeit, im Inland den Re- bzw. Parallelimport von Waren, die erstmalig in Drittstaaten in Verkehr gebracht wurden, zu unterbinden. Grundsätzlich handelt es sich dabei allerdings nicht um einen spezifischen Nachteil des Urheberrechts für Duftwerke. Dieser „Nachteil" gilt gleicher-

---

[464] Vgl. *Rehbinder*, Rn. 121.
[465] *Dreier/Schulze*, § 2 Rn. 17; *Schricker/Loewenheim*, § 23 Rn. 25, 27 ff.
[466] S. dazu Zweiter Teil, D IV.
[467] *Cohen Jehoram*, GRUR Int. 2006, 920 (922).
[468] Vgl. *Loewenheim* , GRUR Int. 1996, 307 (315 f.); *Gaster*, WBl 1997, 47 (55 f.).

maßen für alle Schutzrechte, die im Rahmen von Art. 28, 30 EGV[469] zur Beschränkung der Freiheit des Warenverkehrs führen können. Die Auswirkungen dieser Problematik werden durch den vom *EuGH* aufgestellten Grundsatz der gemeinschaftsweiten Erschöpfung[470] sowie die Möglichkeiten, im Rahmen von Art. 82 EGV gegen missbräuchliches Verhalten vorzugehen, verringert. *Cohen Jehoram* erklärt den Schutz von Parfüms durch das Urheberrecht für „nicht zu vereinbaren mit dem europäischen Grundsatz des freien Warenverkehrs", da dadurch die ausschließliche Kontrolle über den Verkauf von Produkten auf einem innerstaatlichen Markt erlangt werde.[471] Diese Schlussfolgerung ist angesichts des Bündels von Schutzrechten im Zusammenhang mit Parfüm (Markenschutz, Urheberrecht und/oder Geschmacksmuster für Flakons, Verpackungen etc.) wenig überzeugend. Im Ergebnis kann die Verbreitung des Produkts mithilfe der anderen Schutzrechte ebenfalls unterbunden werden, ohne dass deren Vereinbarkeit mit dem freien Warenverkehr in Frage gestellt wird. Darüber hinaus stellt das Urheberrecht eine Beschränkung des Warenverkehrs aus Gründen des gewerblichen oder kommerziellen Eigentums und mithin ein dem freien Warenverkehr vorrangiges Interesse dar (vgl. Art. 30 EGV). Beschränkungen des freien Warenverkehrs zum Schutz des geistigen Eigentums einschließlich des Urheberrechts sind zulässig, solange sie nicht zu einer künstlichen Abschottung der Märkte führen.[472] Somit ist auch die mit dem Urheberrecht für Düfte verbundene Beschränkung der Warenverkehrsfreiheit hinzunehmen.

F. Ergebnis

Ergebnis des Zweiten Teils der Untersuchung ist, dass urheberrechtlicher Schutz für Düfte möglich ist. Schutzgegenstand ist der Dufteindruck selbst, nicht dagegen die Duftformel oder das Duftstoffgemisch. Das entscheidende Argument für die urheberrechtliche Schutzfähigkeit ist der Wortlaut des Urheberrechtsgesetzes. Das Gesetz enthält zwei zwingende Schutzvoraussetzungen: erstens ist ein Werk der Literatur, Wissenschaft und Kunst erforderlich (§ 1 UrhG); zweitens muss das konkrete Werk eine

---

[469] Vertrag zur Gründung der Europäischen Gemeinschaft, zuletzt geändert durch Art. 9, Art. 10, Art. 12, Art. 13, Art. 16, Art. 17, Art. 18 Abs. 1, Art. 9 Abs. 2 EU-Beitrittsakte 2005 vom 25. 4. 2005 (ABl. Nr. L 157 S. 203).

[470] *EuGH*, GRUR Int. 1971, 450 (454) – Polydor; GRUR Int. 1990, 622 (623 f.), Rz. 10 ff. – Ministère Public/Tournier; *Loewenheim/Loewenheim*, § 55 Rn. 2 ff.

[471] *Cohen Jehoram*, GRUR Int. 2006, 920 (922).

[472] *BGH*, GRUR 2007, 871 (874) – Wagenfeld-Leuchte; *EuGH*, GRUR Int. 1989, 319 (320), Rz. 13 – EMI Electrola/Patricia Im- und Export.

persönliche, geistige Schöpfung sein (§ 2 Abs. 2 UrhG). Die Erfüllung beider Voraussetzungen durch Düfte ist möglich. Daraus folgt zwingend der Schutz des entsprechenden Duftes durch das Urheberrecht.

Die Argumente für einen generellen Ausschluss der Schutzfähigkeit erweisen sich bei näherer Betrachtung als nicht überzeugend. Insbesondere die fehlende Erwähnung von Düften in der Aufzählung der geschützten Werkarten in § 2 Abs. 1 UrhG vermag einen Schutzausschluss nicht zu begründen. Angesichts des Wortlauts des Urheberrechtsgesetzes und des Willens des historischen Gesetzgebers ist der nicht abschließende Charakter der Vorschrift unstreitig. Ausgehend vom Wortlaut des Urheberrechtsgesetzes ist der Schutz von Duftwerken somit möglich. Ein genereller Schutzausschluss würde eine teleologische Reduktion des Gesetzes erfordern. Eine solche ist angezeigt, wenn der Wortlaut eines Gesetzes weiterreicht, als es sein Zweck gebietet.[473] Aufgabe und Zweck des Urheberrechts ist der Schutz der schöpferischen Leistung, genauer gesagt des Schöpfers eines Werkes der Literatur, der Musik oder der bildenden Künste gegen eine unbefugte wirtschaftliche Auswertung seiner schöpferischen Leistung und gegen Verletzung seiner ideellen Interessen am Werk.[474] Ein Ausschluss des Schutzes für Werke, die eine schöpferische Leistung im Sinne von § 2 Abs. 2 UrhG darstellen, widerspräche dem Zweck des Urheberrechtsgesetzes und somit auch dem Willen des Gesetzgebers. Eine teleologische Reduktion des Gesetzes ist damit ausgeschlossen. Sie kann auch nicht mit dem Argument begründet werden, dass die einzelnen Bestimmungen des Gesetzes nicht auf den Schutz von Düften zugeschnitten sind. Die Ausführungen haben gezeigt, dass zentrale Normen des Gesetzes auch auf Düfte angewendet werden können, ohne dass dies zu unangemessenen Ergebnissen führt. Mithin erweist sich das geltende Gesetz auch als geeignet zum Schutz von Duftwerken.

Deutlich wurde ebenfalls, dass eine Anerkennung des urheberrechtlichen Schutzes von Düften nicht zu den schwerwiegenden Konsequenzen führt, wie sie insbesondere von der Parfümindustrie heraufbeschworen werden. Eine Destabilisierung der gesamten Branche ist nicht zu befürchten, da zahlreiche Gewohnheiten auch im Falle bestehender Urheberrechte an Düften fortgeführt werden können. Die Interessen der Duftstoffhersteller gegenüber den Urhebern werden im Rahmen des Arbeitnehmerurheberrechts ausreichend berücksichtigt, ihre Rechtsposition im Kampf gegen die Nachahmung ihrer Produkte durch das Urheberrecht noch gestärkt. Eine mit der Anerkennung des Urheberrechts einhergehende Stärkung der Rolle der Urheber in der Branche ist lediglich Ausdruck ihrer angemessenen Beteiligung an der Verwertung ihrer Werke. Veränderungen

---

[473] *Röhl*, § 76 III (S. 602).
[474] Amtl. Begr., *M. Schulze*, S. 394.

in den vertraglichen Beziehungen zwischen den Beteiligten, die infolge des Schutzes durch das Urheberrechtsgesetz möglicherweise erforderlich sind, sind daher keine Nachteile des Urheberrechts, sondern Korrekturen einer Branchenübung, die den schöpferischen Beitrag der Urheber bislang nicht angemessen berücksichtigt.

Die Durchsetzung urheberrechtlicher Ansprüche erweist sich in der Praxis als problematisch. Die Schwierigkeiten liegen dabei nicht in der rechtlichen Bewertung, sondern diffizil gestaltet sich die Feststellung der entscheidungsrelevanten Tatsachen bei Duftwerken, insbesondere bezüglich der Beurteilung der Individualität eines Duftes und des Vergleiches mehrerer Düfte. Die Schwierigkeiten resultieren aus dem Problem der objektiven Beschreibung der olfaktorischen Wahrnehmung. Eine ausreichende Objektivierung der Beurteilung ist jedoch durch die Kombination verschiedener Analysemethoden möglich. Dementsprechend ist eine Durchsetzung urheberrechtlicher Ansprüche auch praktisch nicht ausgeschlossen.

Abschließend soll noch kurz auf die Folgen der Anerkennung der Möglichkeit urheberrechtlichen Schutzes für Düfte eingegangen werden. Befürchtungen, denen zufolge die Schutzfähigkeit von Düften eine unangemessene Ausweitung des Urheberrechts darstellt, erweisen sich bei genauerer Betrachtung als unbegründet.[475] Durch das Schutzkriterium der Individualität ist sichergestellt, dass einfachste Düfte, beispielsweise der Zitrusduft eines Haushaltsreinigers oder der Lavendelduft eines Raumsprays, vom Schutz ausgeschlossen sind. Häufig wird bei diesen Produktgruppen bereits die technische Bedingtheit der Duftstoffkombination zum Schutzausschluss führen. Naturidentische Düfte und Nachahmungen natürlicher Düfte sind darüber hinaus mangels Individualität generell nicht geschützt. Möglich ist der Schutz von Duftstilisierungen und Phantasiedüften. Trotz des auch für Düfte geltenden Schutzes der „kleinen Münze" besteht jedoch auch in diesem Bereich nicht für jede Kreation ein Urheberrecht. Die Individualität ist hier im Einzelfall zu beurteilen. Vielfach wird Schutz bestehen für die Düfte der Parfümerie, nicht zuletzt angesichts der Tatsache, dass in diesem Bereich eine Vermutung für das Vorliegen von Individualität spricht. Allerdings gibt es auch im Bereich der Massenparfümerie Düfte, die lediglich das Ergebnis alltäglichen Schaffens oder bloße Kopien anderer Düfte sind. Diese Düfte erreichen noch nicht einmal das für den Schutz erforderliche Minimum an Gestaltungshöhe. Bei konsequenter Anwendung der im Urheberrecht anerkannten Kriterien ist somit sichergestellt, dass nur solche Düfte geschützt werden, die angesichts ihrer individuellen Schöpfung auch schutzwürdig sind.

---

[475] Im Ergebnis ebenso *Balaña*, GRUR Int. 2005, 979 (991).

Dritter Teil

Geschmacksmusterrecht

Im Bereich des Geschmacksmusterrechts bestehen parallele Schutzmöglichkeiten auf nationaler und gemeinschaftsrechtlicher Ebene. Die materiellen Schutzvoraussetzungen ergeben sich im nationalen Recht aus den Vorschriften des Geschmacksmustergesetzes (GeschmMG).[1] Im Geschmacksmustergesetz wurden die europarechtlichen Vorgaben der Geschmacksmusterrichtlinie[2] umgesetzt, sodass seit dem Jahr 2004 ein umfassend novelliertes und gemeinschaftsrechtlich determiniertes Geschmacksmusterrecht in Deutschland gilt. Zusätzlich dazu wurde durch die Gemeinschaftsgeschmacksmusterverordnung (GGVO)[3] ein einheitliches europäisches Geschmacksmuster eingeführt. Neben dem eingetragenen Geschmacksmuster sieht die Verordnung nach Art. 1 Abs. 2 lit. a GGVO auch die Möglichkeit des Schutzes durch ein nicht eingetragenes Geschmacksmuster vor. Die sachlichen Schutzvoraussetzungen für eingetragene und nicht eingetragene Gemeinschaftsgeschmacksmuster entsprechen denen für ein deutsches Geschmacksmuster, da sich sowohl das Geschmacksmustergesetz als auch die GGVO nach den Vorgaben der Geschmacksmusterrichtlinie richten. Die folgenden Ausführungen zur Schutzfähigkeit von Düften durch das Geschmacksmusterrecht beziehen sich daher gleichermaßen auf das nationale Recht wie auf das Gemeinschaftsrecht.

A. Musterfähigkeit (§ 1 Nr. 1 GeschmMG, Art. 3 lit. a GGVO)

Gemäß § 2 Abs. 1 GeschmMG (Art. 4 Abs. 1 GGVO) wird als Geschmacksmuster ein Muster geschützt, welches neu und eigenartig ist.

---

[1] Gesetz über den rechtlichen Schutz von Mustern und Modellen (Geschmacksmustergesetz) v. 12. März 2004 (BGBl. I S. 390), zuletzt geändert durch Art. 7 des Gesetzes v. 7. Juli 2008 (BGBl. I S. 1191).

[2] Richtlinie 98/71/EG des Europäischen Parlaments und des Rates v. 13. Oktober 1998 über den rechtlichen Schutz von Mustern und Modellen (ABl. Nr. L 289 v. 28.10.1998, S. 28 ff.).

[3] Verordnung (EG) Nr. 6/2002 des Rates v. 12. Dezember 2001 über das Gemeinschaftsgeschmacksmuster (ABl. Nr. L 3 v. 5.1.2002, S. 1 ff.).

Voraussetzung des Geschmacksmusterschutzes für Düfte oder Duftstoffe ist somit, dass es sich dabei um Muster im Sinne des Geschmacksmusterrechts handelt. Im Gegensatz zur früheren Rechtslage in der Bundesrepublik enthält das novellierte Geschmacksmustergesetz eine Legaldefinition des Musterbegriffes in § 1 Nr. 1 GeschmMG. Inhaltlich identisch wird der Schutzgegenstand in Art. 3 lit. a GGVO definiert. Unterschiede ergeben sich allein aus dem Sprachgebrauch: Während im Geschmacksmustergesetz der Schutzgegenstand als „Muster" und das Schutzrecht als „Geschmacksmuster" bezeichnet wird, verwendet die GGVO das Begriffspaar „Geschmacksmuster" (Schutzgegenstand) und „Gemeinschaftsgeschmacksmuster" (Schutzrecht). Dementsprechend sind Düfte Muster und damit tauglicher Schutzgegenstand, wenn sie die Erscheinungsform eines Erzeugnisses oder eines Teiles davon im Sinne von § 1 Nr. 1 GeschmMG bzw. Art. 3 lit. a GGVO sind.

Auch im Geschmacksmusterrecht ist eine exakte Differenzierung der potentiellen Schutzgegenstände im Hinblick auf den Schutz von „Düften" erforderlich. Vom Schutz ausgeschlossen ist die Formel eines Duftstoffes. Geschmacksmusterschutz für Verfahren ist nicht möglich.[4] Bei einer Duftstoffformel handelt es sich um eine Handlungsanweisung an den menschlichen Geist und nicht um die Erscheinungsform eines Gegenstandes. Das gleiche gilt für die chemische Summen- oder Strukturformel eines Duftstoffes oder Duftstoffgemisches. Die Formel hat als solche keine Erscheinungsform und ist daher kein Erzeugnis.[5]

Ein einzelnes Duftstoffmolekül oder ein Duftstoffgemisch ist als solches ebenfalls nicht geschmacksmusterschutzfähig. Sowohl das Geschmacksmustergesetz als auch die GGVO schützen keine Erzeugnisse oder Gegenstände als solche. Schutzfähig als (Gemeinschafts-)Geschmacksmuster ist allein die Erscheinungsform eines Erzeugnisses. Zentrale Frage im Zusammenhang mit dem Geschmacksmusterschutz für Düfte bzw. Duftstoffe ist daher, ob und ggf. welche Erscheinungsform(en) eines Duftstoffes/Duftstoffgemisches geschützt werden können. Anerkanntermaßen schutzfähig als Geschmacksmuster sind Flüssigkeiten, die in ein (transparentes) Behältnis aufgenommen wurden, sodass sie zur Erscheinungsform des Behältnisses beitragen.[6] Schutzfähig wäre daher beispielsweise der von einem mit einer farbigen Duftstofflösung gefüllten Flakon hervorgerufene optische Eindruck. Diese Schutzmöglichkeit ist im vorliegenden Zusammenhang allerdings ohne Bedeutung, da der Dufteindruck

---

[4] BPatGE 1, 223 (224); *Eichmann/v. Falckenstein*, § 1 Rn. 24; *Ruhl*, Art. 3 Rn. 23; vgl. auch *Pinzger*, § 10 Anm. 1 (S. 91), der als Beispiel eins nicht schutzfähigen Verfahrens (ohne weitere Differenzierung) die Anmeldung eines Parfüms erwähnt.

[5] *Ruhl*, Art. 3 Rn. 57.

[6] *Eichmann/v. Falckenstein*, § 1 Rn. 30; *Ruhl*, Art. 3 Rn. 23.

des Flakoninhalts oder dessen stoffliche Zusammensetzung in dieser Variante nicht geschützt wäre.

Im Rahmen dieser Arbeit ist zu untersuchen, ob der von einem Duftstoff(gemisch) hervorgerufene olfaktorische Sinneseindruck selbst geschützte Erscheinungsform im Sinne des Geschmacksmusterrechts sein kann. Die Musterfähigkeit eines Dufteindrucks hätte einen umfassenden Schutz des Duftes als solchen zur Folge. Das eingetragene Geschmacksmuster gewährt dem Rechtsinhaber gem. § 38 Abs. 1 GeschmMG (Art. 19 Abs. 1 GGVO) das ausschließliche Recht zu dessen Benutzung sowie ein negatives Verbietungsrecht gegenüber Dritten. Dem Inhaber eines nicht eingetragenen Gemeinschaftsgeschmacksmusters stehen diese Rechte dann zu, wenn die in Rede stehende Benutzungsform Ergebnis einer Nachahmung ist (Art. 19 Abs. 2 GGVO). Der Schutzumfang des eingetragenen Geschmacksmusters richtet sich nach dessen Wiedergabe in der Anmeldung (§ 37 Abs. 1 GeschmMG), der eines nicht eingetragenen Musters nach der Form, in welcher es den Fachkreisen zugänglich gemacht wurde.[7] Die Benutzung eines Dufteindrucks, welcher die sachlichen Schutzvoraussetzungen des Geschmacksmusterrechts erfüllt, wäre somit exklusiv dem Inhaber des Schutzrechts vorbehalten. Jedes Muster, welches bei einem informierten Benutzer keinen anderen Gesamteindruck erweckt, ist gem. § 38 Abs. 2 GeschmMG bzw. Art. 10 Abs. 1 GGVO in den Schutzbereich einbezogen. Vom Schutz umfasst wäre deshalb auch ein identischer Dufteindruck, der von einem Gemisch anderer chemischer Zusammensetzung hervorgerufen wird. Andere Erscheinungsformen, die keinen Eingang in den Schutzgegenstand gefunden haben (zum Beispiel die visuelle Erscheinung der flüssigen Duftstofflösung), wären für die Beurteilung nicht maßgebend. Zu vergleichen wären allein die hervorgerufenen Dufteindrücke.

Die Einbeziehung von olfaktorisch wahrnehmbaren Merkmalen in den Geschmacksmusterschutz stünde im Widerspruch zur traditionellen Ansicht in Rechtsprechung und Literatur, die von einer Beschränkung des Schutzes auf Merkmale ausgeht, welche mit dem Auge wahrgenommen werden können bzw. geeignet sind, auf den Formen- und Farbensinn des Betrachters zu wirken.[8] Teilweise wird im neueren Schrifttum mit Hinweis auf die Aufnahme der „Oberflächenstruktur" in § 1 Nr. 1 GeschmMG (Art. 3 lit. a GGVO) der Kreis geschützter Merkmale um taktile Wirkun-

---

[7] *Ruhl*, Art. 10 Rn. 12.

[8] St. Rspr., *BGH*, GRUR 1976, 261 (262) – Gemäldewand; GRUR 1987, 518 (519) – Kotflügel; GRUR 2008, 790 (792) – Baugruppe; *Nirk/Kurtze*, Einf. Rn. 42 und § 1 Rn. 49, 78; *Eichmann/v. Falckenstein*, § 1 Rn. 31; *Osterrieth*, in: FS f. Tilmann, 221 (224); *Rehmann*, Rn. 7, 10; *Koschtial*, S. 187, 287 f.; *Kur*, GRUR 2002, 661 (666); a. A. *Kunze*, S. 16; *Schlötelburg*, GRUR 2005, 123 (125).

gen erweitert.[9] Die Geschmacksmusterschutzfähigkeit von Dufteindrücken wird, sofern diese überhaupt thematisiert wird, bislang nahezu einhellig abgelehnt.[10]

Hauptargument für den Schutzausschluss von Düften und Gerüchen ist, dass es sich dabei nicht um Erzeugnisse bzw. Erscheinungsformen eines Erzeugnisses handeln soll. Erzeugnisse müssen nach der Legaldefinition gegenständlich sein (§ 1 Nr. 2 GeschmMG, Art. 3 lit. b GGVO). Flüssige Stoffe (zum Beispiel Duftstofflösungen) weisen als solche keine konkrete Gestalt auf und sollen daher keine Gegenstände im Sinne des Geschmacksmusterrechts darstellen.[11] Diese Interpretation des Gegenstandsbegriffes ist jedoch nicht zwingend. Bereits die Ausführungen zum Urheberrecht haben gezeigt, dass auch bei Düften eine körperliche Verwertung möglich ist, wobei die flüssige Lösung oder das gasförmige Duftstoffgemisch körperlicher Werkträger des Duftes sind.[12] Griffe man auf diese Definition des „Gegenstands" auch im Kontext des Geschmacksmusterrechts zurück, so könnte auch ein Parfümgemisch ein Erzeugnis im Sinne von § 1 Nr. 2 GeschmMG (Art. 3 lit. b GGVO) darstellen. Darüber hinaus vermag die geschilderte Argumentation nicht zu begründen, warum der olfaktorische Eindruck – auch bei Ausschluss flüssiger und gasförmiger Stoffe vom Begriff des „Erzeugnisses" – nicht zumindest als Erscheinungsform eines anderen Erzeugnisses in Überlegungen zur geschmacksmusterrechtlichen Schutzfähigkeit einbezogen werden kann. Zu denken ist dabei an beduftete körperliche Gegenstände als Erzeugnisse („Duftdesign"). Der Begriff des „Erzeugnisses" erweist sich daher als falscher Ansatzpunkt zum Schutzausschluss von Düften im Geschmacksmusterrecht.

Die überwiegende Ansicht im Schrifttum verdient dennoch im Ergebnis, das heißt in der Ablehnung des Schutzes von Dufteindrücken durch das Geschmacksmusterrecht, Zustimmung. Grund dafür ist jedoch nicht die fehlende Gegenständlichkeit von Duftstofflösungen oder Gemischen, sondern der generelle Ausschluss olfaktorisch wahrnehmbarer Erscheinungsformen vom (Geschmacks-)Musterbegriff. *Ruhl* sieht Riechmerkmale mit Verweis auf den Wortlaut von Art. 3 lit. a GGVO grundsätzlich als

---

[9] *Eichmann/v. Falckenstein,* § 1 Rn. 32; *Ruhl,* Art. 3 Rn. 108; *Bulling/Langöhrig/Hellwig,* Rn. 27; *Kahlenberg,* S. 117; *Koschtial,* S. 165; *Schramm,* S. 139; *Bulling,* Mitt. 2002, 170 (171); *Kur,* GRUR 2002, 661 (663); für den Schutz von Tastmustern auch bereits *Englert,* S. 48, 176.

[10] *Eichmann/v. Falckenstein,* Allg. Rn. 36 und § 1 Rn. 12, 31; *Nirk/Kurtze,* § 1 Rn. 49; *Eichmann,* MarkenR 2003, 10 (13); *Bulling/Langöhrig/Hellwig,* Rn. 37; *HABM,* Mitteilung Nr. 2/2005, Definition eines „Geschmacksmusters", Nr. 2; a. A. *Ruhl,* Art. 3 Rn. 108; offen lassend *Englert,* S. 48 (s. dort Fn. 54: „Ob auch Schmeck-, Riech- und Hörmustern ein Schutz zugestanden werden soll, ist eine rechtspolitische Frage.").

[11] *Eichmann/v. Falckenstein,* § 1 Rn. 30.

[12] S. Zweiter Teil, D I 1.

berücksichtigungsfähig an.[13] Einen ausdrücklichen Ausschluss derartiger Merkmale kann man der Norm – gleiches gilt für § 1 Nr. 1 GeschmMG – in der Tat nicht entnehmen. Der Gebrauch des Wortes „insbesondere" macht deutlich, dass die Aufzählung möglicher Erscheinungsformen nicht abschließend ist.[14] Entscheidend für die Ermittlung des Sinngehalts einer Norm ist jedoch nicht allein die Methode der grammatikalischen Auslegung. Historische und systematische Auslegung der Legaldefinitionen des Musterbegriffes machen deutlich, dass der Geschmacksmusterschutz beschränkt ist auf Erscheinungsformen, die (jedenfalls auch) mit dem Auge wahrnehmbar sind.

Entgegen der Ansicht *Ruhls*[15] steht die Einbeziehung von Riechmerkmalen weder mit der Entstehungsgeschichte der GGVO noch mit der des Geschmacksmustergesetzes im Einklang. Bereits der Ausgangspunkt zur Schaffung eines europäischen Geschmacksmusters, der Diskussionsentwurf eines europäischen Musterrechts vom 1. August 1990 der *Arbeitsgruppe „Europäisches Musterrecht" des Max-Planck-Instituts* sah unter Berufung auf die allgemeinen Prinzipien des (Geschmacks-) Musterschutzes in Art. 4 Abs. 1 eine Beschränkung auf Muster vor, „die geeignet sind, auf den menschlichen Formen- und/oder Farbensinn einzuwirken".[16] Darauf aufbauend sah auch das Grünbuch der *Kommission* einen Ausschluss von Eigenschaften vor, die nicht visuell wahrnehmbar sind. „The protection (…) should only exclude those features of a product which cannot be perceived by the human senses as regards form and colour."[17] Die Erläuterungen zum Verordnungsvorschlag der *Kommission* aus dem Jahr 1993 sahen – entgegen der Meinung *Ruhls* – die Möglichkeit zur Einbeziehung von Geruchsmerkmalen in den Musterschutz ebenfalls nicht vor. Dort hieß es, „daß alle Merkmale der Erscheinungsform, die mit den menschlichen Sinnen, *nämlich dem Auge und dem Tastsinn* wahrgenommen werden können, Merkmale des Musters sind".[18] Parallel zu den Vorarbeiten für die Verordnung wurde die Geschmacksmusterrichtlinie erarbeitet, wobei sich hinsichtlich der Bestimmung des Schutzgegenstandes keine Unterschiede ergaben. Anschließend an die Stellungnahme des *Europäischen Parlaments*[19] definierte der geänderte Richtlinienvorschlag in Art. 1 lit. a das

---

[13] *Ruhl*, Art. 3 Rn. 108.

[14] S. die Begründung der *Bundesregierung* zum Geschmacksmusterreformgesetz, BT-Drucks. 15/1075, S. 33; ebenso – trotz des scheinbar abschließenden Formulierungsvorschlags – die Erläuterungen der *Europäischen Kommission* zum Vorschlag für eine Verordnung über das Gemeinschaftsgeschmacksmuster, KOM(93) 342 endg., S. 12.

[15] *Ruhl*, Art. 3 Rn. 108.

[16] Abgedruckt bei *Ritscher*, GRUR Int. 1990, 559 (566, 578).

[17] Grünbuch der Kommission, 5.4.7. (S. 61).

[18] KOM(93) 342 endg., S. 12 (Anm.: Hervorhebung durch den Verf.).

[19] ABl. Nr. C 287 v. 30.10.1995, S. 157.

Muster als „die äußerlich sichtbare Erscheinungsform eines ganzen Erzeugnisses oder eines Teils davon".[20] Diese klarstellende Formulierung
wurde im weiteren Verlauf des Verfahrens infolge des gemeinsamen
Standpunkts des *Rates* wieder aus dem Gesetz gestrichen, da dieser die
nähere Bestimmung „äußerlich sichtbar" für „unnötig und potentiell ver-
wirrend" hielt.[21] Die Bedenken des *Rates* richteten sich allerdings nicht
gegen das Sichtbarkeitskriterium als solches, sondern gegen die Betonung
der Äußerlichkeit, welche als problematisch eingestuft wurde im Hinblick
auf die „Möglichkeit, die Innenseite eines Behälters durch ein Musterrecht
zu schützen".[22] Dem Sichtbarkeitserfordernis sollte stattdessen durch die
Einfügung eines neuen Erwägungsgrundes 11 Genüge getan werden, nach
welchem geschützte Merkmale „in einer Anmeldung sichtbar wiedergegeben" werden müssen. Die Streichung der Erläuterung „äußerlich sichtbar"
aus Art. 1 lit. a der Richtlinie kann folglich nicht als Hinweis auf die
Schutzmöglichkeit von Erscheinungsmerkmalen interpretiert werden, die
nicht (zumindest auch) visuell wahrnehmbar sind. Die *Kommission* griff
die beiden vorgeschlagenen Änderungen ohne weitere Modifikationen
auf,[23] sodass weder die Richtlinie noch die Verordnung in der Definition
des Musters in der endgültigen Fassung eine ausdrückliche Beschränkung
auf sichtbare Merkmale aufweisen. Die geschilderte Entstehungsgeschichte
macht jedoch deutlich, dass eine entsprechende Beschränkung der Intention der Normgeber entspricht. Die Tatsache, dass die in den Legaldefinitionen genannten Beispiele ausnahmslos (auch) visuell wahrnehmbar sind, ist
Ausdruck dieser Intention und macht deutlich, dass die nicht abschließende
Formulierung der Normen dort eine Grenze findet, wo der Bereich der
sichtbaren Merkmale verlassen wird.[24]

Auch die nationale Entwicklungsgeschichte des Geschmacksmusterschutzes zeigt, dass die visuelle Wahrnehmbarkeit Voraussetzung des
Schutzes eines Erscheinungsmerkmals als Muster ist. Bereits das *Reichs-
gericht* befand zum Begriff des gewerblichen Musters oder Modells im
Geschmacksmustergesetz von 1876,[25] „daß es sich dabei nur um Formge-
bilde handeln kann, um Darstellungen, die für den Gesichtssinn in äußere,
wahrnehmbare Erscheinung treten. (…) Ein ganz formloses Muster oder

---

[20] ABl. Nr. C 142 v. 14.5.1996, S. 7 (S. 12); s. auch die Erläuterung in KOM(96) 66
endg., S. 4.

[21] ABl. Nr. C 237 v. 4.8.1997, S. 1 (S. 8).

[22] Zustimmend *Kahlenberg*, S. 117 f. sowie *Schramm*, S. 139 f.

[23] KOM(97) 622 endg.

[24] Ebenso für den inhaltlich identischen Art. 511-1 CPI im französischen Recht *Cohen*, S. 2.

[25] Gesetz betreffend das Urheberrecht an Mustern und Modellen v. 11. Januar 1876
(RGBl., S. 11 ff.).

Modell wäre undenkbar."[26] Die Literatur stellte frühzeitig fest, dass das Geschmacksmuster „nur ein Geschmacksmuster für das Auge, nicht für andere Sinnesorgane"[27] sei bzw. dass die Einwirkung „durch den Gesichtssinn geschehen"[28] müsse. Die Aussagekraft derartiger historischer Argumente im Geschmacksmusterrecht der Bundesrepublik kann freilich mit dem Hinweis auf die grundlegend geänderte Normsituation nach der Reform des Geschmacksmustergesetzes im Jahr 2004 als gering bezeichnet werden. Allerdings hat der Gesetzgeber in der Begründung zum Entwurf des Geschmacksmusterreformgesetzes klargestellt, dass es in Bezug auf die Definition des Geschmacksmusters keine wesentlichen Unterschiede zwischen altem und neuem Recht geben solle.[29] Angesichts dessen überrascht die Formulierung, dass als Schutzgegenstand „letztlich jede – *insbesondere* auf Form und Farbgebung beruhende – Erscheinungsform eines Erzeugnisses in Betracht" kommen soll.[30] Ein Hinweis auf die Musterfähigkeit olfaktorischer Eigenschaften ist darin dennoch nicht zu sehen, denn in den Materialien findet sich gleich an mehreren Stellen der Hinweis, dass musterfähig nur Gestaltungen sind, die den durch das Auge vermittelten Formen- und Farbsinn anzuregen bestimmt und geeignet sind.[31]

Mithin lässt sich feststellen, dass auch dem geltenden nationalen Geschmacksmusterrecht der Wille zugrunde liegt, nicht visuell wahrnehmbare Erscheinungsformen vom Musterschutz auszuschließen. Der Formulierung des § 1 Nr. 1 GeschmMG bzw. Art. 3 lit. a GGVO ist diese Beschränkung hingegen nicht zu entnehmen. Die Schutzfähigkeit von Dufteindrücken durch das Geschmacksmusterrecht richtet sich somit danach, ob der historischen oder der grammatikalischen Auslegung größeres Gewicht beigemessen wird. Den erkennbaren Willen des Normsetzers kann am ehesten außer Acht lassen, wer sich auf eine objektive Auslegungsmethode beruft. Die aus den Materialien erkennbaren Ansichten der an der Normsetzung beteiligten Personen stellen nach dieser Sichtweise „keine bindende Richtschnur für den Ausleger dar".[32] Vielmehr sollen bei der Auslegung objektiv-teleologische Kriterien „letztlich den höchsten Rang einnehmen".[33] So könnte man sich darauf berufen, dass der Zweck des Geschmacksmusterschutzes die Förderung der Innovationen bei der Entwicklung neuer Erzeugnisse ist,[34] sodass der Schutz innovativer Gestaltungsmittel wie des

---

[26] RGZ 61, 44 (46).

[27] *Kohler*, Musterrecht, S. 76.

[28] *Neuberg*, S. 15.

[29] BT-Drucks. 15/1075, S. 30.

[30] BT-Drucks. 15/1075, S. 29 (Anm.: Hervorhebung durch den Verf.).

[31] BT-Drucks. 15/1075, S. 29, 35.

[32] *Larenz/Canaris*, S. 150.

[33] *Larenz/Canaris*, S. 166.

[34] S. Erwägungsgrund 7 der GGVO.

Duftdesigns sachgemäß sei. Anhänger der subjektiven Auslegungsmethode hingegen messen dem erkennbaren Willen des Gesetzgebers entscheidendes Gesicht zu. Ihrer Ansicht nach stellt die objektive Methode eine unzulässige Lockerung der Gesetzesbindung dar.[35] Duftmerkmale wären demnach vom Geschmacksmusterschutz ausgeschlossen.

Eine Entscheidung für eine der beiden Methoden ist in der Frage des Schutzes von Riechmerkmalen nicht erforderlich, denn auch die Vertreter der objektiven Theorie sprechen der erkennbaren Normvorstellung des Gesetzgebers nicht jede Bedeutung für die Auslegung ab.[36] Ein aus der Entstehungsgeschichte des Gesetzes gewonnenes Argument soll erst dann hinter objektive Kriterien zurücktreten, wenn dies aus verfassungsrechtlichen Gründen geboten ist oder eine ursprünglich berechtigte Auslegung nach den gegenwärtigen Maßstäben als nicht mehr vertretbar erscheint.[37] Ein solcher „Wandel der Normsituation"[38] liegt im Geschmacksmusterrecht nicht vor. Die entscheidenden Normen sind vergleichsweise „jung", sodass der Zeitfaktor, der für einen Situationswandel kennzeichnend ist, eine bloß untergeordnete Rolle spielt. Der industrielle Einsatz von Düften bei der Gestaltung von Produkten war den Normsetzern bei Erlass des Gesetzes, der Richtlinie und der Verordnung ebenso bekannt wie das Schutzbedürfnis für Duftschöpfungen. Ein unvorhergesehener Wandel der Verhältnisse ist mithin nicht gegeben, sodass die Regelungsabsicht der Normsetzer nicht ohne weiteres übergangen werden darf. Riechmerkmale können daher weder nach der GGVO noch nach dem Geschmacksmustergesetz bei der Prüfung der Musterfähigkeit berücksichtigt werden.

Dieser Befund wird bei systematischer Gesamtschau der relevanten Normen des Geschmacksmusterrechts noch verstärkt. Das Sichtbarkeitserfordernis für zu schützende Erscheinungsmerkmale hat an verschiedenen Stellen Eingang in die GGVO und das Geschmacksmustergesetz gefunden. Der Schutz von Bauelementen komplexer Erzeugnisse setzt gem. Art. 4 Abs. 2 lit. a GGVO (§ 4 GeschmMG) voraus, dass diese bei bestimmungsgemäßer Verwendung sichtbar bleiben.[39] Ergänzend fügt der Erwägungsgrund 12 zur GGVO an, dass Merkmale von Bauelementen, die mangels Sichtbarkeit vom Schutz ausgenommen sind, bei der Beurteilung der Schutzfähigkeit anderer Merkmale nicht einbezogen werden dürfen. § 37 Abs. 1 GeschmMG bestimmt, dass Schutzgegenstand nur Erschei-

---

[35] *Rüthers*, Rn. 796 ff. m. w. N.
[36] *Larenz/Canaris*, S. 137 ff.
[37] *Larenz/Canaris*, S. 166.
[38] S. dazu *Larenz/Canaris*, S. 170 ff.
[39] S. auch *Koschtial*, GRUR Int. 2003, 973 (981), die im Zusammenhang mit Art. 4 Abs. 2 GGVO erklärt, „dass jedes Produktdesign, und nicht nur wie ausdrücklich geregelt Teile komplexer Erzeugnisse, sichtbar sein muss, um schützbar zu sein"; a. A. *Schramm*, S. 141.

nungsmerkmale sein können, die in der Anmeldung sichtbar wiedergegeben werden.[40] Nicht sichtbare Erscheinungsmerkmale können deshalb
nicht Eingang in den Schutzgegenstand finden.[41] Bereits zum GeschmMG
a.F. war anerkannt, dass nicht geschützt ist, was sich aus der Abbildung
nicht ergibt.[42] Schließlich soll sich die Schutzvoraussetzung der Eigenart
(§ 2 Abs. 3 GeschmMG, Art. 6 GGVO) nach dem Gesamteindruck beurteilen, den der „Anblick des Geschmacksmusters" beim informierten Benutzer hervorruft.[43] Die Beurteilung nicht visuell wahrnehmbarer Erscheinungsformen, die einzig auf die olfaktorische Sinneswahrnehmung wirken,
ist demnach gar nicht möglich. Ein Merkmal, welches nicht auf Vorliegen
der sachlichen Schutzvoraussetzungen überprüfbar ist, muss vom Schutz
durch das Geschmacksmusterrecht ausgeschlossen sein. Die genannten
Beispiele zeigen, dass der Wille des Gesetzgebers zur Beschränkung des
Geschmacksmusterschutzes auf (jedenfalls auch) visuell wahrnehmbare
Erscheinungsformen auch einen hinreichend bestimmten Ausdruck im Gesetz selbst gefunden hat, sodass die hier vertretene Auffassung auch im
Einklang mit der Rechtsprechung des *Bundesverfassungsgerichts* zur Me-
thodentheorie der Auslegung steht.[44]

B. Ergebnis

Riechmerkmale sind nicht geschmacksmusterfähig. Der Schutz eines olfaktorischen Eindrucks als solchen, das heißt als einziges beanspruchtes
Merkmal eines Erzeugnisses (zum Beispiel eines Parfüms), ist ebenso ausgeschlossen wie die Berücksichtigung als eines von mehreren Merkmalen
eines anderen Gegenstands. Dies gilt für eingetragene (nationale oder ge-
meinschaftsrechtliche) Muster ebenso wir für nicht eingetragene Gemeinschaftsgeschmacksmuster. Der Eintragung eines Riechmerkmals als (Ge-

---

[40] S. auch Erwägungsgrund 11 der Geschmacksmusterrichtlinie.

[41] *Eichmann/v. Falckenstein*, § 37 Rn. 2; *Rehmann*, Rn. 10; mit dem Wortlaut zu vereinbaren wäre allerdings auch eine andere Auslegung des § 37 Abs. 1 GeschmMG, nach
welcher nicht visuell wahrnehmbare Erscheinungsformen jedenfalls mittelbar sichtbar
dargestellt werden können, z. B. durch eine wörtliche Beschreibung oder ein Gaschroma-
togramm. Es stellte sich dann die Frage, ob eine mittelbare Darstellung des Geruchs-
merkmals die Anforderungen an die Wiedergabe des Geschmacksmusters erfüllt, s. dazu
sogleich unter B.

[42] *BGH*, GRUR 1977, 602 (604) – Trockenrasierer.

[43] So ausdrücklich Erwägungsgrund 14 der GGVO sowie Erwägungsgrund 13 der Geschmacksmusterrichtlinie.

[44] Vgl. BVerfGE 11, 126 (130 f.).

meinschafts-)Geschmacksmuster steht insoweit das Eintragungshindernis der fehlenden Musterfähigkeit entgegen.[45]

Im Ausschluss der Geschmacksmusterfähigkeit olfaktorisch wahrnehmbarer Erscheinungsformen liegt auch kein Widerspruch zur prinzipiellen Schutzfähigkeit derartiger Merkmale durch das Urheberrecht.[46] Insbesondere nach der Reform des Geschmacksmustergesetzes stellt das Geschmacksmusterrecht ein eigenständiges gewerbliches Schutzrecht dar, welches sich den technischen Schutzrechten angenähert hat.[47] Der enge Bezug des Geschmacksmusterrechts zum Urheberrecht sollte durch das Geschmacksmusterreformgesetz beseitigt werden.[48] Im Gegensatz zum Geschmacksmusterrecht existiert im Urheberrecht kein Sichtbarkeitskriterium für schutzfähige Werke. Der entscheidende Unterschied zwischen beiden Rechten liegt darin, dass das Urheberrechtsgesetz mit den Werken der Musik in § 2 Abs. 1 Nr. 2 UrhG die Schutzfähigkeit nicht visuell wahrnehmbarer Werke ausdrücklich anerkennt. Obwohl keines der beiden Gesetze Düfte bzw. Dufteindrücke explizit als Schutzgegenstand nennt, und die Legaldefinitionen des Schutzgegenstands (§ 2 Abs. 2 UrhG bzw. § 1 Nr. 1 GeschmMG) eine Subsumtion von Düften darunter jeweils nicht per se auszuschließen vermögen, besteht eine Schutzmöglichkeit nur im Urheberrecht.

Abschließend soll noch kurz erörtert werden, welche Folgen die Anerkennung der Geschmacksmusterfähigkeit olfaktorischer Merkmale hätte. Eingetragene Riechgeschmacksmuster würde es auch im Falle ihrer generellen Musterfähigkeit nicht geben. Voraussetzung der Anmeldung ist gem. § 11 Abs. 2 Nr. 3 GeschmMG (Art. 36 lit. c GGVO) eine zur Bekanntmachung bzw. Reproduktion geeignete Wiedergabe des Musters. Legt man die gleichen Maßstäbe an die graphische Darstellung des Schutzgegenstandes wie im Markenrecht an,[49] so scheidet bisher auch im Geschmacksmusterrecht die Eintragung wegen fehlender Klarheit, Eindeutigkeit, Verständlichkeit und Objektivität aus.[50] Zweck der sichtbaren Wiedergabe des Musters ist die eindeutige Konkretisierung dessen, was am Schutz teilha-

---

[45] S. § 18, 1. Alt. GeschmMG; auch die Prüfungspraxis des *HABM* sieht eine Zurückweisung der Anmeldung bei fehlender Musterfähigkeit vor (*HABM*, Mitteilung Nr. 2/2005, Definition eines „Geschmacksmusters"; Prüfungsrichtlinien Gemeinschaftsgeschmacksmuster, Nr. 5 (a), ABl. HABM 2/2004, S. 240 ff.).

[46] S. dazu im Zweiten Teil.

[47] Vgl. *Eichmann/v. Falckenstein*, Allg. Rn. 40.

[48] BT-Drucks. 15/1075, S. 29; *Pierson/Ahrens/Fischer*, § 37 III (S. 124); *Koschtial*, S. 253; *Kur*, GRUR 2002, 661 (662).

[49] So *Ruhl*, Art. 3 Rn. 109.

[50] S. dazu oben Einleitung, A.

ben soll.[51] Die eindeutige Konkretisierung eines Dufteindrucks ist jedoch durch eine sichtbare Wiedergabe nicht gewährleistet.

Es stellt sich daher die Frage, ob zumindest ein nicht eingetragenes Gemeinschaftsgeschmacksmuster für ein Riechmerkmal erlangt werden könnte. Dafür könnte ein Vergleich mit dem deutschen Markenrecht sprechen, sofern man der Ansicht folgt, dass das Erfordernis der graphischen Darstellbarkeit nur für die eingetragene Marke gem. §§ 4 Nr. 1, 8 Abs. 1 MarkenG gilt, nicht jedoch für die Benutzungsmarke gem. § 4 Nr. 2 MarkenG.[52] Im nationalen Markenrecht ist danach der Kreis schutzfähiger Zeichen bei der Benutzungsmarke weiter als bei der Registermarke. Richtigerweise wird man aber auch für nicht eingetragene Gemeinschaftsgeschmacksmuster fordern müssen, dass diese zumindest theoretisch den Eintragungsanforderungen genügen, da ansonsten deren sachlicher Schutzbereich ohne Grund erweitert würde.[53] Motiv für die Einführung des nicht eingetragenen Geschmacksmusters war es, Wirtschaftszweigen mit Produkten von nur kurzer Lebensdauer auf dem Markt die Eintragungsformalitäten zu ersparen.[54] Eine Erweiterung des Kreises schutzfähiger Gestaltungen gegenüber dem eingetragenen Schutzrecht war damit nicht beabsichtigt, was an den identischen sachlichen Schutzvoraussetzungen beider Rechte deutlich wird.[55] Die identischen Schutzvoraussetzungen in der GGVO für eingetragene und nicht eingetragene Gemeinschaftsgeschmacksmuster schließen somit die auf einen Vergleich mit dem deutschen Markenrecht basierende Argumentation aus. Der Schutz eines Zeichens als Benutzungsmarke setzt gem. § 4 Nr. 2 MarkenG zusätzlich voraus, dass dieses Verkehrsgeltung erlangt hat. Vergleichbare zusätzliche bzw. ausgleichende Anforderungen enthält die GGVO für nicht eingetragene Geschmacksmuster gerade nicht.

Im Übrigen spricht gegen die Vergleichbarkeit von Geschmacksmuster- und Markenrecht, dass die relevanten gemeinschaftsrechtlichen Vorschriften zum Markenrecht, das heißt die Markenrechtsrichtlinie und die Ge-

---

[51] BT-Drucks. 15/1075, S. 51 (zu § 37 Abs. 1 GeschmMG).

[52] So BT-Drucks. 12/6581, S. 65, S. 70; *Ströbele/Hacker/Hacker*, § 4 Rn. 12; *Ingerl/Rohnke*, § 8 Rn. 4; *Bender*, in: FS f. v. Mühlendahl, 157 (160), Fn. 10; *Berlit*, GRUR-RR 2007, 97 (99); a. A. *Fezer*, Markenrecht, § 8 Rn. 12; *Lange*, Rn. 248.

[53] *Ruhl*, Art. 3 Rn. 109; a. A. *Bulling/Langöhrig/Hellwig*, Rn. 26; *Kunze*, S. 16; *Schlötelburg*, GRUR 2005, 123 (125).

[54] Erwägungsgründe 16 und 25 GGVO; *Eichmann/v. Falckenstein*, Allg. Rn. 16; *Koschtial*, S. 189.

[55] Vgl. *Schramm*, S. 103 („Die GGV enthält somit nicht zwei verschiedene Schutzrechte mit verschiedenen Schutzrichtungen, sondern ein Schutzrecht, welches zwei unterschiedliche Formen des Musterschutzes ermöglicht"); a. A. *Rahlf/Gottschalk*, GRUR Int. 2004, 821 (822).

meinschaftsmarkenverordnung,[56] die Möglichkeit des Erwerbs einer Marke durch Benutzung überhaupt nicht vorsehen. Der Verzicht auf die graphische Darstellbarkeit für nicht eingetragene Gemeinschaftsgeschmacksmuster und die damit verbundene Ausweitung der schutzfähigen Merkmale ließe sich allenfalls mit der Begründung vertreten, dass im Gegenzug deren sachlicher und zeitlicher Schutzumfang geringer ist. Schlösse man sich dem an, so wäre der Schutz olfaktorischer Erscheinungsformen – deren Musterfähigkeit entgegen der hier vertretenen Auffassung vorausgesetzt – als nicht eingetragenes Gemeinschaftsgeschmacksmuster jedenfalls nicht kategorisch ausgeschlossen.

---

[56] Verordnung (EG) Nr. 40/94 des Rates v. 20. Dezember 1993 über die Gemeinschaftsmarke (ABl. Nr. L 11 v. 14.1.1994, S. 1 ff.).

Vierter Teil

Patentrecht

Eine weitere Schutzmöglichkeit für Düfte und Duftstoffe könnte in der Anmeldung eines Patents liegen. Durch das Patentrecht werden technische Erfindungen geschützt, die neu sind, auf einer erfinderischen Tätigkeit beruhen und gewerblich anwendbar sind (§ 1 Abs. 1 PatG[1], Art. 52 Abs. 1 EPÜ[2]). Das Recht aus dem Patent entsteht erst mit Erteilung des Patents durch die zuständige Patentbehörde (vgl. §§ 49 Abs. 1, 58 Abs. 1 S. 3 PatG, Art. 97 Abs. 1, Abs. 3 EPÜ). Im Gegensatz zum Urheberrecht ist der Schutz durch das Patentrecht abhängig von einem staatlichen Hoheitsakt. Die Erteilung des Patents setzt eine vorschriftsmäßige Anmeldung des Schutzsuchenden voraus (vgl. § 34 PatG, Art. 78 EPÜ). Sie erfolgt nach Prüfung der formellen und materiellen Erteilungsvoraussetzungen durch die Patentbehörde.

Eine Recherche veröffentlichter Patentanmeldungen zeigt, dass in der Praxis ein Bedürfnis nach Patentschutz im Zusammenhang mit Düften besteht. Im Zeitraum zwischen Februar 2005 und Februar 2007 wurden vom *Europäischen Patentamt* insgesamt 118 Patentanmeldungen veröffentlicht, die einen direkten Bezug zu Riech- bzw. Duftstoffen hatten.[3] 31 dieser Anmeldungen hatten einen konkreten Duftstoff oder eine Duftstoffkombination zum Gegenstand. Die Suche nach neuen, möglicherweise patentierbaren Riechstoffen stellt einen Schwerpunkt der Forschungstätigkeit von Riechstoffunternehmen dar.[4] Der schweizerischen *Givaudan AG* wurden allein im Jahr 2006 drei Patente für Duftstoffmoleküle erteilt, darunter das Molekül *Tanaisone*®, beschrieben als „starke, kräftige und diffuse grüne Note, begleitet von einem Hauch von Fruchtigkeit, deutlich gekennzeichnet von natürlichen Noten wie Armoise (Beifuss), Tanaisie (Rainfarn) und

---

[1] Patentgesetz in der Fassung der Bekanntmachung v. 16. Dezember 1980 (BGBl. 1981 I S. 1), zuletzt geändert durch Art. 2 des Gesetzes v. 7. Juli 2008 (BGBl. I S. 1191).

[2] Übereinkommen über die Erteilung europäischer Patente v. 5. Oktober 1973 (BGBl. 1976 II S. 826), in der Fassung der Akte zur Revision des Übereinkommens über die Erteilung Europäischer Patente v. 29. November 2000 (BGBl. 2007 II S. 1083 ff.).

[3] Quelle: Recherche vom 22. Februar 2007 in der EP – esp@cenet Datenbank (http://ep.espacenet.com/) nach EP-Patentanmeldungen mit dem Begriff „fragrance" im Titel oder in der Zusammenfassung der Anmeldung.

[4] Vgl. *Eberhard-Metzger*, Bild der Wissenschaft 2002, 20 (24).

Wermut, mit einem Hauch von Thymian und Frische".[5] Das Unternehmen hat im gleichen Zeitraum insgesamt 43 Patente in den Bereichen neuer Moleküle, Vorläufermoleküle Formulierungen, Verfahren und Geräte angemeldet: 25 im Bereich der Riechstoffe und 18 für Aromen.[6]

Im Folgenden soll erörtert werden, ob und unter welchen Voraussetzungen Düfte patentierbar sind. Dabei wird vorab die Frage des Schutzgegenstandes bei der Patentierung von Düften zu klären sein. Im Anschluss daran wird die Schutzfähigkeit von Duftstoffen untersucht, wobei zwischen dem Schutz komplexer Duftstoffgemische und dem Schutz einzelner Duftstoffmoleküle bzw. Ausgangsstoffen komplexer Stoffgemische unterschieden wird. Sofern eine Patenterteilung möglich ist, soll zudem die Praktikabilität des Schutzrechts aus Sicht des bzw. der Schutzsuchenden thematisiert werden.

Die Untersuchung der Schutzfähigkeit wird auf Basis des deutschen Patentgesetzes erfolgen. Da die materiellen Schutzvoraussetzungen im Patentgesetz und dem Europäischen Patentübereinkommen in weiten Teilen identisch sind, werden die entsprechenden Vorschriften des Europäischen Patentübereinkommens – soweit vorhanden – zur Information mitzitiert.

A. Schutzgegenstand

Im Rahmen der Beurteilung der urheberrechtlichen Schutzfähigkeit wurde die Frage des Schutzgegenstandes bereits erörtert, wobei zwischen dem Schutz der Duftformel, des Duftstoffes bzw. Duftstoffgemisches oder des beim Menschen hervorgerufenen Dufteindrucks zu unterscheiden war.[7] Berücksichtigt man die olfaktorische Besonderheit, dass der gleiche Dufteindruck durch eine Vielzahl von Duftstoffgemischen hervorgerufen werden kann, so gewährleistet nur ein Schutzrecht für den Dufteindruck einen umfassenden Schutz. Es soll deshalb zunächst untersucht werden, ob (auch) im Patentrecht ein Dufteindruck geschützt werden kann.

Voraussetzung für die Erteilung eines Patents ist das Vorliegen einer Erfindung (§ 1 Abs. 1 PatG, Art. 52 Abs. 1 EPÜ). Die Prüfung, ob eine Erfindung vorliegt, ist zu trennen von der nachfolgenden Prüfung auf gewerbliche Anwendbarkeit, Neuheit und erfinderische Tätigkeit.[8] Weder das Patentgesetz noch das Europäische Patentübereinkommen enthalten eine Definition des Erfindungsbegriffes. Der unbestimmte Rechtsbegriff soll der Ausfüllung durch Rechtsprechung und Lehre überlassen bleiben. In der

---

[5] *Givaudan AG*, Geschäftsbericht 2006, S. 21.
[6] *Givaudan AG*, Geschäftsbericht 2006, S. 20.
[7] S. oben Zweiter Teil, A.
[8] EPA-PrRL C IV 2.2.

Rechtsprechung wird die Erfindung definiert als „Lehre zum planmäßigen Handeln unter Einsatz beherrschbarer Naturkräfte zur unmittelbaren Erreichung eines kausal übersehbaren Erfolges"[9] bzw. als Anweisung, mit „bestimmten technischen Mitteln zur Lösung einer technischen Aufgabe ein technisches Ergebnis zu erzielen".[10] Eine Erfindung ist somit eine Lehre zum technischen Handeln.[11] Gegenstand des Patents ist die Lösung einer Aufgabe durch technische Überlegungen.[12]

Auf Grundlage dieses anerkannten Erfindungsbegriffes scheidet ein Patentschutz für einen Dufteindruck aus mehreren Gründen aus. Der Schutz des Dufteindrucks wäre der Schutz des wahrnehmbaren Ergebnisses bzw. des Erfolges einer Lehre. Geschützte Erfindung ist aber nicht das Ergebnis einer Lehre, sondern die auf die Herbeiführung eines Handlungserfolges gerichtete Lehre selbst.[13] Sie ist menschliche Erkenntnis in angewandter Form, als Lehre zum Handeln.[14] Das durch die Anwendung der Erfindung erzielbare Ergebnis gehört nicht mehr zum Gegenstand der Erfindung, diese erschöpft sich vielmehr in der Lehre, einen Gegenstand in bestimmter Weise auszubilden oder bei der Herstellung oder Bearbeitung eines Gegenstands in bestimmter Weise zu verfahren.[15] Erforderlich ist somit entweder die Angabe eines Duftstoffes mit den entsprechenden olfaktorischen Eigenschaften oder die Nennung eines Verfahrens zur Schaffung von Duftstoffen mit entsprechenden Eigenschaften. Schutzgegenstand kann somit nur eine Lehre im Sinne einer Handlungsanweisung zur Erzielung des Dufteindrucks sein, nicht jedoch der Dufteindruck selbst.

Der Schutz des Dufteindrucks ist im Patentrecht des Weiteren mangels Technizität ausgeschlossen. Eine Erfindung muss technischen Charakter haben.[16] Voraussetzung der Technizität ist eine Anweisung, mit bestimmten technischen Mitteln zur Lösung einer technischen Aufgabe ein technisches Ergebnis zu erzielen.[17] Technische Maßnahmen bzw. der Einsatz

---

[9] *BGH*, GRUR 1969, 672 (673)– Rote Taube; GRUR 1986, 531 (533) – Flugkostenminimierung; *BPatG*, GRUR 1991, 197 – Schleifverfahren.

[10] *BGH*, GRUR 1958, 602 – Wettschein; GRUR 1977, 152 – Kennungsscheibe.

[11] *Benkard/Bacher/Melullis*, § 1 Rn. 43; *Schulte/Moufang*, § 1 Rn. 22; *Busse/Keukenschrijver*, § 1 Rn. 18; *Osterrieth*, Rn. 105.

[12] *Schulte/Moufang*, § 1 Rn. 19.

[13] *Benkard/Bacher/Melullis*, § 1 Rn. 44; *Busse/Keukenschrijver*, § 1 Rn. 18; *Kraßer*, § 1 II 2 (S. 3).

[14] *Busse/Keukenschrijver*, § 1 Rn. 17.

[15] *BGH*, GRUR 1977, 657 (658) – Straken; *Eichmann*, GRUR 2000, 751 (752).

[16] *BGH*, GRUR 1977, 96 (98) – Dispositionsprogramm; GRUR 1992, 36 (38) – Chinesische Schriftzeichen; *EPA*, ABl. 2001, 441 – Steuerung eines Pensionssystems/PBS PARTNERSHIP; GRUR Int. 2007, 333 (336) – Geruchsauswahl/QUEST INTERNATIONAL; EPA-PrRL C IV 2.1; *Busse/Keukenschrijver*, § 1 Rn. 19; *Schulte/Moufang*, § 1 Rn. 22; *Kraßer*, § 12 I a (S. 137 f.).

[17] *Busse/Keukenschrijver*, § 1 Rn. 24.

beherrschbarer Naturkräfte zur Erreichung eines Erfolges liegen bei Düften in der Bereitstellung eines Duftstoffes oder eines Verfahrens. Der Dufteindruck als solcher ist keine technische Maßnahme, sondern der durch eine Maßnahme herbeigeführte Erfolg. In den Prüfungsrichtlinien des *Europäischen Patentamtes* wird im Zusammenhang mit dem Ausschluss ästhetischer Formschöpfungen[18] vom Patentschutz gesagt, dass im Fall der Erzielung eines ästhetischen Effekts mit technischen Mitteln nicht der Effekt selbst, sondern nur das Mittel patentierbar sei.[19] Das Ergebnis einer Einwirkung auf die menschlichen Sinne ist als solches daher nicht patentierbar, sodass auch der olfaktorisch wahrgenommene Dufteindruck nicht patentrechtlich geschützt werden kann. Menschliche Wahrnehmungsattribute sind nicht technisch und deshalb nicht patentierbar. Die Wahrnehmung hängt stark von persönlichen Faktoren und den jeweiligen Umständen ab, sie ist kein Mechanismus, der sich unter denselben Bedingungen mit durchgängig gleichen Ergebnissen objektiv wiederholen lässt.[20] Eine zuverlässige Reproduzierbarkeit ist jedoch Kennzeichen technischer Maßnahmen.

Aus der fehlenden Technizität des Dufteindrucks folgt allerdings nicht die generelle patentrechtliche Schutzunfähigkeit von Düften. Deren Schutz ist – bei Erfüllung der Voraussetzungen einer Patenterteilung – indirekt möglich über den Schutz des Duftstoffes oder des Verfahrens zu dessen Herstellung. Im Fall eines Erzeugnispatents für einen Duftstoff wird jedem Dritten gem. §§ 9 S. 2 Nr. 1, 10 PatG die unmittelbare und mittelbare Benutzung des patentierten Duftstoffes und damit auch des durch diesen erzeugten Geruchseindrucks verboten.[21] Das Patentrecht bietet allerdings keine Möglichkeit, gegen Herstellung und Vertrieb geruchsidentischer Duftstoffgemische anderer Konstitution vorzugehen, sofern darin nicht im Einzelfall eine unbefugte Benutzung des Patents nach Maßgabe der §§ 9, 10 PatG liegt. Die Möglichkeit des absoluten Schutzes eines Dufteindruckes im Wege der Patentierung sämtlicher Stoffe und Verbindungen mit der entsprechenden olfaktorischen Eigenschaft ist praktisch ausgeschlossen. Die Riechstoffchemie stellt regelmäßig neue natürliche und synthetische Duftstoffe zur Verfügung,[22] sodass sich die Variationsmöglichkeiten zur Erzielung bestimmter Dufteindrücke stetig erweitern. Somit ist es ausgeschlossen, im Zeitpunkt der Anmeldung der Einzelpatente sämtliche Möglichkeiten zur Herstellung eines Dufteindrucks benennen zu können. Darüber hinaus wäre ein entsprechendes Vorgehen, betrachtet

---

[18] § 1 Abs. 3 Nr. 2 PatG; Art. 52 Abs. 2 lit. b EPÜ; s. dazu Vierter Teil, B I 1.

[19] EPA-PrRL C IV 2.3.4.

[20] *EPA*, GRUR Int. 2007, 333 (337) – Geruchsauswahl/QUEST INTERNATIONAL.

[21] Vgl. zum Schutzinhalt Vierter Teil, C II.

[22] Vgl. dazu *Kraft/Bajgrowicz/Denis/Fratér*, Angew. Chem. 2000, 3107 ff.

man die Kosten für Forschung und Entwicklung der Stoffe sowie die zu entrichtenden Anmeldegebühren, nicht wirtschaftlich.

B. Schutz komplexer Duftstoffgemische

Zunächst soll die patentrechtliche Schutzfähigkeit komplexer Duftstoffgemische untersucht werden. Komplexe Duftstoffgemische im Sinne dieser Untersuchung sind Riechstoffverbindungen, die sich aus mehreren bewusst miteinander verbundenen Einzelsubstanzen bzw. Ausgangsstoffen zusammensetzen. Die verwendeten Einzelkomponenten können dabei sowohl natürlichen als auch synthetischen Ursprungs sein. Keine komplexen Duftstoffgemische in diesem Sinne sind natürliche Duftstoffe. Diese bestehen zwar ebenfalls aus einer Vielzahl chemischer Einzelsubstanzen, die jedoch auf natürlichem Weg, das heißt ohne Einwirkung des Menschen kombiniert wurden. Die Frage der Patentierbarkeit der Einzelsubstanzen soll an dieser Stelle noch nicht problematisiert werden.[23] Wichtiges Beispiel für komplexe Duftstoffgemische sind Parfümkompositionen.

I. Schutzvoraussetzungen (§ 1 Abs. 1 PatG)

Der Schutz komplexer Duftstoffgemische setzt voraus, dass die materiellen Voraussetzungen für die Erteilung eines Patents gem. § 1 Abs. 1 PatG bzw. Art. 52 Abs. 1 EPÜ erfüllt sind.

1. Erfindung

Das zu patentierende komplexe Duftstoffgemisch muss eine Lehre zum technischen Handeln sein.[24] Erfindungen werden in zwei Patentkategorien eingeteilt: Erzeugnisse und Verfahren. Erzeugniserfindungen betreffen die Gestaltung von Erzeugnissen, Gegenständen, Vorrichtungen oder Stoffen; Verfahrenserfindungen haben Verfahren zum Gegenstand, die die Herstellung von Erzeugnissen, die Benutzung von Gegenständen oder die Erzielung eines Ergebnisses betreffen.[25] Innerhalb eines Patents ist die Verbindung beider Schutzkategorien, das heißt ein Nebeneinander von Erzeugnis- und Verfahrensansprüchen möglich.[26] Hinsichtlich komplexer Geruchsmischungen kommen beide Patentkategorien in Betracht.

---

[23] S.dazu unter C.
[24] S. zum Erfindungsbegriff bereits Vierter Teil, A.
[25] *EPA*, GRUR Int. 1984, 525 (526) – Anspruchskategorien/IFF; *Benkard/Bacher/Melullis*, § 1 Rn. 4.
[26] *Mes*, § 1 Rn. 123; *Osterrieth*, Rn. 123.

Beantragt werden kann ein Erzeugnispatent in Form des Stoffpatents. Gegenstand des Patents ist dann die im Erzeugnis, das heißt dem Duftstoffgemisch verkörperte gegenständliche Lehre, nicht aber der körperliche Gegenstand selbst, der in Umsetzung der technischen Lehre als individualisierbarer Gegenstand geschaffen wird.[27] Die technische Lehre besteht bei der Stofferfindung darin, einen neuen chemischen Stoff einer näher umschriebenen Konstitution bereitzustellen, wobei die Lösung dieser Aufgabe in der Schaffung des Stoffes besteht.[28] Der Schutz eines komplexen Duftstoffgemisches ist daneben denkbar als Verfahrenspatent für das Herstellungsverfahren des Gemisches. Patente für Herstellungsverfahren sind gekennzeichnet durch eine Einwirkung auf ein Ausgangsmaterial zum Zweck der Veränderung dieses Substrats oder der Hervorbringung eines davon verschiedenen Erzeugnisses.[29] Die technische Lehre besteht dabei in der Beschreibung der Verfahrensmaßnahmen, nämlich der Wahl der Ausgangsstoffe und der Art der Einwirkung auf diese Stoffe.[30] Die Anweisung zur Herstellung eines Gemisches aus verschiedenen Verbindungen ist ein Herstellungsverfahren in diesem Sinne.[31]

Von besonderer Bedeutung für den Schutz von Duftstoffgemischen sind sog. Kombinationserfindungen. Eine Kombinationserfindung kann sowohl bei Verfahren als auch bei Stoffen vorliegen.[32] Sie stellt eine Lehre zum technischen Handeln dar, nach der mehrere Elemente zur Erreichung eines technischen Gesamterfolgs zusammenwirken sollen.[33] Bekannte Elemente werden im Rahmen einer Kombinationserfindung auf erfinderische Weise zu einem neuen Ganzen verbunden.[34]

Der Schutz eines komplexen Duftstoffgemisches durch ein Stoff- oder Herstellungsverfahrenspatent setzt voraus, dass es sich dabei nicht um eine ausgeschlossene Erfindung im Sinne von § 1 Abs. 3 PatG (Art. 52 Abs. 2 EPÜ) handelt. Insbesondere im Zusammenhang mit Parfümölen wird der Ausschlusstatbestand der ästhetischen Formschöpfungen (§ 1 Abs. 3 Nr. 2 PatG, Art. 52 Abs. 2 lit. b EPÜ) diskutiert. Ästhetische Formschöpfungen sind Werke, die den Formen- und Farbensinn ansprechen, jedoch keine Lehre zum technischen Handeln vermitteln.[35] Sie sollen das „räumliche,

---

[27] Vgl. BPatGE 17, 181 (185 f.); *Benkard/Bacher/Melullis*, § 1 Rn. 12; *Osterrieth*, Rn. 126.

[28] *BGH*, GRUR 1971, 541 (543 f.) – Imidazoline; *BPatG*, GRUR 1978, 238 (239) – Antamid.

[29] *Schulte/Moufang*, § 1 Rn. 229.

[30] *BGH*, GRUR 1966, 249 (250) – Suppenrezept.

[31] *BGH*, GRUR 1982, 162 (163) – Zahnpasta; *Benkard/Bacher/Melullis*, § 1 Rn. 33.

[32] *Benkard/Bacher/Melullis*, § 1 Rn. 78b.

[33] *Schulte/Moufang*, § 1 Rn. 305.

[34] *Benkard/Bacher/Melullis*, § 1 Rn. 78c.

[35] *Mes*, § 1 Rn. 71.

farbliche oder klangliche (Schönheits-) Empfinden ansprechen, auf das sie durch ihre Gestaltung Einfluss nehmen".[36] Verallgemeinernd werden darunter alle Schöpfungen gefasst, die das ästhetische Formempfinden in sensitiver Hinsicht ansprechen[37] oder dazu bestimmt und geeignet sind, einen Sinneseindruck hervorzurufen.[38] Jedenfalls unter die letztgenannte Definition ließen sich auch Duftstoffgemische subsumieren, da sie einen (olfaktorischen) Sinneseindruck hervorrufen. Die *Technische Beschwerdekammer des Europäischen Patentamtes* hat mittlerweile klargestellt, dass sich die Bezeichnung „ästhetisch" auch auf Gegenstände bezieht, die vom menschlichen Geruchssinn wahrgenommen werden.[39] Unter Berufung auf den mit Art. 52 Abs. 2 lit. b EPÜ inhaltsgleichen Art. L. 610-11 Nr. 2 lit. b CPI[40] werden Parfüms in Frankreich vielfach als vom Patentschutz ausgeschlossen angesehen. Parfümmischungen sollen demzufolge mangels technischen Charakters nicht patentierbar sein.[41] Dagegen wird eingewendet, dass der Ausnahmecharakter des Art. L. 610-11 Nr. 2 CPI eine enge Auslegung der Norm gebiete, sodass nur rein ästhetische Kreationen ausgeschlossen seien, zu denen Parfüms nicht gehörten.[42]

Dazu ist zunächst anzumerken, dass sich das Gebot der engen Auslegung des Art. L. 610-11 Nr. 2 CPI bzw. § 1 Abs. 3 PatG bei näherer Betrachtung als nicht zwingend erweist. Bedenkt man die Tatsache, dass der Sonderrechtsschutz für Erfindungen seinerseits eine Ausnahme von der freien Verfügbarkeit dieser Elemente des technischen Fortschritts für die Allgemeinheit ist, so ließe sich mit gleicher Begründung für einen restriktiven Patentschutz bzw. eine großzügige Auslegung der Ausnahmevorschriften eintreten.[43]

---

[36] *Benkard/Bacher/Melullis*, § 1 Rn. 99.

[37] *Osterrieth*, Rn. 116.

[38] *Busse/Keukenschrijver*, § 1 Rn. 45.

[39] *EPA*, GRUR Int. 2007, 333 (338) – Geruchsauswahl/QUEST INTERNATIONAL.

[40] Art. L. 611-10 CPI: „(...) 2. Ne sont pas considérées comme des inventions au sens du premier alinéa du présent article notamment : (...) b) Les créations esthétiques".

[41] *Galloux*, Recueil Dalloz 2004, 2642; *Bruguière*, in: Liber amicorum Calais-Auloy, 169 (180); *Barbet/Breese u.a*, Le marketing olfactif, S. 258.

[42] *Dubarry*, S. 17; auf das mit dem Ausnahmecharakter der Norm einhergehende Gebot der engen Auslegung wird auch für § 1 Abs. 3 PatG bzw. Art. 52 Abs. 2 EPÜ hingewiesen, vgl. *Benkard/Bacher/Melullis*, § 1 Rn. 95c; *Singer/Stauder*, Art. 52 Rn. 15.

[43] Mit ähnlicher Argumentation wird im Urheberrecht – insbesondere unter Hinweis auf verfassungsrechtliche Vorgaben – vereinzelt eine weite Auslegung der Schrankenbestimmungen vertreten bzw. für möglich erachtet (so z. B. *Hoeren*, in: FS f. Sandrock, 357 (369 f.); *ders.*, MMR 2000, 3 (4 f.); *Löffler*, NJW 1980, 201 (203 f.); *Kröger*, MMR 2002, 18 (20); *Dreier*, JZ 2003, 477 (478); *Geiger*, GRUR Int. 2004, 815 (818 f.); *Hilty*, GRUR 2005, 819 (823 f.); zur entgegenstehenden h. M. vgl. *Schricker/Melichar*, Vor §§ 44a ff. Rn. 15 ff. m. w. N.).

Richtigerweise sind auch olfaktorisch wahrnehmbare Schöpfungen dem Bereich der ästhetischen Formschöpfungen zuzurechnen, denn es ist kein Grund für eine Privilegierung dieser Werke im Vergleich zu Werken ersichtlich, die visuell oder auditiv wahrnehmbar sind. Folgerichtig sind Dufteindrücke nach § 1 Abs. 3 Nr. 2 PatG (Art. 52 Abs. 2 lit. b EPÜ) vom Patentschutz ausgeschlossen.[44] Damit ist jedoch nicht automatisch der Ausschluss des Schutzes von Duftstoffgemischen (zum Beispiel eines Parfümöls) verbunden. Entscheidendes Kriterium für den Ausschluss vom Patentschutz ist nicht die sinnliche Wahrnehmbarkeit eines Gegenstandes, sondern das Fehlen einer technischen Lehre.[45] Auch ein Duftstoffgemisch als ästhetisches Erzeugnis ist patentfähig, wenn die beanspruchte Lehre zumindest auch einem technischen Zweck dient. Die Tatsache, dass mit einer Lehre ein Erfolg auf ästhetischem Gebiet erstrebt wird, berührt die Patentfähigkeit nicht, wenn der Erfolg mit technischen Mitteln erreicht wird.[46]

Der *technischen Beschwerdekammer des Europäischen Patentamtes* zufolge handelt es sich bei dem Gebiet der Parfümkreation um ein technisches Gebiet, welches in der Regel technische wie auch ästhetische Erwägungen einschließt.[47] Patentfähig ist nicht der ästhetische Effekt, sondern das Mittel zur Erzielung dieses Effekts.[48] Auch aus § 1 Abs. 4 PatG (Art. 52 Abs. 3 EPÜ) folgt, dass lediglich der Dufteindruck als solcher nicht patentfähig ist. Ausreichende Technizität ist beispielsweise gegeben, wenn ein Duftstoffgemisch in Bezug auf den Geruch eine besondere Wirkung erzielt, etwa diesen verstärkt oder für längere Zeit aufrechterhält.[49] In diesem Fall liegt neben der ästhetischen Wirkung auch ein technischer Erfolg vor. Ein solcher gesonderter technischer Erfolg ist aber nicht erforderlich. Auch eine rein ästhetische Wirkung schließt bei Vorliegen einer technischen Lehre die Patentfähigkeit nicht aus.

Eine technische Lehre ist auch gegeben, wenn aus verschiedenen bekannten Ausgangsstoffen ein neues Duftstoffgemisch bereitgestellt wird. Die Technizität derartiger Kombinationserfindungen liegt im Zusammenwirken und der Reaktion der Einzelstoffe zu einem andersartigen Geruchseindruck. Im funktionellen Zusammenwirken liegt der Unterschied zur nicht schutzfähigen Aggregation, die sich in der Addition der Stoffe ohne weitergehende Wirkung erschöpft.[50] Die Bereitstellung eines Duft-

---

[44] S. Vierter Teil, A.
[45] *Busse/Keukenschrijver*, § 1 Rn. 39; *Benkard/Bacher/Melullis*, § 1 Rn. 95b.
[46] *BGH*, GRUR 1966, 249 (250) – Suppenrezept; GRUR 1988, 290 (293) – Kehlrinne; GRUR 1999, 414 (416) – Pflanzenanordnung.
[47] *EPA*, GRUR Int. 2007, 333 (338) – Geruchsauswahl/QUEST INTERNATIONAL.
[48] S. Vierter Teil, A.
[49] EPA-PrRL C IV 2.3.4.
[50] Vgl. *Benkard/Bacher/Melullis*, § 1 Rn. 78.

stoffgemisches durch Verbindung bzw. Vermischung verschiedener Einzelsubstanzen ist damit grundsätzlich eine Erfindung. Der Schutz in Form eines Stoff- oder Verfahrenspatents hängt allerdings von der Erfüllung der weiteren materiellen Schutzvoraussetzungen des § 1 Abs. 1 PatG (Art. 52 Abs. 1 EPÜ) ab.

2. Neuheit (§ 3 PatG)

Eine Erfindung ist nur dann patentierbar, wenn sie neu ist. Der Begriff der Neuheit wird in § 3 Abs. 1 S. 1 PatG (Art. 54 Abs. 1 EPÜ) näher erläutert. Eine Erfindung gilt danach als neu, wenn sie nicht zum Stand der Technik gehört. Der Stand der Technik umfasst gem. § 3 Abs. 1 S. 2 PatG (Art. 54 Abs. 2 EPÜ) alle Kenntnisse, die vor dem Anmeldetag bzw. dem für den Zeitrang der Anmeldung maßgeblichen Tag durch schriftliche oder mündliche Beschreibung, durch Benutzung oder in sonstiger Weise der Öffentlichkeit zugänglich gemacht worden sind. Maßgeblich ist somit, dass die Öffentlichkeit noch keine Kenntnis von der Erfindung hat. Der Neuheitsbegriff ist im absoluten Sinne zu verstehen: Die Erfindung muss gegenüber allen technischen Lehren neu sein, unabhängig davon, wann, wo und auf welche Weise diese vor dem maßgeblichen Zeitpunkt der Öffentlichkeit zugänglich gemacht worden sind.[51] Entscheidend ist die objektive Neuheit der Erfindung, das heißt der Schutz einer schon vorhandenen Lehre ist auch dann ausgeschlossen, wenn der Erfinder seine Unkenntnis von der Vorveröffentlichung nachweist.[52]

Die Beurteilung der Neuheit einer Erfindung erfolgt durch Einzelvergleich des Inhalts der Erfindung mit den einzelnen, den Stand der Technik bildenden Informationen. Eine „Mosaikbetrachtung" ist zu vermeiden.[53] Eine Zusammenfassung des Inhalts mehrerer Sachverhalte ist bei der Neuheitsprüfung unzulässig. Die Kombination mehrerer, für sich genommen vorbekannter Elemente hindert die Neuheit der Kombination der Elemente nicht, sofern nicht die Kombinationswirkung bereits vorveröffentlicht ist.[54] Neuheitsschädlich ist der Informationsgehalt, den der zuständige Fachmann einem Dokument oder Sachverhalt entnimmt. Im Bereich der Duftstoffe und Duftstoffgemische ist zuständiger Fachmann ein Parfümeur mit der entsprechenden mehrjährigen Ausbildung und Berufserfahrung bzw. ein Chemiker mit Hochschulausbildung und relevanten, durch ausreichen-

---

[51] *Schulte/Moufang*, § 3 Rn. 10; *Osterrieth*, Rn. 205.

[52] *Kraßer*, § 17 II 1 (S. 283 f.); *Osterrieth*, Rn. 204.

[53] *BGH*, GRUR 1980, 280 (283) – Terephthalsäure; *EPA*, GRUR Int. 1988, 585 – Alternativansprüche/AMOCO CORPORATION; *Kraßer*, § 17 III 1 (S. 284); *Schulte/Moufang*, § 3 Rn. 129; *Hirsch/Hansen*, II C 3 e (S. 140); *Rogge*, GRUR 1996, 931 (932); EPA-PrRL C IV 9.1.

[54] *BGH*, GRUR 1954, 318 (319) – Leitbleche I; *Benkard/Melullis*, § 3 Rn. 12i.

de berufliche Erfahrung erworbenen Kenntnissen im Bereich der Herstellung und Verwendung von Duftstoffen.[55] Bekannt ist daher nicht nur die ausdrücklich genannte Information, sondern auch, was der Fachmann selbstverständlich ergänzt, „ohne weiteres erkennt und in Gedanken mitliest".[56] Ist beispielsweise die Benutzung eines Duftöls als Eau de Toilette bekannt, so entnimmt der Fachmann daraus die Information, dass es sich dabei um eine alkoholische Lösung des Duftöls in einer Dosierung von vier bis acht Prozent handelt.[57] Die Konzentration eines beliebigen Eau de Toilette gehört somit zum Stand der Technik, ohne dass diese explizit aufgeführt werden muss. Die erstmalige ausdrückliche Angabe eines Konzentrationswertes in einer Anmeldung wäre zur Begründung der Neuheit des Stoffgemisches daher ungeeignet.

Umstritten ist, ob zum Offenbarungsinhalt auch die Mittel gehören, die nach den Lehren der Technik allgemein als auswechselbar angesehen werden.[58] Der Streit ist regelmäßig ohne Einfluss auf die Patentfähigkeit. Selbst bei Annahme der Neuheit eines Duftstoffgemisches, dessen Lösungsmittel durch ein anderes, naheliegendes ersetzt wurde, ist das Stoffgemisch nicht patentierbar, da der Einsatz eines anerkannt äquivalenten Mittels nicht auf erfinderischer Tätigkeit im Sinne von § 4 PatG (Art. 56 EPÜ) beruhen würde.[59]

Ähnlich wie bei den sog. Legierungserfindungen handelt es sich bei komplexen Duftstoffgemischen um Stoffkombinationen überwiegend chemischer Natur. Auswahl und quantitative Zusammensetzung der Komponenten sind für die Beurteilung der Neuheit von entscheidender Bedeutung.[60] Eine bislang nicht veröffentlichte Kombination mehrerer bekannter Stoffe zu einem Duftstoffgemisch ist somit neu im Sinne von § 3 Abs. 1 S. 1 PatG (Art. 54 Abs. 1 EPÜ). Entscheidend ist deshalb die

---

[55] Vgl. *Hirsch/Hansen*, III E (S. 223); *Benkard/Melullis*, § 3 Rn. 14b; zur Bestimmung des Durchschnittsfachmanns für den Einsatz chemischer Stoffe in Waschmitteln s. auch *BGH*, GRUR 2000, 591 (592) – Inkrustierungsinhibitoren: Promovierter Chemiker, der aufgrund seiner Ausbildung die Grundlagen der anorganischen, organischen und physikalischen Chemie beherrscht, mit Kenntnissen auf dem Gebiet der makromolekularen Chemie oder allgemein der Polymerwissenschaft.

[56] *BGH*, GRUR 2000, 296 (297) – Schmierfettzusammensetzung; *Busse/Keukenschrijver*, § 3 Rn. 101; *Kraßer*, § 17 III 3 (S. 285).

[57] *Müller*, S. 68 u. 129; *Comité Français du Parfum*, Duft, S. 69.

[58] Dafür *BGH*, GRUR 1995, 330 (332) – Elektrische Steckverbindung; GRUR 2002, 146 (148) – Luftverteiler; BPatGE 30, 6 (8) – Röntgenröhre; 31, 230 (231) – Rolladen-Steuerung; *Busse/Keukenschrijver*, § 3 Rn. 101; *Schulte/Moufang*, § 3 Rn. 111; *Kraßer*, § 17 III 4 (S. 287 f.); *Rogge*, GRUR 1996, 931 (935); a. A. *EPA*, GRUR Int. 1987, 870 – Kraftstoff-Einspritzventil/NISSAN; *Benkard/Melullis*, § 3 Rn. 35 f.; *Brandi-Dohrn/Gruber/Muir*, Rn. 14.03; EPA-PrRL C IV 9.2.

[59] Zur erfinderischen Tätigkeit s. sogleich unter 3.

[60] *BGH*, GRUR 1992, 842 (844) – Chrom-Nickel-Legierung.

Frage, wann ein Duftstoffgemisch als der Öffentlichkeit zugänglich gemacht gilt. Dies ist der Fall bei schriftlicher (zum Beispiel in Büchern, Zeitschriften und veröffentlichten Patentanmeldungen) und mündlicher Beschreibung (zum Beispiel in einem Vortrag oder Gespräch) der Stoffkombination. Aufgrund der in der Riechstoffindustrie gängigen Praxis der Geheimhaltung von Formeln komplexer Duftstoffgemische ist eine mündliche oder schriftliche Vorbeschreibung der Ausnahmefall. Die öffentliche Zugänglichkeit kann durch ausdrückliche oder stillschweigende Vereinbarung von Geheimhaltungspflichten ausgeschlossen werden.[61] Solchen Geheimhaltungspflichten unterliegen die mit der Schöpfung von Duftstoffgemischen betrauten Angestellten der Riechstoffunternehmen ebenso wie deren Riechstofflieferanten. Bereits der Kreis der Personen, die Kenntnis von der vollständigen Formel eines Duftstoffgemisches haben, wird möglichst gering gehalten. Eine Geheimhaltungspflicht schließt die Offenkundigkeit von Mitteilungen jedoch nur aus, wenn dadurch Dritte zuverlässig von der Kenntnis ausgeschlossen werden, das heißt die Pflicht zur Verschwiegenheit muss eingehalten werden.[62] Mit Bruch der Verschwiegenheitsverpflichtung tritt Offenkundigkeit ein.[63]

Mit Verweis auf die Geheimnistradition in der Riechstoffindustrie wird die Neuheit komplexer Duftstoffgemische vielfach als unproblematisch eingestuft.[64] Dabei darf jedoch nicht übersehen werden, dass eine neuheitsschädliche Veröffentlichung auch im Wege der offenkundigen Vorbenutzung erfolgen kann. Nach Ansicht der *Großen Beschwerdekammer des Europäischen Patentamtes* gehört die chemische Zusammensetzung eines Erzeugnisses bereits dann zum Stand der Technik, wenn das Erzeugnis selbst der Öffentlichkeit zugänglich ist und vom Fachmann analysiert und reproduziert werden kann, unabhängig davon, ob es einen Grund für eine derartige Untersuchung gibt.[65] Der *Bundesgerichtshof* und das *Bundespatentgericht* verlangen einschränkend die „nicht zu entfernte Möglichkeit"[66] der Kenntnisnahme bzw. eine tatsächliche, nicht nur theoretische Möglichkeit des Auffindens der technischen Lehre.[67] Öffentliche Zugänglichkeit

---

[61] Vgl. *Benkard/Melullis*, § 3 Rn. 67; *Schulte/Moufang*, § 3 Rn. 31; *Kraßer*, § 16 IV 3 (S. 267 ff.).

[62] *BGH*, GRUR 1997, 892 (894) – Leiterplattennutzen; *EPA*, GRUR Int. 1995, 154 – Geheimhaltungsvereinbarung/MACOR MARINE SYSTEMS.

[63] *Benkard/Melullis*, § 3 Rn. 67; *Schulte/Moufang*, § 3 Rn. 34.

[64] *Bruguière*, in: Liber amicorum Calais-Auloy, 169 (180); *Dubarry*, S. 14 f.; *Laligant*, R.R.J. 1989, 587 (594); *Pamoukdjian*, S. 193; *Rengshausen*, S. 158 f.

[65] *EPA, Große Beschwerdekammer*, GRUR Int. 1993, 698 (699) – Öffentliche Zugänglichkeit; ebenso *EPA*, GRUR Int. 1996, 244 – Vorbenutzung/PACKARD; *Brandi-Dohrn/Gruber/Muir*, Rn. 14.19.

[66] *BGH*, GRUR 2001, 1129 (1134) – Zipfelfreies Stahlband.

[67] BPatGE 40, 104 (112) – Stahlblech.

von Duftstoffgemischen als Stofferfindungen läge somit vor, wenn die Zusammensetzung der frei zugänglichen Gemische mit moderneren Analysemethoden vollständig aufgeklärt werden kann. Wenn die Inhaltsstoffe zu einhundert Prozent qualitativ und quantitativ identifiziert werden könnten, so wäre die im Stoffgemisch enthaltene technische Lehre dem Stand der Technik im Sinne von § 3 Abs. 1 S. 2 PatG (Art. 54 Abs. 2 EPÜ) zuzurechnen. Eine vollständige Analyse von Duftstoffgemischen ist jedoch (momentan) allenfalls bei einfachen Stoffgemischen möglich, die aus einer geringen Anzahl ausschließlich synthetischer Ausgangsstoffe bestehen.[68] Im Regelfall, insbesondere bei Verwendung natürlicher Duftstoffe, ist eine völlige Aufklärung der Zusammensetzung des Stoffgemisches und damit eine Kenntnisnahme von der Rezeptur nicht möglich. Moderne Analysemethoden wie die Hochleistungsflüssigchromatographie, Dünnschichtchromatographie, überkritische Fluid-Chromatographie oder Massenspektrometrie erlauben eine weitgehende Aufklärung der im Stoffgemisch enthaltenen Stoffe und Moleküle. Einige Stoffe sind jedoch nicht nachweisbar oder identifizierbar.[69] Zudem ist ein Rückschluss von den messbaren Einzelstoffen auf verwendete Inhaltsstoffe nicht immer möglich.

Zum Stand der Technik aufgrund offenkundiger Vorbenutzung zählen deshalb allenfalls einfachste synthetische Duftstoffkombinationen. Rezepturen komplexer Duftstoffgemische gehören bei wirksamer Geheimhaltung nicht zum Stand der Technik. Der Fall, dass ein vorbekanntes und das zum Patent angemeldete Duftstoffgemisch identische Analyseergebnisse liefern – was aufgrund der beschriebenen Unzulänglichkeiten der Analysemethoden nicht zwingend auf stoffliche Identität schließen ließe – kann in der Praxis nahezu ausgeschlossen werden. Differenzen in den nachweisbaren Einzelstoffen ergeben sich schon aufgrund der Variation innerhalb der natürlichen Inhaltsstoffe. Deren Zusammensetzung variiert aufgrund zahlreicher Faktoren wie Ort, Jahrgang, klimatischer Bedingungen und Tageszeitpunkt der Rohstofferente. Darüber hinaus ist es für einen Duftstoffexperten relativ einfach, einzelne Komponenten eines Duftstoffgemisches auszutauschen, ohne dass dies Einfluss auf den Dufteindruck des Gemisches hat. Bislang nicht ausdrücklich in schriftlicher oder mündlicher Form vorbeschriebene Duftstoffgemische sind als Stofferfindungen somit regelmäßig neu im Sinne von § 3 Abs. 1 PatG (Art. 54 Abs. 1 EPÜ). Dies gilt nach dem oben Gesagten – trotz der Möglichkeit einer neuheitsschädlichen Vorbenutzung – auch bei Anmeldung eines komplexen Duftstoffgemisches, welches bereits der Öffentlichkeit zugänglich ist, dessen

---

[68] Quelle: Schriftliche Auskunft von *Dr. Jürgen Wanner* vom 10.5.2007, Kurt Kitzing GmbH, Wallerstein.

[69] Ebenso *Rengshausen*, S. 163; vgl. auch die Übersichten über Inhaltsstoffe von Majo-ran-, Thymian-, Basilikum- und Pfefferaromen bei *Blum*, S. 50, 69, 80, 102 ff.

stoffliche Zusammensetzung jedoch einer wirksamen Geheimhaltungspflicht unterliegt.[70]

Beim Patentschutz für das Herstellungsverfahren von Duftstoffgemischen sind zwei Verfahrensarten zu unterscheiden: die eigenartigen Verfahren und jene, bei denen auf eine dem Fachmann geläufige Art und Weise Produkte hergestellt werden, die unerwartete Wirkungen oder Eigenschaften haben.[71] Bei einem eigenartigen Verfahren unterscheidet sich bereits die Art und Weise der Herstellung des Stoffes bzw. Stoffgemisches von anderen bekannten Verfahren. Eigenartige Verfahren in diesem Sinne sind bei der Herstellung komplexer Duftstoffgemische nahezu ausgeschlossen, da diese durch Vermischung einzelner Duftstoffe und Duftstoffgemische geschaffen werden. Diese Verfahrensweise ist den mit der Entwicklung von Duftstoffkombinationen betrauten, den maßgeblichen Kreis von Fachmännern bildenden Chemikern und Parfümeuren bekannt.[72] Das Vermischungsverfahren ist daher Teil des Stands der Technik und somit nicht neu.[73]

Die Herstellung eines Duftstoffgemisches durch Vermischung von Einzelsubstanzen ist dennoch nicht von der Patentierung als Herstellungsverfahren ausgeschlossen, auch wenn das Mischverfahren selbst vorbekannt ist. Die Patentfähigkeit ist nicht auf das eigentliche Mischverfahren beschränkt, sondern die Neuheit des Verfahrens kann sich auch aus der Wahl der zu mischenden Ausgangsstoffe und den überraschenden Eigenschaften des zu erschaffenden Gemisches ergeben.[74] Ein neues Herstellungsverfahren liegt deshalb auch vor bei einer bislang noch unbekannten Kombination von Duftstoffen zu einem Duftstoffgemisch, welches überraschende Eigenschaften, zum Beispiel einen unbekannten Duftablauf, größere Stabilität oder einen neuartigen Dufteindruck aufweist.

3. Erfinderische Tätigkeit (§ 4 PatG)

Neben der Neuheit bedarf es einer weiteren auf den Stand der Technik bezogenen Patentierungsvoraussetzung. Die Erfindung muss auf einer erfinderischen Tätigkeit beruhen, das heißt sie darf sich für einen Fachmann

---

[70] Ebenso *Grubb*, S. 59 f.

[71] Vgl. *Bruchhausen*, in: FS GRUR, 323 (342).

[72] Vgl. die Darstellung der Vermischungsprozesse bei *Boeck/Fergen*, in: Perfumes – art, science and technology, 421 (432 ff.).

[73] Ebenso *Rengshausen*, S. 158; s. zur Möglichkeit eigenartiger Verfahren bei der Synthese von Einzelduftstoffen und Molekülen Vierter Teil, C I 2.

[74] *RG*, Urt. v. 20.3.1889 – Kongorot (veröffentlicht bei *Gareis*, S. 47 (S. 59 f.)); BGHZ 95, 295 (298 f.) – Borhaltige Stähle; *BGH*, BlPMZ 1973, 170 (171) – Schmelzrinne; *Benkard/Bacher/Melullis*, § 1 Rn. 33; *Schulte/Moufang*, § 1 Rn. 301; *Kraßer*, § 17 IV a 4 (S. 292).

nicht aus dem naheliegenden Stand der Technik ergeben (§ 4 S. 1 PatG, Art. 56 S. 1 EPÜ). Der Umfang des Standes der Technik ist der gleiche, wie er für die Neuheitsprüfung in § 3 Abs. 1 S. 2 PatG (Art. 54 Abs. 2 EPÜ) definiert wird.[75] Einzig bisher unveröffentlichte ältere Patentanmeldungen im Sinne von § 3 Abs. 2 PatG (Art. 54 Abs. 3 EPÜ) sind bei der Prüfung auf erfinderische Tätigkeit gem. § 4 S. 2 PatG (Art. 56 S. 2 EPÜ) außer Betracht zu lassen. Maßgeblich für die Beurteilung ist die Situation am Anmelde- oder Prioritätstag der Erfindung.[76] Zu entscheiden ist folglich, ob sich das angemeldete Duftstoffgemisch aus dem Stand der Technik zu diesem Zeitpunkt in naheliegender Weise ergibt. Im Gegensatz zur Neuheitsprüfung ist der Stand der Technik in seiner Gesamtheit heranzuziehen, das heißt aus verschiedenen Vorveröffentlichungen kann ein Mosaik gebildet werden.[77] Zu prüfen ist das Naheliegen der Erfindung für einen Durchschnittsfachmann. Der Durchschnittsfachmann ist die gleiche fiktive Person, die auch für die Neuheitsprüfung entscheidend ist, sodass die dort gemachten Ausführungen entsprechend gelten.[78] Die erfinderische Tätigkeit ist ebenso wie die Neuheit ein objektives Kriterium der Patentfähigkeit, ihre Beurteilung erfolgt auf objektiver Grundlage.[79] Die subjektive Vorstellung des Anmelders ist irrelevant, ebenso der für die Erfindung betriebene Zeit- und Arbeitsaufwand. Maßgeblich ist allein das objektive Erfindungsergebnis, das heißt der Abstand zwischen dem Stand der Technik und der Erfindung.[80]

Die Entwicklung eines Duftstoffgemisches bzw. des Verfahrens zur Herstellung einer komplexen Duftstoffmischung liegt nahe, wenn der Durchschnittsfachmann im relevanten Zeitpunkt in Kenntnis des Standes der Technik allein unter Anwendung seines Fachwissens, das heißt ohne selbst erfinderisch tätig werden zu müssen, dieselbe Idee entwickelt hätte.[81] Die Entwicklung eines entsprechenden Duftstoffgemisches kann in diesem Fall als logische Folge des Stands der Technik erwartet werden.[82] Unterscheidet sich ein Stoffgemisch vom bisherigen Stand der Technik lediglich durch die Verwendung äquivalenter Ausgangsstoffe, so ist das

---

[75] S. dazu Vierter Teil, B I 2.

[76] *Schulte/Moufang*, § 4 Rn. 25; *Kraßer*, § 18 II 12 (S. 319); EPA-PrRL C IV 11.7.1.

[77] BGH, GRUR 1953, 120 (122) – Rohrschelle; *Benkard/Asendorf/Schmidt*, § 4 Rn. 17; *Kraßer*, § 18 II 9 (S. 315); *Bruchhausen*, in: FS f. v. Gamm, 353 (359).

[78] S. oben Vierter Teil, B I 2.

[79] *EPA*, GRUR Int. 1983, 650 (651) – Metallveredlung/BASF; *Benkard/Asendorf/Schmidt*, § 4 Rn. 11; *Osterrieth*, Rn. 222.

[80] *Schulte/Moufang*, § 4 Rn. 8.

[81] Vgl. *Schulte/Moufang*, § 4 Rn. 10.

[82] Vgl. *Jestaedt*, GRUR 2001, 939 (941).

Ergebnis für einen Fachmann naheliegend und damit nicht erfinderisch.[83] Gleiches gilt bei Austausch einer einzelnen Komponente im Duftstoffgemisch, wenn damit lediglich eine zu erwartende Verbesserung, zum Beispiel aufgrund der bekanntermaßen höheren olfaktorischen Intensität des Austauschstoffes, erzielt wird.[84] Nicht erfinderisch ist auch eine Kombination bekannter Materialien, mit bekannten Eigenschaften, in bekannter Weise, zur Erzielung bekannter Wirkungen, ohne dass dabei unerwartete Besonderheiten auftreten.[85] Aus diesem Grund ist eine Vielzahl von Duftstoffgemischen nicht patentierbar. Zahlreiche einfache Duftwässer (Eau de Toilette, Eau de Cologne etc.) sind Lösungen einer vergleichsweise geringen Anzahl bekannter Ausgangsstoffe in Alkohol, deren olfaktorischer Eindruck vorhersehbar und deren Herstellung lediglich eine routinemäßige handwerkliche Leistung für einen Parfümeur oder einen im Bereich der Riechstoffe tätigen Chemiker darstellt.[86] Diese Stoffgemische sind für den Fachmann naheliegend und damit nicht erfinderisch im Sinne von § 4 S. 1 PatG (Art. 56 S. 1 EPÜ).

Die Vermischung von als solchen bekannten Ausgangsstoffen schließt eine erfinderische Tätigkeit jedoch nicht generell aus. Eine erfinderische Kombination kann vorliegen, wenn die Gesamtwirkung der verwendeten Stoffe und/oder Verfahren überraschende Vorteile oder Eigenschaften aufweist.[87] Nicht nötig ist, dass die Vorteile auf technischem Gebiet liegen. Auch eine besondere ästhetische Wirkung kann als Beleg für erfinderische Tätigkeit herangezogen werden.[88] Beispiele für überraschende und wertvolle Eigenschaften bei Duftstoffgemischen sind eine neuartige Duftnote, die außerordentliche Geruchsstärke des Gemisches, die unerwartete Betonung der olfaktorischen Nuance eines bekannten Stoffes bei Kombination mit einem anderem, höhere Stabilität des Dufteindrucks, höhere Löslichkeit des Gemisches oder höhere Haftfestigkeit auf bestimmten Stoffen bei deren Odorierung. Das Auftreten eines überraschenden Effektes bei der

---

[83] Vgl. EPA-PrRL C IV Anlage 1.1 ii); nach a. A. fehlt bei der Verwendung äquivalenter Mittel bereits die Neuheit der Erfindung, vgl. bereits Vierter Teil, B I 2.

[84] Vgl. *Busse/Keukenschrijver*, § 4 Rn. 88; *Hirsch/Hansen*, III C 1 (S. 194).

[85] *EPA*, ABl. 1991, 514 (520) = GRUR Int. 1991, 909 (Lts.) – Profilstab/KÖMMERLING; *Benkard/Asendorf/Schmidt*, § 4 Rn. 83.

[86] Gegen das Vorliegen erfinderischer Tätigkeit bei diesen Duftstoffgemischen ebenfalls *Dubarry*, S. 16; *Pamoukdjian*, S. 194; *Bruguière*, in: Liber amicorum Calais-Auloy, 169 (180, Fn. 46); *Rengshausen*, S. 159.

[87] *BGH*, GRUR 1961, 572 (575 f.) – Metallfenster; GRUR 1969, 265 (266) – Disiloxan; *Benkard/Asendorf/Schmidt*, § 4 Rn. 84; *Busse/Keukenschrijver*, § 4 Rn. 89; *Hirsch/Hansen*, III C 1 (S. 189); *Kraßer*, § 18 III 4 (S. 324 f.).

[88] *BGH*, GRUR 1966, 249 (250) – Suppenrezept; GRUR 1970, 408 (411) – Anthradipyrazol; GRUR 1988, 290 (293) – Kehlrinne; *Busse/Keukenschrijver*, § 4 Rn. 68; *Boeters*, C XI (Rn. 171).

Kombination bekannter Ausgangsstoffe vermag die erfinderische Tätigkeit allerdings dann nicht zu begründen, wenn die Kombination als solche nahegelegt war.[89] Tritt ein entsprechender Effekt somit bei Bereitstellung eines „einfachen Duftwassers" auf, dessen Erschaffung an sich naheliegend ist, so wird die erfinderische Tätigkeit dadurch nicht begründet. Bei komplexeren Gemischen ist die Kombination der Einzelstoffe oftmals aufgrund der Fülle der Kombinationsmöglichkeiten nicht naheliegend. Es ist dann jeweils im Einzelfall zu fragen, ob der Durchschnittsfachmann dem Stand der Technik Anregungen entnehmen konnte, die besondere Eigenschaft oder den unerwarteten Effekt durch den beanspruchten Stoff oder das in Rede stehende Verfahren zu erzielen.[90]

Verneint wurde die erfinderische Tätigkeit für Riechstoffkompositionen, welche Duftstoffe enthielten, die als Vorprodukte für Riechstoffe bekannt, selbst jedoch noch nicht in Aromakompositionen eingesetzt worden waren.[91] Nach Ansicht der *internationalen Recherchenbehörde des Europäischen Patentamtes* lag der direkte Einsatz der Kompositionen in Duftstoffgemischen für einen Fachmann nahe, sodass ohne eine überraschende technische Wirkung keine erfinderische Tätigkeit anerkannt werden konnte. Insgesamt kann jedoch gesagt werden, dass es angesichts der nahezu unbegrenzten Kombinationsmöglichkeiten im Bereich der Riechstoffe durchaus realistisch ist, Duftstoffgemische mit überraschenden Eigenschaften oder Wirkungen zu entwickeln. Sofern diese Eigenschaften aus dem Stand der Technik nicht ohne weiteres herbeizuführen sind, beruhen die entsprechenden komplexen Gemische auf erfinderischer Tätigkeit und sind deshalb patentierbar.

4. Gewerbliche Anwendbarkeit (§ 5 PatG)

Die gewerbliche Anwendbarkeit der Erfindung als abschließende sachliche Schutzvoraussetzung wird in § 5 PatG (Art. 57 EPÜ) definiert. Sie liegt vor, wenn der Gegenstand der Erfindung auf irgendeinem gewerblichen Gebiet einschließlich der Landwirtschaft hergestellt oder benutzt werden kann (§ 5 Abs. 1 PatG, Art. 57 EPÜ). Die Anwendbarkeit auf irgendeinem gewerblichen Gebiet ist sehr weit zu verstehen, ausreichend ist die Möglichkeit der Herstellung oder Benutzung bei jeder fortgesetzten, selbstän-

---

[89] *BGH*, Urt. v. 21.2.1995 – X ZR 129/92 – Polymerstabilisatoren, abgedruckt bei *Bausch*, S. 35 (S. 41 f.); GRUR 2003, 317 (320) – Kosmetisches Sonnenschutzmittel; *Schulte/Moufang*, § 4 Rn. 127; *Keukenschrijver*, in: FS f. Tilmann, 475 (482); *Féaux de Lacroix*, GRUR 2006, 625 (630).

[90] Vgl. *EPA*, GRUR Int. 1987, 698 (700) – Synergistische Herbizide/CIBA-GEIGY.

[91] Schriftlicher Bescheid der internationalen Recherchenbehörde vom 9.1.2006 (Int. Az. PCT/EP2004/051112) zur Patentanmeldung WO2005004825 (*Symrise GmbH & Co. KG*).

digen, erlaubten, auf Gewinn gerichteten Tätigkeit mit Ausnahme der freien Berufe.[92] Komplexe Duftstoffgemische werden in der heutigen Zeit in industriellem Umfeld produziert und gewerblich verwertet. In Gewerbebetrieben besteht eine Vielzahl von Anwendungsmöglichkeiten für komplexe Duftstoffgemische. Für den Bereich der Duftstoffgemische als Stofferfindungen steht die gewerbliche Anwendbarkeit im Sinne von § 5 Abs. 1 PatG (Art. 57 EPÜ) damit außer Frage.[93] Dies gilt grundsätzlich auch für den Bereich der Verfahrens- und Verwendungserfindungen. Zu beachten gilt es jedoch den Schutzausschlussgrund für therapeutische Verfahren gem. § 5 Abs. 2 S. 1 PatG (Art. 53 lit. c S. 1 EPÜ). Als nicht gewerblich anwendbar und somit nicht patentierbar gelten deshalb Verfahren zur Behandlung von Krankheiten und Befindlichkeitsstörungen.[94] Ein Verfahrenspatent für den Einsatz von ätherischen Ölen und anderen Duftstoffgemischen in Heilverfahren (Aroma-Therapie, Aroma-Chologie[95] etc.) scheidet daher mangels gewerblicher Anwendbarkeit aus. Dies gilt jedoch gem. § 5 Abs. 2 S. 2 PatG (Art. 53 lit. c S. 2 EPÜ) ausdrücklich nicht für die in solchen Verfahren eingesetzten Stoffe, sodass Duftstoffgemische, die in entsprechenden Verfahren eingesetzt werden (können), theoretisch patentierbar sind.

5. Zwischenergebnis

Die vorangegangenen Ausführungen zeigen, dass Patentschutz für Duftstoffgemische möglich ist. Trotz des Schutzausschlusses zahlreicher einfacher Mischungen mangels erfinderischer Tätigkeit im Sinne von § 4 PatG (Art. 56 EPÜ) können die materiellen Schutzvoraussetzungen von zahlreichen komplexeren Duftstoffgemischen prinzipiell erfüllt werden. Daran anschließend stellt sich die Frage, ob die theoretische Schutzmöglichkeit komplexer Duftstoffgemische für Anmelder und Erfinder der Riechstoffindustrie eine praktische Bedeutung hat. Die Praktikabilität von Patenten für komplexe Duftstoffgemische soll daher im Folgenden untersucht werden.

---

[92] *BGH*, GRUR 1968, 142 (143) – Glatzenoperation; *Schulte/Moufang*, § 5 Rn. 10, 12; *Osterrieth*, Rn. 227.

[93] Ebenso *Laligant*, R.R.J. 1989, 587 (594); *Bruguière*, in: Liber amicorum Calais-Auloy, 169 (180); *Dubarry* S. 16 f.; *Pamoukdjian*, S. 193; vgl. auch *Cour d'appel de Paris*, GP 1976, N°s 21-22, 43 (44), die ein Parfüm als „produit industriel" bezeichnet.

[94] *EPA*, ABl. 1988, 207 (211) – Dysmenorrhoe/RORER; *Schulte/Moufang*, § 5 Rn. 32.

[95] S. dazu *Ohloff*, S. 123 ff.

II. Praktikabilität des Patentschutzes

In der Praxis wird von der Möglichkeit des Patentschutzes für komplexe Duftstoffgemische kein Gebrauch gemacht. Angesichts des vorhandenen Schutzbedürfnisses in der Riechstoffindustrie erscheint dies zunächst erstaunlich. Zwar werden in zahlreichen Patentanmeldungen komplexe Stoffgemische erwähnt, teilweise werden sogar ausführliche Formeln zur Herstellung einzelner Gemische genannt, die Offenbarung erfolgt jedoch lediglich als beispielhafte Angabe von Verwendungsmöglichkeiten eines beanspruchten Einzelduftstoffes. Die aufgeführten Gemische können zwar indirekt vom Schutzbereich des Einzelstoffes erfasst sein,[96] die zugrunde liegenden Patente sind jedoch keine Patente, die explizit für das Gemisch angemeldet werden. Patentschutz für einzelne Duftstoffgemische, das heißt für eine bestimmte Mischung einer Vielzahl von Einzelsubstanzen, wird nicht beantragt. In der Literatur aufgeführte Patente für Riechstoffgemische – beispielsweise patentierte Parfümkompositionen – sind allenfalls von historischem Interesse.[97] Stattdessen vertrauen die Beteiligten zum Schutz der für sie wirtschaftlich bedeutsamen Duftstoffgemische nach wie vor auf das Mittel der Geheimhaltung.

Der Grund für den Verzicht auf die Anmeldung von Patenten für komplexe Duftstoffgemische liegt in den mit der Anmeldung verbundenen Risiken und Nachteilen für die Schutzsuchenden, welche die positiven Schutzwirkungen überwiegen. § 34 Abs. 4 PatG (Art. 83 EPÜ) schreibt vor, dass eine Erfindung in der Patentanmeldung so deutlich und vollständig zu offenbaren ist, dass ein Fachmann sie ausführen kann. Ausführbar ist eine Erfindung, wenn ein Fachmann anhand der Angaben in der Anmeldung unter Einsatz seines Fachwissens ohne erfinderisches Zutun zur praktischen Verwirklichung der offenbarten technischen Lehre in der Lage ist.[98] Dem Offenbarungserfordernis ist genüge getan, wenn sich ein Herstellungsweg aus der Patentschrift ergibt.[99] Die beanspruchte Erfindung ist so zu kennzeichnen, dass sie „eindeutig identifiziert" werden kann.[100] Als bester Weg zur Kennzeichnung eines Stoffes wird die Angabe seiner chemischen Strukturformel angesehen. Dies setzt allerdings deren Kenntnis voraus, welche bei komplexen Stoffgemischen aufgrund ihrer makromole-

---

[96] Vgl. dazu unten Vierter Teil, C IV.

[97] *Pamoukdjian*, S. 195 erwähnt drei Patente für Parfümformeln aus den Jahren 1812, 1821 und 1823.

[98] *BGH*, GRUR 1984, 272 (273) – Isolierglasscheibenrandfugenfüllvorrichtung; *BGH*, GRUR 1987, 231 (232) – Tollwutvirus; GRUR 2001, 813 (818) – Taxol; *Schulte/Moufang*, § 34 Rn. 363; *Busse/Keukenschrijver*, § 34 Rn. 278; *Hirsch/Hansen*, II B 1 b (S. 58).

[99] *Hirsch/Hansen*, II B 1 b (S. 58).

[100] *Benkard/Bacher/Melullis*, § 1 Rn. 85.

kularen Struktur nicht gegeben ist.[101] Gleiches gilt für die Angabe der Summenformel komplexer Stoffgemische. In diesem Fall ist eine Charakterisierung des beanspruchten Stoffes durch sog. Parameter, das heißt durch die Angabe von physikalischen und chemischen Eigenschaften, möglich.[102] Im Regelfall ist die Kennzeichnung komplexer Stoffgemische jedoch auch durch zuverlässig feststellbare Charakteristika nicht möglich bzw. gänzlich unpraktisch. Ausnahmsweise ist deshalb die Kennzeichnung des Stoffes durch ein mit hinreichender Sicherheit zum angestrebten Erfolg führendes Herstellungsverfahren (sog. Product-by-Process Anspruch) möglich.[103] Auf diese Weise wird der Stoff „vollends in der Zusammensetzung und Form festgelegt", in der er bei dem entsprechenden Verfahren anfällt.[104]

Erforderlich wäre somit die Angabe des Verfahrens zur Herstellung des komplexen Duftstoffgemisches. Dies gilt nicht nur bei Anmeldung eines Verfahrenspatents, sondern auch für Stoffpatente auf komplexe Duftstoffgemische. In der Anmeldung müsste demnach die Formel zur Herstellung des Gemisches angegeben werden. Offenbart werden müssten die einzelnen Ausgangssubstanzen und die dazugehörigen Mengenangaben, beispielsweise in der Form „Riechstoffgemisch erhalten durch Vermischung von … [Auflistung der Ausgangsstoffe mit Mengenangabe]". Die Patentanmeldung würde mithin zur vollständigen Veröffentlichung der qualitativen und quantitativen Zusammensetzung eines Riechstoffgemisches führen. Dabei handelt es sich um elementare Betriebsgeheimnisse der Riechstoffunternehmen.[105] Durch die Anmeldung würden Konkurrenten folglich mit Informationen versorgt, die sie im Falle wirksamer Geheimhaltung nicht erlangen könnten. Die exakte Formel eines komplexen Duftstoffgemisches ist nach heutigem Stand der Technik auch durch den Einsatz modernster Analysemethoden nicht zu identifizieren.[106]

Der Nachteil des Offenbarungserfordernisses bei der Anmeldung von Patenten für Duftstoffgemische liegt auf der Hand, wenn die Anmeldung zurückgewiesen (§ 48 PatG, Art. 90 Abs. 5, 97 Abs. 2 EPÜ) oder das Patent zu einem späteren Zeitpunkt nach § 61 PatG (Art. 101 Abs. 2, Abs. 3

---

[101] *BGH*, GRUR 1972, 80 (83) – Trioxan; *Heyer/Hirsch*, GRUR 1975, 632; *Grubb*, S. 222; explizit für Parfümgemische *Laligant*, R.R.J. 1989, 587 (595).

[102] *BGH*, GRUR 1972, 80 (84) – Trioxan; *Schulte/Schulte*, § 34 Rn. 147 f.; *Kraßer*, § 24 III 4 (S. 493); *Grubb*, S. 221; EPA-PrRL C III 4.11.

[103] *BGH*, GRUR 1972, 80 (88) – Trioxan; GRUR 1993, 651 (655) – Tetraploide Kamille; *BPatG*, GRUR 1978, 633 (635) – Gardimycin; *EPA*, GRUR Int. 1984, 525 (527) – Anspruchskategorien/IFF; *Loth*, § 1 Rn. 124; *Hirsch/Hansen*, B II 2 c (S. 75); *Kraßer*, § 24 III 4 (S. 492 f.); *Heyer/Hirsch*, GRUR 1975, 632.

[104] *Hirsch*, GRUR 1978, 263 (265 f.).

[105] S. dazu auch unten Sechster Teil, A.

[106] Vgl. oben Vierter Teil, B I 2.

EPÜ) widerrufen oder gem. § 22 PatG (Art. 138 EPÜ) für nichtig erklärt werden sollte. Der Verlust des Betriebsgeheimnisses würde dann noch nicht einmal durch den Erwerb des Schutzrechts ausgeglichen.

Aber auch bei dauerhaft wirksamer Schutzrechtserteilung wäre deren Nutzen für den Anmelder im Vergleich zu den mit der Offenbarung verbundenen Nachteilen gering. Ein Blick auf Inhalt und Schutzbereich des Patentschutzes für Duftstoffgemische zeigt, dass ein effektiver, den praktischen Bedürfnissen der Anmelder entsprechender Schutz durch das Patent nicht gewährt wird. § 9 PatG weist dem Patentinhaber das Recht zur Benutzung des Patents (§ 9 S. 1 PatG) sowie Dritten gegenüber ein negatives Abwehrrecht (§ 9 S. 2 PatG) zu. Dies gilt gem. Art. 64 Abs. 1 EPÜ auch für europäische Patente, die für die Bundesrepublik Deutschland als Bestimmungsland erteilt wurden. Im Falle der Verletzung dieser Rechte stehen dem Patentinhaber gegen den Verletzer die zivilrechtlichen Ansprüche aus §§ 139 bis 141 PatG zu, gerichtet unter anderem auf Unterlassung (§ 139 Abs. 1 PatG) sowie bei schuldhafter Verletzung auf Schadensersatz (§ 139 Abs. 2 PatG). Die Patentverletzung setzt einen Eingriff in den Schutzbereich des Patents voraus, welcher gem. § 14 S. 1 PatG (Art. 69 Abs. 1 S. 1 EPÜ) durch den Inhalt der Patentansprüche bestimmt wird.

Ein Patent für ein komplexes Duftstoffgemisch würde zunächst Schutz bieten vor einer wortsinngemäßen Benutzung des Gemisches. Eine solche liegt einerseits vor bei identischer Verwirklichung der Erfindung,[107] das heißt bei Benutzung eines Stoffgemisches exakt gleichen Inhalts oder Anwendung der identischen Verfahrensschritte. Unter den Wortsinn der Erfindung kann andererseits auch die Verwendung „fachnotorischer Austauschmittel" fallen, also jener Abwandlungen, die sich dem Fachmann ohne weiteres erschließen, sodass er sie in Gedanken mitliest.[108] Die wortsinngemäße Benutzung eines patentierten Duftstoffgemisches wäre in der Praxis relativ unwahrscheinlich, da diese (abgesehen von den „fachnotorischen Austauschmitteln") bereits bei Veränderung einzelner Komponenten des Gemisches nicht mehr vorläge. Der Austausch einzelner Komponenten unter Beibehaltung des olfaktorischen Eindrucks des Gemisches ist für einen Experten relativ einfach möglich.

Patente werden allerdings auch geschützt vor äquivalenter Benutzung. Gleichwirkende Lösungsmittel, die der Durchschnittsfachmann mithilfe seiner Fachkenntnisse auffinden kann, sind ebenfalls in den Schutzbereich des Patents einbezogen.[109] Eine äquivalente Benutzung liegt vor, wenn (1)

---

[107] *Benkard/Scharen*, § 14 Rn. 92; *Osterrieth*, Rn. 449.

[108] *Mes*, § 14 Rn. 49; *Benkard/Scharen*, § 14 Rn. 96; *Osterrieth*, Rn. 449.

[109] *BGH*, GRUR 1986, 803 (805) – Formstein; GRUR 1988, 896 (899) – Ionenanalyse; GRUR 1994, 597 (599) – Zerlegvorrichtung für Baumstämme; *Schulte/Kühnen*, § 14

abgewandelte, aber gleichwirkende Mittel eingesetzt werden, die (2) der Fachmann allein aus seinem Fachwissen, das heißt ohne erfinderisches Zutun auffinden kann und (3) die von ihm anzustellenden Überlegungen derart am Sinngehalt der im Patentanspruch unter Schutz gestellten technischen Lehre orientiert sind, dass der Fachmann die abweichende Lösung als der patentgegenständlichen gleichwertig in Betracht zieht.[110] Vom Schutzbereich des Patents für ein komplexes Duftstoffgemisch umfasst wäre damit auch ein Duftstoffgemisch anderer inhaltlicher Zusammensetzung, bei dem einzelne oder mehrere Duftmoleküle durch Stoffe gleicher Wirkung, insbesondere gleichen olfaktorischen Profils, ersetzt wurden, sofern diese(r) Ersatzstoff(e) einem Fachmann ohne weiteres zur Verfügung stand(en) und dieser das neue Stoffgemisch als gleichwertige Ersatzlösung ansieht. Werden Einzelstoffe ausgetauscht, deren funktionelle Wirkung sich hinsichtlich des gewünschten Effektes (zum Beispiel Beibehaltung des Dufteindrucks) ohne weiteres absehen lässt, so liegt äquivalente Benutzung vor.[111] Theoretisch bietet das Patent damit Schutz gegen zahlreiche Nachahmungen des Duftstoffgemisches und auf diesem Weg auch gegen Kopien des Duftes. In der Praxis freilich wäre die Effektivität des Schutzes aus mehreren Gründen gering.

Werden mehrere Einzelstoffe des geschützten Gemisches ersetzt, so kann trotz des Naheliegens der einzelnen Austauschstoffe das neue Duftstoffgemisch außerhalb des Schutzbereichs des Originalgemisches liegen. Die Äquivalenz bei Kombinationspatenten erfordert über die Gleichwirkung der Einzelmerkmale hinaus auch die Erzielung der gleichen Kombinationswirkung, wie sie mit der patentierten Erfindung angestrebt wird.[112] Die Bestandteile des patentierten Gemisches und die ausgetauschten Einzelstoffe reagieren aufgrund struktureller Unterschiede häufig nicht identisch. Aufgrund der unterschiedlichen Reaktivität der Austauschstoffe erfordert die Schaffung eines duftähnlichen Stoffgemisches oftmals ihrerseits erfinderische Tätigkeit, wodurch eine äquivalente Benutzung ausgeschlossen ist.[113] Der von einem Duftstoffgemisch ausgehende Dufteindruck ist nur eine Eigenschaft des Gemisches; kombinationsbedingte Unterschie-

---

Rn. 48; *Busse/Keukenschrijver*, § 14 Rn. 91; vgl. auch das Protokoll zur Auslegung des Art. 69 EPÜ (ABl. EPA, Sonderausgabe 1/2007, S. 88).

[110] *BGH*, GRUR 2002, 519 (521) – Schneidmesser II; GRUR 2002, 523 (524) – Custodiol I; *Benkard/Scharen*, § 14 Rn. 101; *Mes*, § 14 Rn. 55 ff.; *Schulte/Kühnen*, § 14 Rn. 48; *Osterrieth*, Rn. 453 ff.

[111] *Hirsch/Hansen*, VII A 4 b (S. 295); a. A. scheinbar *Rengshausen*, S. 165 („minimale Veränderungen oder Ergänzungen" genügen zur Vermeidung einer Patentverletzung).

[112] *BGH*, GRUR 1983, 497 (499) – Absetzvorrichtung; *Hirsch/Hansen*, VII A 2 a (S. 281 f.).

[113] Vgl. *BGH*, GRUR 1994, 597 (600) – Zerlegvorrichtung für Baumstämme.

de in anderen Charakteristika sind trotz eines konstanten Dufteindrucks nicht ausgeschlossen.

Des Weiteren wird die Offenbarung des Stoffgemisches im Patent in vielen Fällen lediglich als Ausgangspunkt zur Entwicklung eines anderen Stoffes benutzt. Dabei wird das Gemisch modifiziert und verändert, um ihm neue Nuancen oder Eigenschaften (höhere Stabilität, andere Duftfolge o.ä.) hinzuzufügen. Auch hier läge keine äquivalente Benutzung des patentierten Gemisches mehr vor, sondern dessen Abwandlung. Die Offenbarung würde jedoch den Konkurrenten ihre eigene Arbeit erheblich erleichtern, indem ihnen dadurch zeit- und kostenintensive Vorarbeiten erspart blieben.[114]

Schließlich stellte sich stets ein erhebliches Beweisproblem für den Patentinhaber. Diesem obliegt im Fall einer vermeintlichen Patentverletzung nach den allgemeinen zivilprozessualen Regeln die Beweislast für die anspruchsbegründenden Tatsachen, mithin auch für das Vorliegen der Verletzung.[115] Der Nachweis der Benutzung des Patents setzt die strukturelle Aufklärung des vom Beklagten benutzten Stoffes voraus. Diese ist jedoch nach dem Stand der Technik nicht vollständig möglich, sodass ein Rest an nicht identifizierbaren Teilen des komplexen Gemisches bleibt.[116] Wegen der qualitativ und quantitativ unvollständigen Analyse lassen sich die Ausgangsstoffe des möglicherweise patentverletzenden Gemisches nicht hinreichend ermitteln. Damit kann keine hinreichend sichere Aussage darüber gemacht werden, welche Bestandteile in welcher Weise ausgetauscht wurden. Die Erfolgsaussichten beim Nachweis einer äquivalenten Benutzung des geschützten Gemisches wären demnach sehr ungewiss.[117] Für den Beklagten besteht auch keine Auskunftsverpflichtung aus Treu und Glauben hinsichtlich der Zusammensetzung des von ihm benutzten Gemisches. Die allgemeine Auskunftpflicht setzt unter anderem die Zumutbarkeit der Auskunftserteilung für den Beklagten voraus.[118] Angesichts der immensen Bedeutung der Geheimhaltung der Riechstoffformeln wäre eine Verpflichtung zur Offenlegung für den vermeintlichen Verletzer regelmäßig unzumutbar.[119] Inwiefern durch die Umsetzung der Richtlinie zur Durchsetzung

---

[114] Ebenso *Pamoukdjian*, S. 199; *Laligant*, R.R.J. 1989, 587 (595); *Rengshausen*, S. 165 f.

[115] *BGH*, GRUR 2004, 268 (269) – Blasenfreie Gummibahn II; *Benkard/Robbe/Grabinski*, § 139 Rn. 114; *Schulte/Kühnen*, § 139 Rn. 204; *Osterrieth*, Rn. 532.

[116] S. Vierter Teil, B I 2.

[117] Ebenso *Pamoukdjian*, S. 199 f.

[118] *BGH*, GRUR 1995, 693 (697) – Indizienkette; GRUR 2004, 268 (269) – Blasenfreie Gumminbahn II; *Benkard/Robbe/Grabinski*, § 139 Rn. 116.

[119] Vgl. zur Abwägung beim Anspruch eines Patentinhabers aus § 809 BGB mit dem Interesse des Beklagten an Wahrung von Betriebsgeheimnissen *BGH*, GRUR 1985, 512

der Rechte des geistigen Eigentums[120] eine grundlegende Verbesserung der Ausgangslage des Patentinhabers zu erwarten ist, bleibt abzuwarten, da die dort vorgesehenen Auskunfts- und Besichtigungsansprüche in Übereinstimmung mit der Rechtsprechung zu § 809 BGB die „hinreichende Wahrscheinlichkeit" der Patentverletzung erfordern und unter dem Vorbehalt der Gewährleistung vertraulicher Information stehen.[121]

Zugunsten der Inhaber von Verfahrenspatenten sieht § 139 Abs. 3 PatG eine Beweislastumkehr vor. Die Regelung setzt jedoch voraus, dass die angegriffene Tätigkeit ein „gleiches" Erzeugnis betrifft.[122] Die Beweislast hinsichtlich der Identität der Erzeugnisse liegt auch in diesem Fall beim Patentinhaber,[123] sodass die geschilderte Beweisproblematik auch beim Verfahrenspatent für komplexe Duftstoffgemische bestünde.

Die Ausführungen zeigen, dass die mit der Patentanmeldung verbundenen Nachteile die mit der möglichen Erlangung eines formellen Schutzrechts einhergehenden Vorteile überwiegen. Patentschutz für komplexe Duftstoffgemische ist aus heutiger Sicht wirtschaftlich uninteressant. Die Anmeldung nützt Konkurrenten, die sich durch die zu offenbarenden Informationen eigene zeit- und kostenintensive Forschungstätigkeit ersparen. Im Gegenzug bietet das Patent für Duftstoffgemische dem Patentinhaber nicht die Möglichkeit, den Zugriff auf das eigene Know-how und die Verwertung desselben in ausreichendem Maße zu unterbinden. Auf absehbare Zeit ist daher keine Abkehr von der Geheimhaltungtradition für komplexe Duftstoffgemische zu erwarten. Dies gilt insbesondere angesichts des möglichen Schutzes des Dufteindrucks komplexer Duftstoffgemische durch das Urheberrecht.[124] Im Folgenden soll geklärt werden, ob Gleiches für einzelne Duftstoffe bzw. Duftstoffmoleküle gilt.

---

(516) – Druckbalken; *OLG Düsseldorf*, GRUR 1983, 741 (743 f.) – Geheimhaltungsinteresse und Besichtigungsanspruch I.

[120] Richtlinie 2004/48/EG des Europäischen Parlaments und des Rates v. 29. April 2004 zur Durchsetzung der Rechte des geistigen Eigentums (ABl. Nr. L 157 v. 30.4.2004).

[121] Vgl. Art. 6 Abs. 1 S. 1, Art. 7 Abs. 1 S. 1 Richtlinie 2004/48/EG sowie den zum 1. September 2008 in Kraft tretenden § 140 c PatG (s. Art. 2 Nr. 4 des Gesetzes v. 7. Juli 2008, BGBl. I S. 1191); vgl. dazu *Berlit*, WRP 2007, 732 (736 f.).

[122] *BGH*, GRUR 1977, 100 (104 f.) – Alkylendiamine II; *Benkard/Robbe/Grabinski*, § 139 Rn. 122.

[123] *Benkard/Robbe/Grabinski*, § 139 Rn. 119; *Schulte/Kühnen*, § 139 Rn. 213.

[124] S. oben im Zweiten Teil.

C. Schutz einzelner Duftstoffe

Unter dem Begriff des Duftstoffes im Sinne dieser Untersuchung sind chemische Verbindungen zu verstehen, die als Einzelduftstoffe oder als Bestandteil in komplexen Duftstoffgemischen verwendet werden. Eine solche Riechstoffverbindung ist beispielsweise der Johannisbeer-Riechstoff *4-Methoxy-2-methylbutan-2-thiol*, ein Hauptbestandteil des Cassieblütenaromas.[125] Um einen Duftstoff in diesem Sinne handelt es sich auch bei dem Jasmon-Riechstoffgemisch aus *cis-und-trans-3-Methyl-γ-decalacton.*[126]

I. Schutzvoraussetzungen (§ 1 Abs. 1 PatG)

Für Einzelduftstoffe gelten die allgemeinen Patentierungsvoraussetzungen des § 1 Abs. 1 PatG (Art. 52 Abs. 1 EPÜ), wie sie bereits im Zusammenhang mit den komplexen Duftstoffgemischen erörtert wurden.

1. Erfindung

Einzelne Duftstoffverbindungen und -moleküle können patentierbare Erfindungen sein. Die zu den komplexen Duftstoffgemischen gemachten Ausführungen gelten für Einzelduftstoffe entsprechend.[127] Die der technischen Lehre zugrunde liegende Aufgabe ist in der Bereitstellung eines neuen Duftstoffes zu sehen. Die Lösung der Aufgabe erfolgt durch Schaffung des Duftstoffes. Der Schutz der technischen Lehre ist möglich als Stoff- oder Verfahrenspatents bzw. in Form einer Kombination beider Patentkategorien. Auch Einzelduftstoffe sind nicht als ästhetische Formschöpfungen vom Patentschutz gem. § 1 Abs. 3 Nr. 2 PatG (Art. 52 Abs. 2 lit. b EPÜ) ausgeschlossen.

Duftstoffverbindungen können jedoch als Entdeckungen gem. § 1 Abs. 3 Nr. 1 Var. 1 PatG (Art. 52 Abs. 2 lit. a Var. 1 EPÜ) vom Patentschutz ausgeschlossen sein. Dabei ist zwischen den einzelnen Duftstoffarten zu unterscheiden. Eine Entdeckung ist das Auffinden von etwas objektiv bereits in der Natur Vorhandenem, das heißt sie ist reine Erkenntnis.[128] Werden im Rahmen sog. „Duftexpeditionen"[129] neue natürliche

---

[125] Vgl. *Kraft/Bajgrowicz/Denis/Fratér*, Angew. Chem. 2000, 3107 (3112), mit zahlreichen weiteren Beispielen für Duftstoffmoleküle.

[126] Patentanmeldung WO2005123889 (*Symrise GmbH & Co. KG*).

[127] Vgl. Vierter Teil, B I 1.

[128] *BPatG*, GRUR 1978, 238 (239) – Naturstoffe; *Benkard/Bacher/Melullis*, § 1 Rn. 96; *Kraßer*, § 11 II (S. 122).

[129] S. dazu *Häusler*, DIE ZEIT, Ausgabe 52/01 v. 20.12.2001, S. 27.

Riechstoffe entdeckt, so kann deren Patentierung ausgeschlossen sein.[130] Dies gilt aber nur für den Fall, dass sich die „Erfindung" im Auffinden des in der Natur vorkommenden Duftstoffes erschöpft.[131] Wird hingegen ein Weg aufgezeigt, wie der neu entdeckte Stoff mit der angegebenen Konstitution synthetisch hergestellt werden kann bzw. wie die Verbindung oder einzelne Moleküle daraus isoliert werden können, so liegt darin eine dem Patentschutz zugängliche technische Lehre.[132] Die Bereitstellung eines bisher nicht bekannten Naturstoffes ist eine patentfähige Erfindung. Ausgeschlossen vom Patentschutz gem. § 1 Abs. 3 Nr. 1 Var. 1 PatG (Art. 52 Abs. 2 lit. a Var. 1 EPÜ) sind somit lediglich natürliche Riechstoffe, die in der Natur in gebundener Form vorliegen und bereits ohne einen weiteren Verfahrensschritt zur Verfügung stehen. Wird die Riechstoffverbindung durch Isolierung aus einem natürlichen Stoffgemisch gewonnen (halbsynthetischer Riechstoff) oder ein Weg mitgeteilt, den Stoff der angegebenen Konstitution auf synthetischem Weg herzustellen (vollsynthetischer naturidentischer Riechstoff), so ist die damit verbundene technische Lehre dem Patentschutz zugänglich, wenn die übrigen Patentierungsvoraussetzungen vorliegen.

Auch bei halbsynthetischen und vollsynthetischen naturidentischen Riechstoffen ist die Patentierung als Stoffpatent ausgeschlossen, wenn der natürliche Riechstoff im Zeitpunkt der Anmeldung bereits in reiner Form vorhanden ist. In diesem Fall liegt zwar eine technische Lehre vor, sodass sich der Schutzausschluss nicht aus § 1 Abs. 3 Nr. 1 Var. 1 PatG (Art. 52 Abs. 2 lit. a Var. 1 EPÜ) ergibt. Die Lehre führt jedoch zu einem bekannten Stoff, der nicht die nach § 3 Abs. 1 PatG (Art. 54 Abs. 1 EPÜ) erforderliche Neuheit aufweist. Denkbar ist in diesem Fall nur ein Schutz als Verfahrenspatent.[133]

2. Neuheit (§ 3 PatG)

Einzelduftstoffe sind chemische Verbindungen. Die Beurteilung der Neuheit von Duftstoffen als Stoffpatente bzw. der Verfahren zu ihrer Gewinnung als Verfahrenspatente richtet sich nach den allgemeinen Grundsätzen,

---

[130] Vgl. EPA-PrRL C IV 2.3.1.

[131] *Hüni*, GRUR 1970, 9 (13 f.).

[132] *BPatG*, GRUR 1978, 238 (239) – Naturstoffe; GRUR 1978, 702 (703) – Menthonthiole; *EPA*, GRUR Int. 1995, 708 (710) – Relaxin; *Benkard/Bacher/Melullis*, § 1 Rn. 92; *Boeters*, B XII (Rn. 161).

[133] Vgl. *Benkard/Bacher/Melullis*, § 1 Rn. 92a.

da auf dem Gebiet der chemischen Industrie keine Besonderheiten gelten.[134]

Neuheit im Sinne § 3 Abs. 1 PatG (Art. 54 Abs. 1 EPÜ) liegt bei chemischen Stoffen vor, wenn die stoffliche Zusammensetzung nicht zum Stand der Technik gehört.[135] Sie scheidet aus, wenn der angemeldete Stoff mit einem bekannten, nach Stoff- oder Verfahrensparametern eindeutig beschriebenen Stoff identisch ist.[136] Das Auffinden unbekannter Eigenschaften oder Wirkungen eines bereits bekannten, dem Stand der Technik angehörenden Stoffes, kann dessen Neuheit nicht begründen, denn maßgebend ist die Neuheit des Stoffes als solchen.[137] Das Auffinden eines unerwarteten Geruchseindrucks eines bereits bekannten und eindeutig identifizierten Stoffes führt somit nicht zu dessen Neuheit im Sinne von § 3 Abs. 1 PatG (Art. 54 Abs. 1 EPÜ). In diesem Fall ist ein Stoffpatent für die Duftstoffverbindung ausgeschlossen.

Eine bisher unbekannte (Duft-)Eigenschaft kann aber zu einem Verwendungspatent führen.[138] Diese Konstellation findet sich bei dem bereits erwähnten Jasmon-Riechstoffgemisch aus *cis- und trans-3-Methyl-γ-decalacton*. Sowohl die Einzelstoffe als auch Gemische aus *cis- und trans-3-Methyl-γ-decalacton* waren im Zeitpunkt der Patentanmeldung aus der Literatur bekannt. Neu hingegen war die Verwendung der beide Stoffe enthaltenden Verbindung als Jasmon-Riechstoff.[139] In dem konkreten Fall wurden daher die auf die Verwendung eines Gemisches von *cis- und trans-3-Methyl-γ-decalacton* sowie dieses Gemisch enthaltende Riechstoffkompositionen und parfümierte Artikel gerichteten Patentansprüche von der internationalen Recherchenbehörde als neu im Sinne von § 3 Abs. 1 PatG (Art. 54 Abs. 1 EPÜ) eingestuft. Anders fiel die Beurteilung für die Verwendung der Substanz *2-Methyl-5-phenylpentanal* zur Herstellung eines Duftstoffgemisches mit Rosenduft aus.[140] Der Stoff als solcher und auch dessen Eignung zur Verwendung als Riechstoff war im Zeitpunkt der Anmeldung bekannt. Allerdings erwies sich die bekannte Geruchsbeschrei-

---

[134] *RG*, Urt. v. 20.3.1889 – Kongorot (veröffentlicht bei *Gareis*, S. 47 (S. 58)); *BGH*, GRUR 1970, 408 (411 f.) – Anthradipyrazol; GRUR 1972, 541 (543) – Imidazoline; *Benkard/Melullis*, § 3 Rn. 83.

[135] *Busse/Keukenschrijver*, § 3 Rn. 127; *Kraßer*, § 17 IV a 3 (S. 290).

[136] *Benkard/Melullis*, § 3 Rn. 85.

[137] *BGH*, GRUR 1972, 541 (544) – Imidazoline; *Bruchhausen*, in: FS GRUR, 323 (355).

[138] Vgl. *EPA*, GRUR Int. 1990, 522 (528) – Reibungsverringernder Zusatz; *Schulte/Moufang*, § 1 Rn. 234 ff.; *Brandi-Dohrn/Gruber/Muir*, Rn. 14.21.

[139] Schriftlicher Bescheid der internationalen Recherchenbehörde vom 20.12.2006 (Int. Az. PCT/EP2005/052581) zur Patentanmeldung WO2005123889 (*Symrise GmbH & Co. KG*).

[140] Patentanmeldung EP1631247 (*Symrise GmbH & Co. KG*).

bung „soft, green, fatty ozone" in diesem Fall als unvollständig bzw. falsch, da sie einen tatsächlich vorhandenen Rosengeruch nicht offenbarte. Die Verwendung zum beanspruchten Zweck war dennoch nicht neu, da die Verwendung des Stoffes als Riechstoff bekannt war und damit unvermeidlich auch die Tatsache, dass sich bei anspruchgemäßer Verwendung des Stoffes in den entsprechenden Riechstoffgemischen ein Rosengeruch feststellen ließ.[141] Eine neu entdeckte Wirkung, die der bekannten Verwendung eines bekannten Stoffes zugrunde liegt, vermag die Neuheit im Sinne von § 3 Abs. 1 PatG (Art. 54 Abs. 1 EPÜ) nicht zu begründen.[142]

Besonders relevant bei der Beurteilung der Neuheit von Einzelduftstoffen sind zwei Konstellationen: einerseits die Neuheit natürlicher Duftstoffverbindungen, andererseits die neuheitsschädliche Vorwegnahme eines Duftstoffmoleküls durch Zugehörigkeit zu einer bekannten allgemeinen Strukturformel. Eine natürliche Duftstoffverbindung ist neu, wenn der Stoff durch die Erfindung erstmals der Allgemeinheit zur Verfügung gestellt wird. Das Vorhandensein der Verbindung in der Natur steht der Neuheit der Patentanmeldung nicht entgegen.[143] Die Neuheit einer natürlichen Duftstoffverbindung fehlt, wenn der Stoff im Zeitpunkt der Anmeldung bereits isoliert oder synthetisiert zur Verfügung stand. Nach den Grundsätzen zur neuheitsschädlichen offenkundigen Vorbenutzung[144] fehlt die Neuheit des Stoffes darüber hinaus auch, wenn die Verbindung für einen Fachmann ohne weiteres analysierbar und isolierbar bzw. reproduzierbar war. Davon ist zum Beispiel auszugehen, wenn das die Verbindung enthaltende natürliche Duftstoffgemisch dem Fachmann bekannt ist. Es ist dann unerheblich, ob die Einzelverbindung bereits tatsächlich isoliert oder synthetisiert worden ist.[145]

Gelegentlich unterfällt eine konkrete Duftstoffverbindung einer vorbekannten allgemeinen chemischen Formel, in welcher einzelne Atome als variable Substituenten aufgeführt sind.[146] Die strukturelle Beschreibung chemischer Verbindungen durch allgemeine Formeln (sog. Markush-Formeln) ist in der Chemie üblich.[147] Die Zugehörigkeit zu einer vorbe-

---

[141] Anlage zum Bescheid gem. Art. 94 Abs. 3 EPÜ des Europäischen Patentamtes v. 2.4.2007.

[142] *EPA*, GRUR Int. 2000, 269 (271) – Desodorierende Gemische/ROBERTET S.A.; *Brandi-Dohrn/Gruber/Muir*, Rn. 14.21.

[143] *BPatG*, GRUR 1978, 702 (704) – Menthonthiole; *Benkard/Melullis*, § 3 Rn. 93; *Hüni*, GRUR 1970, 9 (14).

[144] S. dazu oben Vierter Teil, B I 2.

[145] Vgl. *BGH*, GRUR 1978, 696 (698) – a-Aminobenzylpenicillin.

[146] Vgl. zum Beispiel die patentierte Riechstoffverbindung in EP0743297 (*Givaudan Roure International S.A.*), welche insgesamt fünf variable Substituenten (R_1 - R_5) enthält.

[147] S. dazu *EPA*, GRUR Int. 2004, 521 (522) – Safener/BAYER; *Egerer/Reuschl*, GRUR 1998, 87 (90); EPA-PrRL C III 4.11.

kannten allgemeinen Formel hat für sich genommen keine Aussagekraft für die Neuheitsfrage.[148] Maßgebend für die Beurteilung der Neuheit ist nach Ansicht des *Bundesgerichtshofs* allein, ob ein Sachverständiger durch die Angaben in der Vorveröffentlichung über die allgemeine chemische Verbindung ohne weiteres in die Lage versetzt wird, die konkrete Duftstoffverbindung zu erhalten.[149] Dies ist jedenfalls anzunehmen, wenn die als Substituenten zu verwendenden Atome und Moleküle namentlich genannt sind.[150] In diesem Fall liegt eine begrenzte Zahl eindeutig definierbarer chemischer Stoffe vor, sodass jeder einzelne dieser Stoffe dem Stand der Technik zuzurechnen ist. Die Neuheit eines Stoffes kann somit auch fehlen, wenn dieser nicht individuell im Stand der Technik beschrieben ist.[151] Weist der aufgrund der Zugehörigkeit zu einer bekannten Stoffgruppe ebenfalls bekannte Stoff eine bislang unbekannte Eigenschaft auf, zum Beispiel einen neuartigen Dufteindruck, so kann diese Eigenschaft zu einem Verwendungspatent führen.

Auch bei Einzelduftstoffen kommt ein Schutz des Herstellungsverfahrens in Betracht. Neuheit im Sinne von § 3 Abs. 1 PatG (Art. 54 Abs. 1 EPÜ) wurde beispielsweise bei einem Verfahren zur Duftstoffsynthese angenommen, welches aus einer dem Stand der Technik zuzurechnenden chemischen Reaktion eines bereits bekannten Ausgangsstoffes bestand.[152] Die Neuheit des Syntheseverfahrens ergab sich in diesem Fall daraus, dass der synthetisierte Stoff (*Methyl (E)-4,7-octadienoat*) neu war und hervorragende olfaktorische Eigenschaften aufwies. Ein Herstellungsverfahren, welches sich dem Fachmann bekannter Methoden zur Herstellung eines neuen Aromastoffes bedient, ist als neu einzustufen.[153] Im Vergleich zu den komplexen Duftstoffgemischen ist bei Einzelsubstanzen die Neuheit der Art und Weise der Herstellung (eigenartiges Herstellungsverfahren) eher möglich. Die Neuheit eines Syntheseverfahrens kann sich bereits daraus ergeben, dass mehrere an sich bekannte Schritte in einer vom Stand der

---

[148] *BGH*, GRUR 1988, 447 (449) – Fluoran; *Eggert*, GRUR 1972, 453 (457 f.);

[149] *BGH*, GRUR 1988, 447 (449) – Fluoran; GRUR 2000, 296 (297) – Schmierfettzusammensetzung; ebenso *Schulte/Moufang*, § 1 Rn. 349; *Bruchhausen*, GRUR 1972, 226 (229); ähnlich bereits *Dersin*, Angew. Chem. 1960, 263 (266).

[150] *Benkard/Melullis*, § 3 Rn. 85e; *Rogge*, GRUR 1996, 931 (938).

[151] A. A. *EPA*, GRUR Int. 1990, 851 (852) – Enantiomere/HOECHST; GRUR Int. 1989, 226 (227) – Xanthine/DRACO; GRUR Int. 1984, 700 (702) – Spiroverbindungen/CIBA-GEIGY; EPA-PrRL C IV 9.7 i.

[152] EP0773209 (*Givaudan Roure International S.A.*), Verfahren zur Herstellung von Methyl (E)-4,7-octadienoat, gekennzeichnet durch Orthoester-Claisen-Umlagerung von 1,5-Hexadien-3-ol mit Trimethylorthoacetat in Anwesenheit einer Carbonsäure C1 bis C8.

[153] Vgl. *BGH*, GRUR 1978, 702 (705) – Menthonthiole.

Technik abweichenden Weise kombiniert werden.[154] Somit ist die Anzahl der in der Riechstoffindustrie anwendbaren Verfahren einzig durch den Einfallsreichtum des Chemikers begrenzt.[155]

3. Erfinderische Tätigkeit (§ 4 PatG)

Auch die Patentierung eines einzelnen Duftstoffes setzt das Beruhen auf einer erfinderischen Tätigkeit gem. § 4 S. 1 PatG (Art. 56 S. 1 EPÜ) voraus. Bei Duftstoffen stellt sich – wie bei chemischen Stoffen im Allgemeinen – das Problem, dass die Bereitstellung eines neuen Stoffes dem Fachmann nur ausnahmsweise Schwierigkeiten bereitet, deren Überwindung eine erfinderische Tätigkeit erfordert. Neue chemische Verbindungen lassen sich (theoretisch) nach geläufigen Regeln ersinnen und durch geläufige Verfahren darstellen.[156] Neue, zum Patent angemeldete Stoffe sind zumeist mit vorbekannten Stoffen verwandt. Oftmals handelt es sich um homologe oder isomere Stoffe.[157] Eine rein willkürliche Auswahl aus der Fülle möglicher Stoffe ist nicht erfinderisch.[158]

Die theoretisch unbegrenzte Zahl chemischer Verbindungen bedeutet jedoch nicht, dass die Erschaffung sämtlicher Einzelstoffe in der Praxis für den Durchschnittsfachmann naheliegend ist. Auch die Bereitstellung eines einzelnen Duftstoffes beruht auf erfinderischer Tätigkeit, wenn der neue Stoff überraschende Eigenschaften und Wirkungen gegenüber vergleichbaren bekannten Stoffen aufweist, die der Fachmann nicht erwarten konnte.[159] Gleiches gilt für erstmalig isolierte oder synthetisierte Naturstoffe.[160] Die überlegenen Eigenschaften müssen dabei nicht am Stoff selbst auftreten. Ausreichend ist auch, dass sich diese erst bei Weiterverarbeitung der Verbindung zu einem anderen Produkt zeigen.[161] Dies ist zum Beispiel der Fall, wenn ein Duftstoffmolekül bei der Verwendung in komplexen Duftstoffgemischen überraschenderweise zur Verstärkung der Duftnuance eines

---

[154] *Kraßer*, § 17 IV a 4 (S. 292).

[155] *Dorsky*, in: Perfumes – art, science and technology, 399 (418).

[156] *Kraßer*, § 11 III a 2 (S. 125).

[157] *Geißler*, S. 178.

[158] *EPA*, GRUR Int. 1996, 1049 (1051) – Triazole/AGREVO; *Busse/Keukenschrijver*, § 4 Rn. 88.

[159] Vgl. *BGH*, GRUR 1969, 265 (266) – Disiloxan; GRUR 1970, 408 (412) – Anthradipyrazol; *EPA*, GRUR Int. 1996, 1049 (1051) – Triazole/AGREVO; *Schulte/Moufang*, § 1 Rn. 354; *Kraßer*, § 18 III 2 (S. 322 f.); *Eggert*, GRUR 1972, 453 (454).

[160] *BPatG*, GRUR 1978, 238 (239) – Naturstoffe; GRUR 1978, 702 (705) – Menthonthiole; *Benkard/Asendorf/Schmidt*, § 4 Rn. 89; *Busse/Keukenschrijver*, § 4 Rn. 91; *Schulte/Moufang*, § 1 Rn. 326.

[161] *BGH*, GRUR 1969, 265 (266 f.); GRUR 1974, 718 (720) – Chinolizine; *BPatG*, GRUR 1971, 561 – Chlorepoxyde; *EPA*, GRUR Int. 1983, 660 (662) – Cyclopropan/ BAYER; *Benkard/Asendorf/Schmidt*, § 4 Rn. 91; *Eggert*, GRUR 1972, 453 (455).

anderen Stoffes führt. Auch bei Einzelduftstoffen ist jedoch zu beachten, dass eine überraschende Eigenschaft die erfinderische Tätigkeit nicht zu begründen vermag, wenn die Bereitstellung des Stoffes als solche naheliegend ist und die besondere Eigenschaft dabei zwangsläufig eintritt (sog. „Bonus-Effekt").[162] Zur Beurteilung der erfinderischen Tätigkeit können auch Aussagen herangezogen werden, die im Kontext des Fortschrittserfordernisses gemacht wurden, welches im deutschen Patentrecht seit 1978 nicht mehr Voraussetzung der Patentierbarkeit ist. Überraschende Eigenschaften eines Stoffes können einhergehen mit dessen technischer Fortschrittlichkeit, sodass auch der Rückgriff auf ältere Entscheidungen des *Bundesgerichtshofs* und des *Bundespatentgerichts* möglich ist, um Anhaltspunkte für erfinderische Tätigkeit zu erhalten.[163]

Die Prüfung des Naheliegens der Erfindung für den Durchschnittsfachmann ist von zentraler Bedeutung bei der Beurteilung der erfinderischen Tätigkeit. Diese Beurteilung ist schwierig, sodass sie in der Praxis nahezu ausnahmslos unter Heranziehung eines Sachverständigengutachtens erfolgt.[164] Zur Verdeutlichung sollen im Folgenden einige Beispiele für Riechstoffeigenschaften genannt werden, die in veröffentlichten Patentanmeldungen als Beleg für erfinderische Tätigkeit aufgeführt sind.

Als auf erfinderischer Tätigkeit beruhend wurde die Bereitstellung eines Moschusriechstoffes sowie dessen Verwendung in Duftstoffgemischen eingestuft, da sich der Stoff von strukturverwandten Verbindungen deutlich geruchlich unterschied, „insbesondere durch die parfümistisch begehrte und wertvolle kristalline Nitromoschusnote sowie durch den sauberen, reintönigen und intensiven Moschusgeruch".[165] Nicht als erfinderisch betrachtet wurde hingegen das beanspruchte Verfahren zur Herstellung des Stoffes, da es bereits bei ähnlichen Verbindungen, zum gleichen Zweck und mit entsprechender Wirkung angewendet worden war. Die Anwendung im beanspruchten Fall erforderte daher von einem Fachmann kein erfinderisches Zutun.[166]

Ein Patent wurde erteilt für eine Gruppe von Riechstoffverbindungen, die sich „durch kräftige, diffusive und sehr natürlich-warme Noten Richtung Holz und Ambra" auszeichneten.[167] Hervorgehoben wurden in der

---

[162] *Schulte/Moufang*, § 4 Rn. 127; *Féaux de Lacroix*, GRUR 2006, 625 (627 f.).

[163] Vgl. *Hirsch/Hansen*, III C 1 (S. 187); *Benkard/Asendorf/Schmidt*, § 4 Rn. 8 u. 66; *Grubb*, S. 213.

[164] *Mes*, § 4 Rn. 13; *Jestaedt*, GRUR 2001, 939 (940, Fn.14).

[165] (Z)-7-Cyclohexadecen-1-on, Patentanmeldung WO2005063670 (*Symrise GmbH & Co. KG*).

[166] Vgl. den schriftlichen Bescheid der internationalen Recherchenbehörde vom 26.6.2006 (Int. Az. PCT/EP2004/053102) zur Patentanmeldung WO2005063670 (*Symrise GmbH & Co. KG*).

[167] EP0743297 (*Givaudan Roure International S.A.*).

Anmeldung die „außerordentliche Geruchsstärke", die „Stärke, Haftfestigkeit, Wärme, Substantivität und Volumen der Verbindungen" sowie die Art und Weise, wie sie bekannte Kompositionen „abrunden, harmonisieren und bereichern, ohne aber in unangenehmer Weise zu dominieren".

Ebenfalls patentiert wurde die Verbindung *Methyl (E)-4,7-octadienoat*, das Verfahren zu ihrer Herstellung sowie die Verwendung in Riechstoffkompositionen.[168] Die Anmelderin des Stoffes wies auf die Besonderheit hin, dass strukturell nahestehende Verbindungen ohne olfaktorische Eigenschaften bekannt seien, der beanspruchte Stoff hingegen einen sehr starken und frischen Duft aufweise, der durch grüne und aldehydige Aspekte dominiert werde. Derartige sprunghafte Verbesserungen bei Strukturähnlichkeit werden generell als überraschend angesehen.[169]

Bereits genannt wurde das Verwendungspatent für das Riechstoffgemisch aus *cis- und trans-3-Methyl-γ-decalacton*. Überraschend war in diesem Fall die Eignung des Gemisches als Jasmon-Riechstoff, obwohl die Einzelsubstanzen keine Jasmon-Riechstoffe waren. Zudem wirkte die cis-Komponente unerwartet als sog. Enhancer, das heißt Verstärker für die Pfirsich-Note der trans-Verbindung, obwohl sie selbst gar keinen Pfirsich-Geruch aufwies. Die Verwendung als Riechstoffgemisch war deshalb für einen Fachmann aus dem Stand der Technik nicht naheliegend.[170]

Als nicht erfinderisch beurteilte die internationale Recherchenbehörde ein Isomer einer beanspruchten Riechstoffverbindung, da dieses für einen Durchschnittsfachmann durch die routinemäßige Veränderung eines bekannten Stoffes herstellbar war, sodass die Annahme eines erfinderischen Schrittes das Vorliegen eines überraschenden technischen Effektes erfordert hätte. Ein solcher war jedoch im Vergleich zu den vom Stand der Technik umfassten nächstliegenden Duftstoffen nicht festzustellen.[171]

Es ist nicht erforderlich, dass der angemeldete Duftstoff ein revolutionäres olfaktorisches Profil oder bisher unbekannte Einsatzmöglichkeiten eröffnet. Nicht sämtliche Eigenschaften eines Stoffes müssen besser sein als jene vorbekannter Verbindungen, sondern die wesentliche, überraschende Verbesserung hinsichtlich einer Eigenschaft kann bereits ausreichen für die Annahme erfinderischer Tätigkeit.[172] Beispielsweise kann erfinderische

---

[168] EP0773209 (*Givaudan Roure International S.A.*), s. dazu bereits Vierter Teil, C I 2.

[169] Vgl. *Benkard/Asendorf/Schmidt*, § 4 Rn. 88.

[170] Schriftlicher Bescheid der internationalen Recherchenbehörde vom 20.12.2006 (Int. Az. PCT/CH2005/000435) zur Patentanmeldung WO2005123889 (*Symrise GmbH & Co. KG*).

[171] Schriftlicher Bescheid der internationalen Recherchenbehörde vom 23.1.2007 (Int. Az. PCT/EP2005/052581) zur Patentanmeldung WO2006007755 (*Givaudan S.A.*).

[172] *EPA*, ABl. 1989, 115 (119) = GRUR Int. 1989, 683 – Gelbe Farbstoffe/SUMITOMO; *Hirsch/Hansen*, III C 1 (S. 191); *Eggert*, GRUR 1972, 453 (454).

Tätigkeit im Sinne von § 4 S. 1 PatG (Art. 56 S. 1 EPÜ) auch darin liegen, einen geruchsidentischen oder geruchsähnlichen, unbedenklichen Ersatzstoff für eine bekannte Verbindung mit toxikologischem oder allergenem Potential bereitzustellen. Nicht-Naheliegen einer Erfindung kann auch bestehen in Bereicherung der Technik durch eine alternative Lösung.[173] Die Suche nach alternativen Duftstoffverbindungen und deren Bereitstellung für die industrielle Verwendung ist ein Schwerpunkt der Forschungstätigkeit der Unternehmen in der Riechstoffindustrie. Dementsprechend häufig sind alternative Riechstoffe Gegenstand von Patentgesuchen.

Ein Indiz für das Beruhen auf erfinderischer Tätigkeit im Sinne von § 4 S. 1 PatG (Art. 56 S. 1 EPÜ) kann auch darin liegen, dass durch die Erfindung ein am Anmelde- bzw. Prioritätstag seit langem bestehendes Bedürfnis befriedigt wird.[174] In Patentanmeldungen für Riechstoffe wird häufig auf den Umstand hingewiesen, dass trotz der Vielzahl bekannter Riechstoffe ein ständiger Bedarf an neuen Riechstoffen besteht, zum Beispiel „weiteren Riechstoffen mit besseren und ausgiebigeren sensorischen Profilen"[175] oder „Duftstoffen, mit denen sich in Parfüms neuartige Effekte erzielen und auf diese Art neue Modetrends kreieren lassen".[176] Das Bestehen eines bislang nur unbcfriedigend gelösten Bedürfnisses ist lediglich ein Hilfskriterium zur Begründung der erfinderischen Tätigkeit.[177] Die Indizwirkung des Hinweises auf das Bestehen eines allgemeinen Bedürfnisses für neue Duftstoffe, die aufgrund besonderer Eigenschaften die Palette der Riechstoffindustrie erweitern, ist relativ gering. Problematisch ist insbesondere die Weite der Formulierung des Bedürfnisses. Die Indizwirkung leitet sich daraus ab, dass ein konkretes Bedürfnis durch die Erfindung nach langer Zeit endlich befriedigt wird. „Ständige" Bedürfnisse lassen sich hingegen in diesem Sinn gar nicht befriedigen, denn sie implizieren, dass auch nach Bereitstellung des beanspruchten Duftstoffes das Bedürfnis unvermindert fortbesteht. Die Indizwirkung ist entsprechend größer, wenn eine Erfindung ein spezielleres Bedürfnis befriedigt. Dies kann beispielsweise der Fall sein bei Bereitstellung eines lange ersehnten synthetischen Substituts für einen teuren natürlichen Duftstoff. Die nähere Erläuterung des behaupteten Bedürfnisses in der Patentanmeldung ist deshalb ratsam.

Insgesamt ist festzuhalten, dass bei Duftstofferfindungen, ebenso wie im gesamten Chemiesektor, das Beweisanzeichen des überraschenden Ef-

---

[173] *BGH*, GRUR 1970, 408 (411) – Anthradipyrazol; *Schulte/Moufang*, § 4 Rn. 60.

[174] *BGH*, GRUR 1982, 289 (290) – Massenausgleich; *EPA*, GRUR Int. 1991, 815 – Gefrorener Fisch/FRISCO-FINDUS; *Schulte/Moufang*, § 4 Rn. 75; *Hirsch/Hansen*, III C 1 (S. 191); *Kraßer*, § 18 III 4 (S. 328).

[175] Patentanmeldung WO2005123889 (*Symrise GmbH & Co. KG*).

[176] Patentanmeldung WO2005063670 (*Symrise GmbH & Co. KG*).

[177] *Benkard/Asendorf/Schmidt*, § 4 Rn. 69.

fektes oder der unerwarteten Überlegenheit gegenüber dem Stand der Technik von besonderer Bedeutung ist.[178] Andere Beweisanzeichen, zum Beispiel die Überwindung einer technischen Fehlvorstellung (Vorurteil)[179] können ebenso wie bei Erfindungen auf anderen Gebieten heranzuziehen sein, eine duftstoffspezifische Bedeutung kommt ihnen allerdings nicht zu. Patentierbar ist neben dem Duftstoff auch das Verfahren, welches zum Stoff mit den besonderen Eigenschaften führt sowie die Verwendung des Stoffes, bei welcher dieser in unerwarteter Weise eingesetzt werden kann.[180]

Bei der Beurteilung der erfinderischen Tätigkeit verfährt das *Europäische Patentamt* nach dem sog. „Aufgabe-Lösungs-Ansatz".[181] Dieser Ansatz zur Objektivierung der Prüfung gliedert sich in drei Phasen: zunächst Ermittlung des nächstliegenden Standes der Technik; sodann Ermittlung der zu lösenden objektiven technischen Aufgabe; schließlich Prüfung der Frage, ob die beanspruchte Erfindung angesichts des nächstliegenden Stands der Technik und der objektiven technischen Aufgabe für den Fachmann naheliegend war. Den nächstliegenden Stand der Technik bildet ein Einzeldokument, welches den erfolgversprechendsten Ausgangspunkt zur beanspruchten Erfindung darstellt.[182] Bei Duftstoffen handelt es sich dabei regelmäßig um eine ältere Patentanmeldung, eine wissenschaftliche Veröffentlichung oder die Registrierung einer Verbindung in den Datenbanken des Chemical Abstracts Service (CAS), die größtmögliche strukturelle und olfaktorische Ähnlichkeit mit der beanspruchten Lehre aufweist. Die zu lösende objektive, technische Aufgabe ergibt sich aus den Unterscheidungsmerkmalen zwischen dem nächstliegenden Stand der Technik und der Erfindung. Es wird eine Aufgabe formuliert, für welche diese Unterschiede eine Lösung darstellen.[183] Aufgabe in diesem Sinn ist somit die Bereitstellung eines Duftstoffes mit bestimmten Eigenschaften bzw. eines Verfahrens zur Herstellung entsprechender Verbindungen. Das Naheliegen

---

[178] Vgl. *Boeters*, C VII (Rn. 131); *Bruchhausen*, in: FS GRUR, 323 (356).

[179] Vgl. dazu *BGH*, GRUR 1984, 580 (581) – Chlortoluron; *BPatG*, GRUR 1979, 544 – Fußnotenhinweis; *EPA*, GRUR Int. 1985, 675 (676) – Olefinpolymere/SOLVAY; *Schulte/Moufang*, § 4 Rn. 128 ff.; *Boeters*, C VIII 2 (Rn. 134 ff.); *Hirsch/Hansen*, III C 6 (S. 198).

[180] Vgl. *BPatG*, GRUR 1978, 702 (705) – Menthonthiole.

[181] *EPA*, GRUR Int. 1983, 650 (651 f.) – Metallveredlung/BASF; GRUR Int. 1986, 550 (552) – Bestrahlungsverfahren/BICC; EPA-PrRL C IV 11.7; *Schulte/Moufang*, § 4 Rn. 30 ff.; *Hirsch/Hansen*, III B (S. 182 ff.); *Kraßer*, § 18 II 10 (S. 316 ff.); *Schickedanz*, GRUR 2001, 459 (460 ff.).

[182] Vgl. *EPA*, GRUR Int. 1984, 700 (700 f.) – Spiroverbindungen/CIBA-GEIGY; EPA-PrRL C IV 11.7.1.

[183] *Schickedanz*, GRUR 2001, 459 (461); vgl. EPA-PrRL C IV 11.7.2.

der beanspruchten Lösung beurteilt sich schließlich im Hinblick auf den gesamten Stand der Technik und das allgemeine Fachwissen.[184]

Der *Bundesgerichtshof* klammert die zu lösende Aufgabe aus und bewertet das Naheliegen des tatsächlichen Unterschiedes zwischen dem Stand der Technik und der beanspruchten Lösung.[185] Im Ergebnis bestehen zwischen den Ansätzen keine wesentlichen inhaltlichen Unterschiede, da entscheidend jeweils die Beurteilung des Naheliegens der beanspruchten Erfindung aus dem Stand der Technik ist. Im Rahmen dieser Prüfung zieht auch das *Europäische Patentamt* weitere Bestandteile des Stands der Technik zum nächstliegenden Dokument hinzu.[186] Andererseits ist auch in der deutschen Praxis ein Ausgehen vom nächstliegenden Stand der Technik weitgehend üblich.[187]

Die erfinderische Tätigkeit bei Duftstoffpatenten ist somit im Wege des Vergleichs der beanspruchten Erfindung mit konstitutionell am nächsten kommenden Duftstoffen aus dem Stand der Technik, ggf. unter Einbeziehung weiterer Dokumente oder Bestandteile aus dem Stand der Technik zu ermitteln. Konnte der Fachmann den Duftstoff (und/oder das Verfahren und/oder die beanspruchte Verwendung) allein mit seinem Fachwissen auffinden und bestand dafür auch eine Veranlassung, so liegt die beanspruchte Lehre nahe und ist daher nicht erfinderisch im Sinne von § 4 S. 1 PatG (Art. 56 S. 1 EPÜ).

4. *Gewerbliche Anwendbarkeit (§ 5 PatG)*

Duftstoffe und Duftstoffgemische werden in großem Umfang auf gewerblichem Gebiet benutzt und hergestellt. Die Verbindungen, ihre Herstellungsverfahren und ihre Verwendung sind deshalb, wie bereits im Zusammenhang mit den komplexen Duftstoffgemischen erörtert wurde,[188] gewerblich anwendbar im Sinne von § 5 PatG (Art. 57 EPÜ).

5. *Patentkategorien und Offenbarung der Erfindung*

Der Schutz von Einzelduftstoffen ist möglich in Form von Stoffpatenten, Verfahrenspatenten und Verwendungspatenten (als besondere Erscheinungsform eines Verfahrenspatents). Lässt sich eine Duftstofferfindung in mehrere Kategorien einordnen, so hat der Anmelder grundsätzlich einen

---

[184] *Hirsch/Hansen*, III B (S. 183).

[185] *BGH*, GRUR 1991, 522 (523) – Feuerschutzabschluss; *Benkard/Asendorf/Schmidt*, § 4 Rn. 12.

[186] EPA-PrRL C IV 11.8.

[187] *BGH*, Urt. v. 11.1.2000, X ZR 20/98 – Lastverstelleinrichtung; Urt. v. 28.11.2000, X ZR 104/98 – Verfahren zur Herstellung einer Riemenscheibe; *Busse/Keukenschrijver*, § 4 Rn. 34; *Jestaedt*, GRUR 2001, 939 (942).

[188] S. Vierter Teil, B I 4.

Anspruch auf Erteilung des Patents mit kumulativ aufgestellten Patentansprüchen.[189] Von der Möglichkeit der Kumulation der Anspruchsarten wird bei Patentanmeldungen für Riechstoffe häufig Gebrauch gemacht.[190]

Auch Einzelverbindungen müssen gem. § 34 Abs. 4 PatG (Art. 83 EPÜ) in der Anmeldung in ausführbarer Form offenbart werden.[191] Die Angabe des Herstellungsweges für einen Duftstoff ist entbehrlich, wenn die Anmeldung für einen Fachmann ausreichende Angaben enthält, um den Stoff herzustellen.[192] Kann ein Fachmann die beanspruchte Duftstoffverbindung bereits bei Kenntnis ihrer chemischen Strukturformel mithilfe seiner Fachkenntnisse herstellen, so genügt die Angabe der Strukturformel zur Erfüllung des Offenbarungserfordernisses für ein Stoffpatent. Regelmäßig – insbesondere bei komplexeren Duftstoffmolekülen – ist jedoch die beispielhafte Angabe eines Weges erforderlich, auf welchem die erfindungsgemäße Verbindung herstellbar ist.[193] Ein Blick in Patentanmeldungen für Einzelduftstoffe zeigt, dass deren Struktur- und Summenformeln dem Anmelder zumeist bekannt sind. Im Gegensatz zu komplexen Duftstoffgemischen muss daher für die Anspruchsformulierung der Erfindung nicht auf die Beschreibung durch Parameter oder Product-by-Process-Ansprüche zurückgegriffen werden. Die Offenbarung eines Verfahrens zur Herstellung eines Duftstoffes erfordert die Angabe der Ausgangsstoffe, der Arbeitsmethoden und des Endproduktes.[194] Die Verwendung eines Duftstoffes zu einem bestimmten Zweck wird in nacharbeitbarer Weise offenbart, wenn der konkrete Verwendungszweck angegeben ist (zum Beispiel Verwendung als Moschusriechstoff, Fixateur, Enhancer etc.).[195]

Abschließend sollen allgemeine Beispiele für die Formulierung von Patentansprüchen für Duftstoffe gegeben werden:

(1.) Stoffanspruch: „*Duftstoff X* [Summen- oder Strukturformel des Stoffes].“

(2.) Verfahrensanspruch: „Verfahren zur Herstellung von *Duftstoff X* in folgenden Schritten: [Angabe der Ausgangsstoffe sowie der Art und Weise der Einwirkung auf diese].“

---

[189] Vgl. *BGH*, GRUR 1970, 601 (602) – Fungizid; GRUR 1977, 652 (653) – Benzolsulfonylharnstoff; *Schulte/Moufang*, § 1 Rn. 196; *Kraßer*, § 24 III 6 (S. 495); *Bruchhausen*, in: FS GRUR, 323 (357).

[190] S. beispielsweise die Formulierung der Patentansprüche für EP0743297.

[191] S. zu den Anforderungen an die Offenbarung bereits Vierter Teil, B II.

[192] *Busse/Keukenschrijver*, § 34 Rn. 278.

[193] Vgl. *Kraßer*, § 24 V c 2 (S. 503).

[194] Vgl. *BGH*, GRUR 1986, 163 – Borhaltige Stähle; *Benkard/Bacher/Melullis*, § 1 Rn. 31; *Kraßer*, § 24 V c 3 (S. 503).

[195] Vgl. *Kraßer*, § 24 V c 3 (S. 504).

(3.) Verwendungsanspruch: „Verwendung des *Duftstoffes X* als [konkreter Verwendungszweck]."

II. Schutzinhalt (§§ 9 ff. PatG)

Das Recht auf das Patent hat gem. § 6 S. 1 PatG (Art. 60 Abs. 1 S. 1 EPÜ) der Erfinder oder sein Rechtsnachfolger. Erfinder kann nur eine natürliche Person sein.[196] Juristische Personen und Gesellschaften können zwar keine Erfinder sein, allerdings kann bereits das Recht auf das Patent an sie gem. § 15 Abs. 1 S. 2 PatG übertragen werden. Bei der Patentanmeldung durch juristische Personen und Gesellschaften erwerben diese das Patent unmittelbar.[197] Die Wirkungen eines Patents können folglich nicht nur zugunsten von natürlichen Personen entstehen. Dem Erfinder steht als Ausfluss seines Erfinderpersönlichkeitsrechts das Recht auf Nennung, Bekanntgabe und auf Berichtigung einer unrichtigen Bekanntgabe zu (§ 63 PatG, Regel 20 EPÜAO[198]).

Für angestellte Parfümeure und Duftstoffchemiker sind die Vorschriften des Gesetzes über Arbeitnehmererfindungen (ArbNErfG)[199] von Bedeutung, wobei im Vergleich zu anderen Arbeitnehmererfindern keine Besonderheiten gelten. Die Riechstoffunternehmen als Arbeitgeber können die Diensterfindungen (§ 4 Abs. 2 ArbNErfG) ihrer Angestellten gem. § 6 ArbNErfG unbeschränkt oder beschränkt in Anspruch nehmen, mit der Folge, dass sie alle Rechte an der Diensterfindung (§ 7 Abs. 1 ArbNErfG) bzw. ein nichtausschließliches Nutzungsrecht (§ 7 Abs. 2 ArbNErfG) erwerben. Dem Arbeitnehmererfinder steht im Gegenzug ein Anspruch auf angemessene Vergütung gegen den Arbeitgeber gem. § 9 Abs. 1 ArbNErfG zu. Gemäß Art. 60 Abs. 1 S. 2 EPÜ findet das ArbNErfG auch für europäische Patente Anwendung, sofern der Erfinder überwiegend in der Bundesrepublik beschäftigt ist.

Der Patentschutz dauert gem. § 16 Abs. 1 S. 1 PatG (Art. 63 Abs. 1 EPÜ) maximal 20 Jahre, beginnend mit dem auf die Anmeldung folgenden Tag. Die Aufrechterhaltung des Schutzes setzt die Entrichtung der entsprechenden Jahresgebühren voraus, vgl. §§ 17 Abs. 1, 20 Abs. 1 Nr. 3 PatG (Art. 86 Abs. 1 EPÜ). § 9 S. 2 PatG unterscheidet bezüglich der Wirkung

---

[196] *Benkard/Bacher/Melullis*, § 6 Rn. 3; *Schulte/Kühnen*, § 6 Rn. 19; *Osterrieth*, Rn. 232.

[197] Zum Unterschied im Urheberrecht s. oben Zweiter Teil, C.

[198] Ausführungsordnung zum Übereinkommen über die Erteilung europäischer Patente in der Fassung des Beschlusses des Verwaltungsrats v. 7. Dezember 2006 (BGBl. II 2007 S. 1083 ff.).

[199] Gesetz über Arbeitnehmererfindungen in der im Bundesgesetzblatt Teil III, Gliederungsnummer 422-1, veröffentlichten bereinigten Fassung, zuletzt geändert durch Art. 1 des Gesetzes v. 18. Januar 2002 (BGBl. I S. 414).

des Patents zwischen Erzeugnispatenten und Verfahrenspatenten. Der Inhaber eines Patents für einen Einzelduftstoff (Stoffpatent) kann gem. §§ 9 S. 2 Nr. 1, 139 Abs. 1 PatG jedem Dritten verbieten, ohne seine Zustimmung den Duftstoff herzustellen, anzubieten, in Verkehr zu bringen, zu gebrauchen oder ihn zu diesen Zwecken einzuführen oder zu besitzen.[200]

Ein Duftstoffmolekül als Gegenstand eines Stoffpatents genießt absoluten Schutz. Absoluter Stoffschutz bedeutet, dass der Schutz alle Funktionen, Zwecke, Wirkungen, Brauchbarkeiten, Vor- und Nachteile des Stoffes umfasst, auch wenn diese nicht in der Patentschrift genannt sind.[201] Jede Benutzung des patentierten Duftstoffes ohne Zustimmung des Patentinhabers ist damit grundsätzlich eine Verletzung des Patents. Dies gilt unabhängig davon, ob der Stoff einzeln oder als Teil eines Duftstoffgemisches vertrieben wird. Die Art der Herstellung des Stoffes ist für den Schutz ebenfalls unbeachtlich.[202] Geschützt ist mithin auch die Benutzung einer patentgemäßen Duftstoffverbindung, die auf einem Weg synthetisiert wurde, der von dem in der Patentschrift genannten Weg abweicht.

Die Patentierung des Verfahrens zur Herstellung eines Einzelduftstoffes schützt gem. §§ 9 S. 2 Nr. 2, 139 Abs. 1 PatG vor der Anwendung des Verfahrens durch einen Dritten sowie bei dessen Bösgläubigkeit auch vor dem Anbieten des Verfahrens zur Anwendung. Dritte werden dadurch von der Herstellung des Duftstoffes auf dem beanspruchten Weg ausgeschlossen. Das Verfahrenspatent bietet jedoch keinen Schutz vor der Herstellung des Duftstoffes auf anderem (nicht äquivalentem) Weg.[203] Der Patentschutz umfasst neben dem beanspruchten Verfahren gem. § 9 S. 2 Nr. 3 PatG (Art. 64 Abs. 2 EPÜ) auch die Benutzung des durch dieses unmittelbar hergestellten Duftstoffes. Sofern der Duftstoff unmittelbar durch das geschützte Verfahren hergestellt wurde, genießt er den gleichen absoluten Schutz wie ein patentierter Einzelduftstoff.[204]

Ein Verwendungspatent für einen Duftstoff wird verletzt durch die Benutzung des Stoffes zur beanspruchten Verwendung. Darunter fallen auch der eigentlichen Verwendung vorgelagerte Maßnahmen, durch welche das

---

[200] Ein Unterschied in der Schutzwirkung zwischen nationalen und europäischen Patenten mit Wirkung für die Bundesrepublik Deutschland existiert insoweit nicht, vgl. Art. 2, 64 EPÜ.

[201] *BGH*, GRUR 1972, 541 (543) – Imidazoline; GRUR 1979, 149 (151) – Schießbolzen; GRUR 1991, 436 (441) – Befestigungsvorrichtung II; *EPA*, GRUR Int. 1990, 522 (525) – Reibungsverringernder Zusatz; *Schulte/Kühnen*, § 14 Rn. 71; *Osterrieth*, Rn. 446; *Keukenschrijver*, in: FS f. Tilmann, 475 (484); kritisch zum absoluten Stoffschutz bei chemischen Stoffen äußert sich *Kraßer*, § 11 III d (S. 134 ff.).

[202] *BGH*, GRUR 1986, 803 (805) – Formstein; *Benkard/Scharen*, § 14 Rn. 42.

[203] Vgl. *Bruchhausen*, in: FS GRUR, 323 (333).

[204] Vgl. *Schulte/Kühnen*, § 9 Rn. 64; *Mes*, § 9 Rn. 44.

Erzeugnis für die geschützte Verwendung geeignet gemacht werden soll (zum Beispiel die Beigabe einer die geschützte Verwendung betreffenden Gebrauchsanweisung beim Vertrieb des Stoffes).[205]

Sowohl das Stoffpatent als auch das Verfahrenspatent bieten Schutz vor wortsinngemäßer und äquivalenter Benutzung der Erfindung.[206] Für den Bereich chemischer Verfahrenspatente entspricht dies der allgemeinen Ansicht[207] und gilt mithin auch für Patente auf Verfahren zur Herstellung von Riechstoffverbindungen. Schwierigkeiten hinsichtlich der Funktionsgleichheit bei chemischen Stoffpatenten bestehen darin, dass sich die technische Lehre der Erfindung auf die Bereitstellung eines Stoffes bestimmter Konstitution beschränkt, der Austausch einzelner Komponenten jedoch zu einem Stoff anderer chemischer Konstitution führt.[208] Geht man von dem Grundsatz der Gleichbehandlung chemischer Stoffe mit anderen Erzeugnissen aus, so muss man jedoch auch diese vor äquivalenter Benutzung schützen. Ein gleichwirkender, abgewandelter chemischer Stoff ist in den Schutzbereich des Patents einbezogen, wenn die Austauschbarkeit des Stoffes nach dem Offenbarungsgehalt des Patents für den maßgeblichen Fachmann zum Prioritätszeitpunkt naheliegend war.[209]

Die Patentfähigkeit eines Duftstoffes wird maßgeblich von den überraschenden Eigenschaften und Effekten des Stoffes bestimmt, sodass diese – ohne Teil der Erfindung zu sein – auch im Rahmen der äquivalenten Benutzung zu berücksichtigen sind.[210] Ein äquivalenter Duftstoff liegt deshalb vor bei Austausch eines Moleküls der geschützten Verbindung gegen ein gleichwirkendes anderes, dessen Einsatz auf Grundlage des Fachwissens und der Informationen in der Patentschrift zum Erhalt eines Riechstoffes mit im Wesentlichen gleichen Eigenschaften und gleichem Anwendungsbereich naheliegt. Bewirkt der Austausch jedoch neben der Veränderung der Struktur der Verbindung auch eine wesentliche Veränderung in weiteren Eigenschaften, so scheidet eine äquivalente Benutzung

---

[205] *BGH*, GRUR 1990, 505 (506) – Geschlitzte Abdeckfolie; *Schulte/Kühnen*, § 14 Rn. 85; *Osterrieth*, Rn. 447; *Brandi-Dohrn/Gruber/Muir*, Rn. 21.18.

[206] S. bereits Vierter Teil, B II.

[207] *BGH*, GRUR 1975, 425 (427) – Metronidazol; *Benkard/Scharen*, § 14 Rn. 54.

[208] *Benkard/Scharen*, § 14 Rn. 55; *Kraßer*, § 32 III d (S. 757); *Fürniss*, in: FS f. Nirk, 305 (306 f.).

[209] *Benkard/Scharen*, § 14 Rn. 55; *Brodeßer*, GRUR 1993, 185 (189 f.); *Hirsch/Hansen*, VII A 4 a (S. 293); für Äquivalenzschutz bei chemischen Stofferfindungen auch *Lederer*, GRUR 1998, 272 (273) sowie *Meyer-Dulheuer*, GRUR 2000, 179 (182).

[210] A. A. *Kraßer*, § 32 III d (S. 757); *Fürniss*, in: FS f. Nirk, 305 (314), die für „reine" Stoffpatente, das heißt solche ohne Angabe eines Verwendungszwecks in den ursprünglichen Unterlagen, eine äquivalente Benutzung ablehnen; die Bedeutung „reiner" Stoffpatente ist in der Praxis allerdings gering, da die Angabe eines Anwendungsbereiches des Stoffes üblicherweise schon im Hinblick auf dessen gewerbliche Anwendbarkeit erfolgt, vgl. *Hirsch/Hansen*, VII A 4 (S. 293 f.).

aus. Trotz im Wesentlichen gleichbleibender Hauptgeruchseigenschaft liegt deshalb beispielsweise keine äquivalente Benutzung des patentierten Duftstoffes vor, wenn infolge des Austausches die Substantivität, das heißt die Verweildauer des Stoffes, aufgrund nunmehr größerer Molekülmasse erhöht ist.[211]

Der Wirkung des Patents wird ergänzt durch die Regelung zur mittelbaren Patentbenutzung in § 10 PatG. Der Patentinhaber kann gem. §§ 10 Abs. 1, 139 Abs. 1 PatG dagegen vorgehen, dass Mittel zur Benutzung der Erfindung solchen Personen angeboten oder geliefert werden, die dazu nicht berechtigt sind. Die Mittel müssen für die Verwendung bei der Benutzung objektiv geeignet und subjektiv bestimmt sein.[212] § 10 PatG ist ein abstrakter Gefährdungstatbestand. Eine unmittelbare Patentverletzung durch den Empfänger ist nicht erforderlich.[213] Eine mittelbare Patentverletzung kann zum Beispiel gegeben sein, wenn ein Ausgangsstoff zur Synthese des patentierten Duftstoffes (objektive Eignung) angeboten oder geliefert wird, der Empfänger diesen Stoff zur Herstellung des Riechstoffes verwenden will (subjektive Bestimmung) und der Anbietende bzw. Liefernde davon positive Kenntnis hat oder dies offensichtlich ist.[214] Ist das Mittel – wie bei Chemikalien und natürlichen Rohstoffen häufig der Fall – allgemein im Handel erhältlich, liegt eine Patentverletzung nur vor, wenn der Dritte den Empfänger bewusst veranlasst, in einer nach § 9 S. 2 PatG verbotenen Weise zu handeln (§ 10 Abs. 2 PatG).

Hinsichtlich der Grenzen der Schutzwirkung von Patenten für Duftstoffe und die Verfahren ihrer Herstellung ergeben sich keine Besonderheiten im Vergleich zu anderen Erfindungen. Als Folge des auch im Patentrecht geltenden Territorialitätsprinzips entfalten deutsche Patente (bzw. mit Wirkung für die Bundesrepublik Deutschland erteilte europäische Patente) Wirkung nur gegen Benutzungshandlungen im Inland.[215] Das Inverkehrbringen eines patentierten Duftstoffes durch den Patentinhaber oder einen Dritten mit dessen Zustimmung innerhalb eines EU- oder EWR-Mitgliedstaates führt zur Erschöpfung des Patentrechts, sodass Dritte den einzelnen patentgemäßen Duftstoff grundsätzlich frei benutzen dürfen.[216] Eine

---

[211] Vgl. das Beispiel des Austausches eines Isobutenylrests in Riechstoffen gegen einen Phenylring bei *Kraft/Bajgrowicz/Denis/Fratér*, Angew. Chem. 2000, 3107 (3121).

[212] *BGH*, GRUR 2001, 228 (231) – Luftheizgerät; *Schulte/Kühnen*, § 10 Rn. 27; *Kraßer*, § 33 VI b 5 (S. 837); *Chrociel/Hufnagel*, in: FS f. Tilmann, 449 (453).

[213] *BGH*, GRUR 2001, 228 (231) – Luftheizgerät; GRUR 2006, 839 (841) – Deckenheizung; *Mes*, § 10 Rn. 1; *Osterrieth*, Rn. 256.

[214] Vgl. *BGH*, GRUR 2006, 839 (841) – Deckenheizung.

[215] *Osterrieth*, Rn. 262 f.; *Kraßer*, § 33 I d (S. 774 ff.).

[216] *EuGH*, GRUR Int. 1997, 250 (252 ff.) – Merck II; *BGH*, GRUR 2000, 299 – Karate; *Benkard/Scharen*, § 9 Rn. 19 f.; *Schulte/Kühnen*, § 9 Rn. 14 ff.; *Brandi-Dohrn/Gruber/Muir*, Rn. 21.21.

Reihe weiterer Beschränkungen der Wirkung des Patents enthält § 11 PatG. Ausgenommen ist unter anderem die private Nutzung des patentierten Duftstoffes oder Verfahrens zu nicht gewerblichen Zwecken (§ 11 Nr. 1 PatG). Von den Wirkungen des Patents freigestellt sind auch Handlungen zu Versuchszwecken (§ 11 Nr. 2 PatG). Die versuchsweise Benutzung eines patentierten Duftstoffes zu dessen Weiterentwicklung oder Vervollkommnung ist deshalb ohne Zustimmung des Patentinhabers möglich.[217] Auch bei Duftstoffpatenten kann schließlich Dritten ein Vorbenutzungsrecht gem. § 12 PatG zustehen, welches nach Art. 64 EPÜ auch gegenüber europäischen Patenten gilt.

III. Rechtsfolgen der Patentverletzung (§§ 139 ff. PatG)

Dem Berechtigten stehen im Falle einer Verletzung des Patents zivilrechtliche Ansprüche nach Maßgabe der §§ 139 bis 141 PatG zu. Die strafrechtlichen Konsequenzen einer Patentverletzung sind in § 142 PatG geregelt.

Nach § 139 Abs. 1 PatG besteht bei Vorliegen einer entsprechenden Erstbegehungs- bzw. Wiederholungsgefahr ein verschuldensunabhängiger Anspruch auf Unterlassung der Benutzung der Erfindung. Im Fall der rechtswidrigen und schuldhaften Verletzung des Patents steht dem Berechtigten nach § 139 Abs. 2 S. 1 PatG ein Anspruch auf Schadensersatz zu. Die Berechnung des Schadensersatzes ist auch im Patentrecht auf drei Arten möglich: Herausgabe des konkreten Verletzergewinns, Ersatz des tatsächlich entstandenen Schadens einschließlich des entgangenen Gewinns (§§ 249, 252 BGB) oder Berechnung nach der sog. Lizenzanalogie, das heißt, Orientierung an einer angemessenen Lizenzgebühr für die in Rede stehende Benutzung durch den Verletzer.[218] Das Gesetz enthält darüber hinaus unter anderem in § 140a PatG einen Anspruch auf Vernichtung Patent verletzender Erzeugnisse (bzw. unmittelbarer Erzeugnisse geschützter Verfahren) sowie einen Auskunftsanspruch in § 140 b PatG.[219]

Die Ansprüche der §§ 139 ff. PatG stehen dem Verletzten zu. Grundsätzlich aktivlegitimiert sind deshalb der Patentinhaber sowie der Inhaber

---

[217] Vgl. *Benkard/Scharen*, § 11 Rn. 8.

[218] Vgl. dazu *BGH*, GRUR 1980, 841 – Tolbutamid; GRUR 1993, 897 (898) – Mogul-Anlage; *Benkard/Rogge/Grabinski*, § 139 Rn. 61 ff.; *Schulte/Moufang*, § 139 Rn. 60 ff.; *Osterrieth*, Rn. 474 ff.; im Zuge der Umsetzung der Richtlinie 2004/48/EG zur Durchsetzung der Rechte des geistigen Eigentums werden ab 1 September 2008 die Grundsätze der dreifachen Schadensberechnung in § 139 Abs. 2 PatG klarstellend kodifiziert, vgl. Art. 2 Nr. 3 des Gesetzes v. 7. Juli 2008 (BGBl. I S. 1191).

[219] Vgl. *Berlit*, WRP 2007, 732 (734 ff.), zu den geplanten Veränderungen durch die Umsetzung der Richtlinie 2004/48/EG (u.a. Einführung eines Rückrufs- und Entfernungsanspruchs sowie Ausweitung des Kreises der zur Auskunft Verpflichteten).

einer ausschließlichen Lizenz, soweit dessen Nutzungsrecht berührt ist.[220] Passivlegitimiert ist als Verletzer, wer durch eigenes Handeln die mittelbare oder unmittelbare Patentverletzung zu verwirklichen droht bzw. schuldhaft verwirklicht hat.[221] Gleiches gilt nach den allgemeinen Regeln für (natürliche und juristische) Personen, die sich das Handeln des Verletzers zurechnen lassen müssen.[222]

IV. Praktikabilität des Patentschutzes

Die Patentierung einzelner Duftstoffe (bzw. ihrer Verfahren oder ihrer Verwendung) ist in der Praxis ein häufig benutztes Schutzinstrument für Einzelpersonen und Unternehmen in der Riechstoffindustrie. Im Gegensatz zu Patenten für komplexe Duftstoffgemische[223] bieten Patente für Einzelstoffe dem Patentinhaber effektiven Schutz vor der unbefugten Benutzung der Erfindung.

Die Bedeutung der sog. „Captives", das heißt patentgeschützter Einzelstoffe, die als wichtige Ausgangs- oder Inhaltsstoffe von Duftstoffgemischen benutzt werden können, ist für die Duftstoffhersteller immens. Die Benutzung des Riechstoffes durch Dritte ist nach der Patentierung abhängig von der Einräumung einer Nutzungserlaubnis (§ 15 Abs. 2 PatG, Art. 73 EPÜ) durch den Patentinhaber. Aufgrund der Absolutheit des Stoffschutzes gilt das im Falle eines Stoffpatents auf den Duftstoff für jede denkbare Nutzung des Stoffes, unabhängig von der Art und Weise seiner Herstellung.

Entscheidender Unterschied zu patentierten Duftstoffgemischen ist, dass die Effektivität des Schutzes durch die praktische Möglichkeit des Verletzungsnachweises gewährleistet ist. Der Nachweis eines Stoffes, dessen chemische Konstitution bekannt ist, ist durch moderne Analysemethoden vergleichsweise einfach möglich.[224] Während der sichere Nachweis der Benutzung eines Duftstoffgemisches die Totalanalyse des Patent verletzenden Gemisches erfordert, muss zum Schutz der Einzelverbindung nur diese nachgewiesen werden. Nur Letzteres ist nach heutigem Stand der Technik mit hinreichender Sicherheit möglich. Aufgrund der Kenntnis zahlreicher Charakteristika des Stoffes kann auch der Nachweis einer äquivalent abgewandelten Variante des geschützten Duftstoffes erbracht werden. Handelt es sich bei dem patentierten Stoff aufgrund dessen Eigen-

---

[220] *BGH*, GRUR 1996, 109 (111) – Klinische Versuche; *Benkard/Rogge/Grabinski*, § 139 Rn. 16 f.; *Mes*, § 139 Rn. 32; *Kraßer*, § 35 VI a (S. 894 f.).

[221] *Benkard/Rogge/Grabinski*, § 139 Rn. 20; *Kraßer*, § 35 VI b (S. 895 f.).

[222] *Kraßer*, § 35 VI b (S. 896).

[223] S. dazu Vierter Teil, B II.

[224] Quelle: Telefoninterview vom 11.5.2007 mit *Ralf Bunn*, Senior Parfümeur (Henkel Fragrance Center, Krefeld); vgl. auch *Rengshausen*, S. 167.

schaften um einen (olfaktorisch) prägenden Bestandteil einer Duftmischung, so wird über den absoluten Schutz des Einzelstoffes indirekt auch der Dufteindruck der ihn enthaltenden Mischung geschützt. Vom Schutz des Einzelstoffes erfasst sind mithin alle Mischungen und Produkte, in denen der patentierte Riechstoff eingesetzt wird. Vorteil dieser Vorgehensweise für den Patentanmelder ist, dass er „nur" zur Offenbarung der Zusammensetzung und/oder der Herstellung des patentierten Riechstoffes gezwungen ist. Damit ist die Wahrung anderer wichtiger Betriebsgeheimnisse, insbesondere der Formeln der komplexen Riechstoffgemische, gewährleistet.

Aus dem Gesagten ergibt sich, dass auch der Schutz des Herstellungsverfahrens bei Einzelstoffen effektiv möglich ist. Insbesondere greift zugunsten des Patentinhabers die Beweiserleichterung des § 139 Abs. 3 PatG, da er zum Nachweis der identischen chemischen Konstitution des vom vermeintlichen Verletzer benutzten Erzeugnisses in der Lage ist. Die Patentierung von Einzelduftstoffen bzw. deren Herstellungsverfahren erweist sich folglich als praktikable Schutzmöglichkeit.

D. Vor- und Nachteile des Patentschutzes

I. Vorteile

Durch die Patentierung einer Duftstoffverbindung (bzw. des Verfahrens ihrer Herstellung) erwirbt der Patentinhaber für einen bestimmten Zeitraum ein formelles Schutzrecht, welches ihm als Privileg das Monopol der wirtschaftlichen Verwertung der Erfindung sichert. Der Patentinhaber erwirbt mit dem Schutzrecht eine übertragbare und lizenzfähige Rechtsposition (vgl. § 15 PatG, Art. 71 bis 73 EPÜ). Im Vergleich zur Geheimhaltung des Duftstoffes und dessen Schutz als Geschäfts- und Betriebsgeheimnis bietet die Patentierung der Erfindung höhere Rechtssicherheit. Während der Schutz des Betriebsgeheimnisses mit dessen Offenkundigkeit endet,[225] besteht der Patentschutz für eine feste Laufzeit, deren Dauer der Patentinhaber durch Gebührenzahlung gem. §§ 20 Abs. 1 Nr. 3, 17 PatG bzw. Art. 86 EPÜ innerhalb der Grenze des § 16 Abs. 1 S. 1 PatG (Art. 63 Abs. 1 EPÜ) bestimmen kann. Wissenschaftlicher und technischer Fortschritt führen aufgrund der damit verbundenen stetigen Verbesserung der Analysemöglichkeiten dazu, dass die Geheimhaltung eines Duftstoffes erschwert ist. Hinzu kommt ein fortwährendes Risiko der Offenbarung des Geheimnisses durch einzelne Geheimnisträger. Vergleichbare Risiken bestehen für das Patent nach dessen Erteilung nicht. Ohne Mitwirkung des

---

[225] S. dazu Sechster Teil, A I.

Patentinhabers[226] ist eine Beseitigung des Patents vor Ablauf der Schutzfrist nur durch Widerruf infolge eines Einspruchs (§§ 21, 59 ff. PatG bzw. Art. 99 ff. EPÜ) bzw. durch Nichtigerklärung (§§ 22, 81 ff. PatG, Art. 138 EPÜ) möglich. Dabei gewähren das deutsche und das europäische Patentrecht durch die umfassende amtliche Vorprüfung der sachlichen Schutzvoraussetzungen im Anmeldeverfahren in hohem Maße die Rechtsbeständigkeit eines erteilten Patents.[227] Darin liegt ein Vorteil des Patents gegenüber Schutzrechten ohne vollständige Vorprüfung (zum Beispiel dem Gebrauchsmusterrecht) oder ungeprüften Schutzrechten (wie dem Urheberrecht). Mit Erteilung des Patents steht dem Patentinhaber somit ein beständiges Schutzrecht zur Verfügung, dessen Wirkung hinsichtlich des geschützten Duftstoffes und/oder Verfahrens umfassend ist.

II. Nachteile

Spätestens 18 Monate nach der Anmeldung des Patents steht die Einsicht in die Patentanmeldung jedermann frei (vgl. § 31 Abs. 2 Nr. 2 PatG, Art. 93 Abs. 1 EPÜ). Die Anmeldung eines Patents zwingt zur Offenbarung der Informationen über den geschützten Duftstoff, die für dessen Herstellung oder zur sonstigen Benutzung relevant sind. Diese Preisgabe von Informationen, die ansonsten nach Möglichkeit geheim gehalten werden, ist als solche grundsätzlich kein „Nachteil" für den Anmelder, da er im Gegenzug mit dem Patent ein wirksames Schutzrecht für den Einzelstoff oder das Verfahren erhält. Das Patent dient gewissermaßen als Ausgleich für die Offenbarung von Informationen, auf die nach der Veröffentlichung auch die Konkurrenten des Anmelders zugreifen und diese im Rahmen der eigenen Tätigkeit weiter entwickeln können.

Negativ wirkt sich die Veröffentlichung erst dann aus, wenn die Anmeldung nicht zum Patent führt, etwa weil die Vorprüfung ergibt, dass der Duftstoff die materiellen Schutzvoraussetzungen nicht erfüllt, oder das Patent für nichtig erklärt wird. Der Schutz des Stoffes/Verfahrens als Betriebsgeheimnis ist mit der Veröffentlichung der Patentanmeldung ausgeschlossen.[228] Mithin ist für den Anmelder eine gewissenhafte eigene Prüfung der Patentfähigkeit eines Captive-Riechstoffs vor Anmeldung notwendig. Ist die Schutzfähigkeit des Stoffes zweifelhaft, so ist der Geheimhaltung des für die Konkurrenten (noch) unbekannten Stoffes der Vorzug vor der Patentanmeldung zu geben. Grundsätzlich verbleibt bei der Veröf-

---

[226] Unter den Begriff der Mitwirkung in diesem Sinn fallen auch die Erlöschensgründe des § 20 Abs. 1 Nr. 2 und Nr. 3 PatG.

[227] *Kraßer*, § 1 V (S. 6 ff.).

[228] *Hefermehl/Köhler/Bornkamm*, § 17 Rn. 7; *Gloy/Loschelder/Harte-Bavendamm*, § 48 Rn. 11; *MünchKommUWG/Brammsen*, § 17 Rn. 16.

fentlichung der Erfindung ein Risiko, da kein Anmelder im Stande ist, den maßgeblichen Stand der Technik vollständig zu überblicken.

Nachteilig kann sich auch die Schutzdauer eines Duftpatents auswirken. Ein erfolgreicher Riechstoff kann über Jahrzehnte gewerblich eingesetzt werden, sodass im Einzelfall ein Schutzbedürfnis über die maximale Patentlaufzeit von 20 Jahren hinaus bestehen kann.[229] Zu beachten sind zudem die Kosten für Anmeldung und Aufrechterhaltung eines Patents. Für ein durchschnittliches europäisches Patent[230] entstanden im Jahr 2005 Gesamtkosten in Höhe von rund 32.000 Euro für den Anmelder, wobei die Kosten für Patente auf dem Sektor der Chemie und Pharmazie in der Praxis noch deutlich darüber liegen können.[231] Darin nicht enthalten sind die Kosten zur Vorbereitung der Anmeldung und des Erteilungsverfahrens (eigene Recherche des Stands der Technik etc.).

Hervorzuheben ist schließlich, dass durch das Patentrecht kein Schutz des Dufteindrucks möglich ist. Die Patentierung des Einzelstoffes oder Syntheseverfahrens schützt nicht vor der Benutzung eines anderen, nicht dem Äquivalenzbereich zugehörigen Stoffes mit gleichem olfaktorischem Profil. Der Patentinhaber muss die Herstellung und den Vertrieb von gleich duftenden Gemischen und Produkten dulden, wenn dieser durch einen nicht vom Schutzbereich des patentierten Riechstoffes umfassten Stoff mit gleichen oder ähnlich prägenden Dufteigenschaften erzeugt wird.

E. Ergebnis

Die Untersuchung hat im Vierten Teil gezeigt, dass sowohl komplexe Duftstoffgemische als auch einzelne Duftstoffe patentierbar sind. In der Praxis wird jedoch allein auf den Patentschutz für Einzelstoffe in Form von Stoff-, Verfahrens- oder Verwendungspatenten zurückgegriffen. Grund dafür ist die mangelnde Effektivität des Schutzes komplexer Gemische durch das Patentrecht, insbesondere infolge des Fehlens hinreichend sicherer Beweismöglichkeiten für den Patentinhaber bei der Rechtsdurchsetzung. Schutzgegenstand des Patents ist der Duftstoff selbst. Der vom Duftstoff hervorgerufene Dufteindruck ist hingegen kein tauglicher Schutzgegenstand, da er selbst keinen technischen Charakter besitzt und lediglich das Ergebnis einer technischen Lehre ist. Bei der Beurteilung der

---

[229] Vgl. *Dubarry*, S. 20; *Rengshausen*, S. 166.

[230] 18 Seiten Anmeldung, 6 Schutzstaaten, 10 Jahre Laufzeit.

[231] Quelle: Studie des *Europäischen Patentamtes* – „The cost of a sample European patent – new estimates including a study on the cost of patenting" (abrufbar unter http://www.european-patent-office.org/epo/new/cost_analysis_2005_study_en.pdf, Stand: 16.8. 2008).

Patentfähigkeit des Einzelstoffes bestehen keine Unterschiede im Vergleich zu anderen (chemischen) Stoffen und Molekülen. Zentrale Bedeutung kommt dem Vorliegen erfinderischer Tätigkeit gem. § 4 PatG (Art. 56 EPÜ) zu, wobei diese insbesondere mit überraschenden Eigenschaften und Wirkungen des beanspruchten Duftstoffes gegenüber vergleichbaren bekannten Stoffen begründet werden kann. Besonders wirksamen Schutz gewährt die Patentierung eines Duftstoffes als Stofferfindung. Der Patentinhaber kann infolge der Absolutheit des Schutzes Ansprüche aus jeder unbefugten Benutzung des Einzelstoffes herleiten, wobei der Nachweis der Benutzung des Stoffes bei entsprechender technischer Ausstattung mit hinreichender Sicherheit möglich ist.

Fünfter Teil

Gebrauchsmusterrecht

Der Schutz von Erfindungen ist im deutschen Recht nicht nur im Wege der Anmeldung eines Patents möglich. Erfindungen, die neu sind, auf einem erfinderischen Schritt beruhen und gewerblich anwendbar sind, können gem. § 1 Abs. 1 GebrMG[1] als Gebrauchsmuster geschützt werden. Seit dem 1.7.1990 entspricht das Gebrauchsmuster weitgehend dem Patent,[2] sodass – mit Ausnahmen – die zur Patentierbarkeit von Duftstoffen und Duftstoffgemischen gemachten Ausführungen auch für den Bereich des Gebrauchsmusterschutzes gelten.

A. Schutzvoraussetzungen (§ 1 Abs. 1 GebrMG)

In Patent- und Gebrauchsmusterrecht gilt ein identischer Erfindungsbegriff.[3] Erforderlich ist eine Lehre zum technischen Handeln. Daraus folgt, dass auch im Gebrauchsmusterrecht nur der Duftstoff als solcher, nicht hingegen der Dufteindruck Schutzgegenstand sein kann.[4] Lange Zeit war der Schutz chemischer Stoffe im Gebrauchsmusterrecht dadurch ausgeschlossen, dass die Verwirklichung einer bestimmten „Raumform" erforderlich war.[5] Seit der Beseitigung dieses „Raumformerfordernisses" im Jahre 1990 ist die Möglichkeit des Schutzes chemischer Stoffe und Verbindungen als Stofferfindungen durch das GebrMG allgemein anerkannt.[6] Mithin sind auch Duftstoffe grundsätzlich gebrauchsmusterschutzfähig. Dies gilt für Stoffgemische ebenso wie für Einzelstoffe.[7]

---

[1] Gebrauchsmustergesetz in der Fassung v. 28. August 1986 (BGBl. I S. 1455 ff.), zuletzt geändert durch Art. 3 des Gesetzes v. 7. Juli 2008 (BGBl. I S. 1191).

[2] *Busse/Keukenschrijver*, GebrMG, Einl. Rn. 3.

[3] *Bühring*, § 1 Rn. 26; *Busse/Keukenschrijver*, GebrMG, § 1 Rn. 5; *Mes*, GebrMG, § 1 Rn. 3; *Krieger*, GRUR Int. 1996, 354.

[4] Vgl. oben Vierter Teil, A.

[5] *Osterrieth*, Rn. 662; *Röhl*, Chemie-Ingenieur-Technik 1972, 905.

[6] *Bühring*, § 1 Rn. 150; *Loth*, § 1 Rn. 123; *Kraßer*, § 11 III d (S. 136); *Benkard/Goebel*, GebrMG, § 1 Rn. 6; *Busse/Keukenschrijver*, GebrMG, § 1 Rn. 9; *Tronser*, GRUR 1991, 10 (12 f.); *Krieger*, GRUR Int. 1996, 354.

[7] Vgl. *Bühring*, § 1 Rn. 150.

Im Unterschied zum Patentrecht ist der Schutz des Herstellungsverfahrens eines Duftstoffes durch ein Gebrauchsmuster allerdings ausgeschlossen (§ 2 Nr. 3 GebrMG). Ebenfalls ausgeschlossen ist damit auch die Eintragung eines Gebrauchsmusters für die Verwendung eines Duftstoffes, da es dabei um einen Unterfall der Verfahrenserfindungen handelt.[8] Eine gebrauchsmusterschutzfähige medizinisch indizierte Verwendung als positive Ausnahme vom Schutzausschluss liegt bei der Verwendung eines als solchen bekannten Stoffes als Riechstoff nicht vor.[9] Die Aufzählung der vom Schutz ausgeschlossenen Nichterfindungen in § 1 Abs. 2, Abs. 3 GebrMG stimmt überein mit der Regelung in § 1 Abs. 3, Abs. 4 PatG, sodass auf die in diesem Zusammenhang getroffenen Feststellungen verwiesen werden kann.[10] Im Gegensatz zur Neuheitsprüfung im Patentrecht gehören im Gebrauchsmusterrecht nur schriftliche Beschreibungen sowie offenkundige Benutzungen im Inland zum Stand der Technik (vgl. § 3 Abs. 1 S. 2 GebrMG). Eine gebrauchsmusterrechtliche Besonderheit stellt die sechsmonatige Neuheitsschonfrist gem. § 3 Abs. 1 S. 3 GebrMG dar.

Lange Zeit entsprach es – gestützt auf die Formulierung des § 1 Abs. 1 GebrMG („erfinderischer Schritt") – der allgemeinen Meinung in Rechtsprechung und Literatur sowie dem Willen des Gesetzgebers, für das Gebrauchsmuster geringere Anforderungen an die Erfindungshöhe zu stellen als im Patentrecht.[11] Diese Unterscheidung kann nach einer Entscheidung des *Bundesgerichtshofs* aus dem Jahr 2006 als überholt bezeichnet werden. Nach Ansicht des Gerichts ist „das Kriterium des erfinderischen Schritts im Gebrauchsmusterrecht wie das der erfinderischen Tätigkeit im Patentrecht ein qualitatives und nicht etwa ein quantitatives".[12] Der *Bundesgerichtshof* führt aus, dass die für den Patentschutz notwendige Erfindungshöhe seit Inkrafttreten des § 4 S. 1 PatG im Jahre 1978 lediglich verlange, dass der Erfindungsgegenstand für den Fachmann am Prioritätstag nicht nahe lag. Durch das alleinige Abstellen auf das Nichtnaheliegen

---

[8] Str., ebenso *Bühring*, § 2 Rn. 43; *Mes*, GebrMG, § 2 Rn. 4; *Osterrieth*, Rn. 667; offen *Busse/Keukenschrijver*, GebrMG, § 1 Rn. 10; *Benkard/Goebel*, GebrMG, § 2 Rn. 15; a. A. *Loth*, § 1 Rn. 136.

[9] Vgl. *BGH*, GRUR 2006, 135 – Arzneimittelgebrauchsmuster; gegen eine Übertragung der Besonderheiten im Rahmen des Schutzes der zweiten medizinischen Indikation auf andere technische Gebiete *Quodbach*, GRUR 2007, 357 (361).

[10] S. Vierter Teil, B I 1 und C I 1.

[11] *BGH*, GRUR 1957, 270 (271) – Unfall-Verhütungsschuh; GRUR 1962, 575 (576) – Standtank; *BPatG*, GRUR 2004, 852 (854 f.) – Materialstreifenpackung; GRUR 2006, 489 (492) – Schlagwerkzeug; *Benkard/Goebel*, GebrMG, § 1 Rn. 13 ff. m. w. N.; *Loth*, § 1 Rn. 160; Begründung des Gesetzentwurfs zur Änderung des Gebrauchsmustergesetzes, BT-Drucks. 10/3903, S. 18; ausführlich *Goebel*, Rn. 232 ff. m. w. N. u. Rn. 485; a. A. *Busse/Keukenschrijver*, GebrMG, § 1 Rn. 16; *Trüstedt*, GRUR 1980, 877 (881); *Breuer*, GRUR 1997, 11 (18).

[12] *BGH*, GRUR 2006, 842 (845) – Demonstrationsschrank.

für den Fachmann seien die Schutzanforderungen im Patentrecht derart
hinabgesetzt, dass alle nicht bloß durchschnittlichen Leistungen davon
erfasst seien. Überzeugende und verallgemeinerungsfähige Schutzkriterien
für Gebrauchsmuster seien unterhalb der Anforderungen von § 4 S. 1 PatG
nicht zu erkennen, ohne eine nicht zu rechtfertigende Monopolisierung
trivialer Erfindungen herbeizuführen.[13] Zudem seien die Schutzwirkungen
nach §§ 9, 10 PatG und §§ 11, 12 a GebrMG „jedenfalls im Wesentlichen
die gleichen".[14] Zwischen den beiden Kriterien der „erfinderischen Tätigkeit" und des „erfinderischen Schritts" besteht daher kein Unterschied,
insbesondere kann nicht von einem geringeren Maß an erfinderischer Leistung im Gebrauchsmusterrecht ausgegangen werden.[15] Verbleibende Unterschiede in der Beurteilung der erfinderischen Leistung resultieren
nunmehr lediglich aus der vom Patentrecht abweichenden Bestimmung des
Stands der Technik im Gebrauchsmusterrecht.[16]

Unter Berücksichtigung dieses Unterschieds gelten die zur Beurteilung
der erfinderischen Tätigkeit bei Patentanmeldungen für Duftstoffe getroffenen Aussagen[17] somit auch für den erfinderischen Schritt im Gebrauchsmusterrecht. Die Beurteilungsmethoden und Beurteilungskriterien können
nunmehr direkt aus dem Patentrecht übernommen werden.[18] Ein Duftstoff
beruht deshalb insbesondere dann auf einem erfinderischen Schritt im Sinne von § 1 Abs. 1 GebrMG, wenn er überraschende oder überlegene Eigenschaften und Wirkungen gegenüber vergleichbaren bekannten Stoffen
aufweist, die ein Durchschnittsfachmann nicht erwarten konnte.

Insgesamt stimmen Patentrecht und Gebrauchsmusterrecht hinsichtlich
der sachlichen Schutzvoraussetzungen und der Schutzausschließungsgründe weitgehend überein.[19] Wichtiger Unterschied zwischen beiden
Rechten ist, dass das Gebrauchsmuster ohne Überprüfung der Neuheit, des
erfinderischen Schrittes und der gewerblichen Anwendbarkeit registriert
wird (§ 8 Abs. 1 S. 2 GebrMG). Die Gebrauchsmusteranmeldung wird im
Eintragungsverfahren nur auf formelle Mängel (§§ 4, 4a i. V. m. 8 Abs. 1

---

[13] *BGH*, GRUR 2006, 842 (845) – Demonstrationsschrank; *OLG Düsseldorf*,
Urt. v. 26.4.2007, Az. 2 U 59/03.

[14] *BGH*, GRUR 2006, 842 (845) – Demonstrationsschrank.

[15] *BGH*, GRUR 2006, 842 (845) – Demonstrationsschrank; *OLG Düsseldorf*, Urt. v.
26.4.2007, Az. 2 U 59/03; *Osterrieth*, Rn. 670; *Ilzhöfer*, Rn. 259; *Hüttermann/Storz*,
NJW 2006, 3178; *dies.*, GRUR 2008, 230; *Nirk*, GRUR 2006, 847 f.; dagegen *Goebel*,
GRUR 2008, 301 ff., der sich angesichts der Entwicklung in der Rechtsprechung für ein
„klärendes Tätigwerden des Gesetzgebers" ausspricht.

[16] *BGH*, GRUR 2006, 842 (845) – Demonstrationsschrank; *Hüttermann/Storz*,
GRUR 2008, 230.

[17] S. dazu Vierter Teil, B I 3 und C I 3.

[18] *Heselberger*, jurisPR-WettbR 11/2006, Anm. 2.

[19] *Bühring*, § 1 Rn. 112; *Busse/Keukenschrijver*, GebrMG, Einl. Rn. 4.

S. 1 GebrMG), das Vorliegen einer Erfindung sowie mögliche Schutzausschließungsgründe geprüft.[20] Daraus folgt, dass eine formell ordnungsgemäße Anmeldung zur Eintragung des Gebrauchsmusters für einen Duftstoff führt (§ 8 Abs. 1 S. 1 GebrMG). Der Gebrauchsmusterschutz wird allerdings gem. §§ 13 Abs. 1, 15 Abs. 1 Nr. 1 GebrMG nur begründet, sofern der Duftstoff auch materiell schutzfähig ist. Im Streitfall werden die materiellen Schutzvoraussetzungen im Verletzungsprozess oder im Gebrauchsmusterlöschungsverfahren geprüft.[21]

B. Schutzinhalt und Rechtsfolgen der Gebrauchsmusterverletzung

Der Schutz eines Duftstoffes als Gebrauchsmuster dauert maximal zehn Jahre gem. § 23 Abs. 1 GebrMG, wobei die anfängliche Schutzdauer drei Jahre beträgt und eine Verlängerung um drei bzw. zweimal zwei Jahre jeweils durch Zahlung der Aufrechterhaltungsgebühr bewirkt werden kann (§ 23 Abs. 2 GebrMG). Die Wirkungen des Gebrauchsmusterschutzes für einen Duftstoff entsprechen im Wesentlichen denen des Patentschutzes.[22] Wegen der Einzelheiten wird deshalb auf die entsprechende Darstellung zum Patentrecht verwiesen.[23] § 11 Abs. 1 GebrMG regelt wie § 9 PatG das positive Benutzungsrecht (§ 11 Abs. 1 S. 1 GebrMG) sowie das negative Verbietungsrecht des Schutzrechtsinhabers (§ 11 Abs. 1 S. 2 GebrMG). Auch der durch das Gebrauchsmuster gewährte Schutz eines Duftstoffes ist absolut.[24] Die mittelbare Gebrauchsmusterbenutzung ist in § 11 Abs. 2 GebrMG normiert. Der Schutzbereich eines Gebrauchsmusters bestimmt sich wie beim Patent nach dem Inhalt der Schutzansprüche, § 12a S. 1 GebrMG.[25] Die Rechtsfolgen der Gebrauchsmusterverletzung sind in den §§ 24 ff. GebrMG in Anlehnung an die §§ 139 ff. PatG geregelt. Dem Verletzten steht unter anderem ein Anspruch auf Unterlassung gem. § 24 Abs. 1 GebrMG und ein Schadensersatzanspruch gem. § 24 Abs. 2 GebrMG zu, dessen Berechnung wie im Patentrecht auf drei Wegen möglich ist.[26]

---

[20] *Loth*, § 8 Rn. 4; *Benkard/Goebel*, GebrMG, Vorbem. Rn. 4d; *Kraßer*, § 1 IV 1 (S. 10).

[21] *Osterrieth*, Rn. 671.

[22] *Bühring*, § 1 Rn. 108; *Osterrieth*, Rn. 767.

[23] S. Vierter Teil, C II.

[24] *Loth*, § 11 Rn. 12; *Bühring*, § 11 Rn. 21.

[25] *BGH*, WRP 2007, 1231 (1234) – Zerfallszeitmessgerät.

[26] *Bühring*, § 24 Rn. 23; *Busse/Keukenschrijver*, GebrMG, § 24 Rn. 12; *Mes*, GebrMG, § 24 Rn. 34.

C. Vor- und Nachteile des Gebrauchsmusterschutzes

Das Gebrauchsmuster bietet dem Anmelder die Möglichkeit, in relativ kurzer Zeit ein eingetragenes Schutzrecht zu erlangen. Im Durchschnitt ist das Eintragungsverfahren nach drei bis vier Monaten abgeschlossen.[27] Die Gebrauchsmustereintragung ist im Vergleich zur Eintragung eines Patents schnell, kostengünstig und einfach zu erlangen.[28] Der Grund dafür ist das Entfallen des für den Patentschutz vorgesehenen langwierigen Prüfungsverfahrens. Eine relevante Verlängerung der Dauer von Gebrauchsmusteranmeldungen infolge der Angleichung der Erfindungshöhe für Patente und Gebrauchsmuster nach Maßgabe des *Bundesgerichtshofs* ist nicht zu erwarten, da der erfinderische Schritt gerade nicht Gegenstand der Prüfung ist (§ 8 Abs. 1 S. 3 GebrMG).[29] Die Anmeldung eines Gebrauchsmusters erfolgt oftmals parallel zur Patentanmeldung mit dem Ziel, für die Zeit bis zur Erteilung des Patents (vgl. § 58 Abs. 1 S. 3 PatG) bereits einen Schutz gegen die unbefugte Benutzung der Erfindung zu erhalten.[30] Sofern ein Duftstoff die materiellen Schutzvoraussetzungen erfüllt, kann durch das Gebrauchsmuster ein Schutzrecht mit Wirkungen erlangt werden, die denen eines Patents entsprechen.

Angesichts dieser Vorzüge des Gebrauchsmusterrechts erscheint es verwunderlich, dass der Gebrauchsmusterschutz für Duftstoffe und Duftstoffmoleküle als solche in den Anmeldungen beim *Deutschen Patent- und Markenamt* keine Rolle spielt. Zunächst einmal spricht gegen den Schutz von Duftstoffgemischen – insoweit ist die Situation in Patent- und Gebrauchsmusterrecht identisch – die fehlende Effektivität und Praktikabilität. Allerdings wird auch von der Möglichkeit des Schutzes von Einzelstoffen durch das GebrMG kein Gebrauch gemacht. Hauptgrund dafür ist die im Vergleich zum Patentschutz erheblich geringere Rechtssicherheit, die aus der fehlenden amtlichen Vorprüfung der sachlichen Schutzvoraussetzungen resultiert.[31] Die Gebrauchsmusteranmeldung erfordert die Offenbarung des Duftstoffes, wobei dieselben Grundsätze wie im Patentrecht gelten.[32] Demnach zwingt auch die Anmeldung des Gebrauchsmusters zur Preisgabe wichtiger Betriebsgeheimnisse des Anmelders, welche

[27] Quelle: *Deutsches Patent- und Markenamt*, http://dpma.de/gebrauchsmuster/faq/index.html (Stand: 16.08.2008).

[28] *Benkard/Goebel*, GebrMG, Vorbem. Rn. 3.

[29] A. A. *Pahlow*, WRP 2007, 739 (741).

[30] *Loth*, Vorb. Rn. 26; *Busse/Keukenschrijver*, GebrMG, Einl. Rn. 12; *Benkard/Goebel*, GebrMG, Vorbem. Rn. 3; *Osterrieth*, Rn. 663.

[31] Vgl. *Kraßer*, § 1 IV 4 (S. 10).

[32] Vgl. *Bühring*, § 4 Rn. 95; *Busse/Keukenschrijver*, GebrMG, § 4 Rn. 24; *Loth*, § 4 Rn. 48 f.; s. zu den mit der Offenbarung des Riechstoffes verbundenen Problemen bereits Vierter Teil, B II.

gem. § 8 Abs. 5 S. 1 GebrMG von jedermann eingesehen werden können. Während also die Offenbarungsproblematik bei Gebrauchsmustern und Patenten identisch ist, besteht für Duftstoffgebrauchsmuster ein ungleich höheres Risiko des Schutzrechtsverlusts nach der Eintragung. Stellt sich nachträglich heraus, dass der angemeldete Duftstoff die materiellen Schutzvoraussetzungen nicht erfüllt, so erweist sich das eingetragene Gebrauchsmuster aufgrund der §§ 13 Abs. 1, 15 Abs. 1, Abs. 3 GebrMG als bloße „Registerposition"[33] bzw. als „Scheinrecht".[34] Dieses Risiko kann durch Stellung eines Rechercheantrags gem. § 7 GebrMG verringert werden.[35] Eine gebrauchsmusterrechtliche Würdigung des ermittelten Stands der Technik enthält der Recherchenbericht allerdings nicht.[36]

Für den Patentanmelder besteht grundsätzlich die Möglichkeit, die Anmeldung rechtzeitig vor der Veröffentlichung zurückzunehmen, mit der Folge, dass in diesem Fall die Veröffentlichung der Erfindung unterbleibt und die technische Lehre geheim gehalten werden kann.[37] Dieses Vorgehen empfiehlt sich, wenn die fehlende Schutzfähigkeit im Laufe des Verfahrens abzusehen ist. Zwar besteht auch im Gebrauchsmusterrecht die Möglichkeit zur Aussetzung des Verfahrens für eine Dauer von bis zu 15 Monaten (§ 8 Abs. 1 S. 3 GebrMG i. V. m. § 49 Abs. 2 PatG), allerdings muss der Anmelder den Aussetzungsantrag frühzeitig stellen, da dieser aus technischen Gründen drei Wochen vor der Eintragung erfolgen muss.[38] Im Durchschnitt muss der Antrag somit zwei bis maximal drei Monate nach der Anmeldung gestellt werden. Eine valide Einschätzung der Schutzfähigkeit des Duftstoffes (und gleichzeitig auch des mit der Offenbarung verbundenen Risikos) ist in dieser kurzen Zeit kaum möglich. Darüber hinaus ist die Aussetzung des Verfahrens für den Anmelder des Gebrauchsmusters wenig sinnvoll, weil damit eine schnelle Eintragung ausscheidet, welche an sich ein wesentlicher Vorteil des Schutzrechts ist. In jedem Fall ist deshalb eine sorgfältige Prüfung der Schutzfähigkeit des Duftstoffes vor Anmeldung durchzuführen, welche mit erheblichen Kosten verbunden sein kann. Dies gilt zwar auch vor Anmeldung eines Patents, doch erfolgt dort im Verlauf des Anmeldungsverfahrens eine materielle Überprüfung durch das Patentamt.

Die Ausnutzung der vermeintlichen Vorteile eines Gebrauchsmusters ist somit bei Duftstoffen mit einem erheblichen Risiko verbunden. Die An-

---

[33] *Bühring*, § 1 Rn. 111.

[34] *Mes*, GebrMG, § 13 Rn. 1.

[35] Für *Krieger*, GRUR Int. 1996, 354 (355) bietet die Möglichkeit der Neuheitsrecherche gem. § 7 GebrMG sogar „hinreichend verlässliche Sicherheit".

[36] *Bühring*, § 7 Rn. 20.

[37] *Busse/Schwendy*, § 32 Rn. 40 f.; *Benkard/Schäfers*, § 32 Rn. 17.

[38] Vgl. *Loth*, § 8 Rn. 7; *Bühring*, § 8 Rn. 43.

melder meiden daher die mit dem Gebrauchsmuster verbundene Rechtsunsicherheit in der Praxis und streben stattdessen allenfalls Patentschutz
für ihre Einzelduftstoffe an. Sie nehmen dafür auch die höheren Kosten
einer Patentanmeldung in Kauf. Im Gegenzug erhalten sie eine längere
Schutzmöglichkeit sowie die Option, auch das Herstellungsverfahren und
die Verwendung eines Duftstoffes schützen zu lassen. Dies gilt im Übrigen
nicht nur für den Schutz von Duftstoffen. Eine generelle Zurückhaltung
gegenüber ungeprüften Schutzrechten besteht in der gesamten chemischen
Industrie.[39]

Nach der Abkehr von der unterschiedlichen Bemessung der erfinderischen Leistung in Patent- und Gebrauchsmusterrecht ist in näherer Zukunft
auch keine Änderung dieser Praxis zu erwarten. Das Risiko der völligen
Schutzlosigkeit aus patent- und gebrauchsmusterrechtlicher Sicht trotz
Offenbarung der Erfindung ist noch erhöht worden. Während zuvor noch
die theoretische Möglichkeit bestand, dass ein mangels Erfindungshöhe
nicht patentfähiger Duftstoff als Gebrauchsmuster geschützt werden kann,
so ist dies nach der Entscheidung „Demonstrationsschrank"[40] nun regelmäßig nicht mehr der Fall.

---

[39] *Goebel*, GRUR 2001, 916 (918).
[40] *BGH*, GRUR 2006, 842.

Sechster Teil

Lauterkeitsrecht

Der Schutz des geistigen Eigentums wird durch das Lauterkeitsrecht ergänzt. Nach der Untersuchung der Schutzmöglichkeiten für Düfte und Duftstoffe durch die gewerblichen Schutzrechte und das Urheberrecht sollen deshalb abschließend Unlauterkeitstatbestände des Gesetzes gegen den unlauteren Wettbewerb (UWG),[1] als der zentralen Kodifikation des deutschen Lauterkeitsrechts, erörtert werden. Von besonderem Interesse sind dabei zwei Bereiche, die „einen zumindest immaterialgüterrechtsähnlichen Schutz gewähren"[2]: zum einen der lauterkeitsrechtliche Schutz von Geschäfts- und Betriebsgeheimnissen (§ 17 UWG), zum anderen der – dem Sonderrechtsschutz nahestehende – sog. „ergänzende wettbewerbsrechtliche Leistungsschutz" (§ 4 Nr. 9 UWG). Beide Tatbestände sind dem Schutz des Geistigen Eigentums in vielfacher Hinsicht angenähert.[3]

Daneben ist der Schutz eines Duftes oder Duftstoffes im Einzelfall auch denkbar durch weitere Tatbestände des UWG. So kann ein Duft als Ware Gegenstand einer Herabsetzung oder Verunglimpfung (§ 4 Nr. 7 UWG) oder einer Anschwärzung (§ 4 Nr. 8 UWG) durch einen Mitbewerber sein. Die Einwirkung auf einen Duftstoff oder ein Duftstoffgemisch eines Mitbewerbers in Form der Vernichtung, Veränderung oder Beschädigung stellt möglicherweise eine gezielte produktbezogene Behinderung im Sinne von § 4 Nr. 10 UWG dar. Schließlich kann es sich beim Vertrieb von nachgeahmten Düften zu einem Bruchteil des Preises des Originals bei Äußerung eines entsprechenden Hinweises („riecht wie...") um eine unlautere vergleichende Werbung im Sinne von § 6 Abs. 2 Nr. 6 UWG handeln.[4] Indes wirft die lauterkeitsrechtliche Beurteilung der letztgenannten weiteren Tatbestände des UWG – im Gegensatz zum Geheimnisschutz und dem wettbewerbsrechtlichen Leistungsschutz – für Düfte und Duftstoffe keine besonderen Probleme auf, sodass im Rahmen dieser Arbeit auf eine nähere Darstellung dieser Beispiele unlauteren Wettbewerbs verzichtet wird. Gleiches gilt für die Strafvorschrift der sog. Vorlagenfreibeuterei

---

[1] Gesetz gegen den unlauteren Wettbewerb v. 3. Juli 2004 (BGBl. I S. 1414), zuletzt geändert durch Art. 5 des Gesetzes v. 21. Dezember 2006 (BGBl. I S. 3367).

[2] *Piper/Ohly*, Einf D Rn. 78.

[3] *Harte/Henning/Sambuc*, Einl F Rn. 202.

[4] S. dazu m. w. N. Sechster Teil, B I.

(§ 18 UWG). Eine solche liegt beispielsweise vor, wenn ein Duftstoffproduzent die ihm von einem Parfümhaus im Rahmen von Vertragsverhandlungen oder Vertragsbeziehungen anvertraute Duftstoffformel selbst unbefugt verwertet.

A. Schutz als Betriebsgeheimnis (§ 17 UWG)

Die Tradition der Geheimhaltung von Formeln und Rezepturen in der Riechstoffindustrie ist bereits mehrfach erwähnt worden.[5] Die wirtschaftliche Bedeutung der betroffenen Informationen ist für die Unternehmen enorm, und entsprechend groß ist deren Interesse an einem wirksamen Schutz und der Wahrung des Geheimnischarakters. Nichtoffenkundige Informationen können für ein Unternehmen wertvoller als gewerbliche Schutzrechte sein.[6] Der lauterkeitsrechtliche Geheimnisschutz beruht primär auf den Strafvorschriften der §§ 17 ff. UWG. Eine Zuwiderhandlung gegen einen der Tatbestände kann wettbewerbsrechtliche Ansprüche gem. §§ 3, 4 Nr. 11, 8 ff. UWG nach sich ziehen.[7] Daneben sind zivilrechtliche Ansprüche gem. § 823 Abs. 2 BGB möglich, da es sich bei den §§ 17 ff. UWG um Schutzgesetze im Sinne der Vorschrift handelt.[8]

§ 17 UWG regelt den Schutz von Geschäfts- und Betriebsgeheimnissen. Die Vorschrift dient dem Geheimhaltungsinteresse des Unternehmers und dem Interesse der Allgemeinheit an einem lauteren Wettbewerb.[9] Innerhalb des § 17 UWG sind drei Tatbestände des Angriffs auf ein Betriebsgeheimnis zu unterscheiden: der Geheimnisverrat durch einen Unternehmensbeschäftigten (§ 17 Abs. 1 UWG), die sog. Betriebsspionage (§ 17 Abs. 2 Nr. 1 UWG) und die Geheimnisverwertung bzw. Geheimnishehlerei (§ 17 Abs. 2 Nr. 2 UWG).

I. Geschäfts- oder Betriebsgeheimnis

Unter einem Geschäfts- oder Betriebsgeheimnis ist jede im Zusammenhang mit einem Betrieb stehende Tatsache zu verstehen, die nicht offenkundig, sondern nur einem begrenzten Personenkreis bekannt ist, und nach dem ausdrücklich erklärten oder konkludenten Willen des Inhabers auf-

---

[5] S. unter anderem Zweiter Teil, E I sowie Vierter Teil, B II.

[6] *BGH*, GRUR 1955, 388 (390); *Westermann*, Kap. 1 Rn. 1.

[7] *Hefermehl/Köhler/Bornkamm*, § 17 Rn. 52; *Gloy/Loschelder/Harte-Bavendamm*, § 48 Rn. 31 u. 64; *Piper/Ohly*, § 17 Rn. 44.

[8] *BGH*, GRUR 1966, 152 (153) – Nitrolingual; *Hefermehl/Köhler/Bornkamm*, § 17 Rn. 53; *Gloy/Loschelder/Harte-Bavendamm*, § 48 Rn. 31, 64; *MünchKommUWG/ Brammsen*, § 17 Rn. 6; *Kiethe/Groeschke*, WRP 2005, 1358 (1361).

[9] *Fezer/Rengier*, UWG, § 17 Rn. 4; *Hefermehl/Köhler/Bornkamm*, § 17 Rn. 2.

grund eines berechtigten wirtschaftlichen Interesses geheim gehalten werden soll.[10] Während Geschäftsgeheimnisse dem kaufmännischen Bereich zugeordnet werden, betreffen Betriebsgeheimnisse Tatsachen und Kenntnisse technischer Art, insbesondere die Herstellung und das Herstellungsverfahren.[11] Sie verkörpern ein Produkt- oder Produktions-Know-how.[12]

Bei einer von einem Riechstoffunternehmen oder Parfümhaus geheim gehaltenen Duftstoffformel, der qualitativen Zusammensetzung eines Duftstoffes oder dessen Struktur handelt es sich – vergleichbar mit einem Herstellungsverfahren – um technologisches Know-how, sodass dieses Gegenstand eines Betriebsgeheimnisses sein kann. Die Geheimhaltung der entsprechenden Tatsachen, für deren Entwicklung die Unternehmen oftmals einen immensen finanziellen Aufwand betrieben haben, soll die Exklusivität des Know-how gegenüber den Mitbewerbern sicherstellen und damit einen Wettbewerbsvorsprung gewährleisten. Die Unternehmen haben ein berechtigtes wirtschaftliches Interesse an der Geheimhaltung der vollständigen Zusammensetzung und der Formeln ihrer Duftstoffe, sodass die Unternehmensbezogenheit, der Geheimhaltungswille und ein berechtigtes Geheimhaltungsinteresse als Voraussetzung eines Betriebsgeheimnisses regelmäßig gegeben sind.

Ein Betriebsgeheimnis setzt darüber hinaus jedoch voraus, dass die relevante Tatsache nicht offenkundig ist. Offenkundigkeit liegt vor, wenn die Tatsache allgemein bekannt ist oder die Kenntnis davon für jeden Interessierten auf normalem Weg ohne größere Schwierigkeiten möglich ist.[13] Geheimnisschutz besteht für Informationen, die sich nur mit mindestens mittlerem Aufwand erschließen lassen.[14] So ist beispielsweise spätestens mit der Veröffentlichung der Anmeldung eines Duftstoffes oder Duftstoffgemisches zum Patent dessen fortdauernder Schutz als Betriebsgeheimnis infolge Offenkundigkeit ausgeschlossen.[15] Allgemeine Bekanntheit scheidet aus, wenn das Geheimnis nur einem eng begrenzten, kontrollierten Per-

---

[10] *BVerfG*, NVwZ 2006, 1041 (1042); *BGH*, GRUR 2003, 356 (358) – Präzisionsmessgeräte; GRUR 1955, 424 (425) – Möbelpaste; *Hefermehl/Köhler/Bornkamm*, § 17 Rn. 4; *Fezer/Rengier*, UWG, § 17 Rn. 7; *MünchKommUWG/Brammsen*, § 17 Rn. 8; *Doepner*, in: FS f. Tilmann, 105 (108); *Többens*, WRP 2005, 552 (555).

[11] *BVerfG*, NVwZ 2006, 1041 (1042); *Gloy/Loschelder/Harte-Bavendamm*, § 48 Rn. 8; *MünchKommUWG/Brammsen*, § 17 Rn. 7; *Emmerich*, § 10 II 2 (S. 168 f.); *Többens*, WRP 2005, 552 (555); *Pfeiffer*, in: FS f. Nirk, 861 (865 f.).

[12] *Doepner*, in: FS f. Tilmann, 105 (110).

[13] *Hefermehl/Köhler/Bornkamm*, § 17 Rn. 6; *Fezer/Rengier*, UWG, § 17 Rn. 12; *Wabnitz/Janovsky/Möhrenschläger*, 13. Kap. Rn. 9; *Többens*, WRP 2005, 552 (556);

[14] *Westermann*, Kap. 1 Rn. 23.

[15] Vgl. *Hefermehl/Köhler/Bornkamm*, § 17 Rn. 7; *Gloy/Loschelder/Harte-Bavendamm*, § 48 Rn. 11; *MünchKommUWG/Brammsen*, § 17 Rn. 16; *Fezer/Rengier*, UWG, § 17 Rn. 13; *Westermann*, Kap. 2 Rn. 12.

sonenkreis bekannt ist.[16] In der Riechstoffindustrie wird der Kreis der Personen, die Zugang zur vollständigen Formel eines Duftstoffes haben, möglichst gering gehalten.[17] Die Geheimnisträger unterliegen dabei strengen vertraglichen Geheimhaltungspflichten, sodass unter normalen Umständen keine allgemeine Bekanntheit relevanter Tatsachen in der Duftstoffindustrie gegeben ist. In Betracht zu ziehen ist allerdings eine Offenkundigkeit infolge allgemeiner Zugänglichkeit der entsprechenden Informationen. Lässt sich das Betriebsgeheimnis (zum Beispiel die chemische Zusammensetzung) durch die Analyse eines in Verkehr gebrachten Produktes erschließen (sog. reverse engineering), liegt Offenkundigkeit vor, wenn der Fachmann dazu ohne größeren Zeit-, Arbeits- und Kostenaufwand in der Lage ist.[18] Der Geheimnischarakter entfällt hingegen nicht, wenn nur durch aufwändige und schwierige Analysen die Struktur und die Zusammensetzung eines Produktes enthüllt werden können.[19] Bereits ab mittlerem Analyseaufwand ist der Geheimnisschutz eröffnet.[20] Ein Rezept ist nicht offenkundig, wenn für einen ausgebildeten Chemiker zwar die qualitative Analyse des Stoffes leicht, die quantitative Bestimmung der einzelnen Bestandteile hingegen „mittelschwer" ist.[21] Infolge der Analyse muss dem Fachmann erkennbar sein, aus welchen Stoffen das Produkt besteht, „in welchen Mengen- und Gewichtsverhältnissen diese zu verwenden sind, welche Beschaffenheit im einzelnen sie aufweisen müssen und wie das Herstellungsverfahren abläuft."[22] Ist ein „einschlägig vorgebildeter Chemiker weder aufgrund speziellen Fachliteraturstudiums noch durch eigene Versuche in der Lage (…), die spezielle Zusammensetzung des zu analysierenden Produktes zu ermitteln", scheidet Offenkundigkeit aus.[23]

Bei der Beurteilung der Offenkundigkeit eines in Verkehr gebrachten Duftstoffes (bzw. dessen zugrunde liegender Formel) muss deshalb differenziert werden. Einzelmoleküle oder einfache Duftstoffgemische, bestehend aus wenigen, für sich genommen dem Fachmann bekannten

---

[16] *Hefermehl/Köhler/Bornkamm*, § 17 Rn. 7; *Piper/Ohly*, § 17 Rn. 6; *Gloy/Loschelder/Harte-Bavendamm*, § 48 Rn. 11; *Fezer/Rengier*, UWG, § 17 Rn. 14; *Westermann*, Kap. 1 Rn. 32 ff.

[17] *Rengshausen*, S. 158.

[18] *BAG*, WM 1982, 1237 (1240); *Hefermehl/Köhler/Bornkamm*, § 17 Rn. 8; *Piper/Ohly*, § 17 Rn. 10; *Westermann*, Kap. 1 Rn. 29; *Kiethe/Groeschke*, WRP 2006, 303 (305).

[19] *Gloy/Loschelder/Harte-Bavendamm*, § 48 Rn. 10; *Fezer/Rengier*, UWG, § 17 Rn. 16; *Wabnitz/Janovsky/Möhrenschläger*, 13. Kap. Rn. 9; noch weitergehend *MünchKommUWG/Brammsen*, § 17 Rn. 15, der Zugänglichkeit bei „sach-, verkehrs- und absprachegemäßer Nutzung" verlangt, welche im Falle der Analyse einer Duftstoffmischung wohl nicht vorliegt.

[20] *Westermann*, Kap. 1 Rn. 30.

[21] *BAG*, WM 1982, 1237 (1240).

[22] *BGH*, GRUR 1980, 750 (751) – Pankreaplex II.

[23] *OLG Frankfurt*, CR 1990, 589 (590).

Ausgangsstoffen, sind offenkundig, wenn sie im Wege gängiger Analysemethoden ohne größere Schwierigkeiten von einem Chemiker oder Parfümeur vollständig qualitativ und quantitativ bestimmbar sind. Aus diesem
Grund liegt in der „geheimen" Verwendung einzelner Stoffe in einem am
Markt erhältlichen Duftstoffgemisch zumeist kein Betriebsgeheimnis im
Sinne von § 17 UWG. Handelt es sich dabei um für den Fachmann an sich
bekannte Stoffe, so sind diese in einem Gemisch ohne größere Schwierigkeiten identifizierbar. Dies hat zur Folge, dass die Tatsache der Verwendung offenkundig ist. Die Verwendung eines nicht patentierten Captive-
Riechstoffes ist zwar allenfalls mit erheblichem Aufwand analysierbar,
sodass die Voraussetzungen eines Betriebsgeheimnisses vorlägen. Captives
werden allerdings zumeist von den Riechstoffunternehmen patentiert, sodass sie für den Fachmann infolge der Anmeldung zum Patentschutz bekannt und damit ebenfalls im Wege der Analyse vergleichsweise einfach
zu identifizieren sind. Einzelduftstoffe bzw. deren Verwendung in Stoffgemischen sind somit nur selten als Betriebsgeheimnis geschützt.

Dies gilt hingegen nicht für die exakte Formel der meisten komplexeren
Duftstoffgemische. Selbst im Falle der Möglichkeit zur vollständigen Analyse kann man – bei Befolgung der von der Rechtsprechung aufgestellten
Anforderungen – bei diesen nicht mehr von einer Bestimmbarkeit „ohne
größere Schwierigkeiten" ausgehen, wenn diese nur mithilfe von Methoden und Apparaturen zu bewerkstelligen ist, über welche ein durchschnittlich ausgestattetes chemisches Labor nicht verfügt. Der für eine vollständige Analyse erforderliche technische und zeitliche Aufwand spricht
grundsätzlich gegen die Annahme einfacher Analysierbarkeit. Bei der
Mehrzahl der Duftstoffe, insbesondere komplexeren Gemischen und/oder
solchen, die bislang unbekannte Einzelduftstoffe (Captives) enthalten, ist
eine vollständige Analyse überdies gar nicht möglich.[24] Die diesen Stoffen
und Gemischen zugrunde liegenden Formeln sind daher – im Gegensatz zu
den darin verwendeten Einzelduftstoffen – Betriebsgeheimnisse der Unternehmen und unterliegen dem Schutz des § 17 UWG.

II. Geheimnisverrat (§ 17 Abs. 1 UWG)

Die unbefugte Mitteilung einer geheim gehaltenen Duftstoffformel durch
einen im Unternehmen beschäftigten Geheimnisträger an eine dritte Person
(zum Beispiel ein Konkurrenzunternehmen) erfüllt den Tatbestand des Ge-
heimnisverrats (§ 17 Abs. 1 UWG), sofern die Tathandlung während der
Geltungsdauer des Beschäftigungsverhältnisses erfolgt und der Täter dabei
zumindest bedingt vorsätzlich und aus einem der im Gesetz genannten
Beweggründe (zu Zwecken des Wettbewerbs, aus Eigennutz, zu Gunsten

---

[24] S. bereits Vierter Teil, B I 2.

eines Dritten oder in Schädigungsabsicht) handelt. Ein Handeln zu Zwecken des Wettbewerbs liegt dabei auch bei Förderung fremden Wettbewerbs (zum Beispiel eines konkurrierenden Riechstoffunternehmens) vor.[25]

III. Betriebsspionage (§ 17 Abs. 2 Nr. 1 UWG)

Im Gegensatz zu § 17 Abs. 1 UWG handelt es sich bei den Tatbeständen des § 17 Abs. 2 UWG nicht um Sonderdelikte, das heißt tauglicher Täter der Betriebsspionage oder Geheimnisverwertung ist auch eine betriebsfremde Person (sog. Jedermannsdelikt).[26] Dies wirft die Frage auf, ob die in der Riechstoffindustrie verbreitete Praxis, Duftstoffe und Duftstoffgemische von Konkurrenzunternehmen zu analysieren, um deren Dufteindruck zu kopieren oder die Ergebnisse als Grundlage für eine eigene Schöpfung zu benutzen, eine nach § 17 Abs. 2 UWG strafrechtlich und über §§ 3, 4 Nr. 11, 8 ff. UWG bzw. § 823 Abs. 2 BGB auch mittelbar zivilrechtlich relevante Handlung darstellt. Die subjektiven Tatbestandsvoraussetzungen sind in dieser Konstellation ohne weiteres erfüllt, insbesondere erfolgt die Analyse und entsprechende Weiterverarbeitung der gewonnenen Daten zur Förderung des eigenen Wettbewerbs des konkurrierenden Unternehmens.

§ 17 Abs. 2 Nr. 1 UWG erfordert daneben die unbefugte Verschaffung oder Sicherung des Geheimnisses unter Anwendung eines der genannten Mittel. Die Analyse eines im Verkehr befindlichen Duftstoffgemisches stellt dabei eine „Anwendung technischer Mittel" im Sinne von § 17 Abs. 2 Nr. 1 lit. a UWG dar. Das Merkmal erfasst im weitesten Sinne den Einsatz aller technischen Vorrichtungen, die dem Sichverschaffen oder Sichern von Wirtschaftsgeheimnissen dienen können.[27] Ein Gaschromatograph als Mittel des „reverse engineering" ist deshalb ein technisches Mittel im Sinne der Vorschrift.[28]

Entscheidend ist somit die Frage, ob durch die Analyse ein unbefugtes Verschaffen des Betriebsgeheimnisses erfolgt. Der Täter verschafft sich das Geheimnis, wenn er die aktive Kenntnis davon erwirbt.[29] Verschaffung des Geheimnisses bedeutet bezogen auf Duftstoffformeln, dass die voll-

---

[25] *Hefermehl/Köhler/Bornkamm*, § 17 Rn. 24; *Piper/Ohly*, § 17 Rn. 25; *Wabnitz/Janovsky/Möhrenschläger*, 13. Kap. Rn. 15; *Pfeiffer*, in: FS f. Nirk, 861 (876).

[26] *Fezer/Rengier*, UWG, § 17 Rn. 52, 75; *MünchKommUWG/Brammsen*, § 17 Rn. 69; *Kiethe/Groeschke*, WRP 2005, 1358 (1364); *Pfeiffer*, in: FS f. Nirk, 861 (879).

[27] *Piper/Ohly*, § 17 Rn. 19; *Fezer/Rengier*, UWG, § 17 Rn. 56; *MünchKommUWG/ Brammsen*, § 17 Rn. 75 f.; *Többens*, WRP 2005, 552 (557); *Kiethe/Groeschke*, WRP 2005, 1358 (1365).

[28] Vgl. *Westermann*, Kap. 4 Rn. 23.

[29] *Hefermehl/Köhler/Bornkamm*, § 17 Rn. 30; *Gloy/Loschelder/Harte-Bavendamm*, § 48 Rn. 45; *Piper/Ohly*, § 17 Rn. 18; *Kiethe/Groeschke*, WRP 2005, 1358 (1364 f.).

ständige Kenntnis der qualitativen und quantitativen Zusammensetzung des Stoffes bzw. der Formel erforderlich ist. § 17 Abs. 2 Nr. 1 UWG spricht von der Verschaffung des Geheimnisses als solches. Da es sich bei § 17 UWG um eine strafrechtliche Norm handelt, ist das im Strafrecht geltende Analogieverbot (Art. 103 Abs. 2 GG) zu beachten.[30] Die partielle Verschaffung eines Wirtschaftsgeheimnisses wird in § 17 Abs. 2 Nr. 1 UWG nicht unter Strafe gestellt. Dafür wäre – ebenso wie in anderen strafrechtlichen Vorschriften[31] – die Aufnahme der Wortverbindung „ganz oder teilweise" in das Gesetz erforderlich gewesen. Das Erfordernis der vollständigen Geheimnisverschaffung folgt zudem mittelbar auch aus § 17 Abs. 2 Nr. 2 UWG. Die Vorschrift setzt voraus, dass der Täter das Geheimnis aus einer Vortat, zum Beispiel einer Betriebsspionage nach § 17 Abs. 2 Nr. 1 UWG, erlangt hat, worunter die „sichere und genaue Kenntnis" verstanden wird.[32]

Die Verschaffung des Geheimnisses erfordert somit eine vollständige Analyse des vertriebenen Stoffes oder Gemisches, sodass der Anwendungsbereich des § 17 Abs. 2 Nr. 1 lit. a UWG in den Fällen der Analyse von Duftstoffen durch konkurrierende Unternehmen gering ist. Lässt sich das Gemisch vollständig entschlüsseln, so scheidet zumeist bereits die Annahme eines Betriebsgeheimnisses infolge Offenkundigkeit aus.[33] Auf der anderen Seite ist das Tatbestandsmerkmal des „Verschaffens" nicht erfüllt, sobald das Gemisch – wie bei komplexen Stoffgemischen die Regel – nicht identifizierbare oder quantifizierbare Stoffe enthält. Eine vollendete Betriebsspionage ist daher bei Duftstoffformeln lediglich möglich, wenn die Totalanalyse des Stoffes zwar durchführbar, aber mit nicht unerheblichen Schwierigkeiten für den Durchschnittsfachmann verbunden ist. Sofern die Tatsache der Verwendung eines Einzelstoffes in einem Gemisch ausnahmsweise als Geheimnis geschützt ist,[34] erfüllt auch dessen – in der Praxis seltene – analytische Identifizierung den Tatbestand des „Verschaffens".

Die Verschaffung erfolgt „unbefugt", wenn keine Rechtfertigungsgründe vorliegen.[35] Die bestimmungswidrige Analyse eines auf den Markt gebrachten Stoffes durch bestimmte Formen des „reverse engineering" zur

---

[30] S. zur Bedeutung des Analogieverbotes im Zusammenhang mit § 17 UWG auch *BGH*, GRUR 1983, 179 (180) – Stapel-Automat; *Hefermehl/Köhler/Bornkamm*, § 17 Rn. 58; *Kiethe/Groeschke*, WRP 2005, 1358 (1369).

[31] Vgl. die §§ 263 Abs. 3 Nr. 5, 305 Abs. 1, 306 Abs. 1, 327 Abs. 1 Nr. 1 des Strafgesetzbuches (StGB).

[32] *Többens*, WRP 2005, 552 (558).

[33] S. bereits Sechster Teil, A I.

[34] S. dazu Sechster Teil, A I.

[35] S. dazu *Piper/Ohly*, § 17 Rn. 26 ff.; *MünchKommUWG/Brammsen*, § 17 Rn. 51 ff.; *Wabnitz/Janovsky/Möhrenschläger*, 13. Kap. Rn. 27.

Entschlüsselung darin verborgener Geheimnisse widerspricht dem Geheimhaltungsinteresse des Geheimnisinhabers und stelle deshalb eine „unbefugte" Geheimnisverschaffung dar.[36]

Sofern die vollständige Analyse nicht zu bewerkstelligen ist, kommt eine strafbare versuchte Betriebsspionage in Betracht (§§ 17 Abs. 2 Nr. 1 lit. a, Abs. 3 UWG i. V. m. §§ 22, 23 StGB[37]). Die Versuchsstrafbarkeit erfordert – ebenso wie beim vollendeten Delikt – (bedingt) vorsätzliches Handeln aus einem der in § 17 Abs. 2 UWG genannten Motivationsgründe.[38] Oftmals wird allerdings noch nicht einmal Eventualvorsatz zur vollständigen Verschaffung des Geheimnisses vorliegen (bzw. nachweisbar sein). Bedingter Vorsatz erfordert, dass der Täter über die Möglichkeit des Erfolgseintritts reflektiert haben und sich bei der Tathandlung der möglichen Tatbestandsverwirklichung bewusst gewesen sein muss.[39] Die Möglichkeit der Tatbestandsverwirklichung besteht jedoch bei komplexen Stoffgemischen nach momentanem Stand der Technik nicht, und die handelnden Personen sind sich der begrenzten Möglichkeiten der Analysemethoden bewusst. Dies schließt auch die Annahme eines strafbaren untauglichen Versuchs aus. Ein Irrtum über die Tauglichkeit der Tatmittel, das heißt der Analysegeräte und -methoden, welcher Voraussetzung des untauglichen Versuchs ist,[40] liegt nicht vor. Der Annahme des Vorsatzes zur vollendeten Betriebsspionage bei komplexen Duftstoffformeln steht zudem entgegen, dass die Totalanalyse zur Erschaffung eines Gemisches gleichen Dufteindrucks nicht erforderlich ist. Die wettbewerbsrechtlichen Folgen der Betriebsspionage durch Duftstoffanalyse gem. §§ 3, 4 Nr. 11, 8 ff. i. V. m. 17 Abs. 2 Nr. 1 UWG beschränken sich somit auf Ausnahmefälle.

IV. Geheimnisverwertung (§ 17 Abs. 2 Nr. 2 UWG)

§ 17 Abs. 2 Nr. 2 UWG stellt die unbefugte Verwertung oder Mitteilung eines Geheimnisses unter Strafe, welches entweder durch einen Geheimnisverrat gem. § 17 Abs. 1 UWG, eine Betriebsspionage gem. § 17 Abs. 2 Nr. 1 UWG oder sonst unbefugt verschafft oder gesichert wurde. Verwertung des Geheimnisses ist jede Handlung, durch die der Täter sich oder anderen den im Geheimnis verkörperten Wert ganz oder teilweise wirt-

---

[36] *Gloy/Loschelder/Harte-Bavendamm*, § 48 Rn. 50.

[37] Strafgesetzbuch in der Fassung der Bekanntmachung v. 13. November 1998 (BGBl. I S. 3322), zuletzt geändert durch Art. 1 des Gesetzes vom 13. August 2008 (BGBl. I S. 1690).

[38] Vgl. *Schönke/Schröder/Eser*, § 22 Rn. 17; *Piper/Ohly*, § 17 Rn. 24, 31; *MünchKommUWG/Brammsen*, § 17 Rn. 81, 89; *Többens*, WRP 2005, 552 (557).

[39] *Schönke/Schröder/Sternberg-Lieben*, § 15 Rn. 73.

[40] *Schönke/Schröder/Eser*, § 22 Rn. 68 ff.

schaftlich zunutze macht.[41] Beispielhafte Verwertungshandlungen sind das Nachahmen von Produkten oder die Verwendung von Analysen oder Rezepturen.[42] Eine Verwertung liegt auch dann vor, wenn das erlangte Geheimnis Ausgangspunkt für eigene Weiterentwicklungen ist, sofern es mitursächlich für das Ergebnis in der Weise bleibt, dass dieses ansonsten nicht in gleicher Zeit oder mit gleichem Aufwand erreicht werden könnte.[43] Auch die „modifizierte Weiterentwicklung" des einer Geheimrezeptur zugrunde liegenden technischen Entwicklungs- bzw. Aufbauprinzips kann eine Verwertung darstellen.[44] Mithin erfüllt das Herstellen eines duftidentischen Stoffgemisches oder die Entwicklung eines eignen Duftstoffes den objektiven Tatbestand der Geheimnisverwertung, sofern dieses unter Verwendung der Formel oder der Struktur des Duftstoffes eines Konkurrenten erfolgt und die entsprechende Kenntnis aus einer Vortat im Sinne des § 17 Abs. 2 Nr. 2 UWG stammt. Die subjektiven Tatbestandsvoraussetzungen entsprechen dabei denen des § 17 Abs. 1 und § 17 Abs. 2 Nr. 1 UWG.

V. Rechtsfolgen

Die Strafandrohung für eine Verletzung des Betriebsgeheimnisses beträgt im Regelfall Freiheitsstrafe bis zu drei Jahren oder Geldstrafe (§ 17 Abs. 1 UWG), in besonders schweren Fällen bis zu fünf Jahren Freiheitsstrafe oder Geldstrafe (§ 17 Abs. 4 S. 1 UWG). Die Strafverfolgung erfordert gem. § 17 Abs. 5 UWG einen Strafantrag des Verletzten (§ 77 Abs. 1 StGB), sofern nicht ein besonderes öffentliches Interesse[45] ein Einschreiten der Strafverfolgungsbehörden von Amts wegen gebietet.

Für betroffene Duftstoffunternehmen ist der zivilrechtliche Schutz ihrer Betriebsgeheimnisse von besonderer Bedeutung. Neben eventuellen allgemeinen zivilrechtlichen Ansprüchen (§§ 823 Abs. 2, 826, 823 Abs. 1, 1004 analog BGB)[46] kommen spezielle lauterkeitsrechtliche Ansprüche in Betracht. Die Aktivlegitimation setzt gem. § 8 Abs. 3 Nr. 1 UWG voraus, dass der Täter Mitbewerber des Geschädigten im Sinne von § 2 Abs. 1

---

[41] *Fezer/Rengier*, UWG, § 17 Rn. 76; *Gloy/Loschelder/Harte-Bavendamm*, § 48 Rn. 51; *Wabnitz/Janovsky/Möhrenschläger*, 13. Kap. Rn. 26; *Kiethe/Groeschke*, WRP 2005, 1358 (1365); *Schumacher*, WRP 2006, 1072 (1075).

[42] *MünchKommUWG/Brammsen*, § 17 Rn. 109.

[43] *BGH*, GRUR 2002, 91 (93) – Spritzgießwerkzeuge; 1994, 296 (298) – Füllanlage; *Hefermehl/Köhler/Bornkamm*, § 17 Rn. 41; *Schumacher*, WRP 2006, 1072 (1075).

[44] *OLG Frankfurt*, CR 1990, 589 (590 f.).

[45] S. dazu *MünchKommUWG/Brammsen*, § 17 Rn. 146 f.

[46] S. dazu *Hefermehl/Köhler/Bornkamm*, § 17 Rn. 53; *Piper/Ohly*, § 17 Rn. 48 f.; *Gloy/Loschelder/Harte-Bavendamm*, § 48 Rn. 34, 38 ff.; *Westermann*, Kap. 7 Rn. 9; *Kiethe/Groeschke*, WRP 2005, 1358 (1361 f.).

Nr. 3 UWG ist. Bei Vorliegen einer Wettbewerbshandlung im Sinne von § 2 Abs. 1 Nr. 1 UWG stehen den betroffenen Geheimnisinhabern unter dem Gesichtspunkt des Rechtsbruchs (§§ 3, 4 Nr. 11 UWG) Abwehr- und Schadensersatzansprüche unter den Voraussetzungen der §§ 8, 9 UWG zu. Unter Wettbewerbshandlung verstand man bislang ein marktbezogenes Verhalten im geschäftlichen Verkehr, welches mit dem Ziel vorgenommen wird, den Absatz oder Bezug des eigenen oder eines fremden Unternehmens zu fördern und das zur Erreichung dieses Ziels objektiv geeignet ist.[47] Im Zuge der Umsetzung der Vorgaben der Richtlinie über unlautere Geschäftspraktiken[48] soll an die Stelle der Wettbewerbsförderungsabsicht zukünftig das Kriterium des „objektiven Zusammenhangs" zwischen der Handlung und der Absatzförderung treten.[49] Der Unterlassungsanspruch (§§ 3, 4 Nr. 11, 17, 8 Abs. 1 S. 1 Var. 2 UWG) erstreckt sich auch auf die Ergebnisse der Nutzung des Betriebsgeheimnisses,[50] sodass – anders als beim wettbewerbsrechtlichen Leistungsschutz[51] – die gewerbsmäßige Herstellung der entsprechenden Duftstoffe und Duftstoffgemische untersagt werden kann. Der Beseitigungsanspruch (§§ 3, 4 Nr. 11, 17, 8 Abs. 1 S. 1 Var. 1 UWG) gewährt das Recht, Vernichtung der unzulässigerweise hergestellten Produkte oder deren Herausgabe zum Zwecke der Vernichtung zu verlangen.[52] Für den Schadensersatzanspruch bei Verletzung eines Betriebsgeheimnisses (§§ 3, 4 Nr. 11, 17, 9 S. 1 UWG) ist die Möglichkeit der dreifachen Schadensberechnung für den Verletzten allgemein anerkannt.[53] Schließlich steht dem Verletzten unter Umständen auch ein Aus-

---

[47] *Harte/Henning/Keller*, § 2 A Rn. 5.

[48] Richtlinie 2005/29/EG des Europäischen Parlaments und des Rates v. 11. Mai 2005 über unlautere Geschäftspraktiken im binnenmarktinternen Geschäftsverkehr zwischen Unternehmen und Verbrauchern (ABl. Nr. L 149 v. 11.6.2005, S. 22 ff.).

[49] S. Art. 1 Nr. 2 lit. a) aa) des Regierungsentwurfs eines Ersten Gesetzes zur Änderung des Gesetzes gegen den unlauteren Wettbewerb v. 21. Mai 2008 (S. 2 f.); zum Erfordernis des „unmittelbaren Zusammenhangs" vgl. *Hefermehl/Köhler/Bornkamm*, § 2 Rn. 22 ff. m. w. N.

[50] *BGH*, GRUR 2002, 91 (94 f.) – Spritzgießwerkzeuge; *Hefermehl/Köhler/Bornkamm*, § 17 Rn. 64; *Piper/Ohly*, § 17 Rn. 52; *Kiethe/Groeschke*, WRP 2005, 1358 (1368).

[51] S. dazu sogleich unter B.

[52] *BGH*, GRUR 1958, 297 (299) – Petromax I; GRUR 2006, 1044 (1046) – Kundendatenprogramm; *Hefermehl/Köhler/Bornkamm*, § 17 Rn. 65; *Westermann*, Kap. 7 Rn. 14; *Kiethe/Groeschke*, WRP 2005, 1358 (1369).

[53] *BGH*, GRUR 1977, 539 (541) – Prozessrechner; *Hefermehl/Köhler/Bornkamm*, § 17 Rn. 58; *Gloy/Loschelder/Harte-Bavendamm*, § 48 Rn. 75; *Westermann*, Kap. 7 Rn. 15 ff.; s. zur dreifachen Schadensberechnung bei Verletzung von Sonderschutzrechten bereits Zweiter Teil, D I 1, Vierter Teil, C III sowie Fünfter Teil, B.

kunftsanspruch aus Treu und Glauben (§ 242 BGB) über Art, Zeitpunkt, Zeitraum und Umfang der Verletzungshandlung gegen den Verletzer zu.[54]

VI. Vor- und Nachteile der Geheimhaltung

Vorteil des Schutzes von Duftstoffformeln und -strukturen als Betriebsgeheimnis ist, dass für diese Art des Know-how-Schutzes keine Schutzdauerbegrenzung existiert. Das Betriebsgeheimnis wird so lang geschützt, wie es besteht. Der Schutz endet erst, wenn die Voraussetzungen des Betriebsgeheimnisses nicht mehr erfüllt sind, insbesondere also bei Eintritt von Offenkundigkeit. Im Gegensatz zu registrierten Schutzrechten erfordert der Schutz des Betriebsgeheimnisses kein unter Umständen zeit- und kostenintensives Anmeldeverfahren. Materielle Schutzvoraussetzungen wie die der Schöpfungs- oder Erfindungshöhe bestehen für den Schutz als Betriebsgeheimnis nicht. So kann beispielsweise eine Duftstoffformel, die einem Duft zugrunde liegt, der mangels Individualität nicht urheberrechtlich geschützt wird, ohne weiteres Gegenstand eines Betriebsgeheimnisses sein. Zudem lassen sich in die Rechtsdurchsetzung aufgrund der strafrechtlichen Relevanz eines Verstoßes gegen § 17 UWG die Strafverfolgungsbehörden einbinden, wodurch die Geltendmachung zivilrechtlicher Ansprüche des Geheimnisinhabers gegen Begünstigte der Verletzung des Geheimnisses erleichtert sein kann.[55]

Zentraler Nachteil des Schutzes von Formeln etc. als Betriebsgeheimnis ist die damit verbundene Rechtsunsicherheit. Die betroffenen Unternehmen müssen einen hohen Geheimhaltungsaufwand betreiben, und dennoch besteht eine „latente Gefährdung"[56] dergestalt, dass mit Entfallen einer der Voraussetzungen des Geheimnisses, insbesondere im Falle der Offenkundigkeit, der Schutz endet. Betriebsgeheimnisse sind auch nicht gegen unabhängige Parallelentwicklungen von Konkurrenten geschützt.[57] Die Untersuchung hat zudem gezeigt, dass über § 17 UWG zumeist keine Möglichkeit besteht, die teilweise Entschlüsselung der Betriebsgeheimnisse durch Analyse zu verhindern oder zu sanktionieren. Zur Herstellung eines Duftstoffes oder Duftstoffgemisches mit identischem Dufteindruck, aber (deutlich) abweichender chemischer Zusammensetzung genügt einem versierten Parfümeur jedoch in vielen Fällen eine lediglich partielle Analy-

---

[54] *Gloy/Loschelder/Harte-Bavendamm*, § 48 Rn. 76; *Piper/Ohly*, § 17 Rn. 55; *Kiethe/Groeschke*, WRP 2005, 1358 (1370).

[55] *jurisPK-UWG/Ullmann*, Einleitung Rn. 106; *Kiethe/Groeschke*, WRP 2005, 1358 (1366); *Ann*, GRUR 2007, 39 (40).

[56] *Ann*, GRUR 2007, 39 (40).

[57] Im Falle der Schutzrechtsanmeldung durch den Konkurrenten besteht aber zugunsten des Know-how-Inhabers unter Umständen ein Vorbenutzungsrecht gem. §§ 12 Abs. 1 S. 2 PatG, 13 Abs. 3 GebrMG.

se. Die Geheimhaltung der Formel schützt somit häufig nicht vor Duftnachahmungen anderer Unternehmen. Der durch die Geheimhaltung gewährte Schutz über § 17 UWG erweist sich damit gegenüber dem Schutz
des Dufteindrucks durch das Urheberrecht oder dem absoluten Schutz eines Einzelduftstoffes durch ein Patent als vergleichsweise ineffektiv.

VII. Ergebnis

Nahezu alle Duftstoffformeln und exakten Strukturen von Duftstoffgemischen sind Betriebsgeheimnisse der Unternehmen der Riechstoffindustrie.
Als solche unterstehen sie dem lauterkeitsrechtlichen Geheimnisschutz des
§ 17 UWG. Kein Geheimnisschutz besteht hingegen für die Verwendung
einzelner bekannter Duftstoffe in Duftstoffgemischen. Die Verletzung der
Betriebsgeheimnisse kann straf- und zivilrechtliche Konsequenzen haben.
Insbesondere die gängige Methode des Kopierens oder Entwickelns von
Duftstoffen und Duftstoffgemischen infolge der Analyse von Konkurrenzdüften („reverse engineering") erfüllt jedoch nur ausnahmsweise den Tatbestand der Betriebsspionage (§ 17 Abs. 2 Nr. 1 lit. a UWG). Unabhängig
von § 17 UWG stellt die Nachahmung von Düften in der beschriebenen
Weise jedoch möglicherweise eine unlautere Wettbewerbshandlung gem.
§ 4 Nr. 9 UWG dar, was im Folgenden zu erörtern ist.

B. Ergänzender wettbewerbsrechtlicher Leistungsschutz
(§ 4 Nr. 9 UWG)

Für Düfte gilt ebenso wie für andere Waren, dass Nachahmungen hinzunehmen sind, „soweit sie nach sondergesetzlichem Immaterialgüterrecht
und nach § 4 Nr. 9 UWG zulässig sind."[58] In § 4 Nr. 9 UWG wurde im
Zuge der Reform des UWG im Jahre 2004 die frühere Fallgruppe des sog.
„ergänzenden wettbewerbsrechtlichen Leistungsschutzes" kodifiziert, bei
der es um den Schutz einer über das alltäglich-übliche Schaffen hinausgehenden Leistung gegen wettbewerbswidrige Verwertung geht.[59] Die Norm
dient neben dem Schutz des Mitbewerbers vor der unlauteren Ausbeutung
eines von ihm geschaffenen Leistungsergebnisses auch dem Schutz der
Verbraucher und sonstigen Marktteilnehmer vor etwaiger Irreführung über
die Herkunft des Nachahmungsproduktes[60] sowie dem Interesse der All-

---

[58] *MünchKommUWG/Sosnitza*, § 1 Rn. 24.
[59] *Piper/Ohly*, § 4.9 Rn. 1.
[60] *BGH*, GRUR 2005, 519 (520) – Vitamin-Zell-Komplex.

gemeinheit an einem unverfälschten Wettbewerb.[61] Die Vorschrift schränkt die Zulässigkeit der Vermarktung von Nachahmungsprodukten ein.

Insbesondere die (teuren) Produkte der Feinparfümerie sind traditionell in großem Umfang Gegenstand der Nachahmungsbestrebungen von Konkurrenten. Während sich diese Aktivitäten jedoch früher auf eine mehr oder weniger ähnliche Nachbildung der Flakons und Verpackungen oder auf eine Assoziationen hervorrufende Bezeichnung der Nachahmung[62] konzentrierten, hat sich die Strategie im Laufe der Zeit – ausgehend von den Fortschritten in der analytischen Chemie – gewandelt.[63] Nunmehr werden identische oder nahezu identische Düfte unter fremdem Namen und in einer Ausstattung vertrieben, die aus der Perspektive der Sonderschutzrechte (insbesondere des Marken- und Geschmacksmusterrechts) einen ausreichenden Abstand zum Original – bezogen auf die visuelle, akustische oder auch haptische Erscheinungsform – einhalten.[64] Im Folgenden soll die Vereinbarkeit dieser letztgenannten Praxis mit den Grundsätzen des wettbewerbsrechtlichen Leistungsschutzes analysiert werden. Dabei ist es zunächst erforderlich, die zu untersuchende Konstellation von anderen lauterkeitsrechtlichen Problematiken im Zusammenhang mit Düften abzugrenzen. Nach einer Erörterung der Konkurrenz zu den Sonderschutzrechten sollen schließlich die Schutzvoraussetzungen behandelt werden.

I. Abgrenzung

Die Unlauterkeit des Verkaufs nachgeahmter Düfte ist nicht nur in Frankreich,[65] sondern auch in Deutschland bereits mehrfach Gegenstand der Rechtsprechung gewesen. Den ergangenen Entscheidungen ist gemeinsam, dass die Gerichte bei der Beurteilung der Unlauterkeit stets allenfalls am Rande auf die Nachahmung des Duftes abstellten, primär hingegen andere Umstände heranzogen, die mit der Nachahmungshandlung als solcher in keinem direkten Zusammenhang standen. Die Benutzung von Konkordanzlisten stellt beispielsweise bei Verwendung im Verkaufsgespräch gegenüber Endkunden eine unlautere vergleichende Werbung gem. § 6 Abs. 2

---

[61] *BGH*, GRUR 2007, 984 (986) – Gartenliege; *Hefermehl/Köhler/Bornkamm*, § 4 Rn. 9.2.

[62] S. das Beispiel „Optimum" statt „Opium" bei *OLG München*, GRUR 1987, 299 – OPTIMUM.

[63] *Dubarry*, S. 9 f.

[64] Beispielhaft zu nennen ist der Vertrieb einer Imitation des Duftes „Cool Water" unter der Bezeichnung „Fjord".

[65] Vgl. *Cour d'appel de Paris*, GP 1979, N°s 203-205, 329 (330); PIBD 2000, N° 708, III, 549 (551); Urt. v. 25.1.2006, 2006-292501 (insofern nicht abgedruckt in IIC 2006, 881 – Perfume Fragrance); *Trib. Comm. de Paris*, MarkenR 2001, 258 (262 f.) – Parfum Angel.

Nr. 2, Nr. 6 UWG dar.[66] In Konkordanzlisten werden die Produkte des Nachahmers, ihrerseits häufig lediglich durch Ziffern gekennzeichnet, den namentlich genannten teuren Originaldüften exakt (sog. konkrete Duftvergleichsliste) oder jedenfalls als zur gleichen Duftfamilie gehörend zugeordnet.[67] Ebenso für unlauter befunden wurde der Vertrieb eines nachgeahmten Duftes im Falle einer Bezugnahme auf den exklusiven Originalduft im Verkaufsgespräch[68] oder im Rahmen des Verkaufsangebots für eine Internetauktion.[69] Die Ähnlichkeiten zwischen Imitat und Original hinsichtlich des Flakons, der Verpackung, der Bezeichnung und der Farbe des Duftstoffgemisches dienten in Frankreich zur Begründung des Vorliegens einer sog. „concurrence déloyale".[70]

Im Gegensatz zu den genannten Entscheidungen sollen im Rahmen dieser Arbeit die außerhalb der Nachahmung liegenden Umstände für die lauterkeitsrechtliche Beurteilung außer Betracht bleiben. Die Unlauterkeit der oftmals als Marken- oder Produktpiraterie bezeichneten Imitation namhafter Markenerzeugnisse durch vollständige oder nur geringfügig veränderte Übernahme von Ausstattungs- und Markenelementen sowie der äußeren Gestalt eines Produktes wird deshalb nicht untersucht.[71] Vielmehr soll geklärt werden, ob bereits die Nachahmung eines Duftes oder Dufteindruckes als solche bzw. der bloße Vertrieb einer Nachahmung ohne Hinzutreten weiterer, mit dem Akt der Nachahmung nicht kausal verbundener Umstände, unlauter ist. Als kausal mit der Nachahmung verbundene Umstände sind dabei solche Umstände anzusehen, die jeder Nachahmungshandlung immanent sind, wie die Ersparnis eigener Forschungs- und Entwicklungskosten sowie die daraus resultierende Möglichkeit, die Nachahmung zu einem geringeren Preis am Markt anzubieten. Unberücksichtigt bleiben alle weiteren Umstände wie Äußerungen des Herstellers oder Verkaufspersonals oder die Ähnlichkeit von Kennzeichen, Verpackung etc. Zu klären ist mithin die Frage, ob bereits die Herstellung eines Duftimitats oder dessen Vertrieb in einer Situation, die abgesehen von der Identität bzw. Ähn-

---

[66] *BGH*, GRUR 2004, 607 (612) – Genealogie der Düfte; *OLG Köln*, WRP 1996, 1200 (1203 f.) – Duftvergleichslisten; *OLG Hamburg*, Urt. v. 8.10.1992, 3 U 227/91; *Lehment*, GRUR 2004, 657 (658), m. w. N.; *Dittmer*, EWiR 2004, 777 (778); a. A. *Jickeli/Reese*, LMK 2004, 133 (134).

[67] S. dazu die Beispiele in *BGH*, GRUR 2004, 607 (608 ff.) – Genealogie der Düfte.

[68] *OLG Hamburg*, Urt. v. 8.10.1992, 3 U 227/91; *OLG Frankfurt a.M.*, GRUR 1991, 231 – duftähnlich; *OLG München*, GRUR-RR 1987, 299 (300) – OPTIMUM; a. A. unter Hinweis auf besondere Umstände des Einzelfalles *OLG Stuttgart*, NJW-RR 1987, 1123 (1124).

[69] *LG Hamburg*, MMR 2005, 326 (327).

[70] Z. B. *Cour d'appel de Paris*, Urt. v. 25.1.2006, 2006-292501 (insofern nicht abgedruckt in IIC 2006, 881 – Perfume Fragrance).

[71] Vgl. dazu *Gloy/Loschelder/Harte-Bavendamm*, § 43 Rn. 191 ff.

lichkeit des Duftes weder aufgrund der Verpackung noch sonstiger Umstände Assoziationen zum Original weckt (neutraler Vertrieb) eine unlautere Wettbewerbshandlung darstellt. Der Rückgriff auf die Vorschriften zur vergleichenden Werbung ist unter diesen Voraussetzungen ausgeschlossen, da die Nachahmung und/oder der Vertrieb des Duftes keine für die Annahme einer Werbung erforderliche Äußerung darstellen.[72] Vergleichende Werbung im Sinne von § 6 Abs. 1 UWG liegt nicht vor, wenn die (auch nur mittelbar erkennbare) Bezugnahme auf einen Wettbewerber oder dessen Produkte „nicht durch eine in der betreffenden Werbemaßnahme enthaltene Äußerung (…) erfolgt, sondern die angesprochenen Verkehrskreise allein auf Grund außerhalb der angegriffenen Werbung liegender Umstände eine Verbindung zwischen dem beworbenen Produkt und denjenigen von Mitbewerbern herstellen."[73]

II. Verhältnis zum Sonderrechtsschutz

Das Verhältnis des lauterkeitsrechtlichen Nachahmungsschutzes zu den Sonderschutzrechten zählt zu den kontroversesten Fragen im Bereich des geistigen Eigentums. Eine Konkurrenzregel, die dogmatisch überzeugend und zugleich praktisch umsetzbar ist, existiert bis heute nicht.[74] Es handelt sich dabei nicht bloß um eine theoretische Diskussion, sondern die Frage der Anwendbarkeit des Lauterkeitsrechts neben oder außerhalb der sondergesetzlichen Vorschriften wirkt sich auch unmittelbar praktisch aus. So führt die parallele Anwendbarkeit des Wettbewerbsrechts unter Umständen dazu, dass eine Verletzung von Sonderschutzrechten aufgrund der in § 8 Abs. 3 UWG normierten Aktivlegitimation nicht nur vom Schutzrechtsinhaber oder dem Inhaber einer ausschließlichen Lizenz, sondern auch von Mitbewerbern oder Verbänden verfolgt werden kann. Ebenso stellt sich die Frage, ob lauterkeitsrechtlicher Schutz möglich sein soll in Fällen, in denen sonderrechtlicher Schutz nicht oder nicht mehr besteht. Zu denken ist im Rahmen dieser Arbeit beispielsweise an den Schutz vor dem Vertrieb nachgeahmter Düfte, wenn das Original nicht die für den urheberrechtlichen Schutz erforderliche Individualität aufweist, der Schöpfer (etwa aus Kostengründen) auf die Anmeldung eines Patents verzichtet hat oder eine sondergesetzliche Schutzfrist bereits abgelaufen ist.

---

[72] S. die Legaldefinition der Werbung in Art. 2 lit. a der Richtlinie 2006/114/EG des Europäischen Parlaments und des Rates v. 12. Dezember 2006 über irreführende und vergleichende Werbung; *OLG Köln*, MarkenR 2006, 33 (35) – Duftvergleich mit Markenparfum (keine Werbung bei bloßer Bezeichnung und Ausstattung eines Parfüms); *MünchKommUWG/Menke*, § 6 Rn. 36; a. A. *jurisPK-UWG/Müller-Bidinger*, § 6 Rn. 38.

[73] *BGH*, GRUR 2008, 628 (630) – Imitationswerbung; vgl. auch *BGH*, GRUR 2008, 726 (727) – Duftvergleich mit Markenparfüm.

[74] Ebenso *Fezer/Götting*, UWG, § 4-9 Rn. 23.

In der Diskussion um das Verhältnis des lauterkeitsrechtlichen Nachahmungsschutzes zu den einzelnen Sonderschutzrechten stehen sich im Wesentlichen zwei Meinungen gegenüber. Während eine Ansicht von einem Vorrang des Sonderrechtsschutzes und dem Grundsatz der Nachahmungsfreiheit ausgeht, sprechen sich andere für eine parallele Anwendbarkeit im Sinne einer Normenkonkurrenz aus.

Nach der ständigen Rechtsprechung des *Bundesgerichtshofs* ist der Rückgriff auf die §§ 3, 4 Nr. 9 UWG ausgeschlossen, wenn die spezialgesetzlichen Voraussetzungen der Sonderschutzrechte vorliegen und sich aus dem wettbewerbsrechtlichen Leistungsschutz im konkreten Fall keine weiterreichenden Rechtsfolgen ergeben.[75] Zugleich betont das Gericht, dass außerhalb der Sonderschutzrechte Nachahmungsfreiheit bestehe und das Verdikt der Unlauterkeit das Hinzutreten weiterer, außerhalb des sondergesetzlichen Tatbestandes liegender Umstände erfordere.[76] Daran anschließend war es der ausdrückliche Wille des Gesetzgebers bei der Reform des Gesetzes gegen den unlauteren Wettbewerb im Jahr 2004, dass auch nach der Kodifikation der Fallgruppe des wettbewerbsrechtlichen Leistungsschutzes die bloße Nachahmung eines nicht sonderrechtlich geschützten Arbeitsergebnisses nicht unlauter sein sollte.[77] Die Anerkennung des Grundsatzes der Nachahmungsfreiheit entspricht zudem einer verbreiteten Ansicht in der Literatur.[78]

Zur Begründung der Zulässigkeit von Nachahmungen außerhalb der durch die Sonderschutzrechte gesetzten Grenzen werden verschiedene Argumente angeführt. So baue beispielsweise jede Leistung eines Gewerbetreibenden auf dem Schaffen der Vergangenheit auf, woraus sich die Verpflichtung ergebe, auch die eigene Leistung den Mitbewerbern und der Allgemeinheit zur Verfügung zu stellen.[79] In einem weitgehenden Verbot der Nachahmung wird deshalb die Gefahr gesehen, dass „der ganze wirt-

---

[75] *BGH*, GRUR 1992, 697 (699) – ALF; GRUR 1994, 630 (632) – Cartier-Armreif; GRUR 1999, 161 (162) – MAC Dog; s. auch *Piper/Ohly*, § 4.9 Rn. 8; *Harte/Henning/Sambuc*, Einl F Rn. 208.

[76] *BGH*, GRUR 1985, 876 (877) – Tchibo/Rolex I; GRUR 2001, 443 (444) – Viennetta; GRUR 2003, 973 (974) – Tupperwareparty; GRUR 2005, 600 (602) – Handtuchklemmen; GRUR 2006, 79 (80) – Jeans; WRP 2007, 1076 (1081) – Handtaschen; ebenso bereits RGZ 73, 294 (296) – Schallplatten.

[77] BT-Drucks. 15/1487, S. 18.

[78] Vgl. *Piper/Ohly*, § 4.9 Rn. 6; *Harte/Henning/Sambuc*, Einl F Rn. 206 f. sowie § 4 Nr. 9 Rn. 9; *MünchKommUWG/Ann*, Grundl Rn. 286; *MünchKommUWG/Wiebe*, § 4 Nr. 9 Rn. 23 ff.; *Lehmler*, § 4 Nr. 9 Rn. 2; *Gloy/Loschelder/Eck*, § 43 Rn. 2; *Emmerich*, § 11 I (S. 180 ff.).

[79] *BGH*, GRUR 1967, 315 (317) – scai-cubana; GRUR 1969, 618 (619) – Kunststoffzähne; *Piper/Ohly*, § 4.9 Rn. 6; *Lehmler*, § 4 Nr. 9 Rn. 2; *Gloy/Loschelder/Eck*, § 43 Rn. 2.

schaftliche, technische und kulturelle Fortschritt zum Erliegen käme."[80] Zentrales dogmatisches Argument für die Nachahmungsfreiheit ist die Furcht vor der Aushöhlung des Sonderrechtsschutzes durch den wettbewerbsrechtlichen Leistungsschutz. Aus den sonderrechtlichen Regeln folge e contrario, dass dort, wo der Sonderrechtsschutz nicht gewährt werde, insbesondere nach Ablauf von Schutzfristen oder bei Nichterfüllung der Schutzvoraussetzungen, der formlose und im Grundsatz zeitlich unbegrenzte ergänzende lauterkeitsrechtliche Leistungsschutz ausscheiden müsse.[81]

Bei konsequenter Befolgung dieser Ansicht wäre für die lauterkeitsrechtliche Beurteilung des neutralen Vertriebs nachgeahmter Düfte entscheidend, ob bereits im neutralen Vertrieb besondere, außerhalb der Sonderschutzrechte liegende Umstände zu erblicken sind. Lehnt man dies ab, so schlösse bestehender Sonderrechtsschutz – etwa der urheberrechtliche Schutz eines Parfüms – als vorrangige Regelung den wettbewerblichen Leistungsschutz aus. Gleiches würde für Düfte gelten, die mangels Individualität nicht urheberrechtlich geschützt sind, da anderenfalls die Wertung des § 2 Abs. 2 UrhG unterlaufen würde. Der neutrale Vertrieb nicht sondergesetzlich geschützter Düfte wäre als bloße Folge der Ausübung der Nachahmungsfreiheit aus Sicht des Lauterkeitsrechts unbedenklich. Dies folgt daraus, dass das Lauterkeitsrecht im Gegensatz zu den Sonderschutzrechten nicht eine Leistung als solche schützt. Als Marktverhaltensrecht wendet es sich nicht gegen das „ob" der Nachahmung, sondern gegen unlauteres Verhalten im Zusammenhang mit der Herstellung und Vermarktung der Nachahmung („wie").[82]

Die theoretisch eindeutige Abgrenzung der Schutzmöglichkeiten wurde und wird in der Praxis jedoch nicht durchgehalten.[83] Vielmehr ist zu beobachten, dass die Grenzen zwischen dem Schutz von Leistungsergebnissen durch das Wettbewerbsrecht und die Sonderschutzrechte teilweise fließend sind.[84] Die Betonung der Nachahmungsfreiheit und des Vorrangs der Sonderschutzrechte erweisen sich oftmals als „Lippenbekenntnis"[85] bzw. „reine Theorie".[86] So soll zum Beispiel die Prüfung des ergänzenden Leistungsschutzes bereits möglich sein, wenn das Eingreifen des Sonderrechts-

---

[80] *Emmerich*, § 11 I (S. 181).
[81] *BGH*, GRUR 1966, 503 (506) – Apfel-Madonna; GRUR 1987, 814 (816) – Die Zauberflöte; *Piper/Ohly*, § 4.9 Rn. 6; *MünchKommUWG/Ann*, Grundl Rn. 286.
[82] *Piper/Ohly*, § 4.9 Rn. 7; *Hefermehl/Köhler/Bornkamm*, § 4 Rn. 9.4.
[83] Vgl. *Ohly*, in: FS f. Ullmann, 795 (797 f.); *Körner*, in: FS f. Ullmann, 701 (703 ff.).
[84] *Hefermehl/Köhler/Bornkamm*, § 4 Rn. 9.4; *Heyers*, GRUR 2006, 23 (24).
[85] *Fezer/Götting*, UWG, § 4-9 Rn. 23.
[86] *Sambuc*, Rn. 35.

schutzes zweifelhaft ist.[87] Teilweise erfolgt der Rückgriff auf das UWG sogar ohne jegliche Erwähnung in Betracht zu ziehender Sonderschutzrechte.[88] Wettbewerbsrechtlicher Schutz soll auch dann nicht scheitern, wenn immaterialgüterrechtlicher Schutz im Wege einer Registrierung möglich gewesen wäre, aber vom Erbringer der Leistung nicht erstrebt wurde.[89] Schließlich soll bestehender Schutz durch ein nicht eingetragenes Gemeinschaftsgeschmacksmuster wegen des unterschiedlichen Schutzzweckes ohne Bedeutung für das Eingreifen des wettbewerbsrechtlichen Leistungsschutzes sein.[90] Von einem konsequenten Vorrang des Sonderrechtsschutzes kann somit in der Praxis nicht gesprochen werden.

Gleiches gilt hinsichtlich des Grundsatzes der Nachahmungsfreiheit. Ursprünglich galt nach Ansicht des *Bundesgerichtshofs* bereits die Übernahme einer fremden Leistung ohne eigenen Leistungsanteil als unlauter.[91] Zwar wurde später die „unmittelbare Leistungsübernahme" als allein sittenwidrigkeits- bzw. (der heutigen Terminologie entsprechend) unlauterkeitsbegründender Umstand ausdrücklich verworfen,[92] gleichwohl führten ähnliche Erwägungen unter dem Deckmantel von Amortisationsschutz und Innovationsanreiz im Ergebnis teilweise zu einer Fortführung der Rechtspraxis.[93] Vielfach steht auch heute noch die Übernahme der fremden Leistung deutlich im Vordergrund der lauterkeitsrechtlichen Beurteilung, und die erforderlichen zusätzlichen Unlauterkeitskriterien haben oftmals kaum eigenständige Bedeutung.[94]

Offensichtlichstes Beispiel der Annäherung des UWG-Nachahmungsschutzes an das Immaterialgüterrecht ist dabei der Saisonschutz von Modeneuheiten für einen begrenzten Zeitraum mit dem Ziel, den Gestaltern der Erzeugnisse eine Amortisation ihrer Investitionskosten zu ermöglichen.[95] Dabei handelt es sich um reinen Leistungsschutz, da auf die

---

[87] *BGH*, GRUR 1994, 630 (632) – Cartier-Armreif; *Hefermehl/Köhler/Bornkamm*, § 4 Rn. 9.6.

[88] *BGH*, GRUR 1995, 349 (350 f.) – Objektive Schadensberechnung; *Stieper*, WRP 2006, 291 (293).

[89] *jurisPK-UWG/Ullmann*, § 4 Nr. 9 Rn. 10.

[90] *BGH*, GRUR 2006, 79 (80) – Jeans I.

[91] *BGH*, GRUR 1959, 240 (242) – Nelkenstecklinge; GRUR 1966, 503 (506) – Apfel-Madonna; GRUR 1966, 617 (619) – Saxophon.

[92] *BGH*, GRUR 1969, 186 (188) – Reprint.

[93] *BGH*, GRUR 1969, 618 (620) – Kunststoffzähne; s. dazu m. w. N. *Weihrauch*, S. 47 f.; *Wiebe*, in: FS f. Schricker, 773 (774 f.).

[94] *MünchKommUWG/Wiebe*, § 4 Nr. 9 Rn. 20; *Beater*, § 22 Rn. 18 f.; *Ohly*, in: FS f. Ullmann, 795 (797); *Körner*, in: FS f. Ullmann, 701 (704); *Köhler*, WRP 1999, 1075 (1079).

[95] *BGH*, GRUR 1973, 478 (480) – Modeneuheit; GRUR 1984, 453 – Hemdblusenkleid; GRUR 1992, 448 (449) – Pullovermuster; s. dazu *MünchKommUWG/Ann*, Grundl Rn. 308 ff.; *Sambuc*, Rn. 25 ff.; *Weihrauch*, S. 49 f.

Modalitäten der Nachahmungshandlung nicht abgestellt wird.[96] Nur geringe Anforderungen an die unlauterkeitsbegründenden Umstände wurden zudem in Fällen gestellt, in denen eine wettbewerblich eigenartige Leistung identisch oder nahezu identisch übernommen wurde oder in denen eine besonders herausragende wettbewerbliche Eigenart festgestellt wurde.[97] Insbesondere bei der zumeist im Zentrum der Beurteilung stehenden „wettbewerblichen Eigenart" handelt es sich nicht um ein handlungsbezogenes Kriterium, da mit diesem bestimmte Eigenschaften des nachgeahmten Produktes bezeichnet werden.[98] Die praktische Annäherung des ergänzenden wettbewerbsrechtlichen Leistungsschutzes an die Sonderschutzrechte zeigt sich zudem durch die Zuerkennung der Möglichkeit der dreifachen Schadensberechnung auch auf der Rechtsfolgenebene.[99] Mittlerweile hat der *Bundesgerichtshof* offen eingeräumt, dass der ergänzende Leistungsschutz auch „den Schutz einer Leistung als solcher zum Gegenstand" haben könne[100] bzw. dass Verstöße gegen den ergänzenden wettbewerbsrechtlichen Leistungsschutz mit der Verletzung von Immaterialgüterrechten vergleichbar seien.[101]

Im Gegensatz zur Vorrangthese der Rechtsprechung sprechen sich Teile der Literatur für eine autonome, gleichrangige Anwendung des Wettbewerbsrechts neben dem Immaterialgüterrecht aus.[102] Zur Begründung dieser Ansicht wird insbesondere auf unterschiedliche Schutzzwecke, Schutzvoraussetzungen und Rechtsfolgen der Regelungen verwiesen. Die Kritik setzt dabei auch am Prinzip der Nachahmungsfreiheit an. Insbesondere die Herleitung dieses Grundsatzes durch einen Umkehrschluss aus den sondergesetzlichen Schutzgrenzen sei nicht zwingend, da sich das Wettbewerbsrecht mit der Lauterkeit von Wettbewerbshandlungen, und damit einer anderen Fragestellung als die Immaterialgüterrechte befasse.[103] Insgesamt fehle eine positiv-rechtliche Grundlage für das Prinzip, welches

---

[96] *Harte/Henning/Sambuc*, § 4 Nr. 9 Rn. 7.

[97] *BGH*, GRUR 1988, 308 (309) – Informationsdienst; GRUR 1998, 830 (833) – Les-Paul-Gitarren; GRUR 1999, 1106 (1108) – Rollstuhlnachbau; *Harte/Henning/Sambuc*, § 4 Nr. 9 Rn. 37.

[98] S. dazu sogleich Sechster Teil, B III 1.

[99] *Hefermehl/Köhler/Bornkamm*, § 4 Rn. 9.4; *Harte/Henning/Sambuc*, § 4 Nr. 9 Rn. 13; *Ohly*, in: FS f. Schricker, 105 (111); *Keller*, in: FS f. Erdmann, 595 (606).

[100] *BGH*, GRUR 2005, 349 (352) – Klemmbausteine III.

[101] *BGH*, GRUR 2007, 431 (433) – Steckverbindergehäuse.

[102] *Hefermehl/Köhler/Bornkamm*, § 4 Rn. 9.6 ff.; *Fezer/Fezer*, UWG, Einleitung E Rn. 96; *Lubberger*, in: FS f. Ullmann, 737 (753 f.); *Münker*, in: FS f. Ullmann, 781 (793); *Glöckner*, in: Geistiges Eigentum und Gemeinfreiheit, 145 (152 ff.); *Fezer*, WRP 2001, 989 (1006); *ders.*, WRP 2008, 1 (3 ff.); *Stieper*, WRP 2006, 291 (302); *Köhler*, GRUR 2007, 548 (550); *Henning-Bodewig*, GRUR Int. 2007, 986 (990).

[103] *Lubberger*, in: FS f. Ullmann, 737 (745 ff.); *Köhler*, GRUR 2007, 548 (549).

weder verfassungsrechtlich geboten noch wettbewerbspolitisch überzeugend sei.[104]

Einigkeit im Sinne eines „kleinsten gemeinsamen Nenners"[105] besteht zwischen den unterschiedlichen Ansichten darüber, dass auf der Suche nach einer Lösung der Konkurrenzfrage Widersprüche zum Immaterialgüterrecht zu vermeiden sind. Soweit ersichtlich, weisen auch die Vertreter einer gleichrangigen Anwendung des Wettbewerbsrechts auf zu berücksichtigende entgegenstehende Wertungen des Immaterialgüterrechts hin.[106] Darüber hinaus gilt, dass eine interessengerechte Lösung nicht mit Hilfe der pauschalen Behauptung zu finden ist, Wertungswidersprüche zwischen Immaterialgüter- und Wettbewerbsrecht schieden bereits dadurch aus, dass nur die Sonderschutzrechte echten Produktschutz gewährten, während das Lauterkeitsrecht lediglich Verhaltenspflichten aufstelle.[107] Ebenso wenig überzeugt der undifferenzierte Hinweis auf die unterschiedlichen Schutzzwecke, wonach das Lauterkeitsrecht im Gegensatz zu den Sonderschutzrechten nicht nur Individualinteressen, sondern auch solche der Allgemeinheit und der Verbraucher schützen wolle. Die nunmehr in § 1 S. 1 UWG kodifizierten Schutzzwecke des Lauterkeitsrechts gelten nicht uneingeschränkt und in gleichem Maße für sämtliche Unlauterkeitstatbestände, sondern sie werden durch die Einzelbestimmungen in unterschiedlicher Weise berührt und einzelne können dabei in den Vordergrund rücken.[108] § 1 S. 1 UWG sagt daher über die konkrete Anwendbarkeit der Einzeltatbestände des UWG-Nachahmungsschutzes neben dem Immaterialgüterrecht noch nichts aus.

Erforderlich ist vielmehr ein gesonderter Blick auf die einzelnen Fallgruppen des ergänzenden wettbewerbsrechtlichen Leistungsschutzes und die dahinter stehenden Schutzzwecke. Dies führt dazu, dass lauterkeitsrechtliche Ansprüche wegen vermeidbarer Herkunftstäuschung (§ 4 Nr. 9 lit. a UWG) autonom neben dem Immaterialgüterrecht bestehen können. Bei der Fallgruppe der vermeidbaren Herkunftstäuschung handelt es sich um einen Sonderfall der Irreführung, so dass die nunmehr in § 4 Nr. 9 lit. a UWG getroffene Regelung nicht nur dem Schutz der Mitbewerber, sondern auch unmittelbar dem Schutz der Verbraucher und sonstigen

---

[104] *Köhler*, WRP 1999, 1075 (1077 f.).

[105] So *Lubberger*, WRP 2007, 873.

[106] *Fezer/Fezer*, UWG, Einleitung E Rn. 96; *Lubberger*, in: FS f. Ullmann, 737 (754, Fn. 57); *Münker*, in: FS f. Ullmann, 781 (785); *Stieper*, WRP 2006, 291 (302); *Köhler*, GRUR 2007, 548 (550); *Henning-Bodewig*, GRUR Int. 2007, 986 (990); *Fezer*, WRP 2008, 1 (4, 9).

[107] Ebenso *Kur*, in: FS f. Ullmann, 717 (726 f.); *Ohly*, GRUR 2007, 731 (735).

[108] *MünchKommUWG/Sosnitza*, § 1 Rn. 13 u. 39; a. A. *Münker*, in: FS f. Ullmann, 781 (785 f.).

Marktteilnehmer dient.[109] Eine vergleichbare originäre Verbraucherschutz-funktion kommt den Sonderschutzrechten hingegen nicht zu.[110] Daher ist die lauterkeitsrechtliche Sanktionierung der Irreführung eines Marktteil-nehmers unabhängig davon möglich, ob das in Rede stehende Verhalten aus Sicht des Immaterialgüterrechts erlaubt ist. Der Unterschied in den Schutzzwecken führt zur Normenkonkurrenz.[111] Dies gilt nicht nur bei der Irreführung von Verbrauchern, sondern auch der übrigen Marktteilnehmer, denn die Person der oder des Irregeführten spielt für die Unterschied-lichkeit des Schutzzwecks keine Rolle.[112]

Vor dem Hintergrund der Richtlinie über unlautere Geschäftspraktiken ist im Verhältnis von Unternehmern zu Verbrauchern die autonome An-wendung des Lauterkeitsrechts sogar geboten, sofern durch die Vermark-tung eines nachgeahmten Produktes die Gefahr der Irreführung begründet wird. Nach Art. 6 Abs. 2 lit. a der Richtlinie stellt „jegliche Vermarktung eines Produkts, (...) die eine Verwechslungsgefahr mit irgendeinem Pro-dukt (...) eines Mitbewerbers begründet", eine irreführende und damit gem. Art. 5 Abs. 4 lit. a der Richtlinie unlautere Geschäftspraxis dar, so-fern sie den Durchschnittsverbraucher zu einer geschäftlichen Entschei-dung veranlassen kann, die er ansonsten nicht getroffen hätte. Gleichzeitig sind die Mitgliedstaaten gem. Art. 11 Abs. 1 S. 2 der Richtlinie verpflich-tet, nicht nur Mitbewerbern, sondern auch sonstigen „Personen oder Orga-nisationen, die nach dem nationalen Recht ein berechtigtes Interesse an der Bekämpfung unlauterer Geschäftspraktiken haben", Möglichkeiten zum Vorgehen gegen unlautere Geschäftspraktiken zur Verfügung zu stellen. Mit diesen gemeinschaftsrechtlichen Vorgaben bei Vorliegen von Irreführ-ungsgefahr ist im Anwendungsbereich der Richtlinie 2005/29/EG ein den lauterkeitsrechtlichen Schutz ausschließender Vorrang des Immaterialgü-terrechts unvereinbar.[113] Die irreführende Produktvermarktung ist ein ori-ginärer Unlauterkeitstatbestand des europäischen Verbraucherschutz-rechts.[114]

Daraus folgt, dass der neutrale Vertrieb eines nachgeahmten Duftes un-abhängig von der Existenz sonderrechtlichen Schutzes des Originals aus

---

[109] *Hefermehl/Köhler/Bornkamm*, § 4 Rn. 9.4a; *Harte/Henning/Sambuc*, § 4 Rn. 43; *Münker*, in: FS f. Ullmann, 781 (786); *Köhler*, GRUR 2007, 548 (552); *Henning-Bodewig*, GRUR Int. 2007, 986 (988).

[110] *Köhler*, GRUR 2007, 548 (549); *Stieper*, WRP 2006, 291 (293); *Fezer*, WRP 2008, 1 (7); dies schließt freilich nicht aus, dass auch Verbraucherschutzinteressen im Imma-terialgüterrecht Berücksichtigung finden, vgl. *Fezer*, Markenrecht, Einl. Rn. 40 f.

[111] *Fezer*, WRP 2008, 1 (7).

[112] In diesem Sinne auch *Henning-Bodewig*, GRUR Int. 2007, 986 (988, Fn. 21).

[113] So auch *Hefermehl/Köhler/Bornkamm*, § 4 Rn. 9.6; *Köhler*, GRUR 2007, 548 (550 ff.); *Fezer*, WRP 2008, 1 (7 f.); *Henning-Bodewig*, GRUR 2007, 986 (988).

[114] *Fezer*, WRP 2008, 1 (7); ähnlich *Münker*, in: FS. f. Ullmann, 781 (787).

Sicht des Lauterkeitsrechts auf das Vorliegen von Irreführungsgefahr zu überprüfen ist.[115] Bei bestehender Irreführungsgefahr ist ein Ausschluss lauterkeitsrechtlicher Ansprüche auch unter Berufung auf möglicherweise entgegenstehende Wertungen der Sonderschutzrechte ausgeschlossen. Zugleich bedingt die Richtlinie über unlautere Geschäftspraktiken – jedenfalls bei Vorliegen von Irreführungsgefahr im Verhältnis von Unternehmern zu Verbrauchern – entgegen der bisher überwiegenden Auffassung, dass Ansprüche aus einem Verstoß gegen § 4 Nr. 9 lit. a UWG von allen in § 8 Abs. 3 UWG genannten Berechtigten geltend gemacht werden können.[116]

Über die Fälle der Irreführungsgefahr hinaus ist eine generell gleichrangige Anwendung des wettbewerbsrechtlichen Leistungsschutzes neben dem Immaterialgüterrecht indes abzulehnen, da bei den übrigen Fallgruppen des UWG-Nachahmungsschutzes weder ein gleichrangig neben dem Individualschutz stehender Schutzzweck noch zwingende Vorgaben des Gemeinschaftsrechts[117] vorliegen. Die immaterialgüterrechtlichen Spezialregelungen entfalten gegenüber den Fallgruppen der Rufausbeutung und Rufbeeinträchtigung (§ 4 Nr. 9 lit. b UWG), der unredlichen Erlangung von Kenntnissen (§ 4 Nr. 9 lit. c UWG) sowie sonstigen Fällen der Unlauterkeit durch Nachahmung und deren Vertrieb eine Sperrwirkung. Lauterkeitsrechtliche Ansprüche sind in diesen Konstellationen – der Vorrangthese entsprechend – nur möglich, wenn die Unlauterkeit auf Umstände gestützt werden kann, die nicht bereits vollständig im Rahmen der sondergesetzlichen Regelungen berücksichtigt sind.[118] Bei der Prüfung der übrigen Unlauterkeitstatbestände des § 4 Nr. 9 UWG ist deshalb insbesondere zu beachten, dass mit Hilfe des Lauterkeitsrechts nicht „Ersatzausschließlichkeitsrechte" geschaffen werden, welche bewusste Schutzgrenzen des Immaterialgüterrechts umgehen bzw. unterlaufen.

---

[115] S. dazu Sechster Teil, B III 3 a).

[116] *Hefermehl/Köhler/Bornkamm*, § 4 Rn. 9.86; *Münker*, in: FS. f. Ullmann, 781 (787 f.); *Glöckner*, in: Geistiges Eigentum und Gemeinfreiheit, 145 (164 f.); *Köhler*, GRUR 2007, 548 (553); *Henning-Bodewig*, GRUR 2007, 986 (988); ebenso bereits *MünchKommUWG/Wiebe*, § 4 Nr. 9 Rn. 277 ff.; vgl. zur bislang h. M. *Piper/Ohly*, § 4.9 Rn. 108; *Fezer/Götting*, UWG, § 4-9 Rn. 74.

[117] Vgl. Erwägungsgrund 14 der Richtlinie 2005/29/EG: „Mit dieser Richtlinie wird nicht beabsichtigt, die Wahl für die Verbraucher einzuschränken, indem die Werbung für Produkte, die anderen Produkten ähneln, untersagt wird, es sei denn, dass diese Ähnlichkeit eine Verwechslungsgefahr für die Verbraucher hinsichtlich der kommerziellen Herkunft des Produkts begründet und daher irreführend ist."

[118] *MünchKommUWG/Wiebe*, § 4 Nr. 9 Rn. 28; *Steinbeck*, in: FS f. Ullmann, 409 (414 f., 420 f.); *Kur*, in: FS f. Ullmann, 717 (727); *Körner*, in: FS f. Ullmann, 701 (706); *Ohly*, in: FS f. Ullmann, 795 (809); *ders.*, GRUR 2007, 731 (737).

Zentrales Argument für die Sperrwirkung des Immaterialgüterrechts außerhalb des § 4 Nr. 9 lit. a UWG ist, dass die sonstigen Fallgruppen des lauterkeitsrechtlichen Leistungsschutzes in erster Linie individualschützenden Charakter haben.[119] Dem steht nicht entgegen, dass insbesondere § 4 Nr. 9 lit. b UWG daneben auch Interessen der Allgemeinheit und der Verbraucher schützt.[120] Die Vorschrift enthält kein Element der Irreführung.[121] Hauptzweck des § 4 Nr. 9 lit. b UWG ist der Individualschutz des Rufinhabers, die übrigen Schutzwirkungen ergeben sich nur reflexartig aus dem Individualschutz. Dabei handelt es sich nicht um eigenständige Schutzzwecke, die eine autonome Anwendung des Wettbewerbsrechts rechtfertigen könnten.[122] Nicht überzeugend ist es, in der Bekämpfung des Behinderungswettbewerbs zugunsten des „Leistungswettbewerbs" einen eigenständigen Schutzzweck des Wettbewerbsrechts zu erblicken,[123] da es sich auch dabei lediglich um eine mittelbar aus dem Mitbewerberschutz folgende Schutzwirkung handelt. § 4 Nr. 9 UWG dient abseits der Fallgruppe der Herkunftstäuschung „in erster Linie dem Schutz der Individualinteressen desjenigen, dessen Leistung wettbewerbswidrig nachgeahmt und vermarktet wird."[124] Das individuelle Interesse am Schutz der Leistung wird allerdings bereits durch das Immaterialgüterrecht befriedigt. Erst bei Hinzutreten dort nicht berücksichtigter Umstände dürfen die individualschützenden lauterkeitsrechtlichen Leistungsschutzregelungen herangezogen werden.[125]

Dort, wo das Immaterialgüterrecht bewusst Freiräume schafft, zum Beispiel nach Ablauf einer sondergesetzlichen Schutzfrist, dürfen diese – abgesehen von den Fällen der Irreführungsgefahr und des Hinzutretens weiterer Umstände – nicht im Wege des wettbewerbsrechtlichen Leistungsschutzes geschlossen werden.[126] Das Prinzip der Einheit der Rechtsordnung gebietet die Vermeidung von Widersprüchen zwischen Immaterialgüter- und Lauterkeitsrecht.[127] Greift bereits immaterialgüterrechtlicher Schutz ein, so besteht für einen parallelen Schutz durch das

---

[119] Vgl. *MünchKommUWG/Sosnitza*, § 1 Rn. 23; *Ohly*, GRUR 2007, 731 (737).

[120] Vgl. *BGH*, WRP 2005, 735 (737) – Vitamin-Zell-Komplex; GRUR 2007, 984 (986) – Gartenliege; *MünchKommUWG/Wiebe*, § 4 Nr. 9 Rn. 5.

[121] *Harte/Henning/Sambuc*, § 4 Nr. 9 Rn. 102, 104.

[122] A. A. *Münker*, in: FS f. Ullmann, 781 (788 f.).

[123] So aber *Fezer*, WRP 2001, 1089 (1006); zur Kritik am Begriff des „Leistungswettbewerbs" s. *MünchKommUWG/Sosnitza*, Grundl Rn. 15 ff.

[124] *Hefermehl/Köhler/Bornkamm*, § 4 Rn. 9.85.

[125] *Kur*, in: FS f. Ullmann, 717 (726 f.); *Ohly*, in: FS f. Ullmann, 795 (809 f.); *ders.*, GRUR 2007, 731 (737).

[126] *MünchKommUWG/Ann*, Grundl Rn. 297; *Fezer/Götting*, UWG, § 4-9 Rn. 2; *Ohly*, in: FS f. Schricker, 105 (112); *Körner*, in: FS f. Ullmann, 701 (705); *Beater*, § 22 Rn. 51.

[127] Vgl. *Rüthers*, Rn. 145, 774 ff.

Wettbewerbsrecht, soweit daraus keine weiterreichenden Rechtsfolgen hergeleitet werden können, kein Bedürfnis.[128] Das Lauterkeitsrecht gewährt grundsätzlich keinen weitergehenden Rechtsschutz als die Sonderschutzrechte. Dies gilt außerhalb von § 4 Nr. 9 lit. a UWG angesichts der teleologisch auf den Mitbewerber reduzierten Aktivlegitimation des § 8 Abs. 3 UWG auch für den Kreis der Anspruchsberechtigten im Lauterkeitsrecht. Für die teleologische Reduktion des § 8 Abs. 3 UWG spricht dabei insbesondere der vorrangig individualschützende Charakter des wettbewerbsrechtlichen Leistungsschutzes.[129] Konsequenterweise muss der lauterkeitsrechtliche Leistungsschutz ohne Hinzutreten besonderer Umstände schließlich auch dort ausscheiden, wo ein sondergesetzlicher Schutz durch eine Registrierung zwar möglich gewesen wäre, der Schutzberechtigte jedoch darauf verzichtet hat. Wer existierende Möglichkeiten des Sonderrechtsschutzes ausschlägt, kann – solange keine im Immaterialgüterrecht unberücksichtigten Umstände hinzutreten – nicht darauf vertrauen, dass ihm das Lauterkeitsrecht eine weitere, darüber hinaus sogar kostenlose Schutzoption bietet.[130] Anderenfalls würde der Anreiz zur Inanspruchnahme kostenpflichtiger Schutzrechte erheblich abgesenkt.

Für die weitere Untersuchung des neutralen Vertriebs von Duftnachahmungen muss daher differenziert werden: Begründet bereits der neutrale Vertrieb der Duftnachahmung die Gefahr der Irreführung von Marktteilnehmern, so folgt daraus unabhängig von den urheber-, patent- oder gebrauchsmusterrechtlichen Wertungen die Unlauterkeit der Wettbewerbshandlung. Im Übrigen ist für die lauterkeitsrechtliche Prüfung maßgebend, dass für die Unlauterkeit angesichts der Sperrwirkung der Immaterialgüterrechte bereits beim neutralen Vertrieb Umstände vorliegen müssen, die nicht im Immaterialgüterrecht berücksichtigt sind. In diesem Fall tritt das Lauterkeitsrecht selbständig neben das Immaterialgüterrecht. Stets sind dabei die Wertungen der Sonderschutzrechte zu berücksichtigen und mit dem Wettbewerbsrecht in Ausgleich zu bringen.

III. Schutzvoraussetzungen

Die Unlauterkeit gem. §§ 3, 4 Nr. 9 UWG setzt voraus, dass die Nachahmung eines wettbewerblich eigenartigen Leistungsergebnisses eines Mitbewerbers angeboten wird und besondere Umstände vorliegen, die dieses Verhalten als unlauter erscheinen lassen. Zwischen dem Grad der wettbewerblichen Eigenart, der Art und Weise und der Intensität der

---

[128] *Harte/Henning/Sambuc*, Einl F Rn. 216; *Ohly*, in: FS f. Ullmann, 795 (809).
[129] Ebenso *Köhler*, GRUR 2007, 548 (554); a. A. *Münker*, in: FS f. Ullmann, 781 (798 ff.); *Stieper*, WRP 2006, 291 (294).
[130] Vgl. *Steinbeck*, in: FS f.Ullmann, 409 (419 ff.).

Übernahme sowie den unlauterkeitsbegründenden Umständen besteht dabei eine Wechselwirkung. Je größer die wettbewerbliche Eigenart und je größer der Grad der Übernahme sind, desto geringere Anforderungen sind an die besonderen Umstände zu stellen, die die Wettbewerbswidrigkeit der Nachahmung begründen.[131]

Ein Anbieten im Sinne von § 4 Nr. 9 UWG ist jede Handlung, die auf den Vertrieb gerichtet ist, nicht nur der Antrag zum Vertragsschluss gem. § 145 BGB.[132] Die Herstellung der Nachahmung erfüllt damit nicht den Tatbestand des § 4 Nr. 9 UWG. Inhaltlich stimmt der Begriff des „Anbietens" damit auch im Wesentlichen mit dem der „jeglichen Art der Vermarktung" in Art. 6 Abs. 2 lit. a RL 2005/29/EG überein.[133] Wie für sämtliche Unlauterkeitstatbestände des UWG gilt auch im Rahmen des ergänzenden Leistungsschutzes das Erfordernis der Wettbewerbshandlung (§ 2 Abs. 1 Nr. 1 UWG).[134] Rein private Handlungen ohne Markt- oder Unternehmensbezug sind vom Anwendungsbereich des Lauterkeitsrechts ausgeschlossen.[135] Verkauft oder verschenkt eine Privatperson zu privaten Zwecken ein nachgeahmtes Parfüm, so liegt darin keine unlautere Handlung im Sinne der §§ 3, 4 Nr. 9 UWG. Etwas anderes gilt jedoch für den Händler oder Duftstoffhersteller, bei dem die Privatperson den nachgeahmten Duft in aller Regel zuvor bezogen hat. Deren Anbieten des Duftstoffes erfolgt mit dem Ziel der Förderung des eigenen Absatzes und stellt mithin eine Wettbewerbshandlung dar.

Der Dufteindruck eines Duftstoffes oder Duftstoffgemisches ist zudem tauglicher Gegenstand des wettbewerbsrechtlichen Leistungsschutzes, denn unter den Begriff der „Waren oder Dienstleistungen" in § 4 Nr. 9 UWG fallen Leistungs- und Arbeitsergebnisse aller Art.[136] Im wettbewerbsrechtlichen Leistungsschutz gilt ebenso wie im Immaterialgüterrecht das Prinzip der Schutzfreiheit allgemeiner Methoden, Ideen und des

---

[131] *BGH*, GRUR 2001, 251 (253) – Messerkennzeichnung; GRUR 2004, 941 (942) – Metallbett; GRUR 2007, 339 (342) – Stufenleitern; WRP 2007, 1076 (1078 f.) – Handtaschen; GRUR 2007, 984 (985) – Gartenliege; *Hefermehl/Köhler/Bornkamm*, § 4 Rn. 9.69; *Piper/Ohly*, § 4.9 Rn. 46; *Harte/Henning/Sambuc*, § 4 Nr. 9 Rn. 25; *Gloy/Loschelder/Eck*, § 43 Rn. 23.

[132] *Hefermehl/Köhler/Bornkamm*, § 4 Rn. 9.39; *MünchKommUWG/Wiebe*, § 4 Nr. 9 Rn. 74 f.

[133] *Köhler*, GRUR 2007, 548 (551); auch der Regierungsentwurf eines Ersten Gesetzes zur Änderung des Gesetzes gegen den unlauteren Wettbewerb v. 21. Mai 2008 sieht keine Änderung des Wortlauts von § 4 Nr. 9 UWG vor.

[134] S. dazu bereits Sechster Teil, A V.

[135] *Hefermehl/Köhler/Bornkamm*, § 2 Rn. 13; *Piper/Ohly*, § 2 Rn. 13; *MünchKommUWG/Wiebe*, § 4 Nr. 9 Rn. 42; *Harte/Henning/Keller*, § 2 Rn. 19.

[136] Vgl. *Hefermehl/Köhler/Bornkamm*, § 4 Rn. 9.21; *Piper/Ohly*, § 4.9 Rn. 20; *Lehmler*, § 4 Nr. 9 Rn. 24.

Stils.[137] Daraus folgt, dass sich auch der lauterkeitsrechtliche Schutz nur auf einen konkreten Duft beziehen kann. Ausgeschlossen ist hingegen der Schutz ganzer Duftfamilien oder -richtungen.

1. Wettbewerbliche Eigenart

Die wettbewerbliche Eigenart des nachgeahmten Duftes ist, ohne dass dies aus dem Wortlaut des § 4 Nr. 9 UWG ersichtlich ist, eine zentrale Voraussetzung des wettbewerbsrechtlichen Leistungsschutzes und als ungeschriebenes Tatbestandsmerkmal allgemein anerkannt.[138] Sie liegt vor, wenn ein Erzeugnis aufgrund der konkreten Ausgestaltung oder bestimmter Merkmale geeignet ist, die angesprochenen Verkehrskreise auf seine betriebliche Herkunft oder auf seine Besonderheiten hinzuweisen.[139] Teilweise wird zusätzlich zur wettbewerblichen Eigenart – zumindest für die Fallgruppe der Herkunftstäuschung – eine gewisse Bekanntheit des Produkts in den maßgeblichen Verkehrskreisen verlangt.[140] Durch das Erfordernis der Eigenart werden „Allerweltsprodukte" und „Dutzendware" aus dem Schutzbereich des § 4 Nr. 9 UWG ausgeschlossen. Der Vertrieb der Nachahmung von Produkten, die sich aufgrund ihrer konkreten Beschaffenheit von anderen Produkten nicht unterscheiden und die im Verkehr daher keine Herkunftsvorstellung auslösen (können), ist aus lauterkeitsrechtlicher Sicht unbedenklich. Das Tatbestandsmerkmal der wettbewerblichen Eigenart bleibt somit jedenfalls als Hilfskriterium zur Feststellung des Vorliegens einer Irreführungsgefahr auch nach der Umsetzung der Vorgaben aus Art. 6 Abs. 2 lit. a der Richtlinie über unlautere Geschäftspraktiken auch im Rahmen von § 4 Nr. 9 lit. a UWG relevant.[141]

---

[137] *BGH*, GRUR 2002, 629 (633) – Blendsegel; GRUR 2003, 359 (361) – Pflegebett; GRUR 1962, 144 (150) – Buntstreifensatin; *MünchKommUWG/Wiebe*, § 4 Nr. 9 Rn. 59; *Fezer/Götting*, UWG, § 4-9 Rn. 27; s. dazu bereits Zweiter Teil, B V 9.

[138] *Piper/Ohly*, § 4.9 Rn. 22 ff.; *Hefermehl/Köhler/Bornkamm*, § 4 Rn. 9.24 ff.; *MünchKommUWG/Wiebe*, § 4 Nr. 9 Rn. 76 ff.; *Lehmler*, § 4 Nr. 9 Rn. 25 ff.; *jurisPK-UWG/Ullmann*, § 4 Nr. 9 Rn. 72 ff.; *Gloy/Loschelder/Eck*, § 43 Rn. 14; *Emmerich*, § 11 II 1 (S. 184 ff.).

[139] *BGH*, GRUR 1984, 453 (454) – Hemdblusenkleid; GRUR 1995, 581 (583) – Silberdistel; GRUR 2005, 166 (167) – Puppenausstattungen; GRUR 2005, 600 (602) – Handtuchklemmen; GRUR 2006, 79 (81) – Jeans I; GRUR 2007, 339 (342) – Stufenleitern; GRUR 2007, 984 (985) – Gartenliege.

[140] *BGH*, GRUR 2002, 820 (823) – Bremszangen; GRUR 2005, 600 (602) – Handtuchklemmen; GRUR 2006, 79 (82) – Jeans I; GRUR 2007, 339 (343) – Stufenleitern; GRUR 2007, 984 (987) – Gartenliege; *Hefermehl/Köhler/Bornkamm*, § 4 Rn. 9.41; *Harte/Henning/Sambuc*, § 4 Nr. 9 Rn. 67; *Osterrieth*, in: FS f. Tilmann, 221 (231); a. A. *Piper/Ohly*, § 4.9 Rn. 29.

[141] Ebenso *Steinbeck*, WRP 2006, 632 (639); vgl. auch *Köhler*, GRUR 2007, 548 (552); *Ohly*, GRUR 2007, 731 (738); a. A. *Fezer*, WRP 2008, 1 (7).

Maßgeblich für die Beurteilung der wettbewerblichen Eigenart ist die Sichtweise der in Betracht kommenden Abnehmer bzw. Nachfrager.[142] Angesprochene Verkehrskreise beim Vertrieb von Düften und Duftstoffen sind zumeist Endverbraucher *und* gewerbliche Abnehmer. Lediglich beim Vertrieb einzelner Duftstoffverbindungen und Duftstoffmoleküle zur Weiterverarbeitung stellen Letztere den ausschließlichen Abnehmerkreis dar. Maßgeblicher Zeitpunkt für die Feststellung der wettbewerblichen Eigenart ist der Zeitpunkt der Nachahmung.[143] Die wettbewerbliche Eigenart von Düften und Duftstoffen ist nicht dadurch generell ausgeschlossen, dass der *Bundesgerichtshof* in seiner Beurteilung auf äußere Gestaltungsmerkmale abstellt.[144] Darin liegt schon terminologisch keine zwingende Beschränkung des Schutzes auf visuell wahrnehmbare Eigenschaften. Diese wäre im Übrigen auch nicht angemessen, da jedes durch die menschlichen Sinne wahrnehmbare Merkmal eines Produkts grundsätzlich geeignet ist, beim Verkehr die für die Eignartigkeit notwendigen Vorstellungen hervorzurufen.[145]

Natürliche und naturidentische Riechstoffe sowie solche mit natürlichem Geruchseindruck[146] weisen keine oder allenfalls sehr geringe wettbewerbliche Eigenart auf, da sie wegen ihres natürlichen Ursprungs bzw. der realistischen Abbildung des natürlichen Vorbilds zwangsläufig in gleicher oder sehr ähnlicher Form am Markt vertrieben werden.[147] Für den Verkehr steht hier der Dufteindruck im Vordergrund, ohne dass die betriebliche Herkunft relevant wäre. Ausnahmen sind in diesem Bereich denkbar bei besonderen, über den Dufteindruck hinausgehenden Eigenschaften, wie zum Beispiel besonderer Stabilität des Duftes. Auch bei zahlreichen „einfachen" Duftstoffgemischen fehlt die Eigenartigkeit des von ihnen hervorgerufenen Duftes, etwa bei dem Zitrusduft eines Haushaltsreinigers.

Auf der anderen Seite ist an der wettbewerblichen Eigenart zahlreicher Duftstoffe nicht zu zweifeln. Dies gilt beispielsweise für die überwiegende Zahl der Produkte der Feinparfümerie. Bei ihnen erkennen die Verkehrskreise in vielen Fällen bereits durch die Wahrnehmung des Duftes unmittelbar die zugehörige Marke bzw. den Hersteller des Produktes. Jedenfalls

---

[142] *BGH*, GRUR 2007, 984 (986) – Gartenliege; *Gloy/Loschelder/Eck*, § 43 Rn. 14.

[143] *BGH*, GRUR 1985, 876 (878) – Tchibo/Rolex I; *Hefermehl/Köhler/Bornkamm*, § 4 Rn. 9.26; *Piper/Ohly*, § 4.9 Rn. 28.

[144] Vgl. *BGH*, GRUR 1999, 751 (752) – Güllepumpen; GRUR 2002, 820 (822) – Bremszangen.

[145] Ebenso i. E. *Gloy/Loschelder/Eck*, § 43 Rn. 14 (Fn. 83); a. A. *Piper/Ohly*, § 4.9 Rn. 27.

[146] S. zur Unterscheidung Erster Teil, A II.

[147] Vgl. *BGH*, GRUR 1969, 618 (620) – Kunststoffzähne; *Fezer/Götting*, UWG, § 4-9 Rn. 27.

weist ein Großteil der Produkte im Vergleich zu Konkurrenzdüften erkennbare besondere ästhetische Merkmale auf, welche eine hinreichende Eigenartigkeit begründen können.[148] Auch in anderen Bereichen ist eine herkunftshinweisende Funktion aufgrund einer entsprechenden Besonderheit des Duftes von entscheidender Bedeutung für Vermarktung und Erfolg eines Produktes. Zu denken ist etwa an den Bereich der Haushaltswaschmittel, deren zugehörige Düfte teilweise prototypisch für das Vorliegen wettbewerblicher Eigenart sind. Wettbewerbliche Eigenart kann auch bei Einzelduftstoffen vorliegen, welche hauptsächlich gewerblich zur Weiterverarbeitung nachgefragt werden. Der maßgebliche Verkehrskreis beschränkt sich dabei auf Fachmänner, die für die Wahrnehmung von Besonderheiten der Einzelduftstoffe besonders empfänglich sind und bei denen die Wahrnehmung eines Duftes eher eine Herkunftsvorstellung auslösen kann.

2. Nachahmung

Nach früherer, inzwischen aufgegebener Rechtsprechung konnte die Sittenwidrigkeit bzw. Unlauterkeit bereits mit einer unmittelbaren Leistungsübernahme begründet werden, ohne dass das Hinzutreten weiterer Umstände erforderlich war.[149] Deshalb bürgerte sich eine Unterscheidung nach dem Grad der Nachahmung zwischen unmittelbarer, fast identischer und nachschaffender Leistungsübernahme ein. Nachdem mittlerweile allgemein anerkannt ist, dass zur Nachahmung stets unlauterkeitsbegründende Umstände hinzutreten müssen, erfordert die lauterkeitsrechtliche Beurteilung nicht mehr zwingend eine exakte Unterscheidung. Im durch die Wechselwirkung zwischen den Tatbestandsmerkmalen geprägten System des wettbewerbsrechtlichen Leistungsschutzes spielt die Intensität der Nachahmung dennoch nach wie vor eine wichtige Rolle, sodass die Differenzierung noch von Bedeutung ist.[150] Allgemein gilt: Je höher der Grad der Nachahmung, desto geringer sind die Anforderungen an die wettbewerbliche Eigenart und die unlauteren Umstände.

Die Nachahmung eines Duftes lässt sich nicht ohne weiteres einer der genannten Arten der Leistungsübernahme zuordnen. Unter einer unmittelbaren Leistungsübernahme versteht man die direkte und unveränderte Übernahme des fremden Leistungsergebnisses, zumeist durch technische

---

[148] Vgl. *BGH*, GRUR 1984, 453 (454) – Hemdblusenkleid; *Hefermehl/Köhler/Bornkamm*, § 4 Rn. 9.27 u. 9.32; *Piper/Ohly*, § 4.9 Rn. 32.

[149] S. dazu bereits Sechster Teil, B II.

[150] *BGH*, WRP 2007, 1076 (1079 f.) – Handtaschen; *Fezer/Götting*, UWG, § 4-9 Rn. 36; *MünchKommUWG/Wiebe*, § 4 Nr. 9 Rn. 71 f.; *Hefermehl/Köhler/Bornkamm*, § 4 Rn. 9.34; *Piper/Ohly*, § 4.9 Rn. 39; *Lehmler*, § 4 Nr. 9 Rn. 41.

Vervielfältigungsmethoden.[151] Um eine fast identische Übernahme handelt es sich, wenn gegenüber dem Original lediglich geringfügige und unerhebliche Abweichungen festzustellen sind.[152] Bei der nachschaffenden Übernahme schließlich dient das fremde Leistungsergebnis als Vorbild für eine angelehnte und annähernde eigene Leistung des Übernehmenden.[153] Im Ergebnis muss aber auch bei der nachschaffenden Übernahme das Vorbild erkennbar bleiben.[154]

Bei der Beurteilung des Grades der Nachahmung eines Duftes sind verschiedene Konstellationen zu unterscheiden. Eine unmittelbare Leistungsübernahme liegt vor, wenn ein Duftstoffhersteller Kenntnis von der Konstitution des Duftstoffes oder des Duftstoffgemisches eines Mitbewerbers erlangt (zum Beispiel im Wege der chemischen Analyse), und unter Zuhilfenahme dieses Wissens einen Stoff exakt gleicher Zusammensetzung mit identischen Eigenschaften herstellt. In der Praxis ist daran allerdings nur bei der Nachahmung von Einzelduftstoffen zu denken, da die Veränderung einzelner Komponenten eines Gemisches ohne Beeinträchtigung des olfaktorischen Eindruckes relativ einfach möglich ist. Dies nutzen Nachahmer aus, um sich vom Original zumindest geringfügig „abzuheben". Bei dieser Vorgehensweise, das heißt der geringfügigen strukturellen Veränderung des Stoffes oder Gemisches ohne Veränderung des hervorgerufenen Duftes, ist die Bestimmung des Grades der Nachahmung nicht mehr ohne weiteres möglich. Würde man allein auf den Dufteindruck abstellen, so wäre auch in diesem Fall eine unmittelbare Übernahme anzunehmen, da die olfaktorischen Eigenschaften beider Stoffe identisch sind. Diese Beurteilung ließe allerdings die vorgenommenen strukturellen Änderungen außer Betracht, welche diese Konstellation von einer schlichten Reproduktion unterscheiden. Da die Veränderungen im Falle einzelner ausgetauschter Komponenten jedoch insgesamt unerheblich erscheinen, liegt darin eine nahezu identische Übernahme. An diese sind hinsichtlich der übrigen Unlauterkeitskriterien die gleichen Anforderungen wie bei einer unmittelbaren Übernahme zu stellen.[155] Für die lauterkeitsrechtliche

---

[151] *BGH*, GRUR 1969, 618 (620) – Kunststoffzähne; WRP 1976, 370 (371) – Ovalpuderdose; GRUR 1999, 923 (927) – Tele-Info-CD; *Hefermehl/Köhler/Bornkamm*, § 4 Rn. 9.35; *Piper/Ohly*, § 4.9 Rn. 40; *Fezer/Götting*, UWG, § 4-9 Rn. 37.

[152] *BGH*, GRUR 1999, 1106 (1108) – Rollstuhlnachbau; GRUR 2000, 521 (524) – Modulgerüst; *MünchKommUWG/Wiebe*, § 4 Nr. 9 Rn. 66; *Fezer/Götting*, UWG, § 4-9 Rn. 38.

[153] *BGH*, GRUR 1992, 523 (524) – Betonsteinelemente; *Piper/Ohly*, § 4.9 Rn. 41; *Lehmler*, § 4 Nr. 9 Rn. 40.

[154] *BGH*, GRUR 1963, 152 (155) – Rotaprint; *Hefermehl/Köhler/Bornkamm*, § 4 Rn. 9.37.

[155] *BGH*, GRUR 1996, 210 (211) – Vakuumpumpen; GRUR 1999, 1106 (1108) – Rollstuhlnachbau; *Piper/Ohly*, § 4.9 Rn. 42.

Beurteilung ist der Austausch von Einzelkomponenten unter Beibehaltung des Dufteindrucks somit ohne praktische Bedeutung.

Häufig erfolgt die Nachahmung eines Duftes ohne (vollständige) Kenntnis der stofflichen Zusammensetzung des Vorbilds, etwa weil dessen Totalanalyse technisch nicht möglich ist. Je geringer die Kenntnis vom Vorbild ist, desto größer ist der für den Nachahmer erforderliche Arbeitsaufwand. Sind die Nachahmungsbemühungen erfolgreich, so führen sie im Idealfall zur Erzeugung des identischen Dufteindruckes. Dennoch liegt darin keine unmittelbare Leistungsübernahme, denn der maßgebliche Aspekt des Ausnutzens fremder Leistung zur Ersparung eigenen Aufwands kann hier im Einzelfall unter Umständen beinahe völlig in den Hintergrund treten. Sofern ein entsprechender Aufwand für die Nachahmung nötig ist, muss von einer nennenswerten eigenen Leistung des Nachahmers ausgegangen werden. Darin liegt eine nachschaffende Übernahme, da trotz eigener Leistung das wesentliche Element des Vorbilds – dessen Dufteindruck – (unverändert) erkennbar bleibt.

Die Beispiele zeigen, dass die Beurteilung des Grads der Nachahmung allein anhand der olfaktorischen Übereinstimmung nicht möglich ist. Selbst unter der Prämisse, dass der objektive Vergleich der olfaktorischen Eigenschaften zweier Duftstoffe oder Duftstoffgemische möglich ist,[156] führt die Feststellung olfaktorischer Identität nicht zwingend zur Annahme einer unmittelbaren Übernahme eines fremden Leistungsergebnisses. Entscheidendes Kriterium ist der mit der Nachahmung verbundene Arbeitsaufwand. Dieser lässt sich, zumindest für einen sachverständigen Experten, vergleichsweise objektiv anhand der Übereinstimmung der stofflichen Zusammensetzung von Originalduft und Nachahmung bewerten. Zur Beurteilung des Grades der Nachahmung ist stets eine Beurteilung unter Einbeziehung der Umstände des Einzelfalles nötig. Die Feststellung der Duftidentität allein reicht nicht aus, um im Rahmen der Wechselwirkung der Tatbestandsmerkmale des wettbewerbsrechtlichen Leistungsschutzes geringere Anforderungen an die wettbewerbliche Eigenart und die unlauterkeitsbegründenden Umstände zu stellen.

3. Unlauterkeitsbegründende Umstände

Wettbewerbsrechtlicher Leistungsschutz setzt voraus, dass zur Nachahmung eines Einzelduftstoffes oder Duftstoffgemisches mit wettbewerblicher Eigenart weitere unlauterkeitsbegründende Umstände hinzutreten. In § 4 Nr. 9 UWG werden die drei wichtigsten Fälle wettbewerbswidriger Umstände in einer nicht abschließenden Aufzählung genannt.[157] Im Fol-

---

[156] S. dazu Zweiter Teil, D IV.
[157] BT-Drucks. 15/1487, S. 18.

genden ist zu untersuchen, ob der neutrale Vertrieb eines nachgeahmten Duftstoffes einen der in § 4 Nr. 9 UWG genannten oder einen sonstigen unlauterkeitsbegründenden Umstand darstellen kann.

a) Vermeidbare Herkunftstäuschung (§ 4 Nr. 9 lit. a UWG)

§ 4 Nr. 9 lit. a UWG dient auch dem Schutz der Marktteilnehmer vor Irreführung, so dass lauterkeitsrechtliche Ansprüche im Falle einer vermeidbaren Täuschung der Abnehmer über die Herkunft des neutral vertriebenen Duftes unabhängig von etwaigen immaterialgüterrechtlichen Ansprüchen bestehen können.[158] Eine unlautere vermeidbare Herkunftstäuschung gem. § 4 Nr. 9 lit. a UWG liegt vor, wenn ein fremdes Erzeugnis durch Übernahme von Merkmalen, mit denen der Verkehr eine Herkunftsvorstellung verbindet, nachgeahmt und vertrieben wird, sofern nicht im Rahmen des Möglichen und Zumutbaren alles Erforderliche getan wird, um die Gefahr einer Herkunftsverwechslung auszuschließen.[159] Analog zur Feststellung der Verwechslungsgefahr im Kennzeichenrecht werden verschiedene Arten der Herkunftstäuschung unterschieden.[160] Eine unmittelbare Herkunftstäuschung liegt vor, wenn die maßgeblichen Verkehrskreise die Produkte wegen der Übereinstimmung herkunftshinweisender Merkmale selbst verwechseln. Bei der mittelbaren Herkunftstäuschung werden nicht die Produkte selbst verwechselt, jedoch hält der Verkehr die Nachahmung für eine vom selben Anbieter stammende Abwandlung des Originalprodukts. Schließlich ist eine Herkunftstäuschung im weiteren Sinne anzunehmen, wenn zwar die unterschiedliche betriebliche Herkunft der Produkte ersichtlich ist, jedoch die übereinstimmenden wettbewerblichen Eigenarten auf rechtliche und/oder tatsächliche Beziehungen (zum Beispiel in Form eines Lizenz- oder Gesellschaftsvertrags) zwischen dem Originalhersteller und dem Nachahmer schließen lassen.

Das tatsächliche Eintreten einer Herkunftsverwechslung bzw. Irreführung bei den angesprochenen Verkehrskreisen ist nicht erforderlich. Ausreichend ist bereits die Gefahr der Herbeiführung einer Täuschung.[161] Den maßgeblichen Verkehrskreis bilden die angesprochenen Abnehmer der

---

[158] S. dazu Sechster Teil, B II.

[159] *BGH*, GRUR 1999, 751 (753) – Güllepumpen; GRUR 2002, 275 (277) – Noppenbahnen; GRUR 2005, 166 (167) – Puppenausstattungen; GRUR 2006, 79 (80) – Jeans I; GRUR 2007, 984 (986) – Gartenliege; *Fezer/Götting*, UWG, § 4-9 Rn. 55; *MünchKommUWG/Wiebe*, § 4 Nr. 9 Rn. 113; BT-Drucks. 15/1487, S. 18.

[160] S. dazu *BGH*, GRUR 2001, 251 (254) – Messerkennzeichnung; GRUR 2001, 443 (445) – Viennetta; *Harte/Henning/Sambuc*, § 4 Nr. 9 Rn. 72 ff.; *MünchKommUWG/Wiebe*, § 4 Nr. 9 Rn. 122 ff.; *Gloy/Loschelder/Eck*, § 43 Rn. 60 f.

[161] *Piper/Ohly*, § 4.9 Rn. 47; *jurisPK-UWG/Ullmann*, § 4 Nr. 9 Rn. 90.

Duftstoffe.[162] Handelt es sich dabei um Verbraucher, so gilt auch für den wettbewerbsrechtlichen Leistungsschutz das sog. normative Verbraucherleitbild. Abzustellen ist folglich auf die Sichtweise eines durchschnittlich informierten, situationsadäquat aufmerksamen und verständigen Durchschnittsverbrauchers.[163] Die Herkunftstäuschung (bzw. eine entsprechende Gefahr) muss im Zeitraum bis zur Kaufentscheidung vorliegen. Entscheidend sind die Verhältnisse in der Verkaufssituation, am sog. „point of sale".[164] Eine erst danach auftretende Herkunftstäuschung des Abnehmers ist aus Sicht des wettbewerbsrechtlichen Leistungsschutzes irrelevant.[165] Keine Herkunftstäuschung im Sinne des § 4 Nr. 9 lit. a UWG liegt deshalb vor, wenn der Käufer einer Parfümnachahmung diese benutzt und dadurch bei Dritten die irrtümliche Vorstellung hervorgerufen wird, es handele sich dabei um den Originalduft. Eine Täuschung Dritter über die betriebliche Herkunft kann allenfalls von § 4 Nr. 9 lit. b UWG erfasst sein.[166]

Die Eignung eines nachgeahmten Duftes zur Herkunftstäuschung kann nicht allein anhand der olfaktorischen Übereinstimmung festgestellt werden. Darin läge ein unzulässiges Herausgreifen eines Einzelmerkmals.[167] Abzustellen ist vielmehr auf den Gesamteindruck aller herkunftsbezogenen Umstände des Einzelfalles, sodass auch andere Merkmale, wie die Verpackung und die Kennzeichnung des Produktes, zu berücksichtigen sind.[168] Daraus folgt, dass beim neutralen Vertrieb eines nachgeahmten Duftstoffes oder Duftstoffgemisches eine Irreführungsgefahr oder Herkunftstäuschung im Sinne von § 4 Nr. 9 lit. a UWG ausscheidet. Dies gilt auch bei exakter Nachahmung des Dufteindrucks des Originals und unabhängig vom jewei-

---

[162] S. dazu bereits Sechster Teil, B III 1.

[163] *Hefermehl/Köhler/Bornkamm*, § 4 Rn. 9.42; *MünchKommUWG/Wiebe*, § 4 Nr. 9 Rn. 115; vgl. auch Erwägungsgrund 18 der Richtlinie 2005/29/EG; zum Verbraucherleitbild s. *EuGH*, GRUR Int. 1998, 795 (797), Rz. 37 – Gut Springenheide; GRUR 2002, 354 (356), Rz. 52 – Toshiba/Katun; *BGH*, GRUR 2000, 820 (821) – Space Fidelity Peep-Show; GRUR 2005, 690 (691 f.) – Internet-Versandhandel; *Hefermehl/Köhler/Bornkamm*, § 1 Rn. 24 ff.; *MünchKommUWG/Veil/Müller*, § 2 Rn. 201 ff.

[164] *OLG Hamburg*, NJOZ 2007, 3055 (3063) – Handydesign.

[165] *BGH*, GRUR 2005, 349 (352) – Klemmbausteine III; GRUR 2007, 339 (343) – Stufenleitern; *Hefermehl/Köhler/Bornkamm*, § 4 Rn. 9.41; *Lehmler*, § 4 Nr. 9 Rn. 47; *MünchKommUWG/Wiebe*, § 4 Nr. 9 Rn. 121.

[166] *BGH*, GRUR 1985, 876 (878) – Tchibo/Rolex I; WRP 2007, 1076 (1081) – Handtaschen; *Hefermehl/Köhler/Bornkamm*, § 4 Rn. 9.41; s. dazu sogleich unter b).

[167] Vgl. *BGH*, GRUR 2001, 251 (253 f.) – Messerkennzeichnung; *Hefermehl/Köhler/Bornkamm*, § 4 Rn. 9.43; *Piper/Ohly*, § 4.9 Rn. 62; *MünchKommUWG/Wiebe*, § 4 Nr. 9 Rn. 117.

[168] *BGH*, GRUR 1981, 273 (275) – Leuchtenglas; GRUR 2002, 629 (632) – Blendsegel; *MünchKommUWG/Wiebe*, § 4 Nr. 9 Rn. 117; *Piper/Ohly*, § 4.9 Rn. 62; *Emmerich*, § 11 II 3 a (S. 189); *Beater*, § 22 Rn. 27.

ligen Grad der Nachahmung. Zwar besteht durch die olfaktorische Identität die für eine Herkunftstäuschung erforderliche Übereinstimmung in einem herkunftshinweisenden Merkmal,[169] allerdings führen die Unterschiede zu anderen, ebenfalls herkunftshinweisenden Merkmalen des Originalduftes bzw. Duftstoffes dazu, dass eine Herkunftstäuschung des Verkehrs ausgeschlossen werden kann. Der neutrale Vertrieb zeichnet sich gerade durch einen hinreichenden Abstand zu sonstigen herkunftshinweisenden Merkmalen, insbesondere der Verpackung, dem Produktnamen und der Unternehmenskennzeichnung, aus. Dabei handelt es sich um Maßnahmen, die zur Vermeidung einer Herkunftstäuschung geeignet sind.[170] Die bloße Assoziation zum Originalprodukt aufgrund des identischen Dufteindrucks führt nicht zur Unlauterkeit gem. § 4 Nr. 9 lit. a UWG.[171]

Insbesondere bei Parfüms haben Verpackung, Bezeichnung etc. des Produktes eine ausgesprochen prestigeträchtige und herkunftshinweisende Funktion. Es handelt sich dabei um zentrale Vermarktungsinstrumente, die von den Käufern in die Kaufentscheidung einbezogen werden. Diese Merkmale, bzw. deren Weglassen beim nachgeahmten Produkt, sind deshalb geeignet, die vom eigentlichen Produkt ausgehende Herkunftsfunktion aufzuheben.[172] Beim Vertrieb von Nachahmungen von Prestige- und Luxusprodukten ist eine Herkunftstäuschung regelmäßig ausgeschlossen.[173] Aufgrund der genannten Unterschiede zwischen Original und Nachahmung beim neutralen Vertrieb ist für die angesprochenen Verkehrskreise in der maßgeblichen Verkaufssituation die unterschiedliche betriebliche Herkunft des nachgeahmten Duftstoffes ersichtlich.

Der neutrale Vertrieb eines Duftstoffes erweist sich damit als einer der Fälle, in denen aufgrund der konkreten Umstände die Gefahr einer Herkunftstäuschung bzw. Irreführung nicht besteht. Dies gilt unabhängig davon, dass die Ausstattungselemente mit dem Parfüm nur zum Teil dauerhaft verbunden sind, denn die eine Verwechslung ausschließenden

---

[169] Vgl. dazu *BGH*, GRUR 2001, 251 (253) – Messerkennzeichnung; GRUR 2005, 600 (603) – Handtuchklemmen; *MünchKommUWG/Wiebe*, § 4 Nr. 9 Rn. 118; *Hefermehl/ Köhler/Bornkamm*, § 4 Rn. 9.43; *Piper/Ohly*, § 4.9 Rn. 47; *Fezer/Götting*, UWG, § 4-9 Rn. 61.

[170] Vgl. *BGH*, GRUR 2002, 820 (823) – Bremszangen; GRUR 2005, 166 (170) – Puppenausstattungen; WRP 2007, 1076 (1080) – Handtaschen; *OLG Hamburg*, NJOZ 2007, 3055 (3063) – Handydesign; *Hefermehl/Köhler/Bornkamm*, § 4 Rn. 9.46; *MünchKomm-UWG/Wiebe*, § 4 Nr. 9 Rn. 131 ff.; *Beater*, § 22 Rn. 25; *Stieper*, WRP 2006, 291 (296 f.); *Ohly*, GRUR 2007, 731 (738 f.); a. A. *OLG Köln*, NJOZ 2007, 4821 (4824 f.).

[171] Vgl. *BGH*, GRUR 2002, 809 (812) – FRÜHSTÜCKS-DRINK I; GRUR 2005, 166 (170) – Puppenausstattungen; *Hefermehl/Köhler/Bornkamm*, § 4 Rn. 9.42; *MünchKomm-UWG/Wiebe*, § 4 Nr. 9 Rn. 118.

[172] Vgl. *Sambuc*, Rn. 169, 173; *Hefermehl/Köhler/Bornkamm*, § 4 Rn. 9.46.

[173] *Aigner/Müller-Broich*, WRP 2008, 438 (441).

Merkmale müssen der Ware nicht zwingend dauerhaft und unmittelbar anhaften.[174] Aufgrund der außerordentlichen Bedeutung der äußeren Verpackung und Kennzeichnung eines Parfüms in der Verkaufssituation schließt bereits deren neutrale Gestaltung eine Herkunftstäuschung aus. Üblicherweise erfolgt vor dem Verkauf auch keine Entfernung der Umverpackung. Darüber hinaus lässt sich jedenfalls das neutral gestaltete Flakon regelmäßig nicht vom Duftstoffgemisch trennen, da es zur Aufbewahrung desselben dient.

Auch eine Herkunftstäuschung im weiteren Sinne scheidet aus. Die Exklusivität eines Duftes ist – insbesondere in der Feinparfümerie – für die Riechstoffhersteller von enormer Bedeutung, sodass ein gleichzeitiger Vertrieb durch einen Konkurrenten mit Zustimmung des Originalherstellers bzw. des für den Vertrieb des Originals verantwortlichen Unternehmens ausgeschlossen ist. Diese Verhältnisse sind den maßgeblichen Verkehrskreisen bekannt, sodass diese beim neutralen Vertrieb von Duftstoffen und Duftstoffgemischen allein aus dem identischen Dufteindruck nicht auf organisatorische Verbindungen zwischen den ersichtlich verschiedenen verantwortlichen Unternehmen schließen. Dies gilt unabhängig davon, ob der angesprochene Verkehrskreis hauptsächlich aus Verbrauchern (bei Duftstoffgemischen für den Endverbraucher, also insbesondere Produkten der Feinparfümerie) oder Fachleuten (bei Einzelduftstoffen) gebildet wird. Eine Herkunftstäuschung scheidet erst recht bei Einzelduftstoffen aus, da insoweit zusätzlich zu den Umständen des neutralen Vertriebs von einer differenzierteren Betrachtungsweise und einer entsprechenden Branchenkenntnis der Fachleute als maßgebliche Abnehmer auszugehen ist.[175]

Im Falle des neutralen Vertriebs genügt die Duftidentität mithin nicht zur Annahme einer Herkunftstäuschung gem. § 4 Nr. 9 lit. a UWG, da gerade durch die Umstände des neutralen Vertriebs eine Irreführung der maßgeblichen Verkehrskreise vermieden wird.[176] Auch unter Berücksichtigung der Vorgaben der Richtlinie über unlautere Geschäftspraktiken scheidet deshalb mangels Irreführungsgefahr ein lauterkeitsrechtlicher Anspruch gem. § 4 Nr. 9 lit. a UWG wegen des neutralen Vertriebs eines nachgeahmten Duftes aus.

---

[174] S. zur Bedeutung nicht dauerhaft angebrachter Hinweise auch *BGH*, GRUR 2000, 521 (524) – Modulgerüst.

[175] Vgl. *BGH*, GRUR 1988, 385 (387) – Wäsche-Kennzeichnungsbänder; *Hefermehl/ Köhler/Bornkamm*, § 4 Rn. 9.42; *Harte/Henning/Sambuc*, § 4 Nr. 9 Rn. 81; *MünchKomm UWG/Wiebe*, § 4 Nr. 9 Rn. 116.

[176] Ähnlich *jurisPK-UWG/Ullmann*, § 4 Nr. 9 Rn. 93.

b) Rufausbeutung und Rufbeeinträchtigung (§ 4 Nr. 9 lit. b UWG)

Das Anbieten eines nachgeahmten Duftes ist nach § 4 Nr. 9 lit. b UWG unlauter, wenn dessen Wertschätzung unangemessen ausgenutzt oder beeinträchtigt wird. Die Vorschrift greift damit die beiden Fallgruppen der Rufausbeutung und der Rufbeeinträchtigung auf. Voraussetzung beider Tatbestände ist die Existenz einer Wertschätzung bzw. eines „guten Rufes" des Produkts. Erforderlich ist, dass die potentiellen Abnehmer mit dem Produkt positive Assoziationen verbinden, die sich neben der Qualität auch auf andere Vorstellungen, wie zum Beispiel Prestige, Exklusivität oder Luxus beziehen können.[177] Die Vorstellungen müssen mit einem positiven Impuls im Hinblick auf den Kauf der Ware verbunden sein.[178] Die Wertschätzung setzt eine gewisse Bekanntheit des nachgeahmten Produkts in den angesprochenen Abnehmerkreisen voraus, wobei der erforderliche Grad mit den anderen Voraussetzungen des wettbewerbsrechtlichen Leistungsschutzes in Wechselwirkung steht.[179] Die Bekanntheit muss tatsächlich gegeben sein, die bloße Eignung zur Erweckung bestimmter Vorstellungen bei den maßgeblichen Verkehrskreisen genügt nicht.[180] Eine unlautere Rufausbeutung kann somit ausgeschlossen sein, wenn der nachgeahmte Duft nicht über eine ausreichende Bekanntheit verfügt, etwa weil Original und Nachahmung zeitgleich oder in sehr kurzer zeitlicher Abfolge auf den Markt gebracht werden. Im Übrigen ist der erforderliche Grad der Bekanntheit jeweils im Einzelfall festzustellen.

Eine generelle Aussage über Wertschätzung und Bekanntheit ist bei Düften ebenso wenig möglich wie bei anderen Warenarten. Ein hinreichend guter Ruf, dessen Ausbeutung durch einen Nachahmer lauterkeitsrechtlich relevant sein könnte, lässt sich jedenfalls für etablierte Düfte der Feinparfümerie unterstellen, welche der „breiten Masse" der Konsumenten geläufig sind. Für die weitere Bearbeitung soll von einer entsprechenden Wertschätzung des nachgeahmten Duftes ausgegangen werden.

Zentrale Voraussetzung der Rufausnutzung ist der sog. Imagetransfer, das heißt die Übertragung der Wertschätzung vom Original auf die Nachahmung durch die angesprochenen Verkehrskreise.[181] Nach der Rechtspre-

---

[177] *Hefermehl/Köhler/Bornkamm*, § 4 Rn. 9.52; *MünchKommUWG/Wiebe*, § 4 Nr. 9 Rn. 157; ausführlich *Sambuc*, Rn. 291 ff.

[178] *Gloy/Loschelder/Eck*, § 43 Rn. 98; *Sambuc*, Rn. 323.

[179] *Piper/Ohly*, § 4.9 Rn. 67; *MünchKommUWG/Wiebe*, § 4 Nr. 9 Rn. 161; a. A. *Sambuc*, Rn. 313, der stets das Vorliegen eines erheblichen Bekanntheitsgrades fordert, welcher nicht beliebig durch andere Elemente des guten Rufs substituiert werden und „gegen Null" streben dürfe.

[180] *Sambuc*, Rn. 310.

[181] *Hefermehl/Köhler/Bornkamm*, § 4 Rn. 9.53; *MünchKommUWG/Wiebe*, § 4 Nr. 9 Rn. 163; *Lehmler*, § 4 Nr. 9 Rn. 62.

chung liegt ein Imagetransfer vor, wenn die Gütevorstellungen des Origi-
nalproduktes aufgrund einer Warenverwechselung auf die Nachahmung
übertragen werden.[182] Da beim neutralen Vertrieb eines nachgeahmten
Duftes eine Herkunftstäuschung der Abnehmer bei der Kaufentscheidung
ausscheidet,[183] kommt der Verwechslung durch das Publikum, welches das
nachgeahmte Produkt beim Käufer wahrnimmt, im Rahmen des § 4 Nr. 9
lit. b, 1. Alt. UWG besondere Bedeutung zu.

Die Tatsache, dass der Käufer gegenüber dem Publikum durch die
Nachahmung eine Prestigewirkung erzielen kann, stellt nach der Rechtsprechung bereits ein unlauteres Anhängen an den Ruf der Originalware
und damit eine Rufausbeutung dar.[184] Demnach könnte auch der neutrale
Vertrieb eines nachgeahmten Parfüms unlauter sein, wenn Dritte den olfaktorischen Eindruck gewinnen, es handele sich beim vom Käufer benutzten Parfüm um das Original. Ein unlauterkeitsbegründendes Merkmal soll
darüber hinaus auch ohne Vorliegen einer Herkunftstäuschung beim Verkehr bereits in der Anlehnung an eine fremde Leistung liegen können. Die
Anlehnung setzt aus Sicht der angesprochenen Verkehrskreise eine erkennbare Bezugnahme auf den Mitbewerber oder seine Produkte voraus.[185]
Diese kann auch durch die Nachahmung der äußeren Gestaltung eines Produktes erfolgen.[186] Wird dabei – wie beim hier zu behandelnden Fall des
neutralen Vertriebs – die Übernahme des Merkmals nicht offengelegt, handelt es sich um eine sog. verdeckte Anlehnung.[187] Durch die Erinnerung an
im Verkehr bekannte Merkmale eines etablierten Produktes gelingt es der
Nachahmung in diesem Fall eine Aufmerksamkeit zu erregen, die ihr nicht
zuteil würde, wenn sie sich von anderen Produkten deutlich unterschiede.
Wird die Gestaltung nahezu vollständig nachgebildet, ohne dass dafür
technische Gründe ersichtlich sind, so sollen als Ausdruck der Wechselwirkung an die unlauterkeitsbegründenden Umstände nur noch geringe
Anforderungen zu stellen sein.[188] Sobald folglich im Wege der Nachahmung vom guten Ruf eines anderen Produktes profitiert werden soll,
kommt nach dieser Ansicht die Unlauterkeit des Vertriebs der Nachahmung gem. § 4 Nr. 9 lit. b, 1. Alt. UWG in Betracht.

---

[182] *BGH*, GRUR 1985, 876 (877) – Tchibo/Rolex I; *Piper/Ohly*, § 4.9 Rn. 69;
MünchKommUWG/Wiebe, § 4 Nr. 9 Rn. 165.

[183] S. soeben unter a).

[184] *BGH*, GRUR 1985, 876 (878) – Tchibo/Rolex I; WRP 2007, 1076 (1081) – Handtaschen; *Gloy/Loschelder/Eck*, § 43 Rn. 104.

[185] *BGH*, GRUR 2005, 349 (353) – Klemmbausteine III; *Lehmler*, § 4 Nr. 9 Rn. 63;
Piper/Ohly, § 4.9 Rn. 75; *Gloy/Loschelder/Eck*, § 43 Rn. 109; *Kiethe/Groeschke*, WRP
2006, 794 (797).

[186] *BGH*, GRUR 1998, 830 (833) – Les-Paul-Gitarren.

[187] *Piper/Ohly*, § 4.9 Rn. 72; *MünchKommUWG/Wiebe*, § 4 Nr. 9 Rn. 168.

[188] *BGH*, GRUR 1998, 830 (833) – Les-Paul-Gitarren.

Düfte werden – wie andere Produkte auch – insbesondere dann nachgeahmt, wenn sie sich erfolgreich am Markt behauptet haben und bei den Abnehmern über eine gewisse Bekanntheit und Beliebtheit verfügen. Sobald hinreichende Gewähr dafür besteht, dass eine ausreichende Nachfrage existiert, möchten die Nachahmer ihrerseits Marktanteile auf Kosten des Originalherstellers erringen. Daraus folgt, dass nachgeahmte Düfte regelmäßig über eine im Rahmen von § 4 Nr. 9 lit. b UWG relevante Wertschätzung verfügen. Nachahmung und Wertschätzung sind (auch) in der Duftindustrie eng verbunden, denn ein Anreiz zur Nachahmung besteht gerade dann, wenn die Aussicht darauf besteht, den nachgeahmten Duft oder Duftstoff auch selbst erfolgreich am Markt platzieren zu können. Der Wunsch zur Übertragung der Wertschätzung des Originals ist der Nachahmung immanent. Ließe man also jede Übertragung einer Gütevorstellung auf das nachgeahmte Produkt zur Feststellung der Unlauterkeit im Rahmen von § 4 Nr. 9 lit. b, 1. Alt. UWG genügen, so bliebe für einen aus lauterkeitsrechtlicher Sicht unbedenklichen Vertrieb von nachgeahmten Düften praktisch kein Raum mehr. Dass die Umstände des neutralen Vertriebs gerade dazu führen, eine Irreführung des Verkehrs über die Herkunft des Duftes zu vermeiden, wäre letztlich unbeachtlich.

Dem wird scheinbar dadurch Rechnung getragen, dass die mit der Produktnachahmung verbundene Rufausbeutung nicht per se unlauter sein soll.[189] Allerdings existieren mehrere Beispiele, in denen zur Begründung der Unlauterkeit nachahmungsimmanente Umstände herangezogen wurden, ohne dass es auf außerhalb der eigentlichen Nachahmung liegende Umstände angekommen wäre. Im Fall *„Tchibo/Rolex"* begnügte sich der *Bundesgerichtshof* zur Begründung der Unlauterkeit mit dem Hinweis, dass sich die Beklagte im Wege der Nachahmung „an den Prestigewert und guten Ruf" des Originals angehangen habe, „um den Verkauf der eigenen billigen Nachahmung zu fördern".[190] Ein relevanter Umstand wurde an anderer Stelle auch im Vertrieb einer identischen Übernahme erblickt, welcher mit nur „unwesentlicher Verspätung" gegenüber dem Original erfolgte.[191] Da die Nachahmung darüber hinaus – aufgrund der Ersparnis eigenen Aufwands zur Produktentwicklung – zu einem „wesentlich günstigeren Preis" angeboten wurde, sei die Produzentin des Originals „systematisch um die ihr billigerweise zustehenden Früchte ihrer Arbeit gebracht" worden.[192] Ein starker Hinweis auf die Unlauterkeit wurde auch in der na-

---

[189] *BGH*, GRUR 1994, 732 (735) – McLaren; GRUR 1997, 311 (313) – Yellow Phone; *Harte/Henning/Sambuc*, § 4 Nr. 9 Rn. 135; *MünchKommUWG/Wiebe*, § 4 Nr. 9 Rn. 178.

[190] *BGH*, GRUR 1985, 876 (878) – Tchibo/Rolex I.

[191] *BGH*, GRUR 1988, 308 (310) – Informationsdienst.

[192] *BGH*, GRUR 1988, 308 (310) – Informationsdienst.

hezu vollständigen Nachbildung der Produktgestaltung gesehen, ohne dass dafür eine technische Notwendigkeit bestand, da es dafür „einen anderen Grund als das Bestreben, sich an den guten Ruf (...) anzuhängen" nicht gebe.[193] Vergleichbare Umstände und die Motivation, die Bekanntheit anderer Düfte zur Erweckung von Aufmerksamkeit für den eigenen Duft auszunutzen, sind auch bei der Nachahmung von Düften bzw. deren Vertrieb vorhanden. Entscheidende Frage bei der Beurteilung des neutralen Vertriebs nachgeahmter Düfte ist deshalb, ob bereits die der Nachahmung immanente Ausbeutung der Wertschätzung des Originals den Tatbestand des § 4 Nr. 9 lit. b, 1. Alt. UWG erfüllt.

Hintergrund der Unlauterkeit der Rufausbeutung ist der Vorwurf, dass durch den Vertrieb der Nachahmung und die damit verbundene Ausbeutung des Rufes derjenige, der mit beträchtlichem Aufwand für die Produktentwicklung, Werbung etc. ein wertvolles Produkt oder Markenimage geschaffen hat, um die Chance gebracht wird, die Früchte seiner Investitionen in gebührendem Maße zu nutzen.[194] Ausdruck der damit verbundenen ethischen und moralischen Bedenken ist die Verwendung negativ besetzter Begriffe wie „Anhängen", „Ausbeuten", „Schmarotzen" oder „Blenden"[195] im Zusammenhang mit der Nachahmung. Die Entwicklung neuer Produkte in der Duftstoffindustrie ist mit hohem Zeit- und Kostenaufwand verbunden. Dazu kommen, insbesondere in der Parfümbranche, ganz erhebliche Werbekosten zur Schaffung eines entsprechenden Produktimages und zur Erregung von Interesse auf Seiten der Abnehmer. An diese Aufwendungen hängt sich der Nachahmer eines Duftes ohne Zweifel an. Zum einen erspart er sich einen Teil der Entwicklungskosten dadurch, dass er ausgehend von der Analyse des Originalduftes mithilfe eigener Parfümeure einen duftidentischen Stoff produziert. Zum anderen nutzt er die von einem anderen geschaffene Sensibilität der Abnehmer für den Duft aus. Diese beschäftigen sich deshalb näher mit der Nachahmung, weil ihnen der Duft des Originals bekannt ist. Die hinter der Fallgruppe der Rufausbeutung stehenden Wertungen gelten folglich ohne weiteres auch in der Duftstoffindustrie. Über die lauterkeitsrechtliche Relevanz dieser Wertungen ist damit freilich noch nichts gesagt.

Neben den moralischen Bedenken lässt sich für die Unlauterkeit des Vertriebs (identisch) nachgeahmter Düfte und Duftstoffe anführen, dass gerade bei ästhetischen Düften vielfältige Ausweichmöglichkeiten zur Verfügung stehen und mithin eine Rufausbeutung grundsätzlich vermeidbar ist. Gegen die Unlauterkeit spricht hingegen zunächst der natürliche Kon-

---

[193] *BGH*, GRUR 1998, 830 (833) – Les-Paul-Gitarren.
[194] *Gloy/Loschelder/Eck*, § 43 Rn. 120; *Beater*, § 22 Rn. 77; *Rößler*, GRUR 1995, 549 (550 f.).
[195] *Aigner/Müller-Broich*, WRP 2008, 438 (445).

kurrenzvorsprung desjenigen, der das Original produziert und/oder vertreibt. Allerdings schrumpft dieser Vorsprung, der eine zumindest teilweise Amortisation der Entwicklungskosten ermöglicht, mit fortschreitender technischer Entwicklung stetig zusammen. Die sog. „Knock-offs" zahlreicher Originalparfüms werden mittlerweile nur unwesentlich später als ihre Vorbilder am Markt angeboten. Für einen zurückhaltenden Umgang mit dem lauterkeitsrechtlichen Verbot des Vertriebs von Nachahmungen sprechen zudem im Ausgangspunkt die damit verbundenen erheblichen Einschnitte in den Wettbewerb. Ein Vertriebsverbot beeinträchtigt das Interesse der Abnehmer, unter mehreren Konkurrenzprodukten ein nach Preis und Leistung geeignetes Erzeugnis auszuwählen.[196] Ausgehend von der Wettbewerbsfreiheit dürfen deshalb nicht zu geringe Anforderungen an die Unlauterkeit des Vertriebs von Nachahmungen wegen Rufausbeutung gestellt werden.

Gegen die Begründung der Unlauterkeit mit der Erweckung von Aufmerksamkeit spricht, dass bei konsequenter Umsetzung dieses Ansatzes der Vertrieb jeglicher Nachahmungen von bekannten Waren (und als Folge in der Praxis zugleich deren Herstellung) ausgeschlossen wäre.[197] Die Erinnerung an das Original (und damit die Erweckung von Aufmerksamkeit) ist gerade der Sinn der Nachahmung im geschäftlichen Verkehr. Von der Nachahmungsfreiheit außerhalb des Sonderrechtsschutzes bliebe nichts mehr übrig, und der imitatorische Wettbewerb als Element der Wettbewerbsfreiheit[198] würde erheblich beeinträchtigt, wenn bereits die nachahmungsimmanente Aufmerksamkeitserweckung zur Unlauterkeit des Vertriebs führt. Im Übrigen handelt es sich bei der Erweckung von Aufmerksamkeit um das Hervorrufen von Assoziationen zum Originalprodukt beim Verkehr. Diese allein reichen für eine unlautere Rufausbeutung jedoch gerade nicht aus.[199] Andere, über die Nachahmung hinausgehende Umstände liegen beim neutralen Vertrieb nicht vor. Der Imagetransfer beschränkt sich beim neutralen Vertrieb nachgeahmter Düfte auf die Erweckung von Assoziationen zum Original. Er vermag daher unter dem Aspekt der Aufmerksamkeitserweckung die Unlauterkeit nicht zu begründen.

Wenig überzeugend ist es auch, die Unlauterkeit der Rufausnutzung durch Duftnachahmung allein darin zu erblicken, dass dem Abnehmer durch die Nachahmung ermöglicht wird, sich gegenüber dem Verkehr mit

---

[196] *BGH*, GRUR 2000, 521 (525) – Modulgerüst.
[197] Vgl. *Sambuc*, Rn. 334.
[198] Vgl. *Hefermehl/Köhler/Bornkamm*, § 4 Rn. 9.3.
[199] *BGH*, GRUR 2003, 973 (975) – Tupperwareparty; GRUR 2005, 349 (353) – Klemmbausteine III; WRP 2007, 1076 (1081) – Handtaschen; *Hefermehl/Köhler/Bornkamm*, § 4 Rn. 9.53; *MünchKommUWG/Wiebe*, § 4 Nr. 9 Rn. 167; *Sambuc*, Rn. 333; *Stieper*, WRP 2006, 291 (297); *Heyers*, GRUR 2006, 23 (25).

dem Prestige des Originals zu schmücken. Die Bedeutung von Prestige und Ansehen ist bei Düften geringer einzustufen als bei Luxusuhren oder Handtaschen. Auch wenn es sich bei Düften, allen voran Parfümölen, um klassische Luxusgüter handelt, so sind doch zahlreiche Gemische bekannter und geschätzter Düfte für breite Abnehmerschichten eher erschwinglich als eine Uhr von *Rolex* oder eine Handtasche von *HERMÈS*. Der mit der Benutzung eines Parfüms verbundene Prestigegewinn gegenüber Dritten ist daher im Regelfall geringer als bei anderen Luxusprodukten.[200] Dementsprechend vermindert ist auch der für einen verständigen Verbraucher mit dem Erwerb der neutral vertriebenen Duftnachahmung verbundene Kaufanreiz. Es ist vor diesem Hintergrund überaus fraglich, ob die Möglichkeit, sich als Besitzer des Originals zu gerieren, tatsächlich einen Impuls zur Kaufentscheidung zu geben vermag. Vielfach wird die Gelegenheit, einen der persönlichen Vorliebe entsprechenden Duft zu einem verhältnismäßig geringen Preis erwerben zu können, das einzige oder jedenfalls primäre Motiv der Konsumentscheidung sein. Die Preisunterbietung durch den Nachahmer ist indes allenfalls unter dem Gesichtspunkt der Behinderung des Mitbewerbers relevant.[201] Im Zusammenhang mit der Fallgruppe der „Unlauterkeit durch Ermöglichung von Angeberei"[202] spielt sie keine Rolle.

Unabhängig davon ist die Unlauterkeit infolge der Täuschung des Publikums generell abzulehnen, da sie letztlich eine nicht zu rechtfertigende lauterkeitsrechtliche Absicherung überhöhter Prestigepreise darstellt.[203] Wodurch die Schaffung künstlicher Luxusmonopole und die damit verbundene Einschränkung des Wettbewerbs gerechtfertigt werden soll, ist nicht ersichtlich.[204] Auch in der Entscheidung *„Tchibo/Rolex"* lässt der *Bundesgerichtshof* die Kernfrage, warum aus Gründen des Rufschutzes ein zeitlich unbefristetes Leistungsmonopol gerechtfertigt sein soll, offen.[205] Insbesondere stellt die (ohne Zweifel kostspielige und aufwendige) Schaffung und Erhaltung von Exklusivität allein keine Leistung dar, von der die Allgemeinheit in einer Weise profitiert, dass die Gewährung eines sonderrechtsähnlichen Schutzes gegen den Vertrieb von Nachahmungen schlechthin angebracht wäre.[206] Der Schutz des vermeintlichen Prestigeobjekts

---

[200] Anzumerken ist, dass auch bei Parfümölen die Preisskala abhängig von den Inhaltsstoffen und dem Grad der Exklusivität nach oben unbegrenzt ist.

[201] S. dazu Sechster Teil, B III 3 d.

[202] So die Bezeichnung bei *Sambuc*, Rn. 335.

[203] *Sambuc*, Rn. 362; *Stieper*, WRP 2006, 291 (297); ebenso im Fall „Tchibo/Rolex" das *OLG Köln*, WRP 1981, 413 (414).

[204] Vgl. zum Begründungsdefizit der Unlauterkeit der Rufausbeutung *Rößler*, GRUR 1995, 549 (553 ff.).

[205] *Beater*, Nachahmen im Wettbewerb, S. 146 f.

[206] *Sambuc*, Rn. 345; a. A. *jurisPK-UWG/Ullmann*, § 4 Nr. 9 Rn. 123.

wird bei Erfüllung der entsprechenden Voraussetzungen durch das Immaterialgüterrecht hinreichend gewährleistet. Die Aufrechterhaltung des Pres-
tiges selbst sollte – sofern keine außerhalb der Nachahmung liegenden
Umstände hinzutreten – dem Markt überlassen werden. Aufwendungen für
das Markenimage tragen ein unternehmerisches Risiko in sich, welches
nicht künstlich durch das Lauterkeitsrecht abgesichert werden sollte. Insbesondere bei Düften setzt sich zudem das Image aus einer Vielzahl von
Merkmalen mit vergleichbarer Bedeutung (Marke, Verpackung, Werbung
etc.) zusammen, von denen beim neutralen Vertrieb nur der Duft als Ein-
zelmerkmal betroffen ist. Abnehmer, die gerade auf das mit dem Gesamt-
produkt verbundene Prestige Wert legen, werden auch weiterhin auf das
Original zurückgreifen (müssen), denn vor allem Parfümkonsumenten richten ihre Kaufentscheidung eher an der Marke statt am Produkt selbst
aus.[207] Das Prestigebedürfnis wird durch eine neutral vertriebene Nachahmung des Duftes nicht ausreichend befriedigt, sodass der neutrale Vertrieb
auch die Aufrechterhaltung des Rufes nicht ausschließt. Jedenfalls bietet
die Möglichkeit, mithilfe der Nachahmungen gegenüber Dritten den An-
schein des Konsums des Originals zu erwecken, keine hinreichende Grundlage für eine so einschneidende Beschränkung des Wettbewerbs, wie sie
mit der Untersagung des neutralen Vertriebs verbunden wäre.

Gegen die Unlauterkeit des neutralen Vertriebs, bei welchem abgesehen
von der Nachahmung gerade keine zusätzlichen Unlauterkeitsmerkmale
vorliegen, spricht auch die Systematik des § 4 Nr. 9 UWG. Führte bereits
die jeder Nachahmung innewohnende Rufausbeutung zur Unlauterkeit, so
wäre die Nennung von Beispieltatbeständen in § 4 Nr. 9 UWG überflüssig.
Dass der Gesetzgeber die Ausnutzung der Wertschätzung durch den Vertrieb eines nachgeahmten Produkts gesondert erwähnt, lässt darauf schließen, dass es in seinen Augen auch einen lauterkeitsrechtlich unbedenklichen Vertrieb von Nachahmungen geben muss. Um einen solchen
Fall handelt es sich beim neutralen Vertrieb nachgeahmter Düfte.

Die Subsumtion des neutralen Vertriebs nachgeahmter Duftstoffe unter
§ 4 Nr. 9 lit. b, 1. Alt. UWG würde bedeuten, dass bereits die mit der bloßen Nachahmung verbundene Ausnutzung der Wertschätzung zur Begründung der Unlauterkeit ausreicht. Der Vertrieb von Nachahmungen
bekannter Waren wäre damit praktisch ausgeschlossen. Im Ergebnis würde
dies die Schaffung eines immaterialgüterrechtsähnlichen, quasi-ausschließ-
lichen Rechts bedeuten. Das Lauterkeitsrecht erfasst zwar nur das Anbieten der Nachahmung im geschäftlichen Verkehr, dessen Verbot würde

---

[207] Vgl. das anschauliche Beispiel von *Sirinelli*, Prop. Intell. 2005, 47, wonach es einem aufmerksamen Ehemann widerstrebt, seiner Frau ein nachgeahmtes Parfüm zu
schenken unter dem Vorwand, dass das Flakon angesichts des identischen Dufts ohne
Bedeutung sei; zutreffend auch *Balaña*, GRUR Int. 2005, 979 (991).

allerdings wegen der fehlenden Absatzmöglichkeit reflexartig auch die Nachahmungshandlung erfassen. Dies widerspräche dem Grundsatz der Rechtsprechung, dass der Schutz des guten Rufs eines Unternehmens durch das Lauterkeitsrecht nicht den Sonderschutzrechten mit Ausschließlichkeitsbefugnis gleichzusetzen ist.[208]

Die Zulässigkeit der bloßen Nachahmung von Düften und Duftstoffen ohne Hinzutreten weiterer Umstände beurteilt sich nach den immaterialgüterrechtlichen Sondervorschriften, etwa § 16 UrhG oder § 9 PatG.[209] Es handelt sich dabei um den originären Gegenstand des Immaterialgüterrechts. Die Nachahmung als solche, und somit auch die ihr innewohnenden Umstände, werden vom sondergesetzlichen Leistungsschutz bereits vollständig berücksichtigt. Dies schließt nach überzeugender Ansicht die parallele Anwendung des UWG-Nachahmungsschutzes aus.[210] Die Sperrwirkung folgt in diesem Fall aus der Berücksichtigung der Wertungen des Immaterialgüterrechts. Eine andere Ansicht würde dazu führen, dass in Fällen, in denen sonderrechtliche Schutzvoraussetzungen vom Originalduft nicht erfüllt werden (zum Beispiel ein Parfümduft nicht die für den urheberrechtlichen Schutz erforderliche Schöpfungshöhe aufweist), dessen Nachahmung indirekt im Wege des Lauterkeitsrechts ohne Hinzutreten weiterer Umstände untersagt werden könnte. Die tatbestandliche Begrenzung des Sonderrechtsschutzes würde durch den allgemeinen wettbewerbsrechtlichen Leistungsschutz konterkariert.[211] Dies ließe sich auch nicht mit der Berufung auf unterschiedliche Schutzzwecke rechtfertigen, denn selbst Vertreter einer autonomen Anwendung des UWG neben den Sonderschutzrechten sehen in § 4 Nr. 9 lit. b UWG einen Spezialfall der Mitbewerberbehinderung,[212] sodass in Annäherung an das Immaterialgüterrecht der Individualschutzzweck bei der Rufausbeutung dominant ist.[213]

Somit ist festzuhalten, dass der neutrale Vertrieb eines nachgeahmten Duftes keine unlautere Rufausbeutung im Sinne von § 4 Nr. 9 lit. b, 1. Alt. UWG darstellt. Die mit jeder Nachahmung verbundene Ausnutzung der Wertschätzung des Originals ist im Interesse der Freiheit des Wettbewerbs hinzunehmen. Der neutrale Vertrieb zeichnet sich gerade dadurch aus, dass das Produkt für sich spricht und aus der Nachahmung keine weiteren

---

[208] *BGH*, GRUR 1996, 508 (509) – Uhren-Applikation; WRP 2007, 1076 (1081) – Handtaschen.

[209] S. dazu Zweiter Teil, D I 1 bzw. Vierter Teil, C III.

[210] S. dazu bereits Sechster Teil, B II.

[211] Vgl. *Körner*, in: FS f. Ullmann, 701 (704).

[212] *Hefermehl/Köhler/Bornkamm*, § 4 Rn. 9.4a, 9.51; *Köhler*, GRUR 2007, 548 (552); *Lubberger*, WRP 2007, 873 f.; a. A. *Münker*, in: FS f. Ullmann, 781 (788 f.).

[213] S. dazu *Beater*, § 22 Rn. 77 ff.; *Ohly*, GRUR 2007, 731 (737) sowie die Ausführungen im Sechsten Teil, B II.

Imagevorteile gezogen werden.[214] Die „Unangemessenheit" der Ausnutzung der Wertschätzung, die anhand einer Gesamtwürdigung der Umstände und der betroffenen Interessen festzustellen ist,[215] liegt beim neutralen Vertrieb nicht vor. Eine unlautere Rufausbeutung im Sinne von § 4 Nr. 9 lit. b, 1. Alt. UWG erfordert deshalb eine über die reine Duftnachahmung hinausgehende Anlehnung an das Original.

Die Ausführungen zur Rufausbeutung lassen sich auf die Rufbeeinträchtigung gem. § 4 Nr. 9 lit. b, 2. Alt. UWG übertragen. Deshalb ist die mit der bloßen Nachahmung bzw. deren neutralem Vertrieb verbundene Beeinträchtigung der Wertschätzung der Originaldüfte im Interesse des Preis- und Leistungswettbewerbs und mit Rücksicht auf die immaterialgüterrechtlichen Sondervorschriften ebenfalls hinzunehmen. Der Anwendungsbereich des § 4 Nr. 9 lit. b UWG ist wegen der Sperrwirkung des Immaterialgüterrechts beim neutralen Vertrieb eines nachgeahmten Duftes nicht eröffnet. Dies gilt insbesondere auch für die durch die Erhältlichkeit von Nachahmungen bewirkte vermeintliche Minderung der Exklusivität und des Prestigewerts des Originals. Auch hier ergibt eine Gesamtbetrachtung der Umstände, dass diese Beeinträchtigung der Wertschätzung im Falle des neutralen Vertriebs nicht „unangemessen" im Sinne von § 4 Nr. 9 lit. b, 2. Alt. UWG ist.[216]

c) Unredliche Erlangung von Kenntnissen (§ 4 Nr. 9 lit. c UWG)

Selbst der neutrale Vertrieb eines nachgeahmten Duftes oder Duftstoffes ist gem. § 4 Nr. 9 lit. c UWG unlauter, wenn die zur Nachahmung erforderlichen Kenntnisse unredlich erlangt wurden. § 4 Nr. 9 lit. c UWG erfasst die Kenntniserlangung durch strafbare Handlungen, Vertrauensbruch und auch das Erschleichen von Informationen.[217] Unlauter ist deshalb der Vertrieb eines nachgeahmten Duftstoffes, wenn die der Nachahmung vorausgegangene Kenntniserlangung eine nach den §§ 17, 18 UWG strafbare Handlung darstellte.[218] Die unredliche Erlangung durch Erschleichen ist

---

[214] Vgl. auch die bei *Beater*, Nachahmen im Wettbewerb, S. 437 geschilderte Parallele im englischen Recht.

[215] *MünchKommUWG/Wiebe*, § 4 Nr. 9 Rn. 184; *Hefermehl/Köhler/Bornkamm*, § 4 Rn. 9.51.

[216] Ähnlich *MünchKommUWG/Wiebe*, § 4 Nr. 9 Rn. 188; *Stieper*, WRP 2006, 291 (297); a. A. *jurisPK-UWG/Ullmann*, § 4 Nr. 9 Rn. 123, 126.

[217] *BGH*, GRUR 2003, 356 (357 f.) – Präzisionsmessgeräte; *Emmerich*, § 11 IV 1 (S. 196 f.).

[218] Vgl. *BGH*, GRUR 2003, 356 (357) – Präzisionsmessgeräte *MünchKommUWG/Wiebe*, § 4 Nr. 9 Rn. 207; *Hefermehl/Köhler/Bornkamm*, § 4 Rn. 9.61; *Gloy/Loschelder/Eck*, § 43 Rn. 139; *Kiethe/Groeschke*, WRP 2006, 794 (798); zu § 17 UWG siehe Sechster Teil, A.

dadurch gekennzeichnet, dass sich der Nachahmer die Kenntnis vom Vorbild in verwerflicher Weise verschafft.[219]

Bei der Nachahmung von Düften stellt sich insbesondere die Frage, ob es sich beim analytischen „reverse engineering"[220] von Duftstoffgemischen der Mitbewerber, welches den typischen Fall der Kenntniserlangung darstellt, um ein verwerfliches Verschaffen im Sinne von § 4 Nr. 9 lit. c UWG handelt. Dies scheidet aus mehreren Gründen aus. Die Analyse eines rechtmäßig erworbenen Duftstoffgemisches stellt ebenso wenig wie die Zerlegung einer Maschine zur Verschaffung von Kenntnissen über deren Konstruktion ein unlauteres Erschleichen dar.[221] Der Hersteller bzw. der Lizenzinhaber des Originalduftes muss – nicht zuletzt weil er regelmäßig selbst in gleicher Weise agiert – damit rechnen, dass sein frei am Markt erhältliches Produkt von Konkurrenten erworben und auf seine Zusammensetzung untersucht wird. In der Kombination aus Erwerb des Konkurrenzduftstoffes und dessen Analyse durch gängige Methoden liegt kein „verwerfliches" Verhalten.

Ein Erschleichen der für die Nachahmung erforderlichen Informationen scheidet zudem aus, wenn diese bereits offenkundig sind.[222] Die olfaktorische Nachbildung eines Duftes erfordert nur eine partielle Analyse des Vorbildes und ist für einen Fachmann zumeist mit vernünftigem Aufwand möglich. Infolgedessen sind eine Vielzahl nachahmungsrelevanter Informationen (unter anderem die wesentlichen in einem Gemisch enthaltenen Einzelduftstoffe)[223] offenkundig, sodass auch die Kenntniserlangung im Wege des „reverse engineering" nicht unredlich im Sinne von § 4 Nr. 9 lit. c UWG ist. Darin liegt kein Widerspruch zum Schutz von Duftstoffformeln komplexer Duftstoffgemische als Betriebsgeheimnis gem. § 17 UWG, denn deren Offenkundigkeit erfordert die Möglichkeit zur vollständigen Analyse, welche zumeist nicht gegeben ist.[224] Die Identifizierung einzelner Bestandteile genügt zur Herstellung einer Nachahmung, lässt allerdings den Geheimnischarakter des Originalduftstoffgemisches regelmäßig nicht entfallen.

Im Übrigen ist die nähere Untersuchung und Beschäftigung mit dem Vorbild notwendige Vorstufe jeder Nachahmung. Darin einen Umstand zu sehen, der zur Unlauterkeit des späteren Vertriebs führt, wäre gleichbedeu-

---

[219] *BGH*, GRUR 1961, 40 (42) – Wurftaubenpresse; GRUR 2003, 356 (357) – Präzisionsmessgeräte; *Piper/Ohly*, § 4.9 Rn. 86; *MünchKommUWG/Wiebe*, § 4 Nr. 9 Rn. 200.

[220] S. dazu bereits Sechster Teil, A III.

[221] Vgl. *Harte/Henning/Sambuc*, § 4 Nr. 9 Rn. 156; *Gloy/Loschelder/Eck*, § 43 Rn. 139; a. A. *MünchKommUWG/Wiebe*, § 4 Nr. 9 Rn. 201.

[222] *MünchKommUWG/Wiebe*, § 4 Nr. 9 Rn. 196; *Harte/Henning/Sambuc*, § 4 Nr. 9 Rn. 156.

[223] S. dazu bereits Sechster Teil, A. I.

[224] S. Sechster Teil, A I.

tend mit einer weitgehenden Abschaffung des imitatorischen Wettbewerbs. Die durch die Analyse gewonnenen Kenntnisse dienen überdies nicht allein der Anfertigung olfaktorisch ähnlicher oder identischer Kopien, sondern sie sind auch Ausgangspunkt eigener Kreationen der Konkurrenten. Auf diese Weise trägt das „reverse engineering" auch zur Verbreiterung des Angebots und zu einer Stärkung des Wettbewerbs bei. Somit ist festzuhalten, dass der in der Duftstoffindustrie übliche Weg der Beschaffung von Informationen über Konkurrenzprodukte nicht gem. § 4 Nr. 9 lit. c UWG zur Unlauterkeit des Angebots von Nachahmungen führt, die mithilfe der erlangten Kenntnisse hergestellt wurden.

d) Behinderung durch Nachahmung

Abschließend ist die Unlauterkeit der Nachahmung bzw. des neutralen Vertriebs unter dem Aspekt der Behinderung des Originalherstellers oder Alleinvertriebsberechtigten zu untersuchen. Die Behinderung des Mitbewerbers durch die Vermarktung von Nachahmungsprodukten kann unlauterkeitsbegründend sein, da die Aufzählung unlauterer Umstände in § 4 Nr. 9 UWG nicht abschließend ist. Die Fallgruppe wird zum Teil als ungeschriebener Fall des § 4 Nr. 9 UWG behandelt,[225] an anderer Stelle hingegen als Unterfall des § 4 Nr. 10 UWG betrachtet[226] oder sogar der Generalklausel des § 3 UWG zugeordnet.[227]

Der Vertrieb nachgeahmter Düfte behindert naturgemäß die Absatzbemühungen des Originalherstellers durch vermehrte Konkurrenz. Darin allein liegt jedoch noch keine unlautere Behinderung, da anderenfalls der Vertrieb einer Nachahmung schlechthin ausgeschlossen wäre. Zur Begründung der Unlauterkeit sind zusätzliche bzw. andere Behinderungsaspekte erforderlich.[228] Eine unlautere Behinderung soll beispielsweise anzunehmen sein, wenn durch das Angebot der Nachahmung dem Schöpfer des Originals die Möglichkeit genommen wird, sein Produkt in angemessener Zeit zu vermarkten.[229] Demjenigen, auf dessen Initiative ein Produkt zurückzuführen ist, gebühre grundsätzlich ein wettbewerblicher Vor-

---

[225] *Hefermehl/Köhler/Bornkamm*, § 4 Rn. 9.63; *MünchKommUWG/Wiebe*, § 4 Nr. 9 Rn. 210; *Piper/Ohly*, § 4.9 Rn. 91; *Lehmler*, § 4 Nr. 9 Rn. 72; *Ortner*, WRP 2006, 189 (193); *Kiethe/Groeschke*, WRP 2006, 794 (798).

[226] *Köhler*, GRUR 2007, 548 (553); *Emmerich*, § 11 IV 2 (S. 197); unklar hingegen *Harte/Henning/Sambuc*, § 4 Nr. 9 Rn. 3 (für § 4 Nr. 10 UWG) und Rn. 27 (für § 3 UWG) sowie *BGH*, GRUR 2005, 349 (352) – Klemmbausteine III (§ 4 Nr. 9 lit. b, 2. Alt. und Nr. 10 UWG).

[227] *Sack*, WRP 2005, 531 (537).

[228] *MünchKommUWG/Wiebe*, § 4 Nr. 9 Rn. 210.

[229] *Hefermehl/Köhler/Bornkamm*, § 4 Rn. 9.64.

sprung.[230] Einer solchen Begründung lauterkeitsrechtlicher Leistungs-
monopole ist jedoch mit Blick auf die außerhalb der Irreführungsgefahr
geltende Sperrwirkung der Immaterialgüterrechte[231] zu widersprechen.
Hinreichend schutzwürdige Leistungen werden bereits durch das Immaterialgüterrecht vor Nachahmung geschützt. Existiert kein Sonderrechtsschutz für den nachgeahmten Duft, so ist die mit der bloßen Nachahmung
und deren neutralem Vertrieb verbundene Behinderung aus lauterkeitsrechtlicher Sicht hinzunehmen. Anderenfalls würden die sondergesetzlichen Wertungen außer Acht gelassen, ohne dass dafür ein Grund, etwa in
Form unterschiedlicher Schutzzwecke, ersichtlich ist. Die zur nachah-
mungsimmanenten Rufausbeutung gemachten Ausführungen gelten insofern auch für die nachahmungsimmanente Behinderung.[232]

Ebenfalls führt es nicht zur Unlauterkeit des Vertriebs nachgeahmter
Düfte, wenn das Handeln des Nachahmers von vorneherein darauf angelegt
ist, dass der Mitbewerber auf eigene Kosten das Produkt entwickelt und er
dadurch Kosten einsparen und Wettbewerbsvorteile erzielen kann.[233] Zum
einen erscheint unklar, wie eine entsprechende Motivation verlässlich
nachgewiesen werden soll, zum anderen stellt diese Ansicht einzig auf
Umstände ab, die bei nahezu jeder Nachahmung vorliegen. Sie würde im
Ergebnis zu einer übermäßigen Beschränkung des Produktwettbewerbs
führen. Die Amortisation von Entwicklungskosten sollte außerhalb des
Sonderrechtsschutzes nicht künstlich über das Lauterkeitsrecht garantiert
werden.[234] Ein allgemeiner wettbewerbsrechtlicher Schutz der unternehme-
rischen (Investitions-) Leistung ist mit einem freien Wettbewerb nicht zu
vereinbaren.[235] Aus diesem Grund spielt auch die zeitliche Nähe der Nachahmung zum Erstvertrieb des Originals keine Rolle. Auch die Preisunterbietung durch den Nachahmer beim neutralen Vertrieb ist keine unlautere
Behinderung. Der Preiswettbewerb ist Wesensmerkmal der freien Markt-
wirtschaft und als solcher grundsätzlich wettbewerbskonform.[236] Die Wei-
tergabe der durch den Rückgriff auf das fremde Arbeitsergebnis ersparten

---

[230] *Ortner*, WRP 2006, 189 (193 f.).

[231] S. dazu Sechster Teil, B II.

[232] S. dazu soeben unter b).

[233] A. A. *Köhler*, GRUR 2007, 548 (553).

[234] So auch *Beater*, § 22 Rn. 3, a. A. *BGH*, GRUR 1969, 618 (620) – Kunststoffzähne;
GRUR 1972, 127 (128 f.) – Formulare.

[235] *jurisPK-UWG/Ullmann*, § 4 Nr. 9 Rn. 18.

[236] Ebenso *BGH*, GRUR 1966, 617 (620) – Saxophon; GRUR 1998, 210 (213) – Va-
kuumpumpen; GRUR 2003, 359 (361) – Pflegebett; *Hefermehl/Köhler/Bornkamm*, § 4
Rn. 9.65; *MünchKommUWG/Wiebe*, § 4 Nr. 9 Rn. 221; *Harte/Henning/Sambuc*, § 4 Nr. 9
Rn. 185; *Piper/Ohly*, § 4.9 Rn. 96; *Gloy/Loschelder/Eck*, § 43 Rn. 140.

Produktionskosten ist Ausdruck funktionierenden Wettbewerbs und bloße Folge der Nachahmung.[237]

Wettbewerbsrechtlich relevant kann die Preisunterbietung in einzelnen Fällen im Gesamtzusammenhang mit weiteren Umständen sein. Dies ist zum Beispiel der Fall, wenn die Preisunterbietung zur gezielten Verdrängung des Konkurrenten aus dem Markt eingesetzt wird.[238] Darüber hinaus soll unlauterkeitsbegründend auch ein ganz erheblicher Preisunterschied sein, wenn dieser die Folge der Einsparung erheblicher Entwicklungskosten ist.[239] Ein entsprechender Kausalzusammenhang fehlt hingegen bei der Nachahmung von Düften, insbesondere bei Parfüms, häufig. Die Diskrepanz der Preise wird nur zum Teil durch ersparte Entwicklungskosten bewirkt. Kosteneinsparungen ergeben sich für die Nachahmer auch aus der Substitution von Ausgangsstoffen. Zudem ist im Preis der „billigen" Nachahmung im Gegensatz zum Original kein Aufschlag für Prestige und Exklusivität enthalten, wie er im Bereich von Luxusprodukten üblich ist. Unabhängig davon handelt es sich bei ersparten Entwicklungskosten aber ohnehin nur um unbeachtliche Annexwirkungen der Nachahmung. Aus diesem Grund ist die Preisunterbietung auch nicht unlauter, wenn sie Folge einer mechanischen und damit kostengünstigen Vervielfältigung ist.[240] Eine unmittelbare Übernahme liegt zudem bei Düften nur vergleichsweise selten vor, da auch die Nachahmung mit erheblichem Arbeitsaufwand verbunden sein kann.[241]

Die Nachahmung einzelner Düfte oder Duftstoffe und deren neutraler Vertrieb sind somit auch dann nicht unlauter, wenn die Nachahmungen zu niedrigeren Preisen angeboten werden. Niedrigere Preise sind neben der Vergrößerung des Angebots sichtbares Zeichen dafür, dass der Vertrieb der Nachahmungen bzw. der Imitationswettbewerb aus Sicht der Abnehmer durchaus positiv zu bewerten ist.[242] Negativ betroffen sind durch die Nachahmung bzw. den neutralen Vertrieb die individuellen Interessen des Originalherstellers am Schutz seiner Leistung. Diesem Schutz dienen die immaterialgüterrechtlichen Sondervorschriften, sodass die zusätzliche Schaffung quasi-ausschließlicher wettbewerbsrechtlicher Schutzrechte gegen die Behinderung durch den neutralen Nachahmungsvertrieb nicht angezeigt ist.

---

[237] Ebenso *Wiebe*, in: FS f. Schricker, 773 (780).

[238] *Wiebe*, in: FS f. Schricker, 773 (779).

[239] *BGH*, GRUR 1966, 617 (620) – Saxophon; GRUR 1998, 210 (213) – Vakuumpumpen; *Hefermehl/Köhler/Bornkamm*, § 4 Rn. 9.65.

[240] A. A. *Harte/Henning/Sambuc*, § 4 Nr. 9 Rn. 185.

[241] S. dazu bereits oben Sechster Teil, B III 2.

[242] Vgl. *Ohly*, GRUR 2007, 731 (735).

IV. Ergebnis

Die Nachahmung eines Duftes ist als solche nicht unlauter, ebenso wenig deren neutraler Vertrieb. Aufgrund der besonderen Umstände des neutralen Vertriebs von Duftstoffnachahmungen besteht keine Gefahr der Herkunftstäuschung bzw. der Irreführung der Marktteilnehmer. Lauterkeitsrechtliche Ansprüche gegen den neutralen Vertrieb auf Grundlage der übrigen Fallgruppen des wettbewerbsrechtlichen Leistungsschutzes scheiden angesichts der Sperrwirkung der immaterialgüterrechtlichen Sondervorschriften aus. Die Nachahmung selbst und ihre immanenten Folgen sind keine „besonderen Umstände", die zur Unlauterkeit des Vertriebs der Nachahmung führen.[243] Sie sind lediglich Ausdruck zulässigen Nachahmungswettbewerbs, der für betroffene Originalhersteller lästig sein mag, aber im Ergebnis hinzunehmen ist.[244] Aus Sicht des Lauterkeitsrechts gebührt dem (Nachahmungs-) Wettbewerb der Vorrang vor dem Leistungsschutzinteresse, solange zur Nachahmung und den zwangsläufig einhergehenden Folgen keine weiteren Umstände hinzutreten. Düfte werden durch die lauterkeitsrechtliche Zulässigkeit des neutralen Vertriebs von Nachahmungen nicht schutzlos gestellt. Liegen zusätzlich zur bloßen Nachahmung des Duftes unlauterkeitsbegründende Umstände vor (etwa in Form der Annäherung an Verpackung und Kennzeichnung des Originals oder durch Bezugnahme im Verkaufsgespräch), so ist der Schutzbereich des Lauterkeitsrechts eröffnet. Der Kampf gegen die Nachahmung selbst (und gegen deren neutralen Vertrieb) ist hingegen originäre Aufgabe der Immaterialgüterrechte. Diese bieten auch für Düfte Schutzmöglichkeiten, sodass im Ergebnis lediglich der neutrale Vertrieb solcher Düfte und Duftstoffe hinzunehmen ist, die nicht (oder nicht mehr) sonderrechtlich geschützt sind. Mit Rücksicht auf die immaterialgüterrechtlichen Schutzgrenzen besteht lauterkeitsrechtlicher Leistungsschutz nicht, sofern zur Nachahmung bzw. dem Vertrieb keine weiteren Umstände hinzutreten.

---

[243] Vgl. *MünchKommUWG/Sosnitza*, § 3 Rn. 146.
[244] *Ohly*, GRUR 2007, 731 (739).

Gesamtergebnis

Die Untersuchung hat gezeigt, dass Düfte als geistiges Eigentum geschützt werden können. Die einzige Ausnahme bildet das Geschmacksmusterrecht. Weder nach nationalem Recht noch nach Gemeinschaftsrecht sind Merkmale, die zur Wahrnehmung durch den Geruchssinn bestimmt sind, geschmacksmusterfähig.

Das Urheberrecht bietet eine prinzipielle Schutzmöglichkeit für den Dufteindruck von Duftstoffgemischen und vollsynthetischen Riechstoffen. Dieser kann als unbenannte Werkart – losgelöst vom zugrunde liegenden Stoff(-gemisch) oder der Duftstoffformel – geschützt sein. Darin unterscheidet sich das Urheberrecht von den übrigen Sonderschutzrechten, welche allenfalls den Schutz eines Stoffes oder eines Gemisches bzw. einer Duftstoffformel zulassen. Die exakte Unterscheidung des Schutzgegenstandes spielt dabei für Düfte eine besondere Rolle. Der Grund dafür ist die Möglichkeit, identische oder sehr ähnliche Dufteindrücke durch strukturell unterschiedliche Stoffgemische erzielen zu können.

Urheberrechtlicher Schutz besteht für einen Dufteindruck, der das Ergebnis einer über das alltägliche Schaffen hinausreichenden schöpferischen Tätigkeit ist, wobei auch für die Beurteilung der erforderlichen Individualität von Düften gilt, dass die sog. „kleine Münze" des Urheberrechts geschützt wird. Die objektive Bewertung der Individualität stellt bei Duftwerken ein besonderes Problem dar. Diese durch die Subjektivität der Geruchswahrnehmung bedingte Problematik wirkt sich auch auf die Möglichkeiten des Nachweises einer Verletzung des Urheberrechts aus. Die Schwierigkeiten lassen sich jedoch durch die Kombination verschiedener Analysemethoden in befriedigender Weise bewältigen. Das Urheberrecht bietet damit insbesondere Schutz für Duftstoffgemische der Feinparfümerie. Die entsprechenden Produkte sind bei Erfüllung der materiellen Schutzvoraussetzungen der §§ 1, 2 UrhG bereits mit dem Schöpfungsakt geschützt.

Durch das Patentrecht und das Gebrauchsmusterrecht können Einzelduftstoffe und Duftstoffgemische geschützt werden, wobei praktische Bedeutung bislang allein die Patentierung einzelner Moleküle erlangt hat. Auf den Patentschutz von Stoffgemischen und den Gebrauchsmusterschutz insgesamt wird aufgrund der mit der Offenbarung der stofflichen Zusammensetzung verbundenen Nachteile und der Probleme bei der Rechtsdurchsetzung in der Praxis verzichtet. Eine wirksame und damit interessengerechte Schutzmöglichkeit bietet hingegen insbesondere die Patentierung von Einzelduftstoffen als Stofferfindung. Durch die Absolutheit des patentrechtlichen Stoffschutzes stehen dem Patentinhaber Ansprüche bei jeder unbefugten Verwendung seines geschützten Duftstoffes durch andere Personen zu, unabhängig, ob es sich dabei um eine Verwendung als Einzelduftstoff oder als Bestandteil eines Duftstoffgemisches handelt.

Der immaterialgüterrechtliche Schutz von Düften und Duftstoffen wird durch das Lauterkeitsrecht ergänzt. Die stoffliche Zusammensetzung von Duftstoffen und die Duftstoffformeln sind Betriebsgeheimnisse im Sinne des § 17 UWG, bei deren Verletzung zivil- und strafrechtliche Konsequenzen drohen. Die Geheimhaltung dieser Informationen gegenüber Konkurrenten hat in der Riechstoffindustrie eine lange Tradition. Die Untersuchung hat allerdings gezeigt, dass der lauterkeitsrechtliche Schutz von Düften als Betriebsgeheimnis nicht geeignet ist, Nachahmungen eines Dufteindrucks durch Konkurrenten oder andere Personen zu verhindern. Dies gilt auch für den wettbewerbsrechtlichen Leistungsschutz gem. § 4 Nr. 9 UWG. Die bloße Nachahmung von Dufteindrücken, Duftstoffen oder Duftstoffgemischen ist ohne Hinzutreten von Umständen, die nicht bereits jeder Nachahmung immanent sind, aus Perspektive des Lauterkeitsrechts unbedenklich. Lauterkeitsrechtliche Ansprüche bestehen daher insbesondere nicht gegen den neutralen Vertrieb einer Duftstoffnachahmung.

Die vorliegende Arbeit zeigt, dass Düfte aus Sicht des geistigen Eigentums trotz des praktischen Ausschlusses vom Markenschutz nicht schutzlos sind. Betrachtet man allerdings die einzelnen Schutzmöglichkeiten, so kommt man zu dem Ergebnis, dass kein adäquater Ersatz für die olfaktorische Marke vorhanden ist. Dies wird deutlich, wenn man anhand der zu den einzelnen Schutzrechten gemachten Ausführungen die Schutzmöglichkeiten für die Duftstoffverbindung *Methylcinnamat* untersucht, die seinerzeit Gegenstand der Markenanmeldung in der Entscheidung *„Sieckmann"* des *Europäischen Gerichtshofes* war.[1] Es handelt sich dabei um die chemische Reinsubstanz Zimtsäuremethylesther, deren „Duft üblicherweise als balsamisch-fruchtig mit einem leichten Anklang an Zimt bezeichnet" wird.[2] Im Zeitpunkt der Markenanmeldung beim *Deutschen Patent- und Markenamt* gehörte der Duftstoff bereits seit langem zum Stand der Technik, die Substanz war nach Angaben des Markenanmelders bereits käuflich erhältlich. Der Schutz des Stoffes als Patent oder Gebrauchsmuster war somit zu diesem Zeitpunkt bereits wegen fehlender Neuheit gem. § 3 Abs. 1 S. 1 PatG (Art. 54 Abs. 1 EPÜ) bzw. § 3 Abs. 1 S. 2 GebrMG

---

[1] *EuGH*, GRUR 2003, 145 – Sieckmann; s. dazu nochmals Einleitung, A.
[2] *EuGH*, GRUR 2003, 145 (146), Rz. 13 – Sieckmann.

ausgeschlossen. Auch urheberrechtlicher Schutz des durch die Substanz verströmten Dufteindrucks schied aus. Zimtsäuremethylesther ist natürlicher Bestandteil einiger ätherischer Öle. Die Synthese des Stoffes ist durch Veresterung von Zimtsäure mit Methanol möglich. Der Dufteindruck ist sowohl beim halbsynthetischen Isolat als auch beim vollsynthetischen, naturidentischen Duftstoff kein durch das Urheberrecht geschütztes Werk im Sinne von § 2 Abs. 2 UrhG. Während im Falle des Isolats bereits keine persönliche Schöpfung vorliegt, fehlt dem Dufteindruck des synthetischen, naturidentischen Stoffes die Individualität. Immaterialgüterrechtlicher Schutz des *Methylcinnamats* zugunsten des Markenanmelders schied damit außerhalb des Markenrechts aus. Sofern der Duft als herkunftshinweisendes Merkmal für eine bestimmte Ware oder Dienstleistung eingesetzt werden sollte, wäre diese Verwendung auch nicht als Betriebsgeheimnis schutzfähig gewesen, da bei der Benutzung einer bekannten chemischen Reinsubstanz von der Offenkundigkeit der Information auszugehen ist.

Es ist Folge der besonderen Funktion der Marke, dass der fehlende Markenschutz für Düfte durch die übrigen Schutzrechte des geistigen Eigentums und das Lauterkeitsrecht nicht gleichwertig ersetzt werden kann. Durch das Markenrecht wird insbesondere die Herkunfts- und Unterscheidungsfunktion eines Zeichens geschützt. Marken müssen deshalb neben der abstrakten und konkreten Unterscheidungseignung weder über Individualität noch über Erfindungs- oder Schöpfungshöhe verfügen. Das führt im Ergebnis dazu, dass zahlreiche als Marke schutzfähige Zeichen vom Schutz durch andere Immaterialgüterrechte ausgeschlossen sind, da sie deren materielle Schutzvoraussetzungen nicht erfüllen. Dies gilt auch für Düfte. Erfüllt ein Duft allerdings die Anforderungen eines anderen Sonderschutzrechts, so erwirbt der Schutzrechtsinhaber oder der Inhaber einer ausschließlichen Lizenz ein Ausschließlichkeitsrecht, welches er ähnlich wie eine Marke benutzen kann. Der verbleibende Unterschied liegt dann darin, dass allein für Marken eine theoretisch zeitlich unbegrenzte Schutzmöglichkeit besteht.

Andererseits reichen die in dieser Arbeit untersuchten Rechte des geistigen Eigentums in ihrer Schutzwirkung teilweise auch über das Markenrecht hinaus. Zu denken ist beispielsweise an den Schutz eines Parfümduftes. Der Duft wäre selbst bei graphischer Darstellbarkeit im Sinne von § 8 Abs. 1 MarkenG nicht als Marke für das Parfüm als solches schutzfähig, da in diesem Fall das Zeichen mit der Ware identisch wäre und somit gegen das Gebot der Selbständigkeit des Zeichens verstoßen würde (§ 3 Abs. 2 Nr. 1, Nr. 3 MarkenG). Selbst dann, wenn der Schutz nicht für das Parfüm selbst, sondern für eine von dem Dufteindruck zu trennende Ware oder Dienstleistung (beispielsweise eine Finanzdienstleistung) begehrt wird, stehen dem Markenschutz möglicherweise absolute

Schutzhindernisse entgegen. Vor dem Hintergrund, dass der Verkehr (bislang) nicht daran gewöhnt ist, allein aus einem Duft auf die Herkunft von Produkten oder Dienstleistungen zu schließen, bestehen Zweifel an der konkreten Unterscheidungskraft (§ 8 Abs. 2 Nr. 1 MarkenG) einer entsprechenden Duftmarke.[3] Die Annahme eines absoluten Schutzhindernisses hängt in diesem Zusammenhang insbesondere von der Antwort auf die Frage ab, ob die konkrete Unterscheidungskraft eines Zeichens bereits im Zeitpunkt der Entstehung des Markenschutzes gegeben sein muss (aktuelle Herkunftsfunktion),[4] oder ob es ausreicht, wenn die Eignung des Zeichens, als Herkunftshinweis zu dienen, lediglich latent vorhanden ist.[5] Vertreten wird zudem, dass infolge der beschränkten olfaktorischen Wahrnehmungsfähigkeit eines Durchschnittsverbrauchers die Anzahl der tatsächlich verfügbaren Geruchszeichen beschränkt sei und daher ein Allgemeininteresse an der Freihaltung von Düften bestehe.[6] Demgegenüber ist der Dufteindruck eines Parfüms bei Vorliegen einer persönlichen geistigen Schöpfung im Sinne von § 2 Abs. 2 UrhG ohne weiteres urheberrechtlich geschützt. Der Grund für den Schutz von Düften durch die Rechte des geistigen Eigentums ist eben nicht deren mögliche Unterscheidungsfunktion, sondern primär die in einem Duft verkörperte persönliche Leistung desjenigen, der ihn erschaffen hat.

---

[3] Vgl. *Viefhues*, MarkenR 1999, 249 (252); zur vergleichbaren Problematik bei abstrakten Farbmarken s. *EuGH*, GRUR 2003, 604 (608), Rz. 65 – Libertel.

[4] So *Ströbele/Hacker/Ströbele*, § 8 Rn. 52; *Kur*, MarkenR 2000, 1 (5 f.).

[5] Dafür *Fezer*, MarkenR, § 8 Rn. 19e; *ders.*, WRP 2000, 1 (4 ff.) sowie ausdrücklich für Geruchsmarken *Sessinghaus*, S. 78 ff. und *Rengshausen*, S. 124 ff.

[6] *Lange*, Rn. 436; a. A. *Sessinghaus*, S. 94 ff.

Literaturverzeichnis

Aigner, Dietmar/Müller-Broich, Jan D.: Der Schutz von Prestige-Produkten gemäß § 4 Nr. 9 b) UWG, Gleichzeitig eine Anmerkung zum BGH-Urteil vom 11.01.2007 – „Handtaschen", WRP 2008, 438 ff.

Ann, Christoph: Know-how – Stiefkind des Geistigen Eigentums?, GRUR 2007, 39 ff.

Balaña, Sergio: Urheberrechtsschutz für Parfüms, GRUR Int. 2005, 979 ff.

Barbet, Virginie/Breese, Pierre/Guichard, Nathalie/Lecoquierre, Caroline/Lehu, Jean-Marc/Vanheems, Régine: Le marketing olfactif – Une approche créative, commerciale et juridique du parfum et des odeurs, Paris 1999 (zitiert als *Barbet/Breese u.a.*, Le marketing olfactif)

Bassard, André: La composition d'une formule de parfum est-elle une « œuvre de l'esprit » au sens de la loi du 11 mars 1957 ?, RIPIA 1979, 461 ff.

Bauer, Kurt/Garbe, Dorothea: Flavors and Fragrances, in: Ullmann's Encyclopedia of Industrial Chemistry, Volume A 11, Fifth Edition, Weinheim, Basel, Cambridge, New York 1988, S. 141 ff.

Baumbach, Adolf/Hopt, Klaus J./Merkt, Hanno: Handelsgesetzbuch, 33. Aufl., München 2008

Bausch, Thorsten: Nichtigkeitsrechtsprechung in Patentsachen, Entscheidungssammlung, Band 1: Urteile des Bundesgerichtshofs 1994 – 1998, Weinheim, New York, Chichester, Brisbane, Singapore, Toronto 2000

Bayreuther, Frank: Zum Verhältnis zwischen Arbeits-, Urheber- und Arbeitnehmererfindungsrecht – Unter besonderer Berücksichtigung der Sondervergütungsansprüche des angestellten Softwareerstellers, GRUR 2003, 570 ff.

Beater, Axel: Nachahmen im Wettbewerb – Eine rechtsvergleichende Untersuchung zu § 1 UWG, Tübingen 1995

ders.: Unlauterer Wettbewerb, München 2002

Beier, Karl-Friedrich: Die Zukunft des geistigen Eigentums in Europa, Gedanken zur Entwicklung des Patent-, Gebrauchs- und Geschmacksmusterrechts, GRUR Int. 1990, 675 ff.

Bender, Achim: Die grafische Darstellbarkeit bei den neuen Markenformen, Von der papierenen Rolle zu digitaler Aufzeichnung, in: Harmonisierung des Markenrechts, Festschrift für Alexander von Mühlendahl zum 65. Geburtstag am 20. Oktober 2005, Köln, Berlin, München 2005, S. 157 ff.

Benkard, Georg (Begr.): Patentgesetz – Gebrauchsmustergesetz, 10. Aufl., München 2006 (zitiert als *Benkard/Bearbeiter*)

Berlit, Wolfgang: Die grafisch nicht darstellbare abstrakte Farbmarke als Benutzungsmarke i. S. von § 4 Nr. 2 MarkenG – Anmerkung zu OLG Köln, GRUR-RR 2007, 100, GRUR-RR 2007, 97 ff.

ders.: Auswirkungen des Gesetzes zur Verbesserung der Durchsetzung der Rechte des geistigen Eigentums im Patentrecht, WRP 2007, 732 ff.

Blum, Carsten: Analytik und Sensorik von Gewürzextrakten und Gewürzölen, Hamburg 1999

Boeck, Alexander/Fergen, Hans-Udo: Compounding, in: Perfumes – art, science and technology, London, Glasgow, New York, Tokyo, Melbourne, Madras 1994, S. 421 ff.

Boeker, Peter/Hamacher, Tim/Mannebeck, Dietmar/Wimmer, Peter/Horner, Gerhard: Methodik und Technik der Online-Geruchsmessung, Gefahrstoffe – Reinhaltung der Luft 2003, 283 ff.

Boeters, Hans D.: Handbuch Chemiepatent – Anmeldung, Erteilung und Schutzwirkung europäischer und deutscher Patente, 2. Aufl., Heidelberg 1989

Brandi-Dohrn, Matthias/Gruber, Stephan/Muir, Ian: Europäisches und internationales Patentrecht: Einführung zum Europäischen Patentübereinkommen und Patent Cooperation Treaty, 5. Aufl., München 2002

Braun, Christoph-Friedrich von: Geschäfte mit Düften, Bild der Wissenschaft 12/1992, 48 ff.

Breese, Pierre: L'apport de la métrologie et de l'analyse sensorielles pour défendre les droits du créateur, Dalloz Affaires 1998, 558 ff.

Breuer, Markus: Der erfinderische Schritt im Gebrauchsmusterrecht, GRUR 1997, 11 ff.

Brodeßer, Otto: Die sogenannte „Aufgabe" der Erfindung, ein unergiebiger Rechtsbegriff, GRUR 1993, 185 ff.

Bruchhausen, Karl: Die Neuheit von Stofferfindungen gegenüber allgemeinen Formeln und dergleichen, GRUR 1972, 226 ff.

ders.: Die Revisibilität der Begriffe »persönliche geistige Schöpfungen«, »eigentümliche Erzeugnisse«, »auf einer erfinderischen Tätigkeit beruhen« und »auf einem erfinderischen Schritt beruhen«, in: Festschrift für Otto-Friedrich Frhr. v. Gamm, Köln, Berlin, Bonn, München 1990, S. 353 ff.

ders.: Der Schutz chemischer und pharmazeutischer Erfindungen, in: Festschrift zum hundertjährigen Bestehen der Deutschen Vereinigung für gewerblichen Rechtsschutz und Urheberrecht und ihrer Zeitschrift, Band I, Weinheim, Basel, Cambridge, New York 1991, S. 323 ff.

Bruguière, Jean-Michel: L'odeur saisie par le droit, in: Études de droit de la consommation, Liber amicorum Jean Calais-Auloy, Paris 2004, S. 169 ff.

Bruhn, Christian/Kreile, Reinhold: Rhythmus und Urheberrecht, Ein Briefwechsel zwischen dem Komponisten Christian Bruhn und Professor Dr. Reinhold Kreile, München, ZUM 2007, 267 ff.

Bühring, Manfred: Gebrauchsmustergesetz, 7. Aufl., Köln, Berlin, München 2007

Bulling, Alexander: Ein neues Schutzrecht entsteht: Das nicht eingetragene Gemeinschaftsgeschmacksmuster, Mitt. 2002, 170 ff.

Bulling, Alexander/Langöhrig, Angelika/Hellwig, Tillmann: Geschmacksmuster, Designschutz in Deutschland und Europa, 2. Aufl., Köln, Berlin, München 2006

Burdach, Konrad J.: Geschmack und Geruch – gustatorische, olfaktorische und trigeminale Wahrnehmung, Bern, Stuttgart, Toronto 1987

Busse, Rudolf (Begr.): Patentgesetz unter Berücksichtigung des Europäischen Patentübereinkommens und des Patentzusammenarbeitsvertrags, 6. Aufl., Berlin 2003 (zitiert als *Busse/Bearbeiter*)

Calkin, Robert R./Jellinek, J. Stephan: Perfumery, Practice and Principles, New York, Chichester, Brisbane, Toronto, Singapore 1994

Calvo, Jean/Morelle, Guy: Anmerkung zum Urteil der Cour d'appel de Paris (4ᵉ Ch. B) vom 3. Juli 1975, GP 1976 (Jurisprudence), 45 ff.

Chrocziel, Peter/Hufnagel, Frank-Erich: Patentverletzung durch Abbau von Arzneimitteln im Körper, in: Festschrift für Winfried Tilmann: zum 65. Geburtstag, Köln, Berlin, Bonn, München 2003, S. 449 ff.

Cohen, Denis: Le droit des dessins et modèles, Droit communautaire, droit international, droit français et autres droits étrangers, 2ᵉ édition, Paris 2004

Cohen Jehoram, Herman: Der niederländische Hoge Raad gewährt einem Parfumduft Urheberrechtsschutz – Der Fliegende Holländer – lauter Segel, kein Anker, GRUR Int. 2006, 920 ff.

ders.: Der niederländische Hoge Raad anerkennt in Analogie zum Markenrecht die Verwässerungsgefahr im Urheberrecht durch Wandlung eines Werkes zu einem bloßen Stil – Ein einzigartiges Monstrum und ein neues Hindernis für den freien Warenverkehr in der EU – Der Fliegende Holländer – lauter Segel, kein Anker II, GRUR Int. 2007, 879 ff.

Comité Français du Parfum (Hrsg.): Duft – Kulturgeschichte des Parfums, Paris 1996

Corbin, Alain: Pesthauch und Blütenduft, Eine Geschichte des Geruchs, Übersetzt aus dem Französischen, Berlin 1984

Cosson, M.: Anmerkung zum Urteil des TGI Paris vom 24. September 1999, JCP éd. E 2001, 77

Crochet, Jean-Louis: La protection des compositions de parfumerie par le droit d'auteur, in: Parfums, Cosmétiques, Arômes 1978 (Nr. 23), 51 ff.

ders.: Quelques réflexions autour de l'arrêt de Laire contre Rochas, RIPIA 1979, 458 ff.

Daleau, Jeanne: La cour de cassation se prononce sur la protection du parfum par le droit d'auteur, Recueil Dalloz 2006, 1741 f.

Daniels, Rolf: Electronic Noses, Euro Cosmetics 2002, 20 ff.

de Elzaburu, Alberto/Montero, Jesús Gómez: New Types of Marks – Is the ECJ living up to Expectations?, Fantasy or Daydream in the CTM System, in: Harmonisierung des Markenrechts, Festschrift für Alexander von Mühlendahl zum 65. Geburtstag am 20. Oktober 2005, Köln, Berlin, München 2005, S. 171 ff.

Dersin, Hans: Wann ist eine chemische Verbindung als „neuer Stoff" anzusehen?, Angewandte Chemie 1960, 263 ff.

Dittmer, Stefan: Kurzkommentar zu BGH, Urt. v. 5.2.2004, I ZR 171/01 – Genealogie der Düfte, EWiR 2004, 777 f.

Doepner, Ulf: Anmerkungen zum wettbewerbsrechtlichen Geheimnisschutz im Zivilprozess, in: Festschrift für Winfried Tilmann: zum 65. Geburtstag, Köln, Berlin, Bonn München 2003, S. 105 ff.

Dorland, Wayne/Rogers, James A. Jr.: The Fragrance and Flavour Industry, Mendham, NJ 1977

Dorsky, Julian: The Chemistry of Synthetic Raw Materials Production, in: Perfumes – art, science and technology, London, Glasgow, New York, Tokyo, Melbourne, Madras 1994, S. 399 ff.

Dreier, Thomas: Anmerkung zu BGH, Urt. v. 11.7.2002, I ZR 255/00 – Elektronischer Pressespiegel, JZ 2003, 477 ff.

Dreier, Thomas/Schulze, Gernot: Urheberrechtsgesetz, Urheberrechtswahrnehmungsgesetz, Kunsturhebergesetz, Kommentar, 2. Aufl., München 2006

Dreyer, Gunda/Kotthoff, Jost/Meckel, Astrid: Heidelberger Kommentar zum Urheberrecht, Heidelberg 2004

Dubarry, Marie: La protection juridique d'une fragrance, Toulouse 2000, http://www.en-droit.com/ouvrages/protection_juridique_fragrance.pdf (Stand 3.11.2007)

Eberhard-Metzger, Claudia: Die flüchtige Welt, Bild der Wissenschaft 1/2002, 20 ff.

Edelmann, Bernard: Une fragrance procède d'un savoir-faire, Recueil Dalloz 2006, 2470 ff.

Egerer, Peter/Reuschl, Hans: Über die Möglichkeit eines Patentschutzes für Strukturteile erfinderischer chemischer Stoffe, GRUR 1998, 87 ff.

Eggert, Hans Gunther: Chemie-Patentrecht – kein Sonderrecht, GRUR 1972, 453 ff.

Eichmann, Helmut: Technizität von Erfindungen – Technische Bedingtheit von Marken und Mustern, GRUR 2000, 751 ff.

ders.: Gemeinschaftsgeschmacksmuster und Gemeinschaftsmarken: Eine Abgrenzung, MarkenR 2003, 10 ff.

Eichmann, Helmut/Falckenstein, Roland von: Geschmacksmustergesetz, Gesetz über den rechtlichen Schutz von Mustern und Modellen, 3. Aufl., München 2005

Emmerich, Volker: Unlauterer Wettbewerb, 7. Aufl., München 2004

Englert, Brigitte: Grundzüge des Rechtsschutzes der industriellen Formgebung, Ein Beitrag zur Reform des deutschen Geschmacksmusterrechts, Köln, Berlin, Bonn, München 1978 (Schriftenreihe zum gewerblichen Rechtsschutz, Band 45)

Erdmann, Willi: Schutz der Kunst im Urheberrecht, in: Festschrift für Otto-Friedrich Frhr. v. Gamm, Köln, Berlin, Bonn, München 1990, S. 389 ff.

Falbe, Jürgen/Regitz, Manfred (Hrsg.): Römpp-Lexikon Chemie,
Band 2, 10. Aufl., Stuttgart, New York 1997
Band 4, 10. Aufl., Stuttgart, New York 1998
Band 5, 10. Aufl., Stuttgart, New York 1999
(zitiert als Römpp-Lexikon Chemie)

Féaux de Lacroix, Stefan: Wann machen überraschende Eigenschaften erfinderisch?, GRUR 2006, 625 ff.

Fezer, Karl-Heinz: Was macht ein Zeichen zur Marke? – Die latente Herkunftsfunktion als rechtliche Voraussetzung der Eintragungsfähigkeit einer Marke (§ 8 Abs. 2 Nr. 1 bis 3 MarkenG, Art. 3 Abs. 1 lit b bis d MarkenRL, Art. 7 Abs. 1 lit b bis d GMV), WRP 2000, 1 ff.

ders.: Modernisierung des deutschen Rechts gegen den unlauteren Wettbewerb auf der Grundlage einer Europäisierung des Wettbewerbsrechts, WRP 2001, 989 ff.

ders.: Markenrecht, Kommentar zum Markenrecht, zur Pariser Verbandsübereinkunft und zum Madrider Markenabkommen, Dokumentation des nationalen, europäischen und internationalen Kennzeichenrechts, 3. Aufl., München 2001

ders. (Hrsg.): Lauterkeitsrecht, Kommentar zum Gesetz gegen den unlauteren Wettbewerb (UWG),
Band 1, §§ 1 – 4 UWG, München 2005
Band 2, §§ 5 – 22 UWG, München 2005
(zitiert als *Fezer/Bearbeiter*, UWG)

ders.: Normenkonkurrenz zwischen Kennzeichenrecht und Lauterkeitsrecht, Ein Beitrag zur kumulativen und subsidiären Normenkonkurrenz im Immaterialgüterrecht – Kritik der Vorrangthese des BGH zum MarkenG, WRP 2008, 1 ff.

Field, Thomas G. Jr.: Copyright Protection for Perfumes, in: IDEA - The Intellectual Property Law Review, Vol. 45 Nr. 1 (2004), S. 19 ff.

Flechsig, Norbert P.: Rechtmäßige private Vervielfältigung und gesetzliche Nutzungsgrenzen – Zur Frage, in welchem Umfang privat hergestellte Vervielfältigungsstücke einer außerprivaten Nutzung zugeführt werden dürfen und zur Beweislast im Urheberverletzungsprozeß –, GRUR 1993, 532 ff.

Franzki, Harald: Der Sachverständige – Diener oder Herr des Richters?, DRiZ 1991, 314 ff.

Fürniss, Peter: Stoffschutz und Äquivalenz, in: Festschrift für Rudolf Nirk zum 70. Geburtstag, München 1992, S. 305 ff.

Galloux, Jean-Christophe: Profumo di diritto – Le principe de la protection des fragrances par le droit d'auteur, Recueil Dalloz 2004, 2642 ff.

Gareis, Carl: Die patentamtlichen und gerichtlichen Entscheidungen in Patentsachen nach der Reihenfolge der Bestimmungen des Patentgesetzes, VII. Band, Berlin 1890

Garner, Bryan A. (Hrsg.): Black's Law Dictionary, Abridged Eighth Edition, St. Paul, MN 2005 (zitiert als Black's Law Dictionary)

Gaster, Jens: Funktionen des Binnenmarktes und Paralleleinfuhren aus Drittländern: Ein Plädoyer gegen die internationale (globale) Erschöpfung von Immaterialgüterrechten, WBl. 1997, 47 ff.

Gautier, Pierre-Yves: Propriété littéraire et artistique, 5ᵉ édition, Paris 2004

Gebauer, Helmut: drom Duft-Seminar, Baierbrunn 1987

Geiger, Christophe: Der urheberrechtliche Interessenausgleich in der Informationsgesellschaft – Zur Rechtsnatur der Beschränkungen des Urheberrechts, GRUR Int. 2004, 815 ff.

Geißler, Bernhard: Der Umfang des Stoffschutzes für chemische Erfindungen, Eine rechtsvergleichende Untersuchung anhand der Rechtslage in Frankreich, den USA, Skandinavien und Deutschland, Köln, Berlin, Bonn, München 1972

Glöckner, Jochen: Der Schutz vor Verwechslungsgefahr im Spannungsfeld von Kennzeichenrecht und verbraucherschützendem Lauterkeitsrecht, in: Geistiges Eigentum und Gemeinfreiheit, Tübingen 2007, S. 145 ff.

Gloy, Wolfgang/Loschelder, Michael (Hrsg.): Handbuch des Wettbewerbsrechts, 3. Aufl., München 2005 (zitiert als *Gloy/Loschelder/Bearbeiter*)

Goebel, Frank Peter: Schutzwürdigkeit kleiner Erfindungen in Europa – die materiellen Schutzvoraussetzungen für Gebrauchsmuster in den nationalen Gesetzen und dem EU-Richtlinienvorschlag, GRUR 2001, 916 ff.

ders.: Der erfinderische Schritt nach § 1 GebrMG – Zur Problematik der Erfindungshöhe im Gebrauchsmusterrecht, Köln, Berlin, München 2005

ders.: Nicht gangbare Differenzierung?, Zur gebrauchsmusterrechtlichen Erfindungshöhe nach der BGH-Entscheidung „Demonstrationsschrank", GRUR 2008, 301 ff.

Götting, Horst-Peter: Der Begriff des Geistigen Eigentums, GRUR 2006, 353 ff.

ders.: Gewerblicher Rechtsschutz – Patent-, Gebrauchsmuster-, Geschmacksmuster- und Markenrecht, 8. Aufl., München 2007

Groom, Nigel: The New Perfume Handbook, Second Edition, London, Weinheim, New York, Tokyo, Melbourne, Madras 1997

Grubb, Philip W.: Patents for chemicals, pharmaceuticals and biotechnology: fundamentals of global law, practice and strategy, Fourth Edition, Oxford 2004

Haberstumpf, Helmut: Handbuch des Urheberrechts, 2. Aufl., Neuwied, Kriftel 2000

Harper, R./Bate Smith, E. C./Land, D. G.: Odour description and classification, London 1968

Harte-Bavendamm, Henning/Henning-Bodewig, Frauke (Hrsg.): Gesetz gegen den unlauteren Wettbewerb (UWG), mit Preisangabenverordnung, Kommentar, München 2004 (zitiert als *Harte/Henning/Bearbeiter*)

Hartmann, Christine: Vom Rauchopfer zum „Wunderwasser" – Aspekte der Geschichte, in: Parfum, Aspekte der Duftkultur, Köln 1994, S. 33 ff.

Hatt, Hans: Physiologie des Riechens und Schmeckens, in: Vom Reiz der Sinne, Weinheim, New York, Basel, Cambridge 1990, S. 93 ff.

Häusler, Thomas: Schnuppertour im Regenwald, DIE ZEIT, Ausgabe 52/01 v. 20.12.2001, S. 27

Heermann, Peter W./Hirsch, Günter (Hrsg.): Münchener Kommentar zum Lauterkeitsrecht,
    Band 1, Grundlagen des Wettbewerbsrechts, Internationales Wettbewerbs- und Wettbewerbsverfahrensrecht, Europäisches Gemeinschaftsrecht - Grundlagen und sekundärrechtliche Maßnahmen, §§ 1 – 4 UWG, München 2006
    Band 2, §§ 5 – 22 UWG, München 2006
    (zitiert als *MünchKommUWG/Bearbeiter*)

Hefermehl, Wolfgang/Köhler, Helmut/Bornkamm, Joachim: Gesetz gegen den unlauteren Wettbewerb, Preisangabenverordnung, Unterlassungsklagengesetz, UGP-Richtlinie Anhang I, 26. Aufl., München 2008

Henning-Bodewig, Frauke: Relevanz der Irreführung, UWG-Nachahmungsschutz und die Abgrenzung Lauterkeitsrecht/IP-Rechte, GRUR Int. 2007, 986 ff.

Heselberger, Johannes: Erfinderischer Schritt (GebrMG) vs. erfinderische Tätigkeit (PatG) („Demonstrationsschrank"), jurisPR-WettbR 11/2006, Anm. 2 vom 17.11.2006

Heyer, Willy/Hirsch, Fritjoff: Stoffschutz – ein Stück Rechtsgeschichte, GRUR 1975, 632 ff.

Heyers, Johannes: Wettbewerbsrechtlicher Schutz gegen das Einschieben in fremde Serien – Zugleich ein Beitrag zu Rang und Bedeutung wettbewerblicher Nachahmungsfreiheit nach der UWG-Novelle, GRUR 2006, 23 ff.

Hilty, Reto M.: Vergütungssystem und Schrankenregelungen – Neue Herausforderungen an den Gesetzgeber, GRUR 2005, 819 ff.

Hirsch, Fritjoff: Die Bedeutung der Beschaffenheit chemischer Stoffe in der Patentrechtsprechung, GRUR 1978, 263 ff.

Hirsch, Fritjoff/Hansen, Bernd: Der Schutz von Chemie-Erfindungen, Chemie-Kommentar zur Rechtsprechung nach dem Deutschen Patentgesetz und dem Europäischen Patentübereinkommen, Weinheim, New York, Basel, Cambridge, Tokyo 1995

Hoeren, Thomas: Happy birthday to you: Urheberrechtliche Fragen rund um ein Geburtstagsständchen, in: Festschrift für Otto Sandrock zum 70. Geburtstag, Heidelberg 2000, S. 357 ff.

ders.: Urheberrecht 2000 – Thesen für eine Reform des Urheberrechts, MMR 2000, 3 ff.

ders.: Der Zweite Korb – Eine Übersicht zu den geplanten Änderungen im Urheberrechtsgesetz, MMR 2007, 615 ff.

Hölk, Astrid: Hör-, Geruchs- und Fühlmarken - Eintragungsvoraussetzungen -, in: Festschrift für Eike Ullmann, Saarbrücken 2006, S. 239 ff.

dies.: Riechmarke: Absolutes Eintragunghindernis mangels grafischer Darstellung, jurisPR-WettbR 7/2006, Anm. 2 vom 21.7.2006

Hubmann, Heinrich: Geistiges Eigentum, Art. 14, in: Die Grundrechte, Handbuch der Theorie und Praxis der Grundrechte, Vierter Band, 1. Halbband, Berlin 1960

Humblot, Benoit: Arrêt « Dune » : la Cour de cassation dans les sables mouvants du droit d'auteur, RLDI 2006, 10 ff.

Hüni, Albrecht: Patentschutz für Naturstoffe, GRUR 1970, 9 ff.

Hurton, Andrea: Erotik des Parfums, Geschichte und Praxis der schönen Düfte, Frankfurt am Main 1994

Hüttermann, Aloys/Storz, Ulrich: Die BGH-Entscheidung „Demonstrationsschrank" – eine Revolution im gewerblichen Rechtsschutz?, NJW 2006, 3178 ff.

dies.: Jüngere Änderungen auf dem Gebiet des Gebrauchsmusterrechts, GRUR 2008, 230 ff.

Ilzhöfer, Volker: Patent-, Marken- und Urheberrecht, Leitfaden für Ausbildung und Praxis, 7. Aufl., München 2007

Ingerl, Reinhard/Rohnke, Christian: Markengesetz, Gesetz über den Schutz von Marken und sonstigen Kennzeichen, 2. Aufl., München 2003

Jänich, Volker Michael: Geistiges Eigentum – eine Komplementärerscheinung zum Sacheigentum?, Tübingen, 2002

Jellinek, Stephan J.: Parfum – Der Traum im Flakon, Wesen und Wirkung, Wahl und Verwendung klassischer und moderner Düfte, München 2000

Jestaedt, Bernhard: Die erfinderische Tätigkeit in der neueren Rechtsprechung des Bundesgerichtshofs, GRUR 2001, 941 ff.

Jickeli, Joachim/Reese, Jan Frederik: Anmerkung zu BGH, Urt. v. 5.2.2004, I ZR 171/01 – Genealogie der Düfte, LMK 2004, 133 f.

Kahlenberg, Sienna: Ein europäisches Geschmacksmusterrecht – Baustein im System des europäischen gewerblichen Rechtsschutzes, Berlin 1997

Keller, Erhard: Der wettbewerbsrechtliche Leistungsschutz, Vom Handlungsschutz zur Immaterialgüterrechtsähnlichkeit, in: Festschrift für Willi Erdmann, Zum 65. Geburtstag, Köln, Berlin, Bonn, München 2002, S. 595 ff.

Keukenschrijver, Alfred: Stoffschutz und Beschreibungserfordernis – Legt Art. 5 Abs. 3 der Biotechnologie-Richtlinie eine Neubewertung nahe?, in: Festschrift für Winfried Tilmann: zum 65. Geburtstag, Köln, Berlin, Bonn, München 2003, S. 475 ff.

Kiethe, Kurt/Groeschke, Peer: Die Durchsetzung von Schadensersatzansprüchen in Fällen der Betriebs- und Wirtschaftsspionage, WRP 2005, 1358 ff.

dies.: Informationsfreiheitsgesetz: Informationsfreiheit contra Betriebsgeheimnis? – Notwendige Vorkehrungen für den Schutz von Betriebs- und Geschäftsgeheimnissen, WRP 2006, 303 ff.

dies.: „Jeans" – Verteidigung wettbewerblicher Eigenart von Modeneuheiten, WRP 2006, 797 ff.

Koelman, Kamiel: Perfume as artistic expression?, WIPO Magazine 5/2006, S. 1 f.

Köhler, Helmut: Der ergänzende Leistungsschutz – Plädoyer für eine gesetzliche Regelung, WRP 1999, 1075 ff.

ders.: Das Verhältnis des Wettbewerbsrechts zum Recht des geistigen Eigentums, Zur Notwendigkeit einer Neubestimmung auf Grund der Richtlinie über unlautere Geschäftspraktiken, GRUR 2007, 548 ff.

Kohler, Josef: Urheberrecht an Schriftwerken und Verlagsrecht, Stuttgart 1907

ders.: Musterrecht. Geschmacks- und Gebrauchsmusterrecht, Stuttgart 1909

König, Judith/aus der Mark, Ilka/Ismeni, Walter: Die Welt der Düfte – Skript zur WDR-Sendereihe „Quarks & Co", Köln 2002

Körner, Eberhard: Das allgemeine Wettbewerbsrecht des UWG als Auffangtatbestand für fehlgeschlagenen oder abgelaufenen Sonderrechtsschutz, in: Festschrift für Eike Ullmann, Saarbrücken 2006, S. 701 ff.

Koschtial, Ulrike: Die Einordnung des Designschutzes in das Geschmacksmuster-, Urheber-, Marken- und Patentrecht, Ein Vergleich der Rechtslage in den USA mit den neuesten Entwicklungen auf europäischer Ebene unter besonderer Berücksichtigung der Schutzgewährung in den EU-Mitgliedsstaaten Deutschland, Italien und Frankreich, Berlin 2003

dies.: Das Gemeinschaftsgeschmacksmuster: Die Kriterien der Eigenart, Sichtbarkeit und Funktionalität, GRUR Int. 2003, 973 ff.

Kraft, Philip/Bajgrowicz, Jerzy A./Denis, Caroline/Fratér, Georg: Allerlei Trends: die neuesten Entwicklungen in der Riechstoffchemie, Angewandte Chemie 2000, 3107 ff.

Kraßer, Rudolf: Patentrecht – Ein Lehr- und Handbuch zum deutschen Patent- und Gebrauchsmusterrecht, Europäischen und Internationalen Patentrecht, 5. Aufl., München 2004

Kreile, Johannes: Neue Nutzungsarten – Neue Organisation der Rechteverwaltung? Zur Neuregelung des § 31 Abs. 4 UrhG, ZUM 2007, 682 ff.

Krieger, Ulrich: Das deutsche Gebrauchsmusterrecht – Eine Bestandsaufnahme, GRUR Int. 1996, 354 ff.

Kröger, Detlef: Enge Auslegung von Schrankenbestimmungen – wie lange noch? – Zugang zu Informationen in digitalen Netzwerken, MMR 2002, 18 ff.

Kummer, Max: Das urheberrechtlich schützbare Werk, Bern 1968

Kunze, Jürgen M.: Das neue Geschmacksmusterrecht, Einführung, Texte, Materialien, Köln 2004

Kur, Annette: Was macht ein Zeichen zur Marke?, MarkenR 2000, 1 ff.

dies.: Die Auswirkungen des neuen Geschmacksmusterrechts auf die Praxis, GRUR 2002, 661 ff.

dies.: Nachahmungsschutz und Freiheit des Warenverkehrs – der wettbewerbsrechtliche Leistungsschutz aus der Perspektive des Gemeinschaftsrechts –, in: Festschrift für Eike Ullmann, Saarbrücken 2006, S. 717 ff.

Kutscha, Christiane: Die Geruchsmarke, Registrierfähigkeit eines Geruchs als europäische Gemeinschaftsmarke und als nationale deutsche Handelsmarke, Hamburg 2005

Laligant, Olivier: Problématique de la protection du parfum par le droit d'auteur, R.R.J. 1989-3, 587 ff.

ders.: Des œuvres aux marches du droit d'auteur: les œuvres de l'esprit perceptibles par l'odorat, le goût et le toucher, R.R.J. 1992-1, 99 ff.

Lange, Paul: Marken- und Kennzeichenrecht, München 2006

Larenz, Karl/Canaris, Claus: Methodenlehre der Rechtswissenschaft, 3. Aufl., Berlin, Heidelberg, New York u.a. 1995

Lederer, Franz: Zur Äquivalenz beim chemischen Stoffpatent, GRUR 1998, 272 ff.

Lehment, Cornelis: Düfte im Vergleich – Anmerkung zum Urteil des BGH „Genealogie der Düfte", GRUR 2004, 657 ff.

Lehmler, Lutz: UWG, Kommentar zum Wettbewerbsrecht, Neuwied 2007

Lewinski, Silke von/Walter, Michel M./Blocher, Walter/Dreier, Thomas/Daum, Felix/Dillenz, Walter: Europäisches Urheberrecht, Wien, New York 2001 (zitiert als *Bearbeiter*, in: *v. Lewinski/Walter u.a.*)

Loewenheim, Ulrich: Nationale und internationale Erschöpfung von Schutzrechten im Wandel der Zeiten, GRUR Int. 1996, 307 ff.

ders.: Handbuch des Urheberrechts, München 2003

Löffler, Martin: Das Grundrecht auf Informationsfreiheit als Schranke des Urheberrechts, NJW 1980, 201 ff.

Loth, Hans-Friedrich: Gebrauchsmustergesetz, München 2001

Lubberger, Andreas: Grundsatz der Nachahmungsfreiheit?, in: Festschrift für Eike Ullmann, Saarbrücken 2006, S. 737 ff.

ders.: Alter Wein in neuen Schläuchen – Gedankenspiele zum Nachahmungsschutz, WRP 2007, 873 ff.

Martinetz, Dieter/Hartwig, Roland: Taschenbuch der Riechstoffe: ein Lexikon von A – Z, Thun, Frankfurt am Main 1998

Matthyssens, Isabelle: Anmerkung zum Urteil des Tribunal de Commerce de Paris vom 24.9.1999 – „Parfum Angel", GP 2000 (Jurisprudence), 1753 ff.

Maunz, Theodor: Das geistige Eigentum in verfassungsrechtlicher Sicht, GRUR 1973, 107 ff.

Mes, Peter: Patentgesetz, Gebrauchsmustergesetz, 2. Aufl., München 2005

Meyer, Jürgen: Übermacht des Sachverständigen – aus der Sicht des Richters, DRiZ 1992, 125 ff.

Meyer-Dulheuer, Karl-Hermann: Der Schutzbereich von auf Nucleotid- oder Aminosäuresequenzen gerichteten biotechnologischen Patenten, GRUR 2000, 179 ff.

Morris, Edwin T.: Düfte: Kulturgeschichte des Parfüms, Solothurn, Düsseldorf 1993

Müller, Julia: Das H&R Buch Parfum, Aspekte des Duftes, Geschichte, Herkunft, Entwicklung. Lexikon der Duftbausteine. Hamburg 1991

Münker, Reiner: Verbandsklagen im sogenannten ergänzenden wettbewerbsrechtlichen Leistungsschutz, in: Festschrift für Eike Ullmann, Saarbrücken 2006, S. 781 ff.

Neuberg, Johannes: Gesetz betreffend das Urheberrecht an Mustern und Modellen und Gesetz, betreffend den Schutz von Gebrauchsmustern nebst den zu beiden Gesetzen ergangenen Ausführungsverordnungen und abgeschlossenen internationalen Verträgen, Berlin 1911

Neugebauer, Wolfgang: „Elektronische Nasen" – Möglichkeiten und Grenzen chemischer Sensorsysteme, DRAGOCO-Report 1998, 257 ff.

Nicolini, Käte/Ahlberg, Hartwig (Hrsg.): Urheberrechtsgesetz, 2. Aufl., München 2000 (zitiert als *Möhring/Nicolini/Bearbeiter*)

Nirk, Rudolf/Kurtze, Helmut: Geschmacksmustergesetz, Kommentar, 2. Aufl., Köln, Berlin, Bonn, München 1997

Nirk, Rudolf: Anmerkung zu BGH, Beschl. v. 20.6.2006, Az. X ZB 27/05 – Demonstrationsschrank, GRUR 2006, 847 f.

Nordemann, Wilhelm/Nordemann, Jan Bernd: Die US-Doktrin des „work made for hire" im neuen deutschen Urhebervertragsrecht – ein Beitrag insbesondere zum Umfang der Rechtseinräumung für Deutschland, in: Perspektiven des Geistigen Eigentums und Wettbewerbsrechts, Festschrift für Gerhard Schricker zum 70. Geburtstag, München 2005, S. 473 ff.

Ohloff, Günther: Düfte – Signale der Gefühlswelt, Zürich 2004

Ohly, Ansgar: Geistiges Eigentum?, JZ 2003, 545 ff.

ders.: Gibt es einen Numerus clausus der Immaterialgüterrechte?, in: Perspektiven des Geistigen Eigentums und Wettbewerbsrechts, Festschrift für Gerhard Schricker zum 70. Geburtstag, München 2005, S. 105 ff.

ders.: Klemmbausteine im Wandel der Zeit – ein Plädoyer für eine strikte Subsidiarität des UWG-Nachahmungsschutzes –, in: Festschrift für Eike Ullmann, Saarbrücken 2006, S. 795 ff.

ders.: Designschutz im Spannungsfeld von Geschmacksmuster-, Kennzeichen- und Lauterkeitsrecht, GRUR 2007, 731 ff.

Ortner, Roderic: Zum gewerblichen Rechtsschutz bei Nachahmung von Modeerzeugnissen, WRP 2006, 189 ff.

Osterrieth, Christian: Der Nachahmungsschutz beim nicht eingetragenen Gemeinschaftsgeschmacksmuster und beim wettbewerbsrechtlichen Leistungsschutz, in: Festschrift für Winfried Tilmann: zum 65. Geburtstag, Köln, Berlin, Bonn, München 2003, S. 221 ff.

ders.: Patentrecht, 3. Aufl., München 2007

Pahlow, Louis: Wie klein darf die „kleine Münze" sein?, WRP 2007, 739 ff.

Pamoukdjian, Jean-Pierre: Le droit du parfum, Paris 1982

Pfeiffer, Gerd: Der strafrechtliche Verrat von Betriebs- und Geschäftsgeheimnissen nach § 17 UWG, in: Festschrift für Rudolf Nirk zum 70. Geburtstag, München 1992, S. 861 ff.

Pierson, Matthias/Ahrens, Thomas/Fischer, Karsten: Recht des geistigen Eigentums, Patente, Marken, Urheberrecht, Design, München 2007

Pinzger, Werner: Das Deutsche Geschmacksmusterrecht, Kommentar zum Reichsgesetz betr. das Urheberrecht an Mustern und Modellen (vom 11. Januar 1876) und den internationalen Verträgen betr. das Musterrecht, Berlin 1932

Piper, Henning/Ohly, Ansgar: Gesetz gegen den unlauteren Wettbewerb mit Preisangabenverordnung, Kommentar, 4. Aufl., München 2006

Piringer, Bernd: Wie Samsung riecht, Süddeutsche Zeitung Nr. 268 v. 21.11.2007, S. 20

Poll, Günter: Neue internetbasierte Nutzungsformen – Das Recht der Zugänglichmachung auf Abruf (§ 19a UrhG) und seine Abgrenzung zum Senderecht (§§ 20, 20b UrhG), GRUR 2007, 476 ff.

Quodbach, Martin: Mittelbarer Gebrauchsmusterschutz für Verfahren?, GRUR 2007, 357 ff.

Rahlf, Sylvia/Gottschalk, Eckart: Neuland: Das nicht eingetragene Gemeinschaftsgeschmacksmuster, GRUR Int. 2004, 821 ff.

Rehbinder, Manfred: Urheberrecht, 15. Aufl., München 2008

Rehmann, Thorsten: Geschmacksmusterrecht, München 2004

Reinfeld, Tim: Der Schutz von Rhythmen im Urheberrecht, Göttingen 2006

Rengshausen, Sebastian: Markenschutz von Gerüchen, Untersuchung des deutschen französischen und europäischen Rechts mit Ausblicken ins Patent- und Urheberrecht, Göttingen 2004

Richardi, Reinhard/Wlotzke, Otfried (Hrsg.): Münchener Handbuch zum Arbeitsrecht, Band 1, Individualarbeitsrecht, 2. Aufl., München 2000 (zitiert als *MünchArbR/Bearbeiter*)

Ritscher, Michael: Bericht über das Ringberg-Symposium „Europäisches Musterrecht" des Max-Planck-Instituts vom 11. bis 14. Juli 1990, GRUR Int. 1990, 559 ff.

Rixecker, Roland/Säcker, Franz Jürgen (Hrsg.): Münchener Kommentar zum Bürgerlichen Gesetzbuch, Band 1, Allgemeiner Teil, 1. Halbband, §§ 1 - 240, ProstG, 5. Aufl., München 2006 (zitiert als *MünchKommBGB/Bearbeiter*)

Roeber, Georg: Urheberrecht oder geistiges Eigentum, Baden-Baden 1956 (UFITA Schriftenreihe Band 1)

Rogge, Rüdiger: Gedanken zum Neuheitsbegriff nach geltendem Patentrecht, GRUR 1996, 931 ff.

Röhl, Klaus F.: Allgemeine Rechtslehre, 2. Aufl., Köln, Berlin, Bonn, München 2001

Röhl, W. H.: Die Bedeutung des Gebrauchsmusters für die chemische Industrie, Chemie-Ingenieur-Technik 1972, 905 ff.

Rößler, Bernd: Zum wettbewerbsrechtlichen Unlauterkeitsgehalt der Rufausbeutung, GRUR 1995, 549 ff.

Roudnitska, Edmond: The Art of Perfumery, in: Perfumes – art, science and technology, London, Glasgow, New York, Tokyo, Melbourne, Madras 1994, S. 3 ff.

ders.: Die Kunst des Parfums – Le Parfum, Heidelberg, München 1996

Ruhl, Oliver: Gemeinschaftsgeschmacksmuster, Kommentar, Köln, Berlin, München 2007

Rüthers, Bernd: Rechtstheorie – Begriff, Geltung und Anwendung des Rechts, 3. Aufl., München 2007

Sack, Rolf: Die lückenfüllende Funktion der Generalklausel des § 3 UWG, WRP 2005, 531 ff.

Sambuc, Thomas: Der UWG-Nachahmungsschutz, München 1996

Schack, Haimo: Urheber- und Urhebervertragsrecht, 4. Aufl., Tübingen 2007

Schickedanz, Willi: Die rückschauende Betrachtung bei der Beurteilung der erfinderischen Tätigkeit, GRUR 2001, 459 ff.

Schlötelburg, Martin: Musterschutz an Zeichen, GRUR 2005, 123 ff.

Schönke, Adolf/Schröder, Horst (Begr.): Strafgesetzbuch, Kommentar, 27. Aufl., München 2006 (zitiert als *Schönke/Schröder/Bearbeiter*)

Schramm, Peter: Der europaweite Schutz des Produktdesigns, Das Gemeinschaftsgeschmacksmuster und sein Verhältnis zu der Gemeinschaftsmarke, Baden-Baden 2005

Schricker, Gerhard: Anmerkung zu BGH, Urt. v. 3.2.1988, Az. I ZR 142/86 – Ein bißchen Frieden, GRUR 1988, 815 ff.

ders.: Urheberrecht, Kommentar, 3. Aufl., München 2006 (zitiert als *Schricker/Bearbeiter*)

Schubert, Bernd/Hehn, Patrick: Markengestaltung mit Duft, in: Handbuch Markenführung, Kompendium zum erfolgreichen Markenmanagement, Strategien – Instrumente – Erfahrungen, Band 2, 2. Aufl., Stuttgart 2004, S. 1243 ff.

Schulte, Rainer (Hrsg.): Patentgesetz mit Europäischem Patentübereinkommen, Kommentar auf der Grundlage der deutschen und europäischen Rechtsprechung, 7. Aufl., Köln, Berlin, München 2005 (zitiert als *Schulte/Bearbeiter*)

Schultz, Detlef von (Hrsg.): Kommentar zum Markenrecht, 2. Aufl., Frankfurt am Main 2007

Schulze, Gernot: Werturteil und Objektivität im Urheberrecht – Die Feststellung der urheberrechtlichen Schutzfähigkeit am Beispiel der „kleinen Münze", GRUR 1984, 400 ff.

Schulze, Marcel: Materialien zum Urheberrechtsgesetz, Texte – Begriffe – Begründungen, Band 1, 2. Aufl., Weinheim, New York, Basel, Cambridge, Tokyo 1997

Schumacher, Volker A.: Missbrauch von nicht schutzfähigen Vorlagen, WRP 2006, 1072 ff.

Schwab, Brent: Das Namensnennungsrecht des angestellten Werkschöpfers, NZA 1999, 1254 ff.

ders.: Arbeitnehmererfindungsrecht, Handkommentar, Baden-Baden 2006 (zitiert als *Schwab*, ArbNErfR)

Seifert, Fedor: Geistiges Eigentum – ein unverzichtbarer Begriff, in: Festschrift für Henning Piper, München 1996, S. 769 ff.

Sendler, Horst: Richter und Sachverständige, NJW 1986, 2907 ff.

Sessinghaus, Karel: Geruchs- und Geschmacksmarken – Innovationen im Markenrecht, Bielefeld 2004

Sieckmann, Ralf: Die Eintragungspraxis und -möglichkeiten von nicht-traditionellen Marken innerhalb und außerhalb der EU, MarkenR 2001, 236 ff.

ders.: Zum Begriff der grafischen Darstellbarkeit von Marken, Eine Ergänzung zu Hildebrandt (MarkenR 2002, 1), WRP 2002, 491 ff.

Singer, Margarete/Stauder, Dieter (Hrsg.): Europäisches Patentübereinkommen, Kommentar, 4. Aufl., Köln, Berlin, München 2007

Sirinelli, Pierre: (Non) protection d'un parfum – Le juge est au parfum... mais toute fragrance ne mérite pas protection, Propriétés Intellectuelles 2004, 907 ff.

ders.: Œuvres protégées – Parfum – Un parfum enfin en odeur de sainteté, Propriétés Intellectuelles 2005, 47 ff.

ders.: Propriété littéraire et artistique (novembre 2005 - août 2006), Recueil Dalloz 2006, 2991 ff.

Spoor, Jakob Hendrik/Verkade, Dirk W. F./Visser, Dirk J. G.: Auteursrecht – Auteursrecht, naburige rechten en databankenrecht, 3. Aufl., Deventer 2005

Stieper, Malte: Das Verhältnis von Immaterialgüterrechtsschutz und Nachahmungsschutz nach neuem UWG, WRP 2006, 291 ff.

Ströbele, Paul/Hacker, Franz/Kirschneck, Irmgard: Markengesetz, 8. Aufl., Köln, Berlin, München 2006 (zitiert als *Ströbele/Hacker/Bearbeiter*)

Sturm, Wolfgang/Peters, Klaus: Perfumes, in: Ullmann's Encyclopedia of Industrial Chemistry, Volume A 19, Fifth Edition, Weinheim, Basel, Cambridge, New York 1991, S. 171 ff.

Süskind, Patrick: Das Parfum. Die Geschichte eines Mörders, Zürich 1994

Többens, Hans W.: Die Straftaten nach dem Gesetz gegen den unlauteren Wettbewerb (§§ 16 - 19 UWG), WRP 2005, 552 ff.

Tronser, Ursula: Auswirkungen des Produktpirateriegesetzes vom 7. März 1990 auf das Gebrauchsmusterrecht, GRUR 1991, 10 ff.

Trüstedt, Wilhelm: Gebrauchsmuster, GRUR 1980, 877 ff.

Turin, Luca: Duftnote – Die Parfums zum Film, NZZ Folio 01/2007, 9

Ullmann, Eike (Hrsg.): jurisPraxisKommentar UWG, Gesetz gegen den unlauteren Wettbewerb, Saarbrücken 2006 (zitiert als *jurisPK-UWG/Bearbeiter*)

Ulmer, Eugen: Urheber- und Verlagsrecht, 3. Aufl., Berlin, Heidelberg, New York 1980

Ulrich, Jürgen: Der gerichtliche Sachverständige, Ein Handbuch für die Praxis, 12. Aufl., Köln, Berlin, München 2007

Viefhues, Martin: Geruchsmarken als neue Markenform, MarkenR 1999, 249 ff.

Vivant, Michel: Parfum: l'heureuse résistance des juges du fond, Recueil Dalloz 2007, 954 f.

Wabnitz, Heinz-Bernd/Janovsky, Thomas (Hrsg.): Handbuch des Wirtschafts- und Steuerstrafrechts, 3. Aufl., München 2007 (zitiert als *Wabnitz/Janovsky/Bearbeiter*)

Wandtke, Artur-Axel: Reform des Arbeitnehmerurheberrechts?, GRUR 1999, 390 ff.

Wandtke, Artur-Axel/Bullinger, Winfried (Hrsg.): Praxiskommentar zum Urheberrecht, 2. Aufl., München 2006 (zitiert als *Wandtke/Bullinger/Bearbeiter*)

Weihrauch, Frank: Der unmittelbare Leistungsschutz im UWG, Eine Untersuchung zu den rechtsdogmatischen und rechtstatsächlichen Grundlagen eines ergänzenden Leistungsschutzes auf der Grundlage des § 1 UWG, Berlin 2001

Well-Szönyi, Catherine: Anmerkung zu Cour de cassation, Urt. v. 13.06.2006, GRUR Int. 2006, 1039 ff.

Westermann, Ingo: Handbuch Know-how-Schutz, München 2007

Wiebe, Andreas: Unmittelbare Leistungsübernahme im neuen Wettbewerbsrecht, in: Perspektiven des Geistigen Eigentums und Wettbewerbsrechts, Festschrift für Gerhard Schricker zum 70. Geburtstag, München 2005, S. 773 ff.

Wilhelm, Monika: Die Parfumherstellung, in: Parfum, Aspekte der Duftkultur, Köln 1994, S. 101 ff.

World Intellectual Property Organization (Hrsg.): WIPO Intellectual Property Handbook: Policy, Law and Use, WIPO Publication No. 489 (E), 2. Aufl., Genf 2004

Zöllner, Wolfgang: Die Reichweite des Urheberrechts im Arbeitsverhältnis untypischer Urheber, in: Beiträge zum Schutz der Persönlichkeit und ihrer schöpferischen Leistungen, Festschrift für Heinrich Hubmann zum 70. Geburtstag, Frankfurt am Main 1985, S. 523 ff.

Zwahr, Annette (Red.): Brockhaus Enzyklopädie in 30 Bänden, Band 10, 21. Aufl., Leipzig 2006 (zitiert als Brockhaus Enzyklopädie)

Sonstige Quellen:

Europäische Kommission: Green paper on the legal protection of industrial design, Working document of the services of the Commission, Dokument III/F/5131/91-EN, Brüssel 1991 (zitiert als Grünbuch der Kommission)

dies.: Vorschlag für eine Verordnung des europäischen Parlaments und des Rates über das Gemeinschaftsgeschmacksmuster, KOM(93) 342 endg. – COD 463, Brüssel 1993 *dies.*: Geänderter Vorschlag für eine Richtlinie des europäischen Parlaments und des Rates über den Rechtsschutz von Mustern, KOM(96) 66 endg. – COD 464, Brüssel 1996

dies.: Geänderter Vorschlag für eine Richtlinie des europäischen Parlaments und des Rates über den Rechtsschutz von Mustern, KOM(97) 622 endg. – COD 464, Brüssel 1997

Europäisches Patentamt: Richtlinien für die Prüfung im Europäischen Patentamt (Stand: Dezember 2007), München 2007 (zitiert als EPA-PrRL)

Givaudan AG: Geschäftsbericht 2006

Harmonisierungsamt für den Binnenmarkt: Prüfungsrichtlinien zum Gemeinschaftsgeschmacksmuster vom 9.12.2003, ABl. HABM 2/2004, S. 240 ff.

Harmonisierungsamt für den Binnenmarkt: Prüfungspraxis des Amtes – Mitteilung Nr. 2/2005, Definition eines „Geschmacksmusters" vom 2.5.2005, http://oami.europa.eu/de/design/pdf/practicenote2-2005.pdf (Stand: 16.08.2008)

Organisation for Economic Co-operation and Development, OECD (Hrsg.): The economic impact of counterfeiting and piracy, Executive Summary, 2007, http://www.oecd.org/dataoecd/13/12/38707619.pdf (Stand: 16.08.2008)

Symrise AG: Geschäftsbericht 2006

Sachregister

Geistiges Eigentum und Wettbewerbsrecht

Herausgegeben von

Peter Heermann, Diethelm Klippel, Ansgar Ohly und Olaf Sosnitza

Die Rechte des Geistigen Eigentums, insbesondere das Patentrecht, das Urheberrecht und die Kennzeichenrechte, haben im Informationszeitalter erheblich an Bedeutung gewonnen. Zugleich wird die Rechtspraxis mit zahlreichen neuen Fragen konfrontiert. Die Rechtswissenschaft konnte mit dieser stürmischen Entwicklung kaum Schritt halten. Nach wie vor wird die Literatur von vorwiegend praxisorientierten Darstellungen dominiert, in denen wissenschaftliche Grundfragen häufig zu kurz kommen. Während die allgemeine Zivilrechtswissenschaft das Sachenrecht als natürliches Betätigungsfeld ansieht, hat sie das Immaterialgüterrecht weitgehend aus den Augen verloren.

Die neue Reihe *Geistiges Eigentum und Wettbewerbsrecht* verfolgt das Ziel, zur dogmatischen Analyse des Rechts des Geistigen Eigentums und des Wettbewerbsrechts beizutragen, ohne dabei den Praxisbezug dieser Rechtsgebiete aus den Augen zu verlieren. Die Reihe steht offen für Habilitationsschriften, herausragende Dissertationen und vergleichbare Monographien, die sich mit dem Patentrecht, dem Urheberrecht, dem Kennzeichenrecht und angrenzenden Rechtsgebieten, insbesondere dem Lauterkeits- und Kartellrecht und den Persönlichkeitsrechten, befassen. Besonderes Augenmerk gilt dabei Schriften, die sich Grundlagenfragen des Rechts des Geistigen Eigentums einschließlich der historischen, philosophischen und ökonomischen Bezüge widmen und so zur Entwicklung eines „allgemeinen Teils des Geistigen Eigentums" beitragen, den es bisher nicht gibt. Da die europäische Rechtsangleichung im Immaterialgüter- und Wettbewerbsrecht besonders weit fortgeschritten ist und zudem zahlreiche internationale Übereinkommen diese Rechtsgebiete prägen, werden auch die internationalen Bezüge in der Reihe berücksichtigt.

Einen Gesamtkatalog erhalten Sie gerne vom Verlag
Mohr Siebeck, Postfach 2040, D–72010 Tübingen.
Aktuelle Informationen im Internet unter www.mohr.de